先生致青年：
大学教授的十年箴言

2012—2021

侯怀银著

山西出版传媒集团　山西人民出版社

图书在版编目（ＣＩＰ）数据

先生致青年：大学教授的十年箴言 / 侯怀银著. ——
太原：山西人民出版社，2023.5
　　ISBN 978-7-203-12617-1

　　Ⅰ．①先… Ⅱ．①侯… Ⅲ．①箴言—汇编—中国
Ⅳ.①H136.3

　　中国版本图书馆CIP数据核字（2023）第030630号

先生致青年：大学教授的十年箴言

著　　　者：侯怀银
责任编辑：杨羽彤
复　　审：李　颖
终　　审：武　静
装帧设计：张慧兵

出 版 者：山西出版传媒集团·山西人民出版社
地　　址：太原市建设南路21号
邮　　编：030012
发行营销：0351-4922220　4955996　4956039　4922127（传真）
天猫官网：http://sxrmcbs.tmall.com　电话：0351-4922159
E-m a i l：sxskcb@163.com　发行部
　　　　　sxskcb@126.com　总编室
网　　址：www.sxskcb.com

经 销 者：山西出版传媒集团·山西人民出版社
承 印 厂：山西基因包装印刷科技股份有限公司

开　　本：720mm × 1020mm　　1/16
印　　张：23.25
字　　数：420千字
版　　次：2023年5月　第1版
印　　次：2023年5月　第1次印刷
书　　号：ISBN　978-7-203-12617-1
定　　价：80.00 元

先生致青年：大学教授的十年箴言

2011 年

2011 年 10 月

——人需要经常跳出自己原来的所在，到另外一个所在。这样人才能真正对自我了解并得到发展。

——换位才能沉思，静心才能感悟，反思才能前行！

——真诚而不失策略，真心而不失智慧，真情而不失理智，真爱而不失原则，真我而不失他我。

——人仅仅靠自己的尝试、体验、感悟去发展是不够的，还需要他人的引导、唤醒、矫正、提醒、敲打、欣赏和提携。

——要学会拒绝诱惑，向既定目标前行！虽然每天很充实，但并不意味着每天都有真实的收获、积淀和发展！

——人既然已经选择了一条适合自己的路，就要一直坚持下去，并把它走通。所谓适合，就是经济有保障、别人有欣赏、自己有兴趣、很有成就感、自感有潜力。

——工作和生活是人生存和发展的两翼，必须把两者关系全面并妥善地处理好。

——研究是人的品质，也是一种习惯，更是一种生活方式。

——做一个有原则的好人。

——只要努力，就会有意想不到的成功。

——做事既需要深情，又需要深入、深沉和深度。

——每个年龄必须把这个年龄应做的事情做好，这是人生幸福的基础。

2011 年 11 月

——快到"知天命之年"的人已能把人生看透，一切都能理解和包容。

——情感在过程中，感情在积淀中。

——人生贵在体验，但体验并不意味着能形成自己需要的经历！

——人生重在选择，但选择必须立足于自己在这个世界上的最终发展目标。

——有自己不一定有自我，但有自我一定有自己。

——付出而不求回报，反而有可能得到。

——真正有成就的人，一定是诚挚地希望能为所有人尽力服务的人。

——处事随遇，处人随缘。

——考研重在三个扎实：扎实到每门课，扎实到每一天，扎实到每一页。

——人生贵在把握好度，切忌过度做事、过分做人。

——比等待更为重要的是追求。

——一切皆无常，要以持之以恒的心待之，并把命运牢牢掌握在自己手中。

——经典形成需要人生的积淀，经典语录需要人生的成功。

——认识感恩，学会感恩，能够感恩。

2011 年 12 月

——把自己发展好是对亲人最好的回报和榜样。

——有什么样的朋友就有什么样的人生。

——人生关键就那么几步，一定要走顺并走好！

——人要快乐和幸福就必须形成适合自己的生活方式，并坚定地按照这种生活方式去过好每一天。

——人的发展依赖于勤奋、目标和智慧的完美结合。

——教育没有好和坏，只有适合和不适合。适合人的教育才是真正的教育，适合自己的教育才是幸福的教育。

——人生是单程线，不能回程。人一定要选择好自己要走的路，并用自己的脚把路走直、走稳、走顺、走通、走乐。

——做自己的人生规划时，不能仅仅以个人为坐标去考虑，而应以家庭为坐标去考虑，特别是只有把自己的人生和所爱人的人生放在一起去共同考虑，并达成共识，坚韧地去共同追求，才能走向共同的幸福人生。

——甘于寂寞，学术才能求得发展；享受寂静，心灵才能自由安宁。

——婚姻是在正确择偶观基础上的缘分。

——不轻易答应事，不轻易决策事，不轻易去讲话，不轻易相信人。

——生命就是生活的展开。生活的基础就是快乐幸福地过好每一天。

——一个人仅仅靠别人的教育和训练是不够的，还需要自己的体验、感悟和行动，特别是行动后的系统反思。

——命运必须掌握在自己手中，但这一点任何人都难以教会，需要通过自己一生去体悟、行动和积累。

——人一定要为目标而行动，没有目标的人一定是无所适从的难有成就之人。

——生命的意义不是消磨时间，而是过有责任的充实的生活。

——人的潜力很大，但需要机遇、机会、亲情、责任、使命和平台，更需要比自己更优秀的人的教育、指导和训练。

——人的可贵不在于忘记历史，而是去反思历史，并在历史中明智！

——一旦认真成为习惯，什么事情都会做好。

——要把一件事做好，贵在坚持。

——只有在互动中，人与人才能真正了解并理解彼此！

——每个人都会体验到离别、离开，经历过这些体验的人才能真正懂得珍惜。

——聪明的"我"应该主动接受并内化"他"的引导和影响。

——身居网络时代，我们绝不能被互联网牵着鼻子走，人云亦云，成为信息的输入者。我们要对各种信息进行独立思考，成为信息的输出者。

——人的发展要抓三基：基点，即适合自己的单位；基调，即适合自己的职业角色；基础，即该职业要求的基本素质。

——靠己的境界之一，就是能靠人。不要总把靠人和靠己矛盾起来。

——学术是很有趣味的事，要把学术做得好玩，而不要把学术搞得一本正经。

——人的任何一种体验都是珍贵的，需要珍惜！

——要找到真正适合自己发展的路，长远地规划，坚定地前行，扎实地走好，成功地回望，快乐地幸福！

——人发展的三个标志：定位、有位、地位。

先生致青年：大学教授的十年箴言

2012 年

2012 年 1 月—3 月

——人应该成为你自己，但必须是别人信任、认可、喜欢和欣赏的你自己！一个真正的人，心中既有他人，又永不失自我。

——人与人的相处，需要本真和本性基础上的技巧、策略和艺术！

——每天都要使自己有好性情和好心情！

——人应该全身心投入去做自己笃定要做的事，但在做前必须有精细的决策和策划，做时必须把握好度，做后必须进行全面而有深度的反思。这样做可能很累，但习惯后就自然了。

——思想是在积累、积淀基础上的自然和自由的表达，并不是任何有志于做学问或认为自己在做学问的人都能形成自己的思想，形成一家之言。

——经典著作是名家思想的重要载体，要形成自己的思想，就必须提高自己的欣赏和阅读水平，以便读好经典和名家之作。

——身处网络时代，要提高自己的信息选择、评价和批判能力，不能让无用的信息耗去自己的时间和精力。

——成长有痛，痛后肯定快乐着，但痛不能多，要好好研究自己如何成长和发展，这是人生永恒的课题。

——一个发展好的人，一定是具有比较好的时间管理意识，会充分利用时间的人。

——一个人发展好的标志不仅是把工作做好，而且要把生活过好！一个生活无品位的人，工作上的品位也不高。

——做事就像照相，太刻意的事情难以做成，不经意的事情反而有想不到的成功！

——把别人的间接经验化为自己的认识和行动很不容易，但通过自己的直接经验认识到并再去行动，就晚了！我亲爱的同学们啊，一定要善于学习别人好的经验并主动听取他人好的建议！对你不关心的人，不在乎你发展的人，不会费心劳神地给你提什么建议，珍惜才能珍贵！

——偏激的想法容易导致偏激的行为，偏激的行为自然有不利于自己发展的后果。

——病贵防，心贵养，事贵尽。

——做事需要能化阻力为助力。

——只要不绝望，就会有希望。

——要力求避免使自己受伤，特别是心灵上的创伤。

——发展的目的之一就是使自己活得更有尊严。

——只有丢开以往不开心的事，才能不断继续前行。

2012 年 4 月

——每个人都有自己的"毕业以后"。要善于总结别人的"毕业以后"，为自己的"毕业以后"做好准备，使自己不断向成己成人成事的目标迈进！

——人要始终怀着一颗感恩的心，把自己发展好是最大的感恩！

——有平常心，才会有真实的成长和发展。

——人从来不要让别人做你自己要做的事，只是建议别人要做他自己必须要做的事。

——机会是为有准备的人准备的，失去机会往往很难再来！

——做自己有兴趣的事，并一直做下去。在这个过程中，你才能得到真实的成长和发展。

——该珍惜些什么、该放弃些什么、该追求些什么、该做到些什么，这是每个人每天都在面临的选择，需要随着自己的人生历程不断去重新估量、审视、思考、定夺。

——青春虽然是人生的一个阶段，但它永远是心灵的一种状态，只有保持这个状态，青春才能永驻！至于青春的状态，基于个体不同的体验有不同的认识和感受。在我看来，青春的状态是"四心四永"：一直保持着童心、爱心、好奇心、热心；永不满足，永有活力，永不服气，永远前行。

——做自己特别喜欢的、但不少人不愿去做的、且是这个社会必须做的事，这就是成功的开始。

——发展毕竟不仅仅是个人体验和体悟的行为，而且需要自己对自己的发展进行研究，更需要以别人为榜样，主动并善于接受你所信赖的人的建议和引领。

——别人给自己再好的发展建议，也代替不了自身的发展，需要自己有目标、有毅力、有成果地去落实，落实程度决定了发展的扎实程度。

——在做好工作人、家庭人的同时，切记自己还是发展人！

——我们应该忙，但忙应该忙得有价值；我们应该去累，但累应累得充实快乐，并向前发展着。

——刚才与一位同学在网上讨论，讲了以下话语，记录在此。作为子女，第一，要站在父母立场上去考虑，理解父母的苦心和劳苦；第二，要通过自己良好的发展和语言方式去影响父母，形成民主宽容的家庭气氛；第三，子女对父母的最好回报，就是把自己各方面发展好，特别是18岁后，让父母放心、少操心。与父母吵架、顶嘴、对着干，甚至不说话，那都是不道德的表现，是很幼稚的行为！

——家庭生活是人极为重要的生活，到一定阶段几乎就是人全部的生活。家庭生活既需要一定的物质和经济基础，又需要一定的情感和人格基础。不是一家人，不进一家门。家庭生活需要家庭成员在共同价值观基础上去彼此尊重、理解、宽容、呵护。

——女性必须自主、自立、自强，先活好自己，才能找好他人，并活出做人的尊严和品位。

——同学情谊是人一生中很重要的情感，这种情感随着毕业的分离、年龄的增长越来越珍贵，同桌、同舍、同窗将深深刻在每个人的人生旅途中，留下难以磨灭的记忆。在同学们生活在一起的日子里，一定要深入理解，彼此尊重，相互宽容，真诚相处，互相帮助，共同成长、成熟和发展。同学间的情感需要发自内心地珍惜和经营，不要互相猜忌，更不能相互谩骂，甚至斗殴打架。有些同学由同学之情上升为爱慕之情，有了爱的火花，或曾经相爱过，但没有结果，那是因为彼此没有缘分或缘分已尽，也尽量不要伤害同学情感，保存并珍惜好同学情谊。

——当人繁忙地与周围环境中的人与物打交道时，往往来不及惦记着"我"，这时，虽然"我"没有被惦记着，但却并不因此而不存在。

——不希望比别人有多好，只希望不比别人差多少！

——不要每天生活在与别人的比较中，不要总把自己的缺点与别人的优点比，那样难以自信、自强。

——研究导师的研究成果是研究生学术研究的起点和开始。

——要把精力更多放在研究自己的发展、实现自己的发展上。一个发展好的人，对他人、对集体、对社会才会有真正的话语权。

——做学问是少数人的权利，并不是所有人都适合做学问。如果学术不能给自己带来快乐，那就把它放弃。

——爱情既是婚姻的基础，又必须伴随在婚姻中，婚后爱情更深、更甜蜜，才是真实而幸福的婚姻和爱情。婚姻不是爱情的坟墓，而是爱情的港湾。

——发展顺利并有成就的人一般是志业、专业、就业、职业、事业五方面能合一的人。从大学时代，至少要确立好人生志向，围绕并依托自己的专业去发展，树立正确的就业观，做好职业生涯规划，确定好自己的事业目标。

——工作上的精细策划，可以不使自己每天碌碌于琐事。

——要使自己有一种能和所有人真诚而友好相处的能力，并享受与人愉快交往所带来的快乐！

——理想不能太脱离现实而定位，理想不是梦想，更不是幻想。要立足于现实去理想，更要在现实中不失去理想。

——人一生想做的事情很多，但该做并适合自己做的事情并不多。这需要好好定位，并锲而不舍地做下去。这样才不会使自己走弯路，并以最快的速度获得成功！

——深思熟虑之后决定的事情，一定不要轻易放弃。

——人难免有的事做得不好，或不够好，但不要去埋怨，而要去反思。埋怨只能使自己懊恼后悔，影响心情，于事无补；反思才能使自己认识到做不好事的原因，吸取教训，形成自己发展的动力，并继续前行。

——一个人想要发展，必须形成不为任何东西所左右的自制力。

——爱是缘分，也是情感，更是责任，要永恒。

——人生苦短，作为个体的人做不了多少事。一定要尽早决定好自己这一生要做的事，并一直专注去做这件事。

——不要因被人帮助而感到羞愧，特别是在自己尚未独立的阶段。人的发展难以离开他人的帮助，人与人就是在互相帮助中共生的。被人帮助是一种运气、福分，也是一种快乐，应该幸福着、珍惜着，尽快去发展着。真正感到羞愧的，应该是自己将来不能帮助别人！

——把每一天都当作最后一天过，做好每天必须做好的事，使自己每天都过得充实、踏实和扎实。

2012 年 5 月

——无论在什么条件下都趋向于自己已定位好的目标。

——无论在任何时候都要以理性和理智来驾驭自己的行为，谋定而后动，不要冲动，更力求不要形成彼此的冲突。

——人在发展的过程中，难免会遇到挫折，但不要懊恼，不要着急，更不能失去信心。重要的是要善于去反思和总结未能成功的原因，找到自身存在的不足，并以必胜的信念继续前行。

——话，根据对象，想好了再说；事，根据能力，谋好了再做！

——读书读不懂后的五招：反复读；查词典；查论文（相关研究论文）；问老师；去讨论（与相关学科的同学去讨论）。

——有的同学学位论文机器检测通过了，就很自豪并开心。我甚感不解和诧异，目前大学也在技术至上了？一篇学术论文似乎机器一检测没有问题，就通过了，这真是误区！机器检测本身就是对人性的不尊重、对学生的不信任，况且机器检测仅仅能判定论文是否剽窃，但书的剽窃检测不到。更为重要的是，机器的检测只能在一定程度上反映一个学生的态度、品德，而难以检测到学位论文的真实学术水平。

——做事不能以尝试的方式进行，一旦决定好要做的事，必须精心策划，尽全力去做最好的自己，不留一点遗憾。如果什么都本着试试的态度去做，就会什么都做不成，都做不好！做事一般要付出经济和时间等成本，钱可以再挣，而时间流逝后就没有了，所以时间成本比经济成本更宝贵。对于学生来说，考试一定意义上决定自己一生的命运，一定要做好适合自己的考试选择。一旦决定要去参加考试，绝不能抱着试试的态度，要全力以赴。

——人不能离开人而存在，也不能离开人而独活，更离不开集体而孤立。人在一起就是缘分，人到一个集体就是与大家有缘。对同学、同事、同一家庭的人，一定要真诚、包容、互信和尊重，对集体要热爱、无私和奉献。人只有通过为他人、为集体真正作出独特的贡献，才能活得真实、充实、扎实和踏实，才能真正实现自己的价值，并使自己一生快乐和幸福。

——在学生时代，难免会遇到亲人生病，但不能一味地着急，而是要设法去尽责，更要使自己坚强、沉稳、成熟。不应因此影响自己的学业，要尽力克服一切困难去完成好自己的学业，把自己发展好才是对亲人最好的回报。

——发自内心去做的事，才能真正让人感动，自己也才难以忘怀。

——纵向看发展，横向看差距，综合看水平。

——夫妻关系是超稳定的动态关系，需要基于共同的世界观、价值观和人生观，在人生的不同阶段，彼此都发自内心地去相互珍惜、理解、信任、包容、配合。

——人的时间是有限的，人在每个阶段都有必须要做的事情，必须把有限的时间用到每个年龄阶段必须做的事情上。

——做事而不会出事，尊重而不失尊严，治学而不忘生活。

——成熟才能发展，发展推动成熟。

——一个人一生的工作实际上就是活成一个人。

——性格决定人一生的命运！身处当今社会，做大事并想成大事者，必须好好修炼自己，达到以下目标：有原则而不失灵活，很聪明而不外露，以柔弱去胜刚强，善抓机遇，善假于物，大智若愚，儒道互补。

——生活习惯一般要向工作习惯、研究习惯等迁移。如，不细腻的人，学问和工作也做不深，做不细；不整洁的人，思维也不会条理，思路也不会清晰。要把形成好的生活习惯作为自己做好学问和工作的基础和前提。

——有合适、明确的目标以及能具体操作、有效实施的行动计划，并坚强、坚持、坚韧、坚毅，做任何事情都能成功！

——充实地过好今天，充满信心地过好明天！

——研究生时代一定要克服困难并尽力过好读书生活。过不好这种生活，不仅难以形成属于自己的积累、积淀，而且更难以形成较强的竞争力并实现可持续发展！

——学术积累既是学术发展的前提和基础，也是学术发展的目标。学术积累一般包括学术资料的积累、学科知识的积累、学术人脉的积累、学术成果的积累、专业实践的积累、人生体验的积累等方面。

——履行好自己的职责，做好自己手头上必须要做的事。

——珍惜现在才能把握好未来，想着未来而放弃现在，可能就会失去未来！

——研读名著是学术积累的必要途径，这个功夫要下进去，并出得来。国外名著要读原著，无奈才读译著。

——人的发展需要不断更新平台，研究生就是一个人发展的重要平台。要通过硕士研究生这个平台，做好自己的人生选择，定位好自己的人生发展目标，通过三年艰辛而扎实的奋斗，以自身实力顺利拿到学位，找到理想工作，缘分到后寻觅到理想爱人。

——人在自己发展的每个阶段，都可能有不足。有志于把自己发展好的人，不仅要意识并认识到自己的不足，而且特别重要的是，要采取有效的措施和扎实的行动去改掉自己的不足。

——做人要大气、大度、大量、大方。

——习惯有其分类，生活和工作基本习惯的形成是必要的。但要正确认识习惯的作用，特别要处理好习惯和自由的关系，不能让习惯控制自由。习惯实际上就是一种秩序，自由不是无限的，需要一定的秩序。人的自由最重要的是思维和思想的自由。人特别要改变自己的思维习惯，突破其定势；人更要不断更新观念，使思想不断被激活、创新和发展！

——人在40岁前贵在好好展现自己，40岁后贵在让别人研究自己。

——生活不在别处，而在自己心中，把生活情趣、学术旨趣、童趣聚焦于一体！

——人的幸福可能有三条途径：通过剥夺别人的幸福使自己幸福；通过别人的幸福让自己幸福；通过自己的幸福给别人带来幸福。在我看来，后两条途径才正当、合理可行。

——什么时候感到每天不读书很失落，每周不写点东西很内疚，那才是真正在做学问的标志。

——人是时空的统一，不能给自己自由安排时间，难以有真正自主发展的空间！

——人不能总逼着自己走路，更不能让别人逼着自己走路，这样不仅走得累、不扎实、不踏实，而且更难快乐和幸福。

——一个人工作水平不高，别人可能会理解并帮助；如果工作态度有问题，别人就难以原谅并会形成不好的印象。

——不做无规划的事，不做不扎实有效地去落实规划的人。

——人每天都在改变着自己，要经常去反思自己是如何变化的，并始终要使这种变化有利于自己的发展。

——学术研究不仅需要明确的方向以及围绕方向所形成的积累、积淀，更需要好的思维、好的范式和好的习惯。

——一个人的成长、成熟、成功，或多或少都会受到一些"有力量的文字"的影响。

2012 年 6 月

——人文社会科学的研究必须注意"四原"：原始的资料，原创的观点，原发性思维，原本的精神。

——研究好自己，才能发展好自己。

——做事一定要定好目标，扎实过程，提升水平，把成功建立在自己强有力的实力上，而不是把精力放在人际关系非正常化的处理上。我们要相信这个社会良心、公平和正义的存在，更要在做事过程中本真并有实力地去表现自我，使别人悦纳自己、欣赏自己，最终获得成功。

——美好的记忆珍藏，伤痛的记忆反思。

——女性要达到与男性一样的成就需要付出比男性至少 2 倍到 3 倍的辛苦努力。以大学教师为职业的女性要达到自己理想的发展目标，不仅需要经营好家庭，更需要经营好职业。这就需要做好选择，学会放弃，坚守学术信念，强化时间管理，提升发展水平。

——人的相识基于缘分，人的情感基于投缘。

——无论什么时候，在什么情况下，人都不能失去自尊和信心。

——有缘、投缘是师生关系的基础，欣赏和崇拜是师生关系的动力，共同发展是师生关系的目标。

——没有个性的人，做不好任何事；个性太强的人，任何事做不好。

——做最好的自己，不做最强的自己。对一个个体来讲，强并不意味着好；弱并不意味着不好，很可能还是好。人不能什么都强，那样不可能，且很累，有时不强胜过强。

——深刻的体验会造就铭刻在心的经历。

——根据工作的境界，我们可把工作划分为五个层次：常规性工作、标志性工作、特色性工作、品牌性工作和推广性工作。

——任何选择都要付出一定代价，只要这种代价合理，就毫不犹豫去选择。

——原则问题绝不能妥协，更不能宽容和包容。

——任何行为都不要无目的、无必要地做出。每做一件事前都应当问问自己：这是不是一件必须要做的事情？

——要为自己活着，但活着不能仅仅为了自己。

——好文章应当具备两要素：一是内容的思想性，必须说自己的话，并力求原创；二是行文的流畅性，语言表达精炼，并力求达到优美。

——人不能仅仅坐而论道，必须起而践行。知必行，行必果。

——人最应该珍惜的事情：生命、自由和思想，友情、亲情和爱情。

——做自己就很好，能做最好的自己，那更好！

——不想做的事情，如果硬着头皮坚持去做，就可能做成。

——人要发展好，首先要学会适应一切，而不是先去改变一切。

——幸运是为有准备的人准备的。

——人的一生主要做三件事：求知、做事、为人。最重要的是为人。

——一个人最大的满足就是做适合自己的工作。

2012 年 7 月—9 月

——人一生发展取决于三方面：高远的目标，坚强的毅力，创新的精神。

——衡量毕业后成功的一个标准：10 年或 20 年后这些人中还有多少依然是你的好朋友。

——做人不易，识人更难。

——好好把握自己生活的每一天，尽可能充分享受生活！

——用精练的语言表达学问和思想。

——当自己因别人的错误要生气时，立刻转向自己，去想想自己是否犯过类似的错误，并如何不犯这样的错误。

——找到自己真正要寻找的东西，不放弃自己真正渴望的东西，不做不重要的事。

——外面的世界再精彩，也不如回到家的感觉好！

——人的发展要力求走直路，少走、甚至不走弯路！

——人要不走弯路，必须注意"三化"：规划、计划和策划，更需要找到自己的支点：兴趣、目标、动力。作为一个大学以上毕业的学生，更需要专业、职业、事业和志业的合一。要坚持一个信念：谋定后才动，动后就坚韧，坚韧中反思，反思中前行。

——做人的本性所要求的事情。

——人际交往在某种程度上可决定一个人的成败，其重要性不言而喻。人际交往至少要做到五"心"：真心、爱心、热心、细心、恒心。作为学生，应在有实力的基础上去社交，这个实力就是自己的学习成绩、综合测评、读书多少、人格魅力等。无实力的社交会使自己失去自尊、自信，甚至人格。

——再忙碌的生活也不能忘记读书和思考！

——家庭是社会的基本细胞，个人成长的基础。要成立好自己的家庭，成家后要学会容忍对方的缺点，慢慢去改变。要注意夫妻关系是超稳定的动态关系，学会动态去调适。亲戚关系要处理好，对父母要孝顺。要注意家庭的经营，并需要有三个"心"：责任心、爱心和进取心。没有幸福的家庭，事业和工作也不幸福。

——无论从事哪种学术，首先要有一定的研究对象。对一个研究者来讲，要尽早地进入本学科的学术研究，以更早地确定自己未来的研究方向，特别是研究对象。研究对象必须准确界定，如果研究对象宽泛、不确切，必然导致研究内容不确定，学术发展方向不明确，使自己的研究活动无法深入。

——家庭生活是第一生活。

——我们仅仅停留在研究对象的确定是不够的，必须深入对象之中，对研究对象进行全面而又充分的把握和熟知。只有这样，才能逐渐建立起自己的学术领地，形成学术积淀，产生学术影响。"深入对象之中"，这应是一个研究者的座右铭。

——如果我们研究多年，但始终没有深入所研究的学术对象之中，就会难以形成具有独创性的研究成果，甚至对他人的研究成果也缺乏一般评估和判断的真正能力。

——依据目标做好自己每天的选择。对自己要做的事进行合理安排，排出顺序。把必须要做的事情尽力做好。无论再忙，每天必须坚持上网、读书和思考本专业的问题。

——换位思考，一般是指人们在工作和交往过程中，当出现误会、不理解或面临意见分歧时，其中一方能换个思维角度，站在另一方的角度来理解对方的处境并思考问题，形成合理解决问题的方式。

——在我们这个把和谐社会作为追求的社会中，太需要换位思考了！任何人要做到换位思考，都很不易！这既需要民主、宽容、无私和大气，更需要技巧、策略和智慧！

——主动是做好事的前提和基础。

——在假期，生活比学业更重要。

——做人要有大爱、大气，更要大度。

——开车是生活，不开车是生存。

——人一生过的日子就两天，今天和明天。过好今天，想好明天。

——人太善良就是对别人的伤害。

——在爱情和婚姻世界中，男性必须牵挂着女性，女性必须影响着男性的心灵。

——人不要在与别人的比较中生活、工作和发展，要力求活出自己。

——努力把一件事情做好的人，什么事情都有可能做好。

——学术难以离开积累。学术研究和成长是一个历程，需要板凳十年冷的精神，需要沉静、持久、纵深、扎实、积淀，这样才能不断逼近研究对象的本质。

——每天要明白：自己该做什么，不该做什么。

——一个能善于把握好天时、地利、人和的人，一定是比较成熟的人。

——累要累在事上，绝不能累在人上。

——开学后要做好以下四件事：第一，收心。把心收回到自己的正业——学业。第二，用心。用心思考并规划自己本学期的计划，特别是必须要做的事情，合理安排好自己的学习、研究、工作和生活，一定要写成文字。第三，尽心。尽心去考虑好实现自己计划需要采取的有效措施，尽快策划并形成有效的行动。第四，孝心。刚离开家，要给自己的亲人，尤其父母至少一周内每天有问候。

——做人要知足，做事要知不足，做学问要不知足。

——一个真正的男人，要担当起自己应该担当起的一切，绝不把困难、痛苦、烦恼等留给他人。

——做学问最重要的是要有远见。

——人活着就是为了希望！人活着是因为有希望，但这更多意义上是事实判断。人活着就是为了希望，这样去理解，旨在更多去体现主体的价值追求！

——有累，人才活得扎实和踏实。

——生活层面的幸福只有在幸福的家庭中才能真正享受到。

——有高远的追求，才会有真正平淡的生活。

——做人做事一定要有敬畏之心。

——要使网络随自己走，而不是让自己随网络走。

2012 年 10 月

——人到知天命之年才能把心底的记忆唤醒。

——草根式发展起来的人，才能真正理解草根式成长者的辛苦。

——做力所能及的事，不做超出自己能力的事！

——失去心爱的东西，有可能会发现更心爱的东西！失去意味着新的拥有。

——做事不能平均用力，必须有重点。

——人太真诚和实在很可能会给他人带来负担。

——怕失败的人往往难以成功，不怕失败的人往往就能成功。

——人要发展必须做的两件事:把目标定位好,确定好自己围绕目标要走多远。

——好好生活就是好生活。

——人应适度在乎别人的评价,但不能活在别人的认为里。

——生命每天都要自己来书写。

——在了解并正确评价自己的基础上成为最好的自己。

——无论任何时候都不要对自己失去信心,更不要失去前进的勇气!

——有平常心,生活才往往给自己惊喜。

——少给别人添麻烦,就是给自己找快乐。

——没有好身体就没有好生活!

——得到就意味着有的东西在失去。我们不要为失去而遗憾和懊悔,更不要因得到而沾沾自喜,甚至失去平常心。

——不要太随意地去做事,更不要无充分准备地去做事!

——读什么样的书,就会成为什么样的人。

2012 年 11 月

——做学问要聚焦问题,精心策划,很有激情!

——相信自己,依靠自己,战胜自己,超越自己,并不断充实、发展并完善自己,有这样的信念,做什么事情都会成功!

——幸福是自己感悟和体验出来的,而不是与别人比较出来的。

——尽力做最好的自己,以平常心对待一切。

——视野宽阔才会有博大的胸怀。

——人不能仅仅注意关心他人,也要学会关心自己。

——欣赏好自己才能做好自己。

——无论做任何事,都不能失去人性、人格和人情。

——善于走自己的路,才可能走别人没走过的路,并形成自己的独特。

——一个善于欣赏他人的人才能把自己发展好。

——人的发展前途取决于自身的觉悟程度。

——在学术研究领域,无论阅读任何东西,都要去质疑、批评和批判。

——只要认真做事,就没有做不好的事!

——兴趣和需求是人发展至为重要的两个方面。要围绕兴趣去发展,更要使自己的需求合理!

——人需要读的两本书，一本是托克维尔的《旧制度与大革命》，另一本则是阿西莫格鲁与人合著的《国家为何失败》。

——理工科与文科的一大差别是，前者更有逻辑性，更善于执行和实施，更倾向于"怎么做"；后者则更强调"为什么"，更敏感于"道"。

——要力求通过自己的亲身经历，形成有自己特色的一套思维方式，比较真实地看待、思考现实，并用务实的态度去做人、做事。

——大学生必须关注并培养社会的公德、公民的责任。

——写作是研究生应具备的基本能力，应进行四个层次的写作：第一个层次是生活感悟的写作，将特定生活情境下产生的特定话语进行及时记录，并通过微博等发布；第二个层次是论文的写作，包括课程论文、发表的论文和学位论文，注意论文基本写作规范的训练；第三个层次是工作层面的写作，如会议纪要、公文写作等；第四个层次是邮件、信件和短信的写作，注意写作的语气、方式，要认真对待，并及时回复。

——摸实情、谋实策、讲实话、办实事、求实效。

——做事要大气、认真、细致并有激情投入，绝不能有漏洞，更不能有失误。

——学问做得既要有趣味，又要有品位。这需要求问、求真、求善、求美、求实、求新和求用。

——有感动，并能感恩，才能有感情。

——真诚帮助别人就是不断提升自我并发展自己的过程。

——成功永远属于愿意成功的人。

——活出一个人不易，活成一个人更难！人生在世，只要自己尽力即可。

——学会寻找生命中的贵人！

——学会欣赏一篇文章，才能写好一篇文章。

——每天勤奋、努力并出色地做好真正属于自己的事情。

——要想什么都深，学什么都快，做什么都行。

——深刻的人不见得细致，细致的人不见得深刻。细致反映做事的态度，深刻反映思想的水平。

2012 年 12 月

——人是历史性的存在，要留下真正属于自己的历史。

——学会以谋事为目标谋己。

——一生不说大话、假话、空话、虚话、套话和胡话。

——善于谋己并谋划，善谋而后力行。

——做事前谋划好，过程中尽力做，做事后不后悔。

——发展好自己才能理解好他人。

——有心去做一件事，定能把这件事做好！

——不要埋头苦干，而要抬头乐干。

——做学问一定要精心设计、查全资料、整合资料、深度思考、形成观点、严密论证、不留遗憾。

——既要有学问，更要有思想。

——有傲气但不失人气。

——找到自我，固守自我，并在此基础上去发展自我。

——有品位的书一定要好好去品味！

——多一次机会，就多一次成功！但机会要精心选择。

——要警惕网络的副作用，更要摆脱对网络的过分依赖。

——人与人要彼此影响，必须在心灵上有相同之处。师生之间也同样。

——人要找到一块真正属于自己的领地，并能尽心、尽力、尽情去耕耘。

——做真实的自己，并以实力强身！

——把值得自己信赖的老师放在心上，这是学生成长和发展的基础和前提。

——对自己用心要做的事一定要做实、做强，并做出特色、风格和品位。

——不要凭着感觉而自然成长，而要围绕目标而自觉发展。

——能感悟发展着的自己，才是发展有质变的开始。

——既然人是一种过程性存在，那么在这个过程中就要尽力把自己做好。

——一生不做没有把握的事。

——我不相信世界有末日，但我更愿相信"世界末日之说"，旨在让人更好地活在当下！

——机遇对每个人是公平的。要珍惜机遇一定不要做没有把握的事，要把握好机遇必须把没有把握的事做得稳妥！

——做自己想做并愿意做的事，无论任何时候都不会处于疲惫状态。

——人生如麻，难以用刀，只能用心。

——大三是大学时代发展的关键期，一定意义上决定自己一生的命运。该怎么把握呢？通过六级考试并去考雅思，拿到奖学金，确定好自己的职业发展方向，明确自己所从事的学科，并确定好自己的问题域，形成自己的生活观、爱情观，使自己更有生活情趣和品位！

——把时间管理好是人发展的前提，定位好目标是时间管理的基础。

——活出每天的充实、情趣和品位。

——做事不能贪多，一定要聚焦、聚焦、再聚焦！

——有理想地脚踏实地做事！

——不仅要把生活过好，而且要把生活过得更好。

——能成为别人需要的人，是幸福的人。

——如果未来不由自己选择，那就踏实地过好自己的现在。

——平安的一生才有一生的平安。

——人生相遇到一块儿，就要好好相处到一块儿。

先生致青年：大学教授的十年箴言

2013 年

2013 年 1 月

——人需要不断提高驾驭自己的能力。

——做事有深度，发展才能有进步。

——尽力、尽情、轻松、认真、细心、坚持、自信，把这些词内化于心，并化为有效行动，做事就能顺利并可能成功！

——把每天过得很充实并有活力！

——人不要离开群体而存在，更不要去忍受离开群体的痛苦。

——好的交往必须有好的交通。

——每天清晨，要策划并选择好一天必须要做的事，并尽力做好，不留遗憾。

——每天清晨，无论昨天怎样，都要把生活想象得非常美好，把美好的自己用心经营！

——人要善于改变自己，但不能改变得没有自己。

——一个能发展好的人，一定是能准确把握好尺度的人。

——欣赏好自己才能发展好自己。

——有好的定位才能有所作为，并拥有地位。

——要研究好一个学科，就必须有至少一万本藏书的积累。

——人的一生就是使自己不断充实的过程。

——常常自己感动自己的人，才是真正自豪并幸福的人。

——人要学会据需要不断调整、充实和完善自己，但又不失去自己发展的根本。

——当一个人意识到人不仅仅是为自己活着，并认识到自己所承担的社会责任时，才会有真实的成长和发展。

——要聚焦目标，不断丰富自己的阅历，才能使自己不断成熟、成功并发展。

——无论在任何条件和心境下，都要坚持把自己发展好。

——人生贵在相遇、相处和相知。

——人要有尊严地活着，不断去形成自己的独特。

——为别人活，要快乐；为自己活，要踏实。

——人一旦失去信誉，就难以有彼此之间的信任。

——一个能珍惜自己所拥有的人，才能每天快乐并幸福着！

——学会用最后期限去完成一直拖延的事，做好自己必须要做的事。

——人很可能难以实现自己每天预定的目标，但要尽力去做。每一点小小努力都会帮自己把今天变得比昨天更好。

——人只有跳出自己原先所在，到另外一个所在，才能清醒地认识自我。

——好的学生应让教师在精神上也成长，而不是成为教师精神上的负担！

——做有兴趣的事才能充分挖掘自己的潜力。如果实在找不到自己的兴趣，那就去选择自己最擅长的方面去做。

——一个不能主动承担起家庭和家族责任的人，难以担当起社会责任。

——人必须要过好真正属于自己的生活。

——无论做任何事，都要在已有成绩和成就的基础上去坚持。

——力求每天都要有好的心态，并扎实努力地做好事！

——不能让网络生活成为自己生活的全部。

——有得到自然就会有失去，如果得到的比失去的有价值，那就要释然，更不要去后悔和遗憾。

2013 年 2 月

——人心中应该有他人，但不能太在乎他人的感受和评价。

——人应该自理、自重、自爱，但要适度。人要学会求助于人，仅仅依靠个体努力，没有他人的引导和帮助，难以获得成功。

——人应该重视自我设计、自我发展，但绝不能只有自我，只顾自我，只为自我。一个对他人、社会和自然失去责任的人，难以健康发展！

——做有理想的自己，过独立的人生。

——拥有不一定幸福，幸福的标志是在拥有的基础上享受着。

——既要对自己可为之事充满信心，又要对不可为之事具有清醒的认识。

——要时刻保持对学术前沿的敏感！

——做事一定要以专业为基础，专一、专心、专注，并经过多年奋斗，成为专家。

——定位好自己是发展好自己的基础和前提。

——安居才能乐业，乐业才能幸福！

——有趣味的生活才是真正有价值的生活，置身于这种生活，生命才能真正

24

成长和发展。

——要把人做好，首先必须把人阅好。

——要明确自己需要珍惜的东西，不要轻易失去珍惜的东西。

——要立长志，不要常立志。

——累在事上反而不累，累在人上那才叫累！

——无规划难以有美好的人生。

——一个人要发展好，必须有自己的风格和专注点。

——人最重要的品质是思维的品质。

——有想法就要力求有办法。

——在有所谓的基础上才能无所谓，无所谓旨在有所谓。

——要把认真变成习惯。只要用心做事，就会有成功的可能，并能成为现实。

——人的发展经常需要别人的提醒和自我唤醒。

——在自身发展的每个阶段，人要善于改变自己，这种改变首先应该从改变性格开始。

——不能丢掉视角谈问题！

——人生旨在寻觅四个“适合”：适合自己的专业，适合自己的职业，适合自己成长和发展的环境，适合自己的爱人。

——走出自己，这是一个人走向成熟并得到真实发展的重要标志。

——要了解和理解一个人，必须要了解和理解其历史。

——要关心人，但不要过度。过度关心人，不仅自己很累，而且给人带来负担。

——无论在任何时候都不要失去对人的尊重。

——一个发展好的人，一定是善于进行时间管理的人。

——做事一定要提前做，甚至超前做，千万不要被赶着做。

——无论在任何时候，都要相信自己能做好想要做并适合做的事。

——要乐于助人，帮助别人实际上就是在帮助自己。

2013 年 3 月

——发展好自己才能保护好自己。

——眼界决定视野，视野决定远见。

——做事必须认真，但不能过于认真，认真也要得法，要会认真。否则，不仅会累了自己，而且也会伤了他人。

——人无完人，在人生每个阶段都有其局限性。一个志在不断发展的人，贵在主动认清自身的局限，并自觉地克服掉。

——成功永远在扎实的过程中积累和积淀。

——做学问"6 字要诀"：悟，勤，实，活，细，霸。

——学问和人生密切关联。学问难以离开人生，人生之中很有学问。

——人的发展是一个体系，包括学习、研究、工作、生活等各个方面，必须兼顾，而不能顾此失彼。

——观念的改变才会真正带来行为的改变。要改变自已，首先要从改变自己的观念开始。

——一个有志于发展的人，必须尽快找到并准确定位适合自己的发展方式，并对自己的发展做好顶层设计。

——不要刻意模仿他人，力求做最好的自己。

——人活得既要有品位，又要有滋味。有滋味才能真正有品位。

——无论对人，还是对事，我们都要有一定程度的敬畏之心，无所畏就无所谓。

——生活既然是具体的每一天，那我们就应过好每一天，以此作为自己活着的基本信念。每天有更好的自己，长此以往才能有更好的未来。

——要真正学好一个学科，必须从研究一位该学科的名家开始。

——一个精神修养境界不高的人难以做出真学问。

——善于反思是做好事情的前提。

——要让读书成为自己生命发展的需要，养成每天读书的习惯，不断提高自己选书的品位，更以扎实而富有成效的阅读，不断促使自己心灵成长和精神发展。

——人的发展起点和平台很重要，要学会以考试的方式不断提高自己发展的起点，找到适合自己发展的平台。

——对影响自己一生发展的大事，绝不能以尝试的方式去做，必须精心策划并尽全力去做。

——一个仅关注过程而不过分考虑结果的人，才能真正扎实好过程，走向成功！

——有水平的人永远谦虚着，奋进的人永远低调着，有个性的人永远内敛着。

——无知才能有知，畏事才能做事，畏人才能处人。

——一个量力并尽力而行的人，才能准确定位好自己的发展方向和方式，并最终走向成功。

——一个人难以做到迎合所有人，但能做到真诚地对待每一个人。

——无论在任何情况下，面对任何诱惑，都不要放弃自己的既定追求，要坚毅而行，扎实奋进！

——要真诚对待每一个人，但绝不能自感真诚，要以真诚感人。

——只要不自己跟自己过不去，就能愉愉快快每一天。

——人在每个阶段都有应该做好的事，一定要尽力做好，并不留任何遗憾。

——在把握机遇和机会的过程中，不断重塑更好的自己，进而使自己有更好的未来。

——在做必须要做的事情时，一定要尽全力，并力求有最佳的精神状态，做出最好的自己！

——人生难免遇到不顺心的事情，但一定要有平常心，坚信这个世界的美好，坚信命运对自己的公平，坚信所有人都会尽力帮助自己，坚信自己能克服一切困难，坚信自己能战胜自我并活出最好的自己，坚信自己有美好的未来。

——不要庸俗地做事，而要有品位地做事，这样才能提升自己的发展层次和水平，使自己的发展走向良性循环。

——人的发展有时间成本，一定要把时间投入到人生每个阶段最必须做的事情上，并合理有效地安排时间。

——无论在任何情况和背景下，都要克服困惑和困难，坚定自己永恒的追求，坚定地不断前行！

——一个人如果想达到自己的目标，就要尽力前行，而不要找任何借口不去做。找借口实际上就是在逃避，一个总想自我逃避的人，难以成就幸福人生！

——贪玩是人的本性，但绝不能影响自己的学业和工作。不会玩，无生活情趣；太贪玩，无美好未来。

——生活每天都在进行，每天都要力求留下自己对美好生活的记忆。

——主动发展的人轻松着，被动发展的人苦累着！

——永远对自己充满自信，紧紧围绕目标，在自我反思中不断前行。

——工作既需要举重若轻，又需要举轻若重。要根据工作的目标和具体情境来灵活把握。

——研究他人，才能做好自己；走出自我，才能发展自我！

——目标视野下的小事很重要，人要从小事做起并尽力做好。如果不重视小事，小事就会成为大事，并失事，甚至坏事。

——一个能发展好的人，一定是善于对自己的发展进行顶层设计的人。

——好的性格才有好的命运。塑造好适合自己职业的性格，这需要形成具有一定境界的发展观，更需要不断更新和改变自己的行动。

——人生如开车。要设计好路径；要像遵守交通规则那样，在适合自己的人生轨道上直行；即使转弯，也是为了到达自己的目的地。不能随便抄小路、随意停车、任意超车、疲劳驾驶，更不能只有自己，不关注他人。

——一切都在变化中，把自己发展好是永恒课题！

——人的一生难免要遇到困难、困惑、苦恼和痛苦，但不要去逃避，而是要直接面对、切实研究，积极主动地尽快有效解决。

2013 年 4 月

——人要进行好自己的第一次选择，力求不进行再选择。任何选择都要付出代价，但再选择代价更大，更难成功！

——人力求不要去做让自己后悔的事，即使已做了后悔的事，也不要过多去后悔，甚至懊悔，重要的是要在反思中前行。

——做一个让人敬重的人，而不是一个让人敬畏的人。

——无论发生任何事情，都要冷静并理智地应对。

——一个人要想活出自己，必须尊重他人。善学习者，定是善于钻研他人思想之人；善研究者，定是善于借鉴他人思想之人；善工作者，定是能把工作做在他人心坎上之人；善生活者，定是善于为他人服务之人。

——有适合自己的专业，才能有真正好的学业；学业上有真正属于自己的成就感，才能为自己今后从事的职业奠定扎实的基础，成就成功者的一生。

——无论做人，还是做事，都要理智和明智。

——人发展的起点很重要，不同的起点，造就不同的平台和人生。一个人在自己发展的早年必须不断提高自己的起点。

——做事不能死板，要学会变通；做人不能刻板，要学会相处。

——人的发展有主线和底线。要根据自己的发展条件确定好底线，违背底线的事绝不能去做；要根据自己发展的目标，定位好自己的发展主线，围绕主线去做人和做事，并最终成人和成事。

——真诚帮助别人的过程，实际上就是真实发展自己的过程。

——只要日日勤奋，每天重视积累，充满自信，那么无论在任何情境下，都会发挥出自己意想不到的水平，获得真实的成功。

——每个人都会累，有时每天都累，但一定要累在值得做的事情上，这样才能累并快乐着。

——人的发展不能仅仅去强调知识和工作经验的积累，必须有标志性成果。标志性成果实际上正是个人发展形成积累和积淀的重要标志。

——规划人生，正是要使人生更有乐趣。如果人生没有目标，那么未知的乐趣究竟在哪里能寻找到呢？

——做学问，最好做冷门。

——要以团队为基础，把自己一生的学术规划得有条不紊，按部就班。

——一个能发展好的人，一定是一个能比较早地知道自己愿意做什么，能做什么，并且能够一直坚持做什么的人。

——人在发展的每个阶段，都一定要无情地去解剖自己，这样才能不断成熟，并越来越走向成功。

——一个把为人处世做到位的人，一定在任何时候都首先想到别人，而不是首先想到自己。

——理解好他人，才能发展好自己。

——人与人之间，相遇是缘分，相会是福分，相知是本分，相爱是情分。

——一个真正想有建树的管理者，一定是善于坚持原则，并善于包容和宽容他人的人。

——不尊重他人，实际上是不尊重自己。

——师生关系的基础是缘分，师生关系的本质是互尊互爱，真正的师生关系亦师亦友。好的师生关系才有好的教育质量。

——每个人每天都在忙碌着，但一定要力求更多地忙在与自己学习、研究、工作和生活目标相一致的事情上。

——做事一阵子，做人一辈子。做出事情，活出人气。

——对学生，既不能放任不管，又不能包办全管，要管在要害上，去管发展观念、发展目标、发展方案、发展措施、发展时间和发展效果。

——一个真正有志于发展的人，一定是想大事，做大事，成大事的人！

——大学，对学生来讲，更为重要的是拥有大学生的思考力，而不仅仅是看重就业率。

——人贵在与人相处，但一定要把更多的时间留给相知的人。

——人最留恋的事，是值得自己回忆的事，因为这是自己最快乐的事！

——做一个能很好地谋自己事业，但不忘享受家庭幸福的人。

——每天尽力真实地做好自己必须要做的事,因为谁也代替不了真正的自己。

——无论在任何时候,应对任何事,做任何学问,见任何人,一定要善于倾听并接纳别人的意见和建议,而不能单纯地依赖于自己的独立思考。

——不能在盲目中忙,更不能忙得茫然!忙要忙得有目标,有价值,充实着,向上着,发展着,开心着,快乐着,幸福着。

——忙是个过程,会由量变到质变,忙碌中生命个体在成长和发展!人生不同阶段有不同的忙,到生命结束那天,自然就不忙了!

——忙也是一种积累和积淀,现在忙是为了日后的不忙。为以后的不忙而忙,才是充实而有成就的忙。

——真正有水平的人谦虚着,自以为有水平的人常骄傲着。

——真正有水平的人一定是用最浅显的语言去表达深奥的思想。

——学问离不开生活,生活是学问的基础,生活中处处有学问。一个能做好真学问的人,一定是能用真心去享受生活的人。

——每个人都活得不容易。在面对他人时,一定要珍惜对方的存在,尽力去尊重,去欣赏,去帮助,共发展。

2013 年 5 月

——网络交流和交往难以进行眼神的接触、心灵的碰撞。再先进的网络交流和交往,也难以代替人与人面对面的真实、真诚和真情。

——没有强健的身体,难以有强劲的发展!

——一个真正思想着的人,一定不是孤芳自赏并让大家敬而远之的人,而是让大家都欣赏并愿意去主动交往的人。

——一个真正的成功者,一定是在不断保持和更新独立自我的同时,善于尊重、欣赏和借鉴他人的人。

——研究人,这也是一种能力,需要不断去培养和训练。

——人的可贵,就在于不仅能在人生的每个阶段全面认识自己,而且能善于反思自己,并在反思中坚毅前行。

——要把自己真实地发展好,必须知道自己究竟想成为什么样的人,并明确自己如何才能成为这样的人。

——没有情感的交往,难以有真正的师生交往。

——什么是最好的?适合而已。一旦找到适合自己的兴趣、专业、学科、职业、城市、爱人和生活，人生足矣！

——一个做事不细心并达不到细致的人，难以有细腻的情感；没有细腻的情感，难以有幸福的爱情和亲情。

——人要发展好，必须克服惰性，自己逼自己！

——做人要有敬重之心，做事要有敬业之心，做学问要有敬畏之心。

——人不能向年龄屈服。即使到知天命之年，每天也要去放飞自己的梦想，追逐自己的理想，实现自己的设想。

——人生一世，不能白跑一回。

——教育不应压抑生命的冲动，而应是对生命冲动的升华，并使个体生命不断得到真实的成长和发展。

——虽然人无准备地来到这个世界，但应有准备地度过自己的一生，特别是在人生每个阶段都要有准备地做好自己该做的事。

——爱是一种信念，更是一种践行。

——人的身体健康取决于四个因素：基因、心情、营养和锻炼。基因难以改变，但要了解家族病史，加强预防；心情必须以尽力但顺其自然的态度和方式，去全面调整好；营养要根据自己的身体状况每天进行合理搭配；锻炼要坚持在每天，适合并适当。

——学习重视好成效，做人注意好分寸，工作把握好节奏，生活整理好情感。

——关心他人，是一种责任，要尽责；被人关心，是一种幸福，要珍惜。

——无论在任何时候，任何情境下，都要在有实力的基础上保持自信。有自信才能有本真的自我，并有真实的发展。

——无论别人对你的发展有多好的建议，路最终由自己选择和行走。要自觉承担起自己未听从别人建议所选择道路的代价，不要去遗憾和后悔，重要的是在反思中坚毅前行。

——一个不把属于自己的事解决好的人，无形中就会给别人带来不必要的麻烦。

——历史已成为历史，难以改变，人的发展关键在当下，一定要把自己下一步该做的事情做好。

——一个不靠自己扎实的实力发展起来的人，难以受到别人发自内心的尊重。

——一个没有正确发展观的人，难以有真实和扎实的发展。

——人不能仅仅被人选择，要有实力去选择他人。

——一个能让别人为自己而自豪的人，才是真正获得成功的人。

——一个把什么都想放在手机里的人，一定是一个被动和懒惰的人。

——人不能把自己最珍贵的东西都放在虚拟的网络世界中，一定要放到纸质文本中，更要积淀到自己心里。

——要想把工作做好，必须有原则地包容一切，有目标地组织力量，有特点地合理分工，有成效地落实任务。

——一个无生活情趣的人，可能在工作，但不会生活，更不会幸福。

——无论任何时候都要明确，绝不做不利于他人的事，要做好自己在当下人生阶段必须做好的事。

——无论在任何时候，发展是第一要务！一个不能在早年做好自己应做事情的人，一生都在苦累着。

——要想做好工作，必须明确工作目标，厘清工作思路，确定工作时间，细化工作举措，落实工作成效，进行工作反思。

——一个领导者，不能仅仅要求别人做什么事，而应确定好集体愿景，提供好条件，让别人做好其符合集体愿景应该做的事。

——一个人能真正拥有自己，不是一件容易的事。一个真正有自己的人，应该是对自己所必须做的事，真正去用心策划、竭尽努力的人。

——女性要获得真正属于自己的幸福，必须坚持三个"独立"：人格独立、职业独立和经济独立。

——一个人在其早年发展过程中不可能没有遗憾，重要的是要在反思中不断扎实努力前行，尽力不再留任何遗憾。

——学术与生活密切联系，生活中不能忘记学术。一个能把学术和生活协调好的人，才是一个真学问人。

——人的发展实际上就是一生不断寻找新的平台和舞台，不同的平台和舞台，造就不同的命运和人生。为了在人生每个阶段都有适合自己的平台和舞台，人绝不能被动选择和等待，应抓住机遇、主动选择、尽力争取、不懈奋斗。

——要过有目标的生活，如果暂时找不到目标，那就去做自己最擅长的事情，并尽力做好。在做事过程中逐步确定好自己的目标。

——活力是生活的基础，生命的根本。只有每天保持活力，并不断生成活力的人，才能把自己的每一天过得充实，并留下真正属于自己的人生足迹和美好的回忆。

——做事难免有不成功的时候，但一定不要埋怨他人，更不能认为这个社会或这个单位对自己不公平。重要的是反思自己的不足，找到自己失败的原因，确定好自己该做的事情，怀着成功的希望，坚毅前行。

——一个真正具备领导能力的人，既能领导别人，又能被人领导。

——坚持每天对日常生活现象进行哲理思考，透过现象抓住本质，这既是一种生活积累，又是人生的体悟和思维的训练。

——既然今天与昨天不是一天，那么今天同昨天相比就应有所不同，今天要活出与昨天不同的样子。日日不同并一直在前行的人，才是一个真正在发展的人。

——要做好工作，就要在准确定位工作目标的基础上，对工作过程进行严密设计和管理。有好的过程，才有好的结果。如果失去对过程的严密设计和管理，把精力仅仅放在对结果的要求上，不仅不会有好的结果，而且会影响人际关系的和谐，将会累在人上，而不是事上。累在事上，实际上不算累；累在人上，那才叫真累，甚至是苦累。

——有为是在做事，无为也是在做事，很可能是在做更大的事。

——人对学问应该有敬畏之心，对人应该有敬畏之情，但这种敬畏不是束缚自己的发展，而是为了实现更大的发展。

——好的素质必须结合好的目标和好的性格，才能真正走出一条适合自己并属于自己的路。

——在人生每个阶段，要尽最大努力画上句号，而不是省略号、感叹号。

——人贵在聚焦适合自己的目标，强大自己的实力。有实力，才能有真正属于自己的成功！

——一个对个人发展不提前进行顶层设计的人，其发展一定是盲目和迷茫的，甚至会付出许多不必要的代价。

——一个不主动接受教师引导，而仅仅相信自己体验和体悟的学生，难以得到真实的发展。

——人在发展过程中难免有困惑和诱惑，但必须围绕自己高远的发展目标去及时解决这些困惑，特别是拒绝使自己远离发展目标的诱惑！在这个充满诱惑的社会中，一个难以拒绝诱惑的人，必难以达成既定目标！

——如果具备基本的做事能力，加之勤奋、认真、尽力，扎实过程，功夫到了就没有做不好的事。做事贵在不留任何遗憾！

——做事要有规范，做人要有规矩，生活要有规律！

2013 年 6 月

——无论在人生任何阶段，都必须有童心。有童心才有真心和活力，有真心才能成为"真"人，有活力才能成为完人。

——人在每个人生阶段难免有不如意，甚至伤心和苦痛，但为了把自己发展好，承担好社会、家庭、集体赋予自己的责任，必须有骨气、生气、人气和霸气，特别是要大气。

——一个对集体有高度使命感的人，既能大气做人，又能细致做事；既能宏观思维，又能微观思考；既能做好自己，又能管好他人；既能工作好，又能生活好。

——自己做不到的事，绝不要求人；自己能做到的事，可以要求人，但绝不强求人。

——如果自己已经认识到自身的缺点，那就赶快去改正。一个已经意识到自己的缺点，却不及时改正，甚至还一直对别人评头论足的人，难以有长足的发展。

——既然有缘在茫茫人海中相遇，彼此就要主动去相处、相知。人的发展离不开有效、有益的交往。有什么样的朋友，就有什么样的人生，不同的交往方式决定着人不同的人生轨迹和命运。

——既然人来到这个世界很不容易，那就为一大事来，做一大事去！

——一个能发展好的人，一定是既重视过程，又重视结果的人。一个对过程不超前规划、严密设计、扎实努力、驾驭时间的人，很难以结果称英雄。

——在这个竞争激烈的时代，人不能盲目去尝试，轻易去作为。要尽快定位好自己的专业和职业所在，做好顶层设计和超前规划，有目标地扎实前行。

——对一个有志于把自己发展好的人来说，把自己的爱好作为事业要慎重。自己的爱好要发展为事业，必须经过专业的学习和训练，更需要经过职业的熏陶和实践。专业和职业是事业发展的基础，离开专业性和职业性的爱好，难以成为事业。

——高考难以决定一个人一生的成功，但高考决定着一个人一生发展的起点。

——一个人无论有多大成功，有多少成就，一定要不断从零开始。成功和成就作为结果性话语，仅仅代表有积累的过去和新的发展起点。一个人只有怀着不满足的心情，具有虚心向他人学习的精神，保持着低调但不断奋进的态度，才能不断获得新的成功、取得新的成就。

——无论在任何社会背景下，善于自我批评并勇于接受他人的批评，仍然是一个有志于把自己所承担的工作做好并把自己发展好的人应有的美德。

——人不能只单独地去做一件事，做了一件事再去做另一件事，应能同时去做几件事。同时做好几件事的关键是准确定位自己的工作目标和发展目标，力求找到彼此的联系。这需要不断进行注意力转换能力和统筹兼顾能力的自觉培养和训练。

——实力强身，才能坦然面对这个世界。

——做工作切忌缺乏计划，不重过程，急于求成。

——无论做任何事，头脑必须清醒并有准备。机遇也总是垂青于清醒并有准备的头脑。

——稳定的研究方向，持续的研究成果，才能走出一条适合自己的学术之路！

——一个常被动发展、而不能坚持主动发展的人，每天轻松着，但迟早会苦累着；一个善于主动谋划自己发展，并一直坚持去扎实有效行动的人，每天会辛苦着，但迟早会成功并快乐着。

——人无论在过程中，还是在结果中，绝不能轻易放弃本来就适合自己做的事情。确定好目标，但不扎实过程，最后不放弃者，是过程性放弃；已在过程中做好准备，但在结果中放弃者，是结果性放弃。过程性放弃者，难以有好的结果，做事一般难以成功；结果性放弃者，可能会后悔、遗憾，甚至抱憾终生。

——快乐不能迟到，迟到难以快乐。

——在人生每个阶段，能否强大自己的实力、理智地做好适合自己的选择、把握好适合自己的发展机遇，是衡量一个人发展水平的标志。

——欲望太小，难以生存；欲望太大，难以发展！

——做人要圆融，刚柔并济；做事要沉稳，把握时机。

——爱人之心定要有，防人之心不可无，恨人之心绝不有。

——工作规范，才能工作轻松。

——尽孝一定要尽在过程中，而不仅仅是在结果中。

——当自己的亲人逝去后，人才能真正体验到发自内心深处的思念、想念和怀念。

——父亲对孩子的爱是无私的、永恒的，父亲对孩子不求回报，只是默默地付出；父亲可能不关注孩子日常的生活，但在孩子发展的最关键时刻，父亲对孩子会有最好的劝告、建议和适度的要求，但不会强求；父亲会为孩子活着并奋斗，自己苦累着，但尽力为孩子奠定生活基础，不让孩子去领略生活的艰辛；父亲的存在就是为了孩子的幸福，但培养出真正能理解、关心自己并使自己自豪和骄傲的孩子，才是真正幸福的父亲。

——失去亲人，伤心、伤情、伤感、伤身，是人生最大的痛苦。

——人要学会适度工作，绝不能逞能、逞强，否则会累坏自己、影响他人。

——宽容他人，实际上是在完善自己。

——每天六问：我对亲情是否关心和关怀到位，我的工作是否已尽力，我读书是否有收获，我思维的敏捷性、独立性、批判性和深刻性是否在加强，我的人格修炼上是否有进步，我的身体是否有精力和活力。

——人要差异性地生存，个性化地生活，错位式地发展。

——一个人具有平常心，才能很好地适应社会和生活，与人友好相处。吃饭也需要平常心，有平常心的人才能吃下任何人做的饭，欣赏任何人的厨艺，尽快融入自己所处的人群，使自己身心愉悦、生活安定甜蜜。

——一个大学毕业生必须形成以下基本定位：专业定位、学科定位、职业定位、城市定位和爱情定位。适合的就是最好的，一个连适合自己的专业、学科、职业、城市和爱人都不很清晰的同学，其发展是盲目和茫然的，会存在发展危机，甚至可能是危险的。

——做事，尽力则可，不要刻意追求；做人，尽情则可，不要刻意在乎。

——人在人生每个阶段都变化着，只有共同生活在一起，才能彼此真正了解和理解，即使兄弟姊妹也是如此。

——人绝不能一味地埋怨自己命运不济或时运太差，要相信命自我立，要尽力依靠自己去转变或改变自己的命运。

——人要让认真成为习惯，认真地做事，认真地生活，认真地爱。但认真也要把握好度，绝不能过度地认真。

——过惯了匆匆忙忙的快节奏生活，越来越发现慢生活也是一种有意境的生活方式，慢生活可让生活变得更细致。

——人不能太在意别人怎么看待自己，也要把心思用在自己怎么看待自己。

——要相信事在人为，更要善于抓住发展机遇。

——好人自有好后人。

——孝顺父母，乃为人之本。

——专心做事，才能做成事；专心做学问，才能做成学问；专心爱人，才能爱成一个人。

——学习无处不在。一个悟性好的人，无论任何时候都在学习，都会学习，都能学习，都坚持学习。

——人的追求应是自身幸福，而不是比别人幸福。

——人绝不能轻易去做自己未抉择好的事，否则不仅会累了自己，给自己带来负面效应，而且会误了他人，甚至伤害了他人。

——每日三思：我到这个地方（学校或单位）究竟要做什么，我究竟要做一个什么样的人，我今天究竟做得如何。

——是否养成每天读书的习惯，决定着人生质量。

——没有一个人生来就会做事。做事需要用心、策划和训练，需要好的目标的牵引和好的习惯的养成，需要坚强的毅力和持久的行动，需要不断总结经验并形成持续的经验积累。把看似不可能的事做成可能，这是做事的最高境界。

——人不能轻易放弃自己所做的事。一次放弃，可能就是永远的放弃。

2013 年 7 月

——人的精力是有限的，绝不能把自己有限的精力，投入到与自己发展目标背离的事情上。

——人不能活给别人看和看别人如何活，而是要考虑和解决自己怎么活。基于为社会贡献而活出自己，才能活得有品位。

——一个学生如果目标明确，精心谋划，踏实肯拼，而且善于处理好人际关系，能被周围老师和同学充分认可，以后在社会上一定能做出一番成绩，走出一条真正属于自己的成功之路。

——教师对学生有真诚的爱和欣赏，才能对学生的心灵有至深的引领和影响。

——要活好每一天，每天尽力做美好的自己，把自己尽力过得美好。

——一个什么都知道的人，不一定是能把什么事情都做好的人。

——既要入世作为，又要出世无为。

——一个集体责任感强的人，绝不能害怕别人发展得比自己好，甚至压制别人的发展，而应忧虑和担心别人发展得不如自己，要去主动关心和支持别人的发展。个体发展好，才能把集体发展好。

——家庭是工作和事业的基础。一个苦累在家庭的人，难以做好工作，更难以经营好事业。

——人要以德报怨，绝不能冤冤相报。

——身处网络时代，一定要注意独立思考，尽力形成自己真正的东西，有自己真正想说的话，有真正独到的感悟，这样才能成为信息的主人，而不是信息的奴隶。

——做工作力戒面面俱到，没有重点。要学会做有显示度的工作，力求每年有标志性成果。

——人一生有三缘：血缘、学缘和人缘。这三种缘一定程度上决定着人一生的发展层次和水平。

——做领导应该认真、细心、全面，既是帅才，又是将才，但绝不能事必躬亲。

——无论面对任何情况的发生，都要理性、冷静、低调、淡定。

——要一生坚持说实话、做实事、讲实效、出实绩。

——教育与人的一生相伴随，在人生的每一阶段，要学会主动选择适合自己的教育，不仅要把自己工作水平的提高、事业的发展与教育密切相连，而且特别要注意把教育与自己兴趣的发展、生活水平的改善、生命质量的提升等密切结合起来。

——做事要注意变通，原则不丢，灵活有余。

——人既然在其位，就必须尽其责，谋其事，抓落实。

——当一个人在理性基础上，用情面对这个世界和自己熟悉的人时，就会忘掉所有不愉快的事情，会把什么都看透并放下，笑对这个世界，用自己的情留下自己真正的脚印，呈现出自己真正的人性。

——人要勇于认识到自己的不足，并善于向他人的优点学习，但学习的前提和结果是：不失去自信，不丢掉自我。

——有大局观念才能做成大事，无自私观念才能问心无愧。

——只要公平、公正和公开，工作中的任何难题都会得到最好的解决。

——要学会很有耐心地倾听别人发自内心的声音，并换位思考。在这个基础上，才能充分、自由并有霸气地表达自己的观点、想法和思想，并使人心悦诚服，共谋发展！

——人不能把别人当工具，但又不能太自理。一个太自理的人，其发展会走弯路，并可能失去发展的机会和机遇。

——要把工作做好，必须善于研究，有想法和思想；超前策划并安排，不做无准备的事，有工作应急方案；微笑面对，无论在任何情况下，都不着急，不生气，不发火，更不能轻易批评人、骂人，甚至吵架。

——人不能一味地顺其自然，应在尽力基础上顺其自然。

——好好做事才能做好事，好好做人才能成好人，好好生活才能有好生活。

——活力是生活的基础，生命的根本。只有每天保持活力，并不断形成活力的人，才能把自己的每一天过得充实和扎实，留下真正属于自己的人生足迹和美好回忆。

——人生就是表演，必须寻找到适合自己的舞台。舞台实际上就是自己的平台，一旦找到适合自己发展的平台，绝不要轻易放弃！

——人发展到一定程度已不纯粹是属于自己的事，要把自己的发展与家族命运、集体发展、社会发展等密切联系起来，综合考虑、策划，并扎实有效地行动。只有这样，人自身的发展才能形成积累和积淀，并不断走向成功。

——人的一生本来就是忙忙碌碌的一生，但人的一生不能仅仅为别人忙碌着，在为别人忙碌的同时绝不能忘了自己。把自己发展好，活出自己，才能更好地为别人忙碌。

——善于抓住机遇，才能在人生每个阶段，都扎实、踏实和真实地发展好自己。

——说话和做事是人每天的基本行为。凡必须做的事，一定要做好万全的准备；无论在任何情况下，绝不说没有必要的空话。

——做工作切记不要累在人上。要精心谋划，合理分工，强化过程，善于用人，以身作则，激励到位，务实有效。

——人贵在公平做事，坦诚做人。

——对人的尊重要适度。一个太尊重别人的人，可能不会被别人尊重，失去了自己应有的尊严。

——人应该认真做事，但只有遇上或面对认真的人，才能使自己更认真，并共同把事认真做好。

——人生一定要有人气、人情、人脉，并形成人和。人气靠为人，人情需原则，人脉靠缘分，人和需魅力。

——无论什么时候，在什么情况下，研究生都不能失去对导师的尊重。导师是自己一生的导师。只有善于研究导师，跟好导师，研究生才能把自己发展好。

——人一定要有使命感。一个没有使命感的人，一定是一个无所寄托的人。

——人的一生一定要做适合自己的事，这需要定位，需要有适合自己的规划，更需要适合自己的行动！

——人与人之间的和谐是个人的发展基础。无论任何时候，都要善于摘花，而不是摘刺！

——做人和做事一定要把握好底线、坚守好底线，才能做好人、成好事。

——每日善于对昨日进行反思，才能使自己的生活在今日有好的开始。

——人应该适应社会和他人，去不断更新和改变自己，但在更新和改变自己的同时，必须形成自己的独特。人不可能赢得每个人对自己的喜欢，人也不应该去取悦每个人。一个人只有真正形成自己的独特和尊严，才能获得充分的进步和发展，真正赢得他人对自己的欣赏和喜欢。但切记，这种独特不是我行我素，孤芳自赏！

　　——胡适在毕业礼上的讲话："天下没有白费的努力，你们现在要离开母校了，我没有什么礼物送给你们，只好送你们一句话，这句话是：不要抛弃学问。趁现在年富力强的时候，努力去做一种专门学问。少年是一去不复返的，等到精力衰疲时，要做学问也来不及了。"

　　——易卜生说："你最大的责任是把你这块材料铸造成器。"学问便是铸器的工具，抛弃了学问便是毁了你自己。

　　——大气而小心做人，开拓而谨慎做事。

　　——操心就是一种真幸福。但一个真正幸福的人不能仅仅为别人操心，应该也被别人常操心着。

　　——人不可能什么都做好做强。人要学会在必要时候示弱，这样才能真正保护和发展自己。

　　——爱惜生命是生存和发展之本！

　　——做人不能食言，做事不能过度，不该做的不做。

　　——当一个人不敢随便与人相处，不敢随情做事，不敢随意做学问，有真正的敬畏之心后，就标志着他在成熟。敬畏过后，坚信自我，坚毅前行，一定会有快速的成长和发展。

　　——人最怕的是不知道自己该做什么，更可怕的是自己做了什么还不知道什么。

　　——只要自己尽了最大努力，一切都可以释然。

　　——一个有思想者，遇到一个思想者，才能一直思想着。但在遇到的同时，绝不能消蚀自己的思想。

　　——聪明的人不一定发展着，但发展着的人一定聪明。

　　——一个人绝不能一味被动地做无奈的事，而应主动地做适合自己并想做的事，特别要尽最大努力去做。

　　——一个认真做事的人，在条件不好的情况下，仍能克服困难，尽力认真做好，才是一个真正认真做事的人。

　　——人的思路很重要。无论做什么事，都一定要用心思考，确定好思路。对一个人的发展来说，思路决定着人的出路；对工作来说，思路决定着工作是否有序扎实和有成效；对一篇文章来说，思路决定着写作是否能顺利进行以及质量的好坏。

　　——一个不会当学生的人，难以成为一名好老师。

　　——人一定要把精力放在考虑自己如何做想做并能做的事情上，而不应把重点放在评价别人做了什么事或正在做什么事，甚至仅仅因为别人做了什么，自己就去做什么。

——一个不再彷徨、不再困惑，而是已确定好自己发展目标并扎实前行的人，每天一定在充实着、收获着。

——固本才能发展，固好身体之本，才能幸福一生。

2013 年 8 月

——人既然是一种过程性的存在，那么就要聚焦目标，尽力扎实好这个过程，力求细心、细致。

——规范并扎实好过程，才能有理想的工作成效。

——不想不切实际的事，不说没有把握的话，不做不了解的事。

——人的发展离不开机遇，但机遇不会经常垂青于人。机遇诚然是为有准备的人准备着，但也必须珍惜好，把握好。当面临机遇时，一定要尽快决断和选择，绝不能犹豫不决。错失机遇，将会终身遗憾！

——做好本职工作，孝顺好父母，常与爱人深层交流，把握好时机对孩子引导和关爱，这是人不能失去的四个底线。

——一个有好习惯的人，什么事情都能做好！

——一个人一定要学会信任。人与人之间既不能没有信任，又不能过于信任。

——人要想把自己的专业做得很专业，必须有长久的积累。有量的积累，才能在专业上取得质的突破。

——适度地自我约束，才能顺利地发展。

——交友之道是人生重要之道，结交不同的朋友就会造就不同的人生。但人不能仅仅好交友，更为重要的是交好友。

——无论在什么时候，尽量不生气，不惹气，不怄气。

——改变一个人要从先改变自己开始，教育一个人要从先教育自己开始，成就一个人要从先成就自己开始。

——一个善于选择适合自己做的事情的人，才能使自己有好的起点和发展平台。

——做自己喜欢的事，活得不会轻松，甚至很累，但能真正活出属于自己的精彩。

——做事前决策好，做事后不后悔！

——照片一般是把自己人生历程中美好的瞬间定格。要常翻阅自己的旧照片，这不仅会接续自己对美好人生历程的回忆，保持对已有生活的留恋，而且会激发自己对未来美好人生历程的向往，使自己为享受人生幸福而快乐前行。

——活着就要有目标和理想！

——要做好一项工作，必须本着认真而严谨的态度，充分调研思考，形成工作方案，组织大家讨论，收集各方意见，完善工作方案，形成集体意志，扎实有效落实。

——不做不了解的事，更不做无把握的事。

做学问一定要有自由的品格、独立的思考、求同存异的精神。

——阅读和写作具有密切的关系。从一个个体的学术成长来看，阅读比写作更重要、更基础。没有每天坚持的好的阅读习惯，没有大量的阅读，谈不上真正独立的写作，更不会有能留下历史痕迹的作品。

——做工作要大处有思路，细处有考究。

——写作一定要注意，究竟能给读者带来什么新东西，是否发了前人所未发的新意。

——做学问，一半以上的成功机会就在选题。

——做好学问的基本标志就是著书立说，这需要积累和积淀，是需要漫长努力的事业。

——一个好的研究者，视野既要广阔，又要深邃。

——研究好工作，才能策划好工作，进而落实好工作。

——人的发展，需要别人提醒，更需要自省。

——学生时代遇上欣赏和喜欢自己的老师，一生才能充满自信并有好的发展基础。

——再好的网络交流，也不能忘记与家人的交流。

——抓住人的心，才是真心；抓住人的情，才是真诚；抓住人的缘，才是真爱。

——学业上出人头地，这是普通家庭孩子发展的最有效路径。

——一个真正的学问人应具备以下品质：生活由兴趣主宰，会享受生命的乐趣，具有明确的人生长远目标，能靠不同的来源不断形成广博的知识积累，较早地确定好适合自己的研究方向，与古人能"神交"，善于接受挑战并克服困难，坚持自己的理想而不放任自己。

——路只要走对，就不要怕远。

——师生交往是人最基本的交往。无论在大学时代，还是研究生时代，无论多忙多累，教师和学生都应彼此寻找并把握好缘分、机遇和机会，主动去交往和交流，共同生活和活动。没有良好的交往和交流，难以有好的教育质量，学生更难深度发展，难以留下对大学生活的美好记忆。

——人需要他人的培养和教育，但更需要自我完善和自我教育，后者决定着在人生发展之路上究竟能走多远。

——人要把事情做好，心情很重要。要主动调节好心情。再不好的心情，也不能影响自己所定目标的实现、影响个人的发展。

——人的目标并非都依赖于有意去实现，有时目标可能无意就实现了。这需要让目标成为信念，内化于心，潜藏于身。

——世界上有许多有意思的事情，人不可能也不应当只对某件事有兴趣并着迷，应具有多方面兴趣，这样才不把自己束缚起来，才使生活更丰富、更有趣味。但人的精力和时间毕竟有限，一定要有中心兴趣，并在一定阶段需牺牲一定的兴趣，着力于做好最感兴趣的事，这样才能真实而扎实地发展自我。

——人生应该有长远的目标，但在每个人生阶段必须把目标细化，力求能去具体操作和实现。

——网络生活是人的生活，但再好的网络生活也不是人的实际生活。人不仅应做好网络生活的主人，不要被网络化，而且要过好自己的日常生活，这样才能使自己活得有人性、人情和人味。

——要想做最好的自己，必须在人生的每一阶段，对自己的发展进行顶层设计。

——个体发展绝不仅仅是个体的事，也在影响着集体的发展。个体是集体发展的基础和支撑，不能离开集体去发展。个体发展好，可带动集体的发展；个体发展不好，将给集体发展带来负面影响，甚至伤害集体的发展。

——人除了睡着，就是醒着。但人不能仅在生理意义上醒着，更需在发展意义上常醒着，这需要提醒和警醒自己，但绝不要惊醒。

——精心地筹划好每天的工作，才能把每天的工作做得细致、扎实和有效。

——认真是一种方式、态度、习惯和境界。只要认真而不刻板，认真做人就是真做人，认真做事就是真做事，认真做学问就是真做学问。

——做，需要能做，更需会做。会做人才能做好人，会做事才能做好事，会做学问才能做出好学问。

——经营好家庭才能成就好事业。

——一个尽力把自己发展好的人，才能真正享受到别人对自己的尊重。

——人的悟性很重要，既需要感悟，又需要领悟，更需要自悟。

——懒惰是人的本性,但一个有志于把自己发展好的人,必须克服自己的惰性,把勤奋、刻苦、奋进内化为每天的习惯。

——人在其发展过程中,遇到任何事都要处变不惊,妥善应对,更要形成自己独特的发展方式。

——一旦拥有适合自己的目标定位,绝不能常挂在嘴上,更不能去高谈阔论,而应把目标去有效分解,使之具体化、可操作化,特别要把目标转化为自己的信念,成为每天自觉而有效的行动追求。

——好读书,才能成为一个有想法人;读好书,才能成为一个有思想人;读书好,才能成为一个有品位人。

——人,无论对人,还是对己,一定不要有过分的要求,也不要强求,更不要做超乎寻常、别人认为奇怪的事情,那样会使人误会。人生一旦确定好适合自己的事,旨在尽力尽心并一生不懈地去做。这样可能在为做事劳累着,但习惯了就不累了,一定不要累在物上、人上。

——做事一定要用心、操心、细心和小心。

——事情再多,也要张弛结合。身心放松,才能轻松做事!

2013 年 9 月

——人可以顺其自然,但绝不能无目标地顺其自然。在人生每个阶段,人都要确定好适合自己的目标,尽心尽力后,对结果顺其自然。

——人可以没有发展的野心,但绝不能失去发展的底线。在人生任何阶段,一定要准确定位好自己的底线,保底求生存。

——做学问,需要做得渊博,更需要做得精深。

——人离不开爱,但仅仅去爱人是不够的,也要自爱,更要被人爱,并能真正享受到被人爱的乐趣和幸福。人本就应是爱人、自爱和被爱的统一体。

——学问无处不在,不能把学问仅仅局限在书本。

——有明确的发展定位,才能找到适合自己的发展方位,进而不断提升自己的发展地位。

——无论对事还是对人,力求不要形成成见。一旦形成成见,既影响见识,又难有远见。

——要好好读书,但绝不能成为书本容器,更不能成为读书机器。读书一定要注意读出思考,读出生活,更读出人生。

——走自己的路，让别人去说吧！当自己有这种心声时，一定要注意自觉地把个体发展融入集体和社会发展中，使个性融于共性。人应追求独立，崇尚个性，但绝不能特立独行。

——人不能一味地奉献，也需正当地索取。

——夫妻之爱，基于彼此缘分，成于相互欣赏，毁于互不包容。

——做事需要用心、痴迷并善于研究，形成风格。如果达不到这样的境界，即使做事多年，水平也很难提升，甚至会下降。

——人好用，做不好自己的事；好用人，自己的事做不好；用好人，才能做好事。

——无论在任何情况下，人都不能失去对他人的尊重。眼神、话语、行为等都要体现出对他人发自内心的尊重，特别要注意倾听别人的话语和声音。

——尊重别人实际就是在尊重自己。

——有定位才能有作为，有作为才能有地位。

——人应该勤奋努力，踏实工作，但绝不能以健康为代价去拼命工作。做好工作，贵在训练好自己的注意力，把握好工作的尺度，合理分配好时间，学会授权给他人，形成结构合理的工作团队，相信别人能做好事，甚至比自己做得更好，注意好生活层面的合理休息。

——对任何人的基本底线：绝不能失去自尊。

——没有远虑，就有近忧。一个对自己的发展没有长远考虑的人，势必难以理性处理好目前遇到的问题和难题，给自己带来无尽的烦恼。

——理解好父母，才能孝顺好父母。

——如何对待他人，实际上就是如何对待自己。

——能否时刻准备给予，这是衡量一个人成功和优秀与否的基本标准。人只有在给予，而不是在索取和占有中，才能真正享受到人生的快乐和幸福。人只有在正当的索取和无私的占有中，才能保持心灵的宁静。

——人活着就是一种责任，要负责任地生活，有责任地去成长和发展。

——不伤害人，这是做人和做事的基本准则。伤害了人，实际上也就伤害了自己。

——对自己，精益求精；对他人，有求必应。

——无论任何事情，习惯成自然就不累了。

——无准备做事，被动做事，难做成事；超前做事，主动做事，易做成事。

——人的说话很重要。要说自己想说的话，说话清楚并当真。

——求教和继承，这是学生对教师而言的基本职责。

——人的发展既然具有多种可能性，那就绝不能单一地选择，单一地做事，单一地生活，单一地成长和发展。

——能否把自己泡在图书馆，这是一个人能否做出并做好学问的前提、根本和保证。

——人要发展好，必须有适度的野心，勃勃的雄心，持久的专心，无私的爱心，深入的关心。

——思想着的人一定是爱读书的人，爱读书的人未必是思想着的人。

——一个不能超前思维并超前工作的人，很难超前发展。

——做事要谨慎，但不失开拓；做人要本分，但不失个性；做学问要规范，但不失风格。

——一个每天都目标明确、勤奋学习、踏实工作、真诚待人并尽余力去享受生活的人，一定不会埋怨着、抱怨着，甚至怨恨着。

——一个把握不好自己的人很难发展好！

——有想法的同时一定要有办法。

——人的道德修养水平提高到什么程度，其发展水平实际上就到什么程度。

——人难免有嫉妒之心，但绝不能有嫉妒之行。

——人与人彼此了解很不容易，需要通过活动多交往、多沟通。这是因为，自己了解的人不一定是了解自己的人，了解自己的人不一定是自己了解的人。

——人的发展一定要主动，绝不能被动。主动的我才能形成真正的我，真实地发展着；被动的我难以形成真实的我，无奈并苦累地发展着。

——当自己理想的目标未能实现时，首先应反思自我，而不应苛求、甚至责怪他人。

——想要过好自己的生活，必须选择适合自己的生活。

——人不应怕想到，而是怕想不到。

——要做好学问，态度需积极，资料需积累，成果需积淀，霸气需积蓄。

——对于成人来说，不要总以为自己在教育着孩子，实际上孩子也在教育着你。

——为了把自己发展好，要珍惜一切机会，抓住一切机遇。

——把自己发展好，才能与人有真心、真诚和真实地交往。

——无中西文化底蕴，难以做好真学问。

——把人当人，才能使人成人。

——认真并用心做事，就会有好机会、好机遇和好运气，才能把事做好，做出精彩！

——让别人对自己放心，这是别人对自己的最大信任。

——学习无止境，必须有目标。

——时不等人，人要有时。

——不读书难以做学问，去读书也未必能做好学问！为学问去读书，必须聚焦目标并解决问题，绝不能随意去读。

——人最重要的选择是不做什么，而不是做什么；人最需要考虑的后果是不做什么会影响什么，不是做什么会带来什么。

——已有的一切都可能成为历史，新的一切都可能发生。

——有适合自己的理想，才有自己理想的真实实现。

——人不能仅靠唤醒自己去改变自己，也要善于接受别人的唤醒、提醒、建议去自觉改变自己，使自己向最有潜力的方向踏实、扎实地生存和发展！

——一个总在网上"冲浪"的人，是没有真正属于自己自由的人！

——再聪明的人，如果没有明确目标，又不勤奋踏实努力，就不会有真实的成长和发展。

——人应该自强，但绝不能太强势，需要适度地示弱。一个不会适度示弱的人，会给自己带来不必要的烦、苦、累和痛。

——严格要求自己是要求别人的前提，要求好自己才能要求别人。

——一个人养成良好的生活习惯很重要。不良的生活习惯会影响着人工作思路的清晰和工作效率的提高。

——对别人的尊重实际上就是对自己的尊重。

——人不能仅仅活着，一定要活好，更要活出自己的特色。

——人既需要奋发有为，又需要顺其自然、顾好生活。一个只想着做好事业，而不顾家庭、生活的人，不仅无益于自身，而且会影响着他人，甚至会伤害他人。

——人生最幸福的事莫过于找到一个好的伴侣，平静、和谐地过着每一天。

——真正的人生指南不是以别人为榜样，而是对自己的人生历程进行体悟后发出的内心的声音，这需要记录、记载，更需要累积和积淀，并形成自己的坚定信念。

——人一旦有人气，就不会气人了。

2013 年 10 月

——自律的人才能自强!

——无论在任何情况下,要想做好工作,绝不能偏离主要工作目标。做好重点工作,才能形成工作特色。

——有责任才能有爱心,有爱心才能有奉献,有奉献才能有作为,有作为才能有地位。

——做人靠本分,做事靠本事,做学问靠本真。

——工作不能强求,但一定要有要求。

——不能总认为自己正确,要善于发现自己的不足。

——要把有效率化为自己的信念,有效率地学习,有效率地思考,有效率地工作,有效率地生活,有效率地交往。

——别人都有自己的生活,一定要过好真正属于自己的生活。

——做事必须准备好,不做没有准备好的事,更不做无任何准备的事。

——伤心事尽力避免,伤感事尽量不要去做,伤害事尽最大努力绝不去做。

——身处网络时代,一定要每天独立思考着,独立思想着,不离群地独立行走着。

——人活着就是为了牵挂。

——可以超常规发展,但绝不要去做违背常理之事。

——一个无私的人,一旦活出自己,才有真正的无私,也才有真心、真爱、真责,更有豪气和真情!

——无论做人和做事都要善于主动为别人着想,这样才能积聚起人气,累积成人脉。

——人不仅需要自我认识,更需要自我建设。自我认识是自我建设的基础和保证,自我建设旨在自我发展。如果有一个好的自我认识,就能进行好的自我建设,进而实现自我的真实发展。

——做人做到大家心情上,做事做到大家心坎上,做学问做到大家心灵上。

——对研究生而言,该读的书很多,一定要尽快形成自己的问题域,为解决问题去读书;该思考的问题很多,一定要聚焦自己的问题域去思考,并不断地去解决。

——人要有专业,但应不为专业所限。跳出专业才能做好专业。

——要把认真、严谨、细心、细致、踏实、守信、灵活化为自己一生的工作习惯,成为自己一生的基本信念和形象。

——堂堂正正做人，勤奋务实做事，是人的本分。

——做事要踏实，做人要诚实，做学问要扎实，生活要朴实。

——人不能仅仅凭自己的理解去做自己想做的工作，要善于理解他人，并善于接受他人的意见和建议，把工作做到人心坎上！

——有寿就有福，有福才有寿！

——真正对自己一生负责的人一定是自己！

——做好学问的关键是要一直聚焦一个问题领域，一直不断去做。

——生活的希望就是把不可能变成可能，生活的无奈也是不可能居然成为可能。要每天心怀希望，尽力实现，更尽力避免无奈。

——能读书、会读书、爱读书，将读书作为生命、生活的一部分，并在读书中思考和感悟，通过读书提升自身价值。

——一个对自己的未来进行明确定位的人，知道哪些事情该做，哪些事情不该做；正确选择，少走弯路，能减少自己发展的知识成本、经济成本和时间成本。

——一个对未来有明确规划的人知道自己发展的方向，所以不茫然；一个对未来有长远设计的人知道自己该走什么样的路，所以决然。一个不茫然且决然的人，一定能最大限度地实现自己的人生价值。

——一个人的发展中肯定会遇到各种各样的困难和挫折，有来自学习的困难，有来自工作的挫折，有来自生活的不如意，这些都是不可避免的，但无论发生了什么，都要对自己满怀信心。要树立一种信念：生活中遇到的种种困难和挫折都是为了让自己更优秀而必须经历的磨炼。做一个充满自信的人，相信自己能做好，相信自己能发展好，相信自己能成功。

——人是社会中的人，在社会中不断获取生存、生活、发展的各种营养，反过来，社会是人的集合，也需要个人勇于担当社会责任。这既是社会发展的必需，又是个人对社会的回馈。人应该勇挑重担，肩负起属于自己的那一份责任，自觉地将自己的发展融于社会，并尽力为社会发展做出自己的应有贡献。

——踏踏实实做事，实实在在做人，开开心心生活，健健康康发展。

——只要尽心尽力尽情，就会顺利顺心顺气！

——好读书才能读好书。

——一个对过往历史没有追问之念的人，难以做出好学问，并难以成为学问人。

——无论遇到什么着急的事，都要坚持这样的信念：着急而不急，经历就尽力。

——年怕中秋，月怕过半。古人这句话很有道理。珍惜好光阴，管理好时间。

——人发展好的三个前提:专注于适合自己的领域,专心于适合自己的事,专情于适合自己的人。

——适合自己的需要才是最好的需要。只有对自己的需要进行适合自己的选择,才能抵抗得住各种诱惑,耐得住寂寞,才能坚定地、精力集中地为选择的目标努力,也才能走出一条真正属于自己的人生幸福之路。

——做学问是目标,也是习惯和生活方式,更应是对生命的态度和生命的内在构成。喜爱学问的人才能做好学问。对学问,就应像爱一个人一样,要一生不离不弃。

——人的发展要学会归零。

——每个人拥有的有效时间都是有限的,要想最大限度地实现自己的人生价值,我们需要根据自己的实际情况确定自己人生的目标,并毅然决然地为目标的实现进行不懈的努力,扎扎实实走好每一步。

——孩子是父母一生的责任,但再爱子心切,也要理性和理智爱子。

——人既需要有真诚之心,又需有防人之心。

——人生有不同的体验,不同的体验形成不同的人生。

——有体验,才能形成经验;有经验才能理智做事;有理智,才能一生平安;有平安,才能日日幸福。

——对自己的人生进行合理的规划是一个人对自己人生负责的表现。

——自由需要适度。没有自由,难以发展好;过度地自由,对发展会带来伤害。

——做好工作需要体力、能力、魄力、精力、活力。有体力才能有能力;有能力才能有魄力;有魄力才能有充沛的精力;有精力,才能有真正不竭的活力。

——想不操心,就要放心。

——毕业文凭的高低是否决定着工作的好坏,这个问题很值得深思。

——人要做好人,但必须是有骨气、有原则和有价值的好人。

——人最重要的是从自己做起,把自己发展好。一个要求他人的人,更必须做好自己。

——人的责任究竟是什么,很值得思考并定位。但无论如何思考和定位,也不能仅仅考虑工作责任、社会责任、家庭责任等,而忽视作为人的精神责任的存在。

——积极进取,既应是人的本性,又应是人的习惯、态度和精神。

——想要开心,就要宽容。

——自觉去克服掉惰性,主动地发展好自己。

——把不断形成思想并不断突破思想的边界作为最大的乐事。

——陶行知先生曾说："出世便是破蒙，进棺材才算毕业。"实际上，有生命的时候就是接受教育的时候，生命的结束意味着教育的结束。

——做学者，就要自信，不盲从，要形成自己独特的话语和思想，并坚持用自己的研究成果说话。

——人生重在经营和积累。

——一个大学人，必须以专业为根基，自立、自信和自由发展。

——人要实在，但一定要把握好度。

——不要总说累，没有不累的事。人可以累着，但绝不能苦累着！一个人总在做着自己不喜欢的事，并太在乎别人的评价，这个人一定在苦累着。

——学问有多大，人格就要有多大。

——人只是部分地存在于所有个人之中。一个发展好的人，一定在主动地重视着人与人之间真心、真诚、真情和真实的交往和交流，并在这种交往和交流中相互弥补并不断地发展着自己。

——好的教育必须能引导人去好学。好学的重要标志，就是好读书，多读书，读好书，并通过读书不断地去完善自己。

——无论在任何时候，一定要了解好自己，把握好自己，掌控好自己，驾驭好自己。

——理解并反思他人的所作所为，自己才能有理性而不失情感的所作所为。

——实在的人才能实在地做事，并做实在的事。

——活着的人每天都在活着，但人绝不能无目标地活着，也不能仅仅为生计而活着。人一定要活得有目标，有成就，有活力，有灵魂，有骨气。

——专业和学科是一个学人的基本载体。学人对专业和学科的学习和研究绝不能仅仅停留在知识、技能、思想、方法等层面，必须深入到兴趣、情感、责任和价值观等层面。只有这样，学人才能有高远的目标、强烈的责任、激情的投入、自豪的成就。一个学人只有达到这样的境界，才能以专业和学科为载体，不累着，而快乐和幸福地生存和发展着。

2013 年 11 月

——要幸福，就要有好心态。

——学会不做，才能会做。

——对一个人的个体发展而言，人要主动想着并追着做事，绝不能等着做事。

——要想有好命运，必须有好追求。

——昆德拉在《不能承受的生命之轻》中说，人永远都无法知道自己该要什么，因为人只能活一次，既不能拿它跟前世相比，也不能在来生加以修正。

——无论在任何时候，人都要想到他人的存在。你有时可能没有想到他人，但他人可能一直想着你、时刻牵挂着你。人应该自理，但也要顾及他人。太自理的人发展下去，就会成为自私和冷漠之人。学会想着他人并善于求助于他人，你与他人才能有真诚、真情的互动和交往，也才能真实地得到发展并使自己成为对他人有用之人。

——过好适合自己的生活，才能有本真的自己。

——再好的网络学习，也代替不了书本的学习，更代替不了在教师指导下的学习。

——人的发展需要平台，也必须有平台。在人生发展每一阶段，人一定要学会为自己的发展不断主动去搭建适合自己发展的平台。

——强大自己，才能活出自己。

——学问是慢活，不能在某一阶段集中自己一切精力透支生命去做，需要把学问作为自己生活的一部分，并成为生命的内在构成，每天对自己的研究方向去坚持、勤奋和积累。

——一个有志于把自己发展好的人，无论在什么情况下都要自信、自强，充满战胜困难的信心和决心，不要轻易地去说自己不可、不能、不行。

——要做好工作，仅仅去抓工作是不够的，必须依托一个团队，去真抓，抓紧，并抓出工作的效率和成效。

——一个人要想在学术研究上取得成就，至少在二十岁就应明确了自己的学术生涯。

——人要活得真实，就必须活在真实中。

——人生就是一种期盼，并应不断在期盼着，使自己的人生持续地充满希望。但人绝不能去期盼自己完全不了解的东西。

——两个最初相爱的人，最终却不再相爱；两个最初不相爱的人，最终却在相爱着。爱基于缘分，成基于共同价值观的相处和经营。

——重情，才能情重。

——我们要理性地认识变。不要认为变就是应该的，对的，好的，进步的。人有时候需要不变。所谓不变，就是常，就是坚守，就是保持特色，保持个性，保持自我；所谓变，就是变异、变化、改变，就是突破自我，超越自我，同时也是完善自我。人的发展是不变和变的统一，不该变的绝对不能变，该变的必须尽快去变。什么不变，如何去不变；什么需变，如何去变——这需要每个人全面抉择和把握，这种抉择和把握一定程度上决定了个体成长、成熟和发展水平。

——自己尊重自己，才有可能受到别人尊重。

——没有知心朋友，难以有理想发展。

——人要每天快乐和开心，心中必须永远有阳光。

——静心，才能心静；心静，才能致远。

——一个人应该认识和想到自己，但也必须去认识和想到他人。

——管好自己，才有可能管好别人。

——人应是主动和被动的统一。人不能什么都主动，有时需要适度的被动。一个太主动的人，实际上是心中没有他人的人。

——谋划好自己，才能发展好自己。

——读书的选择也是人生选择的重要方面，一定要据自己的人生目标选择好适合自己所阅读书的范围、种类和具体书目。读什么书，在一定程度上决定着成为什么样的人。

——做事切忌操之过急，要有适度的耐心，并善于把握时机，学会等待。

——人的精力是有限的，一定要把有限的精力投入到该做的事情上，不该做的绝不去做，远离自己人生目标的事一定及早放弃。

——一个再聪明的人，如果不能较早地找到适合自己的人生价值定位、职业定位、工作定位、专业定位，很难得到理想的发展。

——做好工作，需要制度、规程、规范、集体远景和他人的要求，更需要自己的兴趣、信念、毅力、良心、责任、合作精神以及适合所从事工作的性格。

——倾听好别人，才能表达好自己。

——稳定的研究方向，持续的研究成果，这是做好学问的前提、基础和保证。

——做好学问，必须要好做学问。

——不会做事，一定不要去当事，否则就要误事，甚至坏事。

——做事一定要注意适合并适度。不做事，有时反比做事好；多做事，有时还不如少做事好。

——好的作为，才能有好的形象。

——人应该常为别人着想，但一定要去想别人之所想。

——发展好自己，才能回报好他人。

——人要用脚把自己的路走直，必须进行合理的筹划、规划和计划，形成适合自己的经历和阅历。

——做自己想做的事，才有可能很开心，并能真开心。

——走出自己，才能认清自己。

——拒绝一切不利于自己发展的诱惑，才能有可能静下心来做好自己所追求的学问。

——人的发展没有可比性，一定要准确定位、顶层设计和策划好适合自己的发展之路，并拒绝诱惑，不断克服困难，消除困惑，坚定不移地走下去，最终走向成功。

——对制度而言，不能仅仅考虑如何去制定，必须同时考虑落实和执行。在制定制度时，必须强化制度的有用、实用、管用和效用。

——活得有目标，才能活得真开心。

——学问之道无他，聪明和勤奋而已。学问需要思想和智慧，但更是日日功，需要有兴趣并有激情地每天去做。然而，学问不是人生的全部，要做好学问必须处理好学问与生活、工作的关系，更何况，生活和工作也有学问，甚至就是学问。

——人应该操心，但一定要注意操别人想操之心，正操之心，要操之心。人既不能操心过度，又不能过度操心。操心过度，自找烦恼；过度操心，失去自我。

——与教育一样，发展也是与人一生相伴随的概念。人应该活到老，学到老，更应该活到老，发展到老。一个有志于把自己一生都发展好的人，无论在人生每个阶段发展得多好，都要时刻有发展的使命感和危机感，更要善于不断反思自身发展，准确定位好自己下一步发展目标，学会超前发展，并真实地在超前发展着。

——社会不可不办社会教育，教育不可不办社会教育。

2013 年 12 月

——无论在任何情况和情景下，都要淡定。淡定既是一种态度和气质，又是一种修养和境界，更是人生的一种层次和品位。

——有实力，才能有自尊。

——人生对于每个人来说都是有限的，活一段就少一段，一定要反思走过的人生，珍惜并走好自己的每一步，使自己每天有目标、有激情、有活力、有自豪，充实、扎实、踏实、真实。

——控制好自己，才能走好自己。

——要很好地了解、思考和研究人，仅仅在书本和思维中进行是不够的，必须走进现实生活中，走进人与人的具体交往实践中，走进人与人之间真心、真情、真诚、真实的心灵碰撞中。

——人要有自己，但绝不要自觉或不自觉地封闭自己，而应善于并主动与人交往，使自己适度开放并鲜活起来，这样的自己才能有活力、有生气、有激情，才能感召人，才能悦纳自己并被人欣赏和喜欢，才能做好自己想做的事。

——善于研究好自己，才能真实地发展好自己。

——人一旦坚定了做学问的追求，就一定要坚持下去，做出最好的学问。

——做学问也需要顶层设计，否则难以做深、做透、做大，并做出特色和风格。

——做事，急不得；不能急、得不急，才能把事做得扎实、踏实、平实，不留遗憾，并有成就感。

——伟人总有名言。

——尽好自己的职责，这是人的本分和发展的底线。

——人在学习、研究和实际工作中不可能没有困难，关键是要厘清和讲清，并积极去应对，有效去解决。

——做学问是一种慢活，不能急，更不能急于求成。要做好学问，必须要有做学问的精神：去质疑、去批判、去探究、去互动、去合作、去生成、去创新。

——人只有把想做的事情、爱做的事情和真做的事情一致起来，才能把事情做得扎实、踏实和有效。

——人做事的精力是有限的，在想好要做什么事的同时，一定要想好究竟什么事不去做，这样才能把事做得扎实并富有成效。

——主动并超前对自己的发展进行顶层设计，才能抓住适合自己的发展机遇。

——自觉去传承传统，才能把学问做深、做透、做强。

——人生贵在功成，而不是成功。

——孩子不如自己，这是人生最大的有亏和遗憾。

——人一定要去想，但不能仅仅停留在想什么，必须把想延伸到想到哪里，想进入哪个层次，才是真想。

——总结好工作，才能扎实好工作；总结出亮点和特色，才能汇报好工作。

——倾听好他人，才能指导好他人。关心好他人，才能积聚起人脉。

——没有理性和激情相结合的思考，难有不平庸的学术人生。

——学术共同体的和谐，是学术共同体发展的生命。

——做好真正的自己，帮好值得帮助的人。

——从小事做起并做好，才能真会做事，并成就大事。

——人格决定着自己的品位，品位决定着自己的形象和地位。

——没有自由的心灵，难以有活泼的创造力。

——一切都有可能变化和发生，但无论什么变化和发生，都要冷静、理智和智慧地面对并应对。

——对生活有更高层次的品位和追求，才能形成内在强劲的发展动力，找到适合自己的发展平台，形成独特的人生轨迹。

——人要知道不做什么，才能做好自己该做的事；人要知道不写什么，才能写好一篇文章；人要知道不说什么，才能说好自己该说的话。

——无论在任何时候，都要静下心来，做自己想做的事情。

——包容别人的同时，实际在提升着自己。

——怀有为了他人而做事的抱负，才能有强劲而持久的发展动力，在成就别人的同时成就着自己，可持续地、真实地发展着自己。

——做研究，问题的选择和确定很重要。确立需要长久思考来解决的大问题，才能做出大学问。这需要不断去聚焦、读书、静思、积累和积淀。

——做人有底线，做事才能有原则。

——冷静思考，平静做事，安静读书，沉静写作。

——做事按规矩，有规范并能细落实，这是高效率做好事的基础和保证。

——管理好情绪，才能调节好心情，协调好人际关系。

——被信任是一种快乐，更是一种责任。

——有志者，必事成。

——对一个年轻人而言，当别人开始认识、关心和关注你在做什么的时候，就是你走向成功的开始！

——对于一个学问人而言，只要沿着适合自己发展的主流学术之路坚毅前行，一定会走出一条真正属于自己而不失社会和学科责任的成功之路。

——一个不能自觉担当学科责任感和使命感的人，很难从事好这个学科，更难对这个学科的发展做出具有其特色的成就。

——乐业，才能真正敬业。

——研究不好工作，发展不好自己。

——人的精力很有限，一定要把自己的精力投入到该做并必须做的事情上。

——一个人难以离开集体而生存和发展。在集体中，一个人可以，也应该有其独立和自由，但必须对集体，特别是集体远景和价值观，有主动和积极的认同。

一个对集体没有强烈认同感的人，很难发展好自己。

——与其梦想成真，不如做事成真。

——勇于担当，才能尽力做事，尽情做人，尽心做学问。

——不断超越自我，才能不断超前发展好自我。

——决定好要做的事，一定要坚韧前行，绝不要轻言放弃，更不能最后放弃。

——思考好深远的事情，才能做好当下的事情。

——做事应该认真、谨慎，做好充分的准备，并把握好节奏，但一定要把事尽力并尽量往前赶，而不是往后放。

——人应该发展好自己，但绝不要太累着自己，更不要去透支自己的生命。

——一个在学生时代不能把主要精力放在学业和读书上的人，会失去自己一生发展的基础，更难以做成大事，成就大业。

——找不到适合自己的定位，难以有好的作为。

——人一定要定位好自己需做、该做和要做的事，既不能让别人代做自己应该做的事，也不能代别人做自己不应该做的事。更重要的是，一定要做好别人不能代替自己做的事。

——一个对书不能感动，没有激动，不去与书互动的人，难以把书读进去，并走出来，更难以把书化为自己的知识、智慧、情趣和心灵。

——在这个充满诱惑的时代，一个有志于把自己真实地发展好的学生，一定要尽力拒绝名利的诱惑，不断在自己专业上精进。

——研究也有其路，研究走对路，才能真实地做好。如何让研究上路，这是研究生时代必须解决的基础性和根本性问题。

——一个把学问作为自己一生兴趣和志向的人，应该有做学问的规矩和规范，但绝不能有框框。

——做学问只有能做到规模博大，天地广阔，能自我孤独，但又能与学界精英密切合作和交往，才能做好大学问。

——只有心灵日趋于淡定和宁静，人的身心才能越来越愉悦，真正走向并享受幸福。

——要做好工作，自身以及团队的实力很重要，但与他人情感上的交流、合作和沟通也很重要。善于让他人支持和帮助自己和团队做好工作，这也是一种工作能力。

——一个好的研究者，不仅表现在做好适合自己的研究，而且表现在善于组织团队开展好适合团队的研究。

　　——对一个真正学问人来说，去做学问，就要发展自己；做着学问，就在发展着自己；做好了学问，也就真实发展了自己。

　　——认识别人，实际在认识着自己。

先生致青年：大学教授的十年箴言

2014 年

2014 年 1 月

——人生就是相遇、相会和相知，网络拓展了我们相遇、相会和相知的可能。

——做任何学问都有时间、知识等成本，更何况人的精力是有限的。一个想做好学问的人，要学会不去读不该读的书，学会不写不该写的论文，学会不去思考不该思考的问题，这样才能把学问做得真实、扎实，把学问做深、做透，做得没有遗憾。

——该做的事情一定要趁早做并做好。

——关心他人，实际是在关心自己。

——心中有他人，才能真正有自我。

——科学研究，重在视野、方向、组织、团队、成果、质量和特色。

——人的相处不能仅仅是与人相处，还必须与自己的心相处，并相处好。人的困惑和苦恼有时不是来自与他人的相处，而是来自与自己心的相处，这正是自己与自己过不去的个中原因。人既需要修好自己的身——与人相处好，又需要养好自己的心——与自己的心相处好。

——成为一个风雅之人，这是心灵的净化和召唤。

——身处网络时代，必须管理好时间，学会不浪费时间，特别是不要在上网时浪费宝贵的时间。要利用好网络，但绝不能把自己的学习、工作和生活定格在网络。

——一个人要想走出一条适合自己的成功之路，那就应该既成为自己想成为的人，又成为他人认同的人，更成为社会所需要的人。

——一个想发展的人，不一定就能发展好。这需要目标、动力、策略、平台、和方式。

——人对自我的认识有三个层次：认识着自己，认识到自己，认识了自己。认识着自己，才能发展着自己；认识到自己，才能发展好自己；认识了自己，才能发展了自己。

——人生的可贵，就在于不断去追求，但这种追求难以离开集体，需要对集体具有强烈的责任感和使命感。集体远景一旦形成，个体就要自觉地定位好自己的位置，把集体远景化为个体目标，精心策划，坚毅前进。个体只有通过为集体作贡献，并一直在集体中，才能真正实现自己的追求，不枉活一生。

——有平静之心，才能思考好并解决好问题。

——认可一个人，才能真正认识这个人。

——把学问做成生活，在生活中体悟学问。

——一个人的心胸有多大，其发展格局就有多大。

——好好生活，就会有好生活。

——好人，不一定会做人。把人做好，既要本性，又需智慧，也是学问。

——一个对自己所学习和研究的学科的发展史不了解的人，很难学好这个学科。

——人不是简单地活着，而要在自己人生的每个阶段，过上越来越好的生活。

——工作是由人去做的，做好对人的工作，才能把工作真正做到位。

——要把人做好，切忌在背后说别人坏话，而是要欣赏别人，即使在背后也尽量说别人好话。

——要做好工作，不能一味地去靠热情、干劲、意气，更不能去拼时间，而要多方调查研究，准确定位目标，精心谋划布局，合理分配时间，调动一切有利因素，全面提高效率，争取实现目标。

——个体的幸福可分为"自己幸福"和"幸福自己"。"自己幸福"，更多是自然而然，是被动的、偶然的，很可能不是适合自己的选择，难以给他人带来幸福；"幸福自己"，更多是主动的、必然的，是适合自己的选择，在幸福自己的同时，也能幸福别人。人在"自己幸福"的同时，必须追求"幸福自己"。

——人应追求卓越，而非平凡。追求卓越，结果可能是平凡；追求平凡，结果可能就是平庸。

——一个人要取得具有突破性的研究成果，必须有聚焦一个研究方向的、渐进式的长期积累。

——有希望，才能有发展。但人发展的希望在于其自身，一定不要把希望一味地寄托于他人。

——无论在任何情况下，都要坚信，通过努力能够改变自己的命运。但努力必须要得法，特别要准确定位好适合自己的努力目标和路径。

——人应有理想，但一定要理性；人应富有情感，但一定要富于理智。

——学习需要刻苦勤劳坚毅顽强、全心向往，一定要甘之如饴，而不能勉强为之，更不能强迫自己为之。

62

——正当和恰当地约束好自己，才能把更多的时间和精力用于扎实和真实地发展自己。

——人的生活方式，在一定意义上决定着人的发展方式。好教育必须引导学生形成好的生活方式。

——要批评别人，先从反思自己开始。

——做人大气，心胸宽广，看问题才能深远。

——接受一种信任，就是承担一种责任。

——人不可能把每件事都做好，但一定要把必须要做的事尽力做好。

——一个人是否善于言谈，标志着这个人是否有文化修养。

——成功既需要目标、兴趣、知识、能力、聪明、智慧、机遇，也需要真诚、宽容、谦虚、坚持、勤奋、毅力、坚韧、使命、责任。在一定意义上，后者更为重要。

——人要去做事，但一定要去做需要和有用的事。如能去做光荣的事，那当然更好。

——人要把事做好，既需要确定好做事的正当目的，又需要找好能达到目的的做事方法。

——无论做人、做事、做学问，都要把握好可能性和适当性。不可能，绝不为；不适当，更不为。

——在人可能的限度内，教育就是使人成人。通过教育，要使人选择好适合其自身的生活，并尽好人之力，做好人的事务，努力享受到最好和最愉悦的生活，活出尊严、情趣、激情、品位，最终达成幸福。

——我们可以说，幸福是人生的最终追求。我们最好不要说，人生最终追求的是幸福。

——不同的价值观，不同的幸福观。幸福是自己的感觉。以己之幸福，看别人之幸福，不会幸福。

——人生幸福在于过程本身！

2014 年 2 月

——好梦梦到不易，实现更难。我们应把自己的追求定位在好梦的实现，而不应定位在实现好梦。前者可能在幸福着，后者一定在苦累着。

——无目标的追求难以有真正的追求，但只有把目标放在追求过程中，目标才能真正实现。

　　——人可以在换位思考基础上去要求他人，但一定不要去苛求他人。

　　——新年伊始，一定要秉持做最好自己的信念，反思过去一年的自己，规划好发展着的今年的自己。

　　——学习和学问一定要与主动、兴趣、愿意、自愿、快乐、积极、勤奋、刻苦、努力、自律有关，而绝不与被动、强迫、无奈、厌倦、疲倦、惰心、懒惰、应付、消极有关。

　　——无论多忙，多有地位和成就，对任何人的问候、关心、短信、留言都要尽力及时回复和回应。这是尊重、互信、交往和人情，更是人格和形象。

　　——无论任何时候都不能失去对他人的尊重。看不起别人，实际上是看不起自己，也看不清自己。

　　——幸福是生命的内在需要，但生命的长度并不意味着幸福的长度。生活着，也并不意味着在幸福着。一个最幸福的人，并不是一个生命最长的人，而是一个能主动、自觉、充分利用他的一生的人。生命的长短绝不能用年龄测量，而应该用我们是否能通过出色地完成事业而达到的幸福来测量。

　　——健康不仅是人生最大的快乐，而且是人生所有快乐的基础、根本和动力。

　　——无论做什么事都会有困难。如果所做的事很有必要，是自己的真想、真心、真爱，那就要克服各种困难，去奋力拼搏，把事精心策划，并尽全力做好，做得没有任何遗憾，毕竟人只有一辈子。

　　——每个人都在接受着教育，但对每个人而言，适合、适宜和适当的教育，才能在其心灵真正产生影响，使其成长和发展，甚至影响其一生。

　　——学习重在积累，一定要把每天读到、见到、学到、做到、悟到的东西记下来，这是一个好的习惯。

　　——人难以离开学习去发展，但学习不能盲从，更不能随意和随便，必须有目标、有计划、有组织、有活力、有思考、有激情和有成效，否则，就是浪费时间，难以有真实和扎实的发展。

　　——人只有通过做事才能发展自己，但做事一定要会做，做得到位、得法，特别不要轻易地去做事。对已决定必须要做的事，一定要决策和计划好，持久地一直做下去，并尽力克服一切困难，有成效和有成就地去做好，绝不要轻易放弃。

　　——学习和学问，需要认真研读书本，但绝不要过度地沉溺于书本，失去对他人、社会和现实的交往和关怀。学习和学问一定要在与书本、他人、社会和现实的、真实的、富有活力的交往活动中进行，并越来越走向互动基础上的对话、交往和真正属于自己的生成。

——人都不愿意做错事，但一旦做错事，就要勇于承认，并知道自己做错了什么事，错在哪里，以免以后再犯。

——人的危险不仅在于做坏事，而且在于不做什么事。后者与前者同样可怕、可恶、可恨。人们往往对后者认识不足。

——做人的目的不能仅仅是不做坏人，做一个善良的人，而应在此基础上做一个有用的人，更有价值的人。

——做事一定要形成这样的信念：我是一个能做好事的人，并能把事做到人心坎上的人；我可以做的事我还没有做够，我还能够比现在做更多的事情。

——做学问，要养好心情和性情。学问是个慢功夫，贵在策划、勤奋、悟性、坚持。

——无学问的兴趣和爱好，难以专心做学问，更难以做出学问和做好学问。

——无共同形成且适应社会需要的集体远景，难以有个体的快速、持续、超前发展。

——做事有三种类型、层次或境界：主动做事、被迫做事、被人追着、甚至盯着做事。主动做事的人发展着、快乐着，被迫做事的人无奈着、闷着，被追着、盯着做事的人苦累着、埋怨着。

——无我，这是成功的最高境界。

——生命就是每天学习着、工作着和生活着。

——学问是日日功，要一直去做，坚持做下去，绝不能一阵一阵地做，想起来做才去做。

——做学问也要得法，一定要探究并知道学问该怎么做，不要过分考虑学问能做到什么程度。

——要做好学问，必须去研究好别人的学问，特别是老师如何做学问以及做出的学问。一个不善于研究老师之学的人，难以做好学问，更难以实现对师门的传承和创新。

——做学问的基本信念：立足于勤，持之于韧，植根于博，聚焦于问题，专乎其精。

——人既不能因工作放弃生活，又不能因生活耽误工作。一个发展好并幸福的人，一定是能把工作和生活两难问题都处理好的人。

——人不能什么都去想。不想什么，才能想好什么。

——人应该反思过去，但不应过度地想自己的过去，而应在把握好现在的基础上，更多地思考自己的未来，特别要定位好自己将来究竟要去做什么。

——人格发展水平是衡量一个人发展水平的第一标志。

——只要爱，就要至爱。

——要有真见，必须先消除成见和偏见。

——无自我的爱，才是灵魂深处的真爱！

——认识一个人有一个过程。要认识一个人，一定要去了解其历史。不同的历史，不同的人生。

——总记得别人的好处，不记得别人的不足，甚至坏处，人生就释然了，自己的心灵就平静和安宁了。

——不要只想着别人给自己做事，而要更多去想自己能为别人做什么事。

——不要只记得自己给别人做过什么事，更要记得别人给自己做过什么事。人一定要常怀感谢之情和感恩之心。

——睡眠质量在一定意义上决定着人的生活和工作质量。要学会睡眠，避免失眠。凡是失眠的人，都会感到痛苦。

——人不可能有时间和精力去学习一切事物，一定要把最重要的时间和最大的精力，用在最需要学习的事情上。

——要把书读好，既不能把读书当作一项任务，又不能把读书看成一种工作，而应该把读书作为一种兴趣和爱好。读书一定要自觉自愿去读，绝不能强迫自己无奈地去读；读书一定要有计划去读，而不能漫无目的去读；读书一定要在读的时候，随着自己人生阅历和知识积累，越来越有独立思考，而不能去盲从、盲信。

——人，既需要高效率工作，又需要高品位生活。

——无容人之量，难以有工作和生活的质量。

——人，无论在任何阶段，都要把自己的时间和精力，放到最有价值和意义的事情上，放到标志性成果上。

——人既离不开工作，又每天在生活。一个能把工作和生活兼顾的人，才有可能成为幸福之人。

——思考有高度，工作才有深度。

——相信好他人，才能发展好自己。

——定位好自己能为别人做什么，才有资格和能力要求别人为自己做什么。

——无知心朋友，难以发展自己！

——既然这个世界上没有同样的一个人，那么对不同的人，就应该在坚持基本原则基础上，有不同的交往、处理和教育方式。

——要把自己发展好，必须把自己的发展研究好。

——好心待人，才能做人真诚、真心。

——做事有条理并细心，就不会有漏洞。

——虽说阳光的心态是人自己主观的一种愿望、一种信赖、一种追求，但人一旦有阳光的心态，就能宽容、从容、平和、无私和和谐。

——工作贵在把握好节奏。工作有节奏感，一般就会有成就感。

——要把自己早点发展好，必须要尽早找到能引导自己发展的人。

2014 年 3 月

——文字是做好学问的基础。没有过硬的文字基础，难以做好真学问。要做好学问，必须在文字上下硬功夫。

——人生追求，不可求全，宁可求缺。适度求缺，才能成就人生。

——一个大学人，无论教师和学生，都要以研究为最高目标，以做学问为自己基本追求，并在做学问过程中，善于明了自己的缺点，自觉去改正，这样才能成功地发展出良好的学问。

——在人与人相处的过程中，只要是不违背原则的事，如果别人做的事在自己看来可能不合适、不全面、不到位，一定要换位思考，坦诚交流，耐心对待，互相理解和谅解，绝不要过分指责、责难、埋怨，更不能去责骂和怨恨，毕竟每个人在这个世界上活得都不容易，更不能把每件事都做好。

——定事要果断，做事要迅速。一旦定下做什么事，就要尽力迅速去做。

——人绝不能自私，但一定要自爱。

——人人都需要教育，但绝不能人人受同样的教育。人人应受适合其自身的教育。教育只有基于人性、进入人心、合乎人情，才能使人人适合，进而使人人发展。

——人的需要是多样的，无止境的，但人的能力和精力是有限的。在人生每个阶段，合理定位好适合自己的需要，并尽力去满足自己合理的需要，才会有真实和扎实的发展。

——无论在任何情况下，不管从事何种经常和正规的工作，人都要学会休息。休息好，才能工作好。

——无论在任何时候，人都要在过程中去尽力，并尽力相信自己，坚信自己能做最好的自己。人不要轻易说自己做得不好，做得不够，做得不如他人，更不要去说自己不行、不能。人只有在自信中、尽力中，才能做出最好的自己。

——人绝不能假设自己不行，而应尽力去扎实和有效行动，用自己的行动去证明自己能行。只有这样，才能走出一条真正属于自己的成功之路。

——倾听好他人，才能言说好自我。

——人最重要的改变，在于心灵。不去影响人的心灵，何需教育！

——选择什么，做什么，避免什么，这是一个有志于把自己发展好的人每天都需要思考并解决好的问题。

——好女人一定是有教养的女人。

——人生需要等待，但只应久等，而不应等久。久等毕竟是有结果的等待，等久可能就是无结果的等待。无结果的等待，一定要主动地提前放弃。

——人应该勤奋刻苦、认真严谨，但也应有适度的懒散。懒散不是懒惰，人在适度的懒散中，身心才能放松和轻松，思维和思想才能更自由。毕竟人不能一直过着有目标的生活，有时无目标的生活才能使人真正感受到生活的甜美、舒心和惬意，才能使自己的生活更回归生活的本质。

——人要实在，就是要讲实话，做实事，见实效。

——人越努力，就越幸运；人越幸运，就越幸福。

——一个对自己发展主动负责的人，才能真正听好属于自己的内心的声音。

——一个有志于把自己发展好的人，一定要以勇敢的心，很淡定地面对自己即将面对的一切。

——每个人的成长和发展虽然是独一无二的，但也有着共同的轨迹，所以需要对别人成长和发展的经验反思和借鉴。

——三十而立。一个想把自己发展好的人，一定要在三十岁前，定位好值得自己奉献的事业。

——做任何事，都需要研究。要做好研究，必须有深度意识。这种深度，具体表现在有深度的积累，深度的问题，深度的设计，深度的认识，深度的成果，深度的表达，深度的喜悦、快乐和幸福。对于一个有志于做好学问的人来说，一旦达到以上这几方面深度，标志着已做出一流学问。

——写作不是为写而写，而是想写才写。

——人不要强迫自己做事，也不要被迫和被动做事。

——我是谁？我如何知道我是谁？我希望我是谁？我到底要成为谁？对这些困扰性的难题，一个有志于把自己发展好的人，必须及早解决。

——人在人生旅程上，不仅有成功、快乐、幸福，而且难免有挫折、困惑、困难、不幸。好的教育，不仅要引导并助推人走向成功、快乐和幸福，而且要引导人能应对和处理好挫折、困惑、困难、不幸。

——人没有想法，不行；但人光有想法，也不行。人只有把想法变成做法，并尽力在做的过程中自觉修正想法，做出成果和成效，才行。

——有全球性的学术交流，才有可能做出一流的学问。

——一个以学术研究为志业的人，一定要立足于全球视野，选择好适合自己的研究方向和议题，自己要能够为自己的学术研究做主。

——人在其实现理想发展的过程中不可能不遇到压力。一个能抗拒压力，不断突破自我的人，才能坚毅前行，最终实现其理想发展。

——人绝不能轻易放弃自己值得做并已做许久的事情。一旦轻易放弃，不仅会失去难得的发展机遇和机会，而且会带来日后的遗憾、后悔，甚至是伤痛的记忆和回忆。

——人有较强的心理承受能力，才能不断在其每个阶段坚毅前行，并不断有持续的发展后劲。

——人生苦短，人的精力也有限，更何况做好一件事需要长久而持续的积累和积淀，人一生能把一件事专心做好就很不容易了，也足矣。

——人生紧要处，就那几步，一定要抓住机遇，做好选择，尽力奋斗，踏实走好。

——一个知道自己想要什么，为什么想要，并用什么途径和手段达到自己想要的人，才能扎实、实在并充实地过好自己的每一天。

——学生，究其本质，就是学习生活。学生不是为学校、老师而学习，而是为自己将来能过上美好的生活而学习，为自己将来真正成为社会生活中的一名合格成员而学习。

——自己擅长的事一定尽力做好，自己不擅长的事一定不要去做。

——人的一生充满选择。人既不能让别人代替自己进行选择，又不能代替别人去选择，只能对别人的选择提出建议。人的任何一种选择都要付出代价，但只要代价合理，就要果断做出适合自己的选择。

——人难以离开爱，但爱不能自私，绝不能成为一己之爱；爱也不能一味奉献，绝不能失去自爱。父母爱儿女，既应为儿女，也应为自己；教师爱学生，既应为学生，也应为自身。人与人有互爱，才能有真爱，也才能使爱真实、高尚、和谐、自由和永恒。

——没舍难得，得必要舍。

——人要发展好自己，就要适度约束好自己。

——人生在世，贵在尽本分和职责。尽本分做好自己该做的事，履行并完成好自己应尽的职责。人从童年起，就应养成尽好责任的习惯，到学校后逐步养成完成职责的习惯，这是教师和家长的本分和职责。

——要把事做好，必须善于悦纳别人的建议。

——没有学生，也就没有教师，教师因学生而存在。但再好的教师，也只能引导，而不能代替学生去学习、做人和研究；再好的教师，也只能对学生要求，而不能对学生强求和苛求；再好的教师，也只能指导学生走向其可能发展的领域，而不能替代其发展。一个好老师，只有遇上目标明确、好学上进、意志坚定、主动并强劲去发展的学生，才能真正成为好教师。师生关系的基础是缘分，一旦好教师能教上好学生，好学生能遇上好教师，那真是彼此的福气和幸运。

——教育是人为的，但教育又是为人的。

——读书应多读，但必须要精读经典著作，一定要反复读好这些经典著作，读出积累、读出品位、读出思想。

——所谓承诺，就是指答应别人的事就一定要做到！承诺是金，甚至是生命中比金子还要珍贵的财富。一个人，不管承诺什么事都要实现了，若不能实现，那就不要轻易地下承诺。一个不能自觉、主动、尽力去实现自己承诺的人的人生，不仅是要经常留下遗憾的人生，而且绝不会是一个出色的人生。

——一个有志于把自己发展好的人，一定是着力并用心去思考人生的人。

——一个没有国家责任和社会责任的人，难以实现自己人生的理想发展。

——没有远大的人生格局，绝没有好的目前发展格局。

——人生贵在从不失信于人啊！

——人一定要知其可为才为之，绝不要知其不可为而为之。

——人一定不要做了一件事，再做另一件事；人一定要把目前要做的事精心策划，找到这些事之间的联系，同时去做好几件事。这，要成为能力，更要成为习惯。

——人要活自己，绝不能靠人。发展好自己，才能真正让别人心中有你，在尊重着你。

——人不能仅仅被动地接受教育，成为一个被教育者，必须在成为一个主动的被教育者的同时，自觉地接受教育，成为一个自我教育者。一个人一旦能把教育和自我教育相结合，一定会准确定位好自己可能发展的领域，实现自己一生持续、强劲、永恒的发展，真正享受到自身发展所带来的快乐和幸福。

——人可以去梦想，但梦想毕竟不是现实，绝不能因梦想而影响自己的现实生活。

——人的发展难以离开别人的帮助，特别是老师的帮助，故不能太自理。人太自理，不仅自身难以发展，而且会与他人形成距离，影响深度的情感交往。学生如果太自理，不主动与老师沟通和交往，就会离开老师的帮助。

——人要发展好，必须把时间管理好。对时间，我们绝不能消磨、打发，让其白白流失，而应加倍珍惜、合理使用、正确驾驭、合理安排。

——一个人在学生时代能把学业事情处理好，毕业以后才能真正把工作事情处理好。

——做成事和处好人，既需要本能、本分和本我，又需要自由、自主和自立，更需要正常心、平常心和寻常心。

——所谓自己，就是指自己、本身。人必须有自己，也应该有自己，去想自己，把自己做好，并做出最好的自己。与此同时，必须要有他人的自己，尽力帮助别人去想其自己，把其自己做好，并为别人能做出其最好的自己去欣赏、开心、骄傲和自豪。

——一个想把自己发展好的人，一定想去做很多事，但做任何事都有其成本，一定要聚焦并围绕自己的发展目标策划好自己最必须做好的事，并尽力做出成效和成就。一个什么事情都想做并企望做好的人，难以把自己发展好。

2014 年 4 月

——人生之路不可能那么平坦，难免会遇到困难和困惑，一定不要逃避，而要去直接面对，相信自己，求助他人，及时并妥善解决。

——做学问很可能就是少数人的权利，也不可能所有人都去做学问。好做学问，才能做好学问；一直沉浸于学问，才有可能做出大学问；致力于一个领域学问的持续坚持，才有可能做深做透学问；每年坚持有聚焦自己研究方向成果的发表，才能真正让别人知道自己在做着学问，自己也就在成为着一个学问人。

——人不能离开社会而存在，更不能离开别人而活着，但人一定要活着自己，活出自己，活好自己。

——人在五十岁后的人生，一定要以年轻的心面对生理的老，这样才能使自己有充满活力的余生。

——静心研读经典，才能有高起点和高层次的研究和发展。

——好学问必须有好文章，文字功夫是做学问的基本功夫。文章怎样布局，论点如何用论据去严密论证，文章中每句话怎么写才得体，字与词怎样去镶嵌才合适，这都不是一日，或一月，或一年之功就能达成的，需要长久地去琢磨，甚至一生都要去琢磨。

——文科的学习和研究具有功夫日日下、见效比较慢、积累时间长、难以出成果等特点，更需要目标的明确、意志的坚强、寂寞的适度、诱惑的拒绝。

——人需要权威，也应适度认同权威；人可以不相信权威，但绝不能藐视权威。

——爱孩子，这是自己一生的责任，但再爱孩子也不能忘掉自己，更不能丢掉自己的发展。一个把自己发展好的人，才能真正爱好孩子，带好孩子。

——人做事难免有时心有余而力不足，但一定要坚持这样的信念：尽力即释然，借力去发展！

——一个在人生每个阶段对自己发展没有进行顶层设计的人，难以把自己发展到一定层次，更难以不断提升自己的可持续发展水平。

——人要做事，但一定要做有为的事；少做、甚至不做无为的事，更不要把自己宝贵的时间用于做无为的事。

——人在人生每个阶段难免要遇到学习、工作和生活等压力。面对压力，一定不要逃避，而要学会承受并自觉调整，主动、积极并有效地应对和解决。

——人离不开别人的帮助，但要想让别人真诚帮助自己，自己一定要先尽力帮助别人。

——做最真实的自己，才有可能做最好的自己。

——人不能轻易地说自己不行，那会失去自信；人也不能轻易地下结论，自己不如别人，那会使自己自卑。保持自信，克服和超越自卑，这是人做事并能持续发展的基础和底线。要强大自我，通过善于发现自己的优势和别人的不足，保持自信；更要尽力做事，通过提升自己的实力，克服和超越自卑。

——人对自己的老师，特别是对自己影响深远的老师，一定要常怀感恩之心。即使自己事再多，工作再忙，也要抽出时间去常联系，常问候，常去看看，否则老师就认不得你，甚至你就见不上老师了，就会留下终身遗憾了。一个对自己老师常怀感恩之心的人，才能不忘老师当年对自己的教导和引导，也才能不断鞭策着自己，持续并有品味地发展着自己。

——认识好自己，才有可能发展好自己。一个能清楚地认识自己的人，才能真正感受到自己内心在学习、生活、工作和心灵等方面的需要，并为满足这种需要聚焦目标，坚毅前行，扎实并真实地持续成长和发展着。

——有好的发展观念，才可能有好的发展平台、层次和境界。

——人要诚实和实在，但不能失去变通和策略；人要勤奋和刻苦，但不能失去悟性和方法；人要有自信和霸气，但不能失去敬畏和尊重。

——超前做事，就能主动发展。

——精心策划、细致安排并做好准备，工作就会做得主动、踏实、扎实并富有成效。

——人，只要尽心，尽力，尽情，就要释然。

——有思想的人，做好学问，会更有思想；有学问的人，再有思想，会更有学问。一个人，真应该既有思想，又有学问。

——倾听好他人，才能了解好自己；包容好他人，才能舒展好自己；帮助好他人，才能发展好自己。

——人的美化是自然的赋予，但更基于心灵。一个能自觉地进行心灵美化的人，才能使自己的生命真正焕发出生命活力。

——人需被爱，但更需爱人。

——人最大的改变，是心灵上的改变；人最大的震撼，是心灵上的震撼；人最好的老师，是心灵上对自己影响至深的老师。

——做学问有多种做法，更有多层境界，但无论如何，做学问不能仅仅做出给人以想法的学问，必须做出给人以办法的学问。

——毕业后无论做什么，都不要失去对学问的追求。

——人不可能没有情绪，但人一定要把情绪化为力量，而不能受情绪左右。

——一个能把握好自己生命的人，人生才去精彩！

——有好的思考方法，才能做出好的学问。

——人，在其人生每一阶段，都要追求并过好适合自身的独特生活。人，只有去过自己的生活，不去过别人的生活，才能使自己真正成为生活的主人，活出自由、尊严和品位。

——人生之境界，很可能就是达到四个"一"：成好一件事，做好一个人，爱好一个人，帮好一个人。

——再好的制度，不能没有人情；再有人情，也不能不按制度办事。

——做事做得得体、到位，事就做好了。

——人最重要的突破，是对自我的突破。要真正实现自我突破，必须从不断塑造和改变自己性格开始，使自己的性格不断适合自己的发展目标。一个发展好的人，一定是善于自我突破，特别是有好的性格的人。

——养成好习惯和好性格，一生好命运。

——太自理的人很可能难以处好人，人很可能在用人的过程中才能处好人。一个有明确目标，善于主动接受他人引导和帮助的人，才能能动地发展好自己。

——人最终要靠自己去书写，尽力去书成大写的人。

——一个经过大事的人，才能真正有承担和责任。

——研讨好一个人，就不会讨厌一个人。

——没有知识的广度，难以有学问的深度。

——没有知心朋友，难有智慧人生。

——一个人没有形成好的学习习惯，难以成为一个正在发展着的人。

——人都会有欲望，但一定要克制，并以正当的方式去实现。

——学问需要热情、激情、直觉、灵感、体验和悟性，但更需要认真、勤奋、积累、严谨、规范、严密和理性。

——脑力劳动可能是人身体锻炼的最佳方式。

——一个有志于把学问做好的人，要把学问做得踏实、扎实和真实，一定要查阅好相关资料，但查阅资料时要力求思想着，在思想着时让资料服务着。

——无论在人生的任何时候和阶段，对自己的老师一定要尽力做出应尽的贡献！

——人要爱人，也要爱己，人就是爱人和爱己的统一。人不能靠别人爱惜自己，必须学会自己爱惜自己。一个自己不会爱惜自己的人，不仅自己被自己伤害着，而且也难以爱好人，甚至会给人带来劳累、苦痛、伤害和负担。

——人不能被动地让别人懂我，人应主动让人在知我基础上懂我。这句话是在应然层面上而言，但更希望成为存在，尽管不可能成为每个人的存在，先成为"天真"的"我"追求的存在。人没有适度的天真，难以有理想的追求和存在。

——有规范的工作程序和秩序，工作就会有序。

——人，贵在有价值地去坚持。

——要理解好教育对社会和人意味着什么，有个正确的概念。

——读书读出味，人生才有味！

——人能自觉地认识到自己的不足，才能有真实的进步。

——要温柔地面对我们这个世界，尽力做成一个大写的人，尽心做好每一件该做的事，尽情帮助好每个该帮助的人。

——人的成长和发展难以离开自由，但人有追求和享受自由之心，才有真正自由的可能。无论任何时候，人的内心一定要自由自在起来。

——人生遇见特别的人，才能走上特别的路，并成为特别的人。

——人不能因竞争去发展，不去竞争的发展才会有真实的发展。

——真的开心，才能开心成真！

——一个时间都管理不好的人，难以管理好自己的生命。

——勤奋既是一种习惯，又是一种品质，更是一种坚持。一个人，只要坚定目标，坚强自我，特别能坚持勤奋，就有可能做好事，成好人。

——人有性命、生命和使命"三命"。性命要基于生存去保护，生命要基于生活去展开，使命要基于担当去履行。人这"三命"一旦能合一，就是一个完整的人，不白到这个世界来一回。

——享受好阳光下的日子，人才能过好其一生。

——没有广博的阅读，宽容和宽广的胸怀，难有精深的思考。

——凡事尽力则释然！

——我与时代的关系很值得探讨。我离不开这个时代，我更要为这个时代尽好责任，让自己所在的这个时代有属于自己的精彩。人，就在这个时代中，这个时代的每个人，都要为自己所在的这个时代，尽好责任，让自己所在的这个时代有属于自己的精彩。

——形成独特的生活品质，这是人的基本追求。

——人应该对别人好，但要好得让人去珍惜，更要好得不失去原则和自我。

——学问不是一时说出来的，而是靠每日的勤奋做出来的；学问不是仅仅靠读书就能读出来的，而是把学问和生活融合，每天自觉体悟生活，在生活中浸透出来的；学问不是冥思苦想出来的，而是自觉投入和扎根自己所在这个时代的实践，在理论和实践融合基础上，行动出来的。

——人和人相处，一旦能换位思考，就会释然。

——一个人，无论在任何情况下，都要保持对生活的美好感觉。

——一个不懂得怎样接受的人，难以与别人进行有效的对话，更难以与别人交流好思想。

2014 年 5 月

——人生总有烦，但一定要把烦变得不烦且有得。

——每个人都应享受自由，但一个人真正享受的自由不应是安静的、安逸的、懒散的、纯属自我的自由，而应是奋斗的、工作的、与人合作的、不断进取而有成就的自由。

——人需要自由，人自由的真正满足应该在教育活动中。教育是自由最深邃的藏身之所。真正的教育一定是自由的教育。但教育只有成为人的教育时，教育才能成为为自由的教育，更成为为自由社会培养自由人的教育。

——让 QQ 空间成为自己丰富而有意义的生活的新组成，而不是无为发泄、无聊呈现、无事可做之所。

——人离不开玩，玩微信也是在玩，但从玩微信的背后，更呈现出一个个本真和丰富的自我，微信更实在、多彩和鲜活地展示了每个人的感情、友情、亲情、师生情，立体化地舒展了自己的心灵。

——人选择把教育作为终身追求的事业不易，人终身去追求教育更难。这需有目标、有路径，更需得法。一个终身追求教育的人，一定要追求到真正的教育，更要以教育为载体获得人生幸福和成功。

——一个不明白为什么而活的人，难以活得健康、开心、快乐和幸福。

——人，只要认真去做事，就绝不会把该做的事落下。这，既应成为信念，又应成为习惯。

——善良是人的本性，善良的人难以不善良着，但可以有水平着。善良的人，只有有了水平，才能善良得不被欺、不受气。

——人离不开别人的帮助，但自己必须尽最大努力。人只有靠自己的努力，才能真正得到自己想要的东西，更能对得起自己。

——人最需要的，可能就是自己所需要的不一般的体验。

——人，贵在与自己值得爱的人去交往。

——想做一个像人的人，才能成为一个真正的人。

——人，只要不断去努力，并得法，就会不断有自己想不到的进步。人越努力，就越会有进步。

——一个重视积累一点一滴努力的人，才能做到真努力，并在遇到困难时，也不会把自己所做的事半途而废，一直，甚至一生都会坚毅前行。

——学问不仅仅在学术中，人生处处有学问。

——一个发展好的人，一定是底线能把握好的人。无论做人和做事，每天都要把握好自己的底线。这需要每天的坚持，并坚持成每天的习惯。

——人，可能难以成为有作为的人，但绝不能成为看不起自己的人。

——人在生活中不勤快，很难在学习、研究和工作中做到勤奋。

——人生有不同的阶段。一个人，无论在哪个阶段，都要爱上这个阶段，尽力做好这个阶段的自己，并欣赏好这个阶段的自己，最终走出这个阶段的自己，走得尽心、尽力、尽情，没有任何遗憾。

——人，上什么大学，就是什么人生。

——人要尽力帮助别人。一个真正帮助别人的人，一定不会去考虑别人的回报。但事实上，自己帮助的人越多，自己得到的也越多。帮助别人的过程，实际上就是提高和提升自己的过程。

——人要使自己活着有意义和价值，就不能仅仅停留在活着就好的感觉上，也不能对自己活成什么样子无所谓，必须定位好活着的目标和策略，对如何活着进行精心的策划、规划和计划，活出责任、自我和品位。

——母爱基于天性，也需后天养成。要让孩子享受好母爱，有本性，有投入，更有路径、策略和方法。一个幸福的母亲既要生好孩子，又要养好孩子；要养好孩子，必须陪好和亲自带好孩子，绝不能让自己的父亲和母亲代自己去带孩子，失去对孩子的自身责任；要带好孩子，夫妻必须恩爱、和谐，特别要有共同的人生观、教育观和发展观；要把孩子教育好和发展好，必须先把自己教育好和发展好。一个自己都不去尽力发展的母亲，难以教育好自己的孩子，甚至都没有教育孩子的资格；孩子是自己一生的责任，一个在孩子不同人生阶段，主动、自觉去研究和引导好孩子的母亲，才会让孩子享受到真正的母爱。

——人需要变通，但适度的变通是良药，过度的变通定是苦药。

——人，力求不要做让人原谅的事，更不要做心太软而失去原则的事！

——人，既需要自由，又需要自律。一个不能自律的人，难以享受到真正的自由。

——人能挂念一个人，是幸运。人越来越能去挂念一个人，是幸福。

——人在一起是缘分，不易；人永远在一起是幸运，更难；人不在一起，但能挂念，难有。

——人的发展，重在每天不断的积累和积淀，不断强化自己的实力。一个有实力的人，无论在任何情况下，都不会轻易说不知、不懂、不会、不能、不可、不行。

——人，可有多种活法，但无论怎么活，一定要靠目标去活着，而不要靠感觉而活着。

——人，不能仅想着做事，必须要能做事，更要把事做成。

——一个想把自己发展好的人，可以适度放飞自己的心情，去享受适度自由的生活，但无论在任何时候，都绝不能放松对自己的要求，坚持每天把该做的事做好，坚持把每件必须做的事尽力做好，坚持善待好每天所遇到的人，坚持每天做最好的自己。

——认真做好每件事，也就在善待着他人。

——任何一个年轻学人，都应该面向未来去思考，但也必须面对历史而思索；必须进行学术创新，但也应该做好学术的认同和传承。

——一个儿子或女儿都做不好的人，难以做好有孩子后的父亲或母亲。

——人应读好书，但好书也需选择好。一个人，选择好该读的好书，才能把书真正扎实和有效地读好。

——每个人天生就有发展机会，但必须乐于和主动地接受教育，通过不同求学阶段教师一步一步严格的培养，经过长期艰辛又极具快乐的成长，最终才能在人生每个阶段都得到真实和扎实的发展，真正成其为人。

——要读好名著，需要熟读，更需熟背！

——发现自己不足，并尽快改掉自己不足的人，才能成长和发展着。

——人应善于反思，但绝不能一直反思着，应在反思的基础上，尽快行动着。一个通过反思，善于发现自己不足，并尽快改掉自己不足的人，才能成长和发展着。

——一个既能过好自己生活，尽力又能帮助自己生命中的他人，才能生活得舒心和舒适。

——一个善良的人，如不跳出自我，就活不出自己，更活不出一生的快乐和幸福。

——一个不善于交往的人，不仅自己难以发展好，而且会给别人带来不快，甚至烦恼、伤害。

——人可以活成自己想要的样子，但绝不能活得太与众人不同，让他人难以理解和认同。

——人生尽管大多是被选择，但能被选择，也可能就是自己人生中的一种幸运；人生若能自己去选择，不见得就是人生中的一种幸运；选择不好，可能会成为人生中的遗憾，甚至不幸。人的一生确实是既要学会被选择，又要学会自主选择。

——追求圆满和精致的生活，这可能是人的理想。但太圆满和精致的生活，可能也就失去了生活的本真和情趣。对生活，我们尽力即可，力求把自己的生活过得舒心、舒适、舒服。

——人要爱，但也需要被爱。爱的最高境界可能是让自己的爱获得被爱。爱，绝不是单向的，而是双向的，爱就意味着互爱。如果自己对别人的爱没有引起或唤起别人对自己的爱，那么这种爱就是无生命活力的爱，更难以成为永恒的爱。爱就是一种能力，当一个人既能爱，是一个爱者，又能被爱，成为一个被爱者，这个人才是一个有爱的能力的人。

——把自己发展好，这是人活着的基础，更是人活好的底线和要务。一个把自己发展好的人，无论在任何时候，都不会失去底气、生气、豪气和霸气。

——对一个想做一番事业的人来说，仅靠己力，难以成大事；只有形成团队，更有团体合作，才能谋大事、做大事、成就大事。

——人，可以根据自己的本性去生活，但最好能有明确的目标去牵引，这样才能使生活更有层次、活力和品位。

——人需要适度的独处、寂寞和孤独，但一定要停留在精神和思维层面，绝不能进入自己的实际工作和现实生活层面。

——幸福是自己的感觉，每个人都有其幸福。对幸福，需要奋斗、拼搏，需要发现和享受，但更需要珍惜。一个不能珍惜幸福的人，不仅不会幸福，而且会失去幸福，并不得不去忍受失去幸福后，所带来的心灵上的遗憾和苦痛。

——人做学问之境界，可能有三个层次：论、学、派。论，即对某个问题形成自己比较系统的观点或言论；学，即对某一领域，形成自己比较系统的学问；派，即在某一学科领域，形成自己的学派。无论，难以成学；无学，难以成派。由论到学，由学到派，需要长期并有计划的积累和积淀。

——幸福着的人，永远快乐着；快乐着的人，不一定幸福着。

——人应该要为他人做事，但也要学会为自己做事，这样才能更好地为他人做事，并不失去自我。因为人一定是他我和自我的统一。

——身体是人生存和发展之本。人面对的事很多，但无论再有什么事，一定要把自己的身体搞好！

——一个想把自己发展好的人，不仅要抓住机遇谋发展，而且要抓住机遇谋改变，通过改变自己，使自己更适合发展，更能发展。但这种改变不是什么都变，要保持好适合发展目标的不变。任何的改变绝不是改变得没有自己，而是改变得使自己更是自己。

——人应该好心、善良、宽厚、宽容、包容，但绝不能做人和做事失去法则、准则和原则。否则，对自己，是自责、伤心、后悔、苦恼、苦痛；对他人，是怪罪、伤痛、懊恼、懊悔、伤害。

——清心，才能静心，也才能尽心。

——主动和被动是人学习和工作的两种基本方式，都需要。人，既不能太主动地去学习和工作，又不能总是被动地学习和工作。太主动的人，易缺少他人的指导和帮助，难以有平常性；太被动的人，易失去自主性，难以把握好发展机遇。是否能把握好主动和被动的时机，在一定意义上决定着一个人学习和工作的境界和水平。

——人，难以离开他人的指导和帮助，但绝不能依赖他人去发展。一个想做志业的人，一定要自主走出一条路，并把路用自己的脚走直。

——一个什么事都想做好的人，可能做不好任何事；一个只想做好一件事的人，可能成大事。

——过好每一天，才能活好每一天，并活出一生的精彩。

——积学，才能深思；外圆，才能内方；无为，才能有为；自立，才能自由。

——没有对话和交流，难有真正的学术。

——人，既要对得起自己，又不能伤害别人。

——人，如果没有对人性、人情、人欲发自内心的慈爱、关怀和切身的思考，难以成为优秀的学者。

——人不能仅仅想着自己要过什么生活，而应更多去想，通过什么样的奋斗，才能使自己过上最理想的生活。

——一个不爱才、识才、惜才和用才的人，自己也难以成人才。

——一个不去研究他人心灵的人，难以听好自己心灵的声音。

——走出了自己，才能发展好自己。

2014 年 6 月

——做不好小事，难以做成大事。

——人生之路精彩不精彩，贵在自己怎么走。

——有童心，才有真心；有真心，才能成真人。

——一个健康着的人，不仅仅是身体在健康着，更重要的是精神在健全着，每天昂扬着，有好的精气神。

——身处网络时代，做学术研究，如果没有一定的眼界，就难以定位好适合自己的研究方向和选题，更难以形成有影响的学术成果，更难以达到自己理想的学术境界。

——只要做一项工作，就尽最大努力，去扎实做好，没有任何漏洞和遗憾；只要有缘认识一个与自己做人和志趣相投的人，就要尽自己的心力、一生倾诚去处好，使其成为自己一生的净友和知音；只要写一篇论文或一本书，就要用尽积累和心思，达到自己最理想的境界，使其成为别人研究该问题可越过但难以跨过的作品。

——一个已在教育过程中的人，并不一定在接受着教育；只有在内心形成接受教育的目标、兴趣、动力，并从内心享受到教育所带来的兴奋、快乐和成就，这个人才真正被教育着，甚至自己在主动教育着自己。

——人要真正形成独特的自我，既不能把自我消失在他人之中，又不能用自我代替他人。

——人，没有平台，难以发展；人，有了平台，用好平台，才能真实发展。

——读经典著作是做学问的基本功。对一个真正做学问的人来说，读经典著作的标志是，我在重读，而不是，我在读。

——一个学问人，也可以成为一个好的行政人。做学问，能行能思；做行政，既能思想管理，又能不管为管。

——学问离不开人生，人生处处有学问。

——何谓学生？所谓学生，就是从事学习的人。只要是学生，就必须把学习作为第一要务，以学习促进步，以学习求发展。一个连学业都不重视的学生，今后的人生难以有扎实的发展。

——没有好的工作效率，难以做更多的事，更难做成大事。

——不了解别人走过什么路，难以走好适合自己的路。

——人要期待，不去等待。

——以平常心做好平常事，才能扎实过好自己的一生。

——要把书读好，并做好学问，一定要把旧知烂熟于心，对新知满怀渴望和热情。

——一个人能把自己职业定位在一所大学，并能把自己一生生命奉献给大学的人，应该是幸福的人。

——一个有志于发展好自己的人，在人生任何阶段，一定要保持求知的欲望，坚定对人生理想的追求。这既需要研究好自己在人生每个阶段所面临的问题，又需要具有除职业以外的兴趣，更需要在任何阶段都充满自信，相信自己所做的任何努力都没有白费。

——人，贵在健健康康活着。

——无论在任何时候，特别是在遇到困难、困惑，甚至挫折、不幸时，一定要保持和调节好自己的心情，这既是身体健康的需要，又是乐观进取、积极向上、抓好机遇、发展自己的需要。

——人，有亲和力，才能积聚起人脉和人气，形成自己独特的领导力、组织力、感染力和影响力。

——要让别人懂自己，自己必须懂别人。

——人需要做的事很多，但绝不能事事都参与，甚至什么事都去做。要做好事情，必须学会选择，坚持每天只做最必要并必须做的事。这需要准确定位好自己的工作目标，更需要工作能力、效率和水平。

——珍惜好缘分，才能真有缘分。

——没有真性情，难有好学问。

——一篇好的学术论文，既不是靠压力压出来的，也不是仅靠作者的强烈愿望而写出来的，而是通过作者长期聚焦于一个问题领域，积累和积淀，思维达到一定饱和状态后，基于写作冲动和流动，想写而写出来，并一气呵成的。

——一个人，一旦能把所做的事情看得远、看得广、看得深，一定会把事做好、做大、做强，做出自己特有的效率、特色和风格。

——做不好父亲，难以成真男人。

——再重要的事，超不过身体的健康；再好的自我，超不过自我的保健。

——一个人，经过多年奋斗，成为一个有价值的生命体不易，一定要珍惜、把握，精心策划、谋划和计划，尽早找到适合自己生命投射的所在，使自己能尽力焕发出生命活力。

——无论参加哪种入职考试，只要每天坚持下功夫，形成持续的积累、研究并选择好适合自己的职位，尽力正常发挥好，定能成功！

——有的已发生的事，难免会留下伤感和伤痛的记忆，并刻在心灵深处。一个有志于发展好自己的人，一定是善于宽容和包容自己的人，不会沉湎于这种记忆，而是积极走出并忘却这种记忆，并通过自己发奋努力，形成自己美好的记忆。

——心有多高，事业才能有多大。一个人能做的事业多大，一定意义上取决于其心灵有多大。要想做大自己的事业，就必须放飞自己的心灵，不断扩大自己心灵的边界。

——从事任何学科的学习和研究，都要尽力通读学科历史，尤其是本学科奠基著作。通过拜访、听报告或读专著，遍识本学科内名家。

——大学很可能难以统一大家的思想，但一定要统一大家的奋斗目标。

——认识人有一个过程。没有活动和交往，人与人彼此之间难以相知，更难以彼此理解和信任。

——人在其一生中会参加不少考试，但只要本着尽力做好每个题的信念，而无杂念，定能正常发挥，甚至超常发挥，并不断通过考试改变自己的人生命运。

——人感兴趣的事情一定很多，但时间和人的精力毕竟是有限的。在人生每个阶段，甚至每天，一定要聚焦于自己的奋斗目标，选择好该做的事，抉择好不该做的事，这样才会使自己不断走向成功。

——坦诚的人，遇到坦诚的人，才能真坦诚。

——一个从事历史研究的人，不仅要把历史研究与自己的生命融为一体，而且一定不要只埋头在史料之中，必须在自己的头脑中逐步形成一个思想体系，把历史和逻辑有机地统一起来。

——对一个研究者来说，问题的确定是很重要的，但更重要的是思想，思想才是研究的起点和终点，更是研究的生命所在。有思想，才能有真问题；有问题，才能使思想越来越缜密、丰富和系统。

——人不能盲目去相信，一定要在知道后才去相信。

——人应该帮助他人，帮助他人的过程就是发展自己的过程！但这种发展毕竟不是自己相对独立的发展。人不能轻易并无原则地帮助他人，过多和过度的帮助可能在伤害着他人。人在帮助他人时，不仅要理性地定位好是否该帮助，而且在帮助他人过程中，绝不能忘掉自身的发展。实际上，一个时刻不忘自己发展，并尽力把自己发展好的人，才能真正有实力帮助好他人。

——人，有做自己的自由，并有做好自己的胆量和实力，才能真有自己的愿望，也才能把自己的愿望真正实现。

——人生有不同的阶段，人在每个阶段都应有其真正的人生。

——人生必有其方向。人要过好真实的一生，一定要选择好自己发展的方向。但这种选择，绝不能被动，一定要主动。一个被动选择的人，难以有适合其自身发展的方向，更难有发展的动力去走向成功；一个能主动进行自我正确选择的人，才能抉择好适合自己发展的方向，并坚定、坚毅和坚实地不断助推自己成功。

——人要拒绝平庸，就一定要目标高远，拒绝诱惑，不被眼前的东西所淹没。

——要做好学问，一定要肯下功夫，会下功夫，下足功夫。

——研究好过去，才能预想好未来，理解好现在。

——相信自己，就能做好自己；欣赏自己，就能做出自己想不到的精彩；坚持做自己，并不断扎实自己、强大自己、展示自己，就会使自己不断走向成功。

——人，坚持想做一件事情不易，坚持做好一件事情更难。但人生贵在坚持，只要坚持，就会有机遇、希望、梦想和理想，更会有人生的成功、精彩、开心、快乐和幸福。

——一个有志于把工作做好的人，千万不能每天事无巨细忙碌者，一定要定位好自己不该做的事，更要给自己留一些时间去研究、去反思、去策划，这样才能使工作更超前、更全面、更细致，更能落实，并有标志性成果。即使累，也是累在事上，而不是人上。

——人，一定要厚道，但出于人本性的厚道，才是真厚道。一个真厚道的人，也才能真正在心中有他人，真正为他人着想，对他人能宽厚、宽容，并使他人在精神上宽松。如果厚道人，能遇到厚道人，那真是人生的幸运、幸福和开心。

——一个有志于把学问做好的人，一定不要把学问、人生和生活对立和排斥；一定要对学问本真有深厚的情怀，对做学问始终报以一种由衷的敬畏；一定不仅要把自身的研究能力作为提高学问境界的根本，而且作为确立学问自信的基础；一定要把以学问求名利淡化到最低程度，并且作为提升自身学问水平和境界的最大潜力；一定要把做学问作为自身生命的重要组成部分，作为自己每天的自觉行为。

——人要活着，就要活出人力、人气、人情、人格和人和，这才是真正在活着！

——活着是难，但绝不能难活着。

——并不是所有理都去说，该说的理才去认真说。

——人，都有其惰性。要克服惰性，一定要对自己有狠心，适度逼自己去努力。人常努力着，才能常发展着。

——无高远目标，难以拒绝现实诱惑。

——一个真正活着的人，不仅应该为自己活着，而且更应该为别人活着。人离开别人，难以活着，但绝不能仅仅是让别人为自己活着，而应是为别人在活着。一个愿为并能为别人活着的人，才活得有责任、有担当、有价值，并能在为别人活的过程中，享受到人生之开心、快乐和幸福。能为别人活着，才能活出人生之境界。

——人难以离开思考、思维和思想，这"三思"的水平决定着人一生的水平和成就。

——一个想发展的人，才能被人真正引导，并通过自己的努力，不断形成发展的平台。

——一篇好的学术论文，必定字字有来历。

——要读好书，绝不能被动被要求，必须主动去追求。

——有坐功，才能静心治学。把学术作为自己生命的重要组成部分，自己所写的论文和著作才能有生命力。

——聊天是人与人之间交往的基本形式。人应该多聊天，这可促进人与人之间的彼此了解和理解，也是相互学习的重要形式，但要加强对聊天时间和内容的自律。这既需要把握好聊天的时间，又需控制好聊天的内容，一定要杜绝去聊那些无聊和无为的事情。

——要做好工作，有较强的工作效率，创设好工作环境很重要。大家工作在一起，就是缘分，一定要珍惜这种缘分，并基于共同的工作目标，尽力形成相互尊重、相互信任、相互真诚、相互支持、相互合作的工作关系。

——无大气，难以成真人。

——人想了一件事，不见得就能做了一件事；人做了一件事，不见得就能做好一件事；人做好一件事，不见得就能持久做着这件事，并不断把这件事做得越来越精彩。

2014 年 7 月

——人难免会遇到令自己不如意和不愉快的事。如果遇到，一定要沉住气，镇定好自己，并使自己的心情平静下来，冷静面对，泰然处之。

——人，一旦能换位思考，一切都会释然。

——人，只要有高远的目标和坚强的毅力，就是在逆境中，也能做成最好的自己。

——人的发展难以离开明确的目标和方向。一旦找到适合自己的发展目标和方向，一定不要轻易改变和偏离。人，一旦偏离自己既定的发展目标和方向，就难以再回归，也就难免会失去发展的机遇和机会，甚至留下终身的后悔和遗憾。

——人，基于人性平等去做事，才能把事做到人心坎上。

——人要做好工作，必须研究好工作对象，定位好工作目标，确定好工作思路，设计好工作路径，组织好工作团队。

——一个对自己缺乏什么不清晰的人，很难发展好自己。

——工作贵在样样落实，天天坚持。

——一个人要把自己发展好，不能仅想着与别人竞争，而是要想着如何与自己斗争。通过与自己的斗争，一个人才能形成适合自己的发展观，坚定把自己发展好的信念，真正找到适合自己发展的策略和路径。

——人，需要善于相信自己，悦纳表扬自己，欣赏自己，成就自己，满足自己，但更需要勇于突破自己，创新自己，创造自己。

——一个人的发展，不仅仅是个体的事。一个人，只有突破自我，把自己的发展融入家庭、家族、集体、社会、国家的发展中，才能有正确的发展观，不断把发展压力化为发展动力，并准确定位好适合自己的发展目标，不断增强发展的自信，形成可持续发展的能力。

——人不是为别人评价去做事，而是为自己的理想信念去做事。

——人生能去做一件有意义的事，并能尽力去做好，足矣。

——一个把生命中必须保留的那些东西保留住的人，才能不断积蓄起生命的活力，并能真正焕发出生命活力。

——人，再忙，再发展，也不能忘家，忘本。

——一个不买书或借书的人，难以在发展着；一个不读书的人，难以在思想着；一个不藏书的人，难以在研究着。

——一个发展好的人，不仅是不忘历史、尊重历史的人，而且是善于从历史中汲取智慧的人。

——人在有体力、精力和能力时，一定要尽力策划和做好自己必须要做的事，力求不留任何遗憾！

——一个优秀的人，一定是会生活的人。

——会读书的人，才能读，好书，并读好，书。

——一个真正个性强的人，不是强在自身，而是强在对他人的影响；一个仅仅个体自傲、自负、自强的人，难以对他人形成影响。

——一个好的博士学位论文题目，一定是在博士学位论文基础上，一辈子都能去做并能做好的题目。

——一个会生活的人，一定是能珍惜和驾驭好时间，把更多精力用于学习、工作和事业的人。一个人，如果能把生活与学习、工作和事业关系处理好，并融为一体，这个人才能越来越优秀。

——这个世界因差异而精彩。无论是谁都要努力用自己的眼睛，仔细品悟呈现在你面前的世界万物别样的精彩；要在与他人分享交流中，学会从他人的世界中获得更多的精彩。在我们的精神世界中，有自己和自己学到的你和他，这是我们人生可能拥有的、源源不断的精彩。

——没有精彩的人生，是不开心的人生。人生要精彩，不能局限在个体世界中，要在他人的世界中，享受并获得人生的精彩。

——人，学会一定程度的孤独，并善于独处，才能真正认识自己、欣赏自己，形成并保持好自己的独特。

——没有核心的集体，不是一个好的集体；仅靠核心的集体，也不是一个好的集体。一个好的集体，必须人人都强，已有核心一旦失去，要尽快形成新的核心，才能持续地不断重建。

——进攻不易，防守更难。进攻时，一定要同时做好防守；防守时，一定要寻找好进攻的机会。

——人，一旦失去主动，就会变得很被动，难以控制好情绪；就会失去冷静、平静、精神、激情、机遇和成功。

——人，可以成球迷，但不能太迷球。

——一个球迷，如果能像迷球那样迷书，成为一个书迷，不会得不到发展。我们这个社会，需要球迷，但更需书迷。

——人啊，多说，甚至常说，行了；少说，甚至不说，算了。行了，往往意味着成功；算了，常常包含了更多的无奈和失望。

——两个有缘相爱的人，既然走在一起，就要相互理解，相互珍惜，相互真爱，相互宽容，否则就会留下终身苦痛和遗憾！

——人，一定要养成惜时、守时、准时的习惯。一个没有时间观念的人，实际上心中没有他人；一个不善于管理时间的人，实际上意味着难于发展。

——人最怕的是不爱自己，人最可怕的是太爱自己。

——一旦心灵深处年轻，人就会青春永驻，永远年轻。

——人，应该认真，也一定要做到认真，但认真一定要得法，绝不要过于认真。

——人，不可能没有失败，但绝不能一再失败！

——人，一定要让别人看到自己的希望，尽力不要让别人对自己失望。

——机遇对每个人是公平的，但机遇对一个个体的人来说，不可能多次。机遇是为有准备人准备的，一定要精心筹划，做好积累，把握好时机，抓好机遇。否则，人生就会留下伤痛，甚至苦痛的记忆和回忆。

——学问也在看球中，球中也有真学问！

——一支团队的打造，应该重视领军人物，但更应重视每个团队成员自身水平的提高，使每个成员既成为将才，又成为帅才，这样才能基于团队愿景，使团队不断得到新的组建，保持好凝聚力和战斗力。一个团队，如果把希望就寄托在一两个人身上，这个团队必定没有活力和希望。

——人错过机会，很可能就难以再有了！

——人做事到位即可，切不可越位。否则，白费时间、精力和力气。

——一个人再强，没有别人的配合，也难以成事，更难做成大事。

——不抓住时机进攻，就会失去机会。

——势均力敌，才有斗志。

——善于保护好自己，才能扎实发展好自己。

——沉不住气，难做成事。

——人真正的较量，是体力上的较量。

——没有好的团队，难以实现成功。一个好的团队，一定能让每个人都把自己力量自觉融入团队，形成坚强、厚重而有内在激情的凝聚力、向心力和战斗力。

——人，只要尽了力，就是未成功，也照样会获得他人发自内心的欣赏和尊重。

——申报好适合自己的岗位，研究好与考试相关政策文件，扎实好复习计划和过程，审好考试类型和考题，调动好平常的积累，坚持做好每个题，面试时自然轻松放松，定能顺利通过求职考试。

——成功，不易；成功后再成功，更难。

——一个集体，要把工作做好，必须要整体配合。虽然每个个体有其想法，但大家必须为集体的整体远景和目标服务。

——不相信自己，心中难有自己。

——人，一旦决定好自己要做的事，就不要再犹犹豫豫，要尽力去做，做得扎实、有效，不留任何遗憾！

——不爱惜自己，就会自伤。

——有风骨，才能做出好学问；好学问，一定有风骨。

——顶层设计好，把握好机遇，扎实去努力，定会事事成功。

——人应该有风骨，但绝不离生活，更不失生命！

——有思想，但没有学问，思想没有坚实基础和信服力；有学问，但没有思想，学问难有个性、特色、活力、震撼力和影响力，更难有风骨。没有思想的学问者，难有风骨；有思想的学问者，才能真有风骨。

——不刻苦，难有成就。

——人，贵在想好自己该想的事，做好自己该做的事。

——人应该为家庭、家族而奋斗。但为家乡奋斗，也应成为人发展的动力。

——人要操心，但不能过分操心。否则，就会给别人带来烦恼。

——读好名著，才有精致人生。

——有责任、尊严，能自律，才有真自由。

——要把事做好，一定要提前，甚至超前做好方案。

——能留下自己足迹的人生，才是真正的人生。

——宽容好人，才不伤自己。

——好事一定要做实，实事一定要做好。

——一个好的管理者，一定要眼界宽、有胸怀、守规矩。

——有理性，才能理智；有秩序，才能和谐；有素质，才能宽容。

——做好今天，才能准备好明天。

——女人一定要优雅，男人一定要大气。

——诚实地面对自我，才能清醒地认识自我。

——一个人一定要细心再细心，否则就会丢失自己心爱的东西，留下遗憾。

——靠己力，难成事；群策群力，定成事。

——人，一旦只考虑眼前的发展，就有可能失去长远的发展，甚至就没有长远的发展。

——一个能与自己周围世界适度不相容的人，才有可能成为一个思想者。

——心不静，难成事；成事后，心不静，再难成事。

——人，抓住机遇，尽力想好自己该想的事，做实自己必须要做的事，不仅不会留下任何遗憾，而且必定使自己的人生越来越精彩。

——一个发展好的人，既是一个能不断使自己有压力，并善于把压力化为动力的人，又是一个面对压力也能不断减轻压力的人。一个不断并善于减轻不必要身体、工作、思想和心灵压力的人，才能轻松地发展着，并在发展过后轻松着。一个面对压力，轻松并放松的人，才能在学问中思考、思维、思想着，工作扎实而高效着，生活充满活力着。

——人要发展，最怕的就是失去希望。人，一定要把希望浸透在内心深处，永不失去。

——心中有别人，才能真正有自己。

——人，贵在互相能抬好轿子。

——人的时间是有限的。人，做了目前不该做的事，就占用了做应该做的事的时间，应该做的事可能就因时间投入过少，受到影响，使该做的事做不好，甚至做不成。

——任何成绩、成就和成功的取得，都需要付出勤奋而艰辛的努力。承认自己不勤奋，未下苦功，并不丢脸。真正丢脸的是不采取实际措施去克服自己的被动、和惰性。

——古人重游学，今人重网游；游学必须有，网游可不游。

——人，善于发现自己过去经历的意义，才能使自己今后的经历更有意义。

——经营好团队，才能发展好自己。

——一个不牵挂学生的老师，不是好老师；一个不牵挂老师的学生难成为好学生。

——没有精神，难成为一个完整的人。人，一旦有精神，就有灵魂，有气质，更有不断前进的活力。

——无人生规划，难有精彩人生；人生规划过细，难有真实人生。

——倾听好不同意见，才能做好自己的决策。

——研究好别人，才能做好自己。

——一个领导者，一定要形成这个信念：大家已认识到必须要做的事，一定要尽心尽力，群策群力做好；大家很可能还认识不到，但需做的事，一定要集中大家的智慧，形成大家的共识，引领大家超前去做好。要想把一个集体发展好，后者更为重要。

——人既需要进取心，又需要平常心。无进取心，难以生存和发展好；无平常心，难以生活得快乐和幸福。

——有灵魂的经典，才能使人有灵魂。能让人怀旧的经典，才是真正的经典。

——一个能真正享受好属于自己童年生活的人，才能过好自己富有情趣和意义的一生。没有真实享受到有爱并富有想象力的童年，难有真正属于自己的成年，更难有开心、快乐和幸福的晚年。

——人要做好一件事，应该重视别人的眼光，但一定不要失去自己的眼光。一个善于把自己眼光与别人眼光主动融合的人，才能以和谐的人际关系，把想做的事真正做成。

——人，经过严格的训练，特别是自我主动的严格训练，什么事情都可以尽力做好！

——善于改变好自己，才能发展好自己。

——人，一旦能向自己使力，形成主动、自发并自主的学习习惯和精神，一生一定都在积累着、发展着，快乐而幸福地生活着。

——我们应该认同习俗、传统、权威、风尚、舆论，但这种认同不能绝对，要适度并走出，去真正形成自己对自然、社会、他人和自我的独特认识，只有这样，才能发展好自己，贡献好社会。

——每个人和他自己之间的距离可能是最远的。一定要肯于并善于研究自己。研究不好自己，一定难于去发展自己。

——一个太想把事情做好的人，肯定做不好事；一个只想着把事情做好的人，不一定能做好事；一个有能力把事情做好的人，有可能把事情做好；一个会做事的人，才能把事情做好。

——要研究好历史，研究者必须在史料上苦下功夫和下苦功夫。

——一个人，如果总假设事情不能做，一定就做不成事。

——认真的老师，遇上认真的学生，才能认真地实现目标。

——研究生要跟好导师，不能仅想着自己要做什么，必须去想想导师究竟让自己做什么；想好导师让自己应该做什么，自己才能做好什么！

——人，应该给别人提建议，但一定要在别人主动需要时适当去提，这样才能受到别人的珍惜、重视、听取和发自内心的感动和接受。

——养成日日的读书习惯，才有把书读好的可能。

——做人，贵在诚；做事，贵在实；做学问，贵在恒。

——只要做工作，就要充分调研，精心设计，确立目标，扎实过程，提高效率。这，既应成为自己的工作信念，又要成为自己的工作习惯。

——人，没有好的体质，谈不上应有的发展。

——人可以不知道为何，但一定要知道何为；人可以后会无期，但绝不能遥遥无期。

——人，要把自己的路走顺利，一定要有规则、守则意识，既要立好规矩，又要守好规矩，绝对不能逾矩。规矩做事，才能实在做人。

——一个不很有魄力和决策能力的人，难以成为一个好领导。

——人往往在不断挂念着亲身经历至深的事，以及别人帮助自己去亲身经历过的事。有亲身的经历，才有自身美好的回忆。

——人生很可能是一场游戏，但绝不能游戏人生。

——人生绝不能去赌博。如把人生看作赌博，那是投机的人生，不是精彩的人生。

——拒绝了不该做的事，才有可能做好该做的事。

2014 年 8 月

——一个有思想的人，才能真正有自尊、有尊严，有属于自己的生命，并焕发出自己生命的活力。

——尽力做好自己该做的事，一切就会释然。

——一个人，一旦心中没有了他人，也就没有了自己。有了自己，而没有了他人，最终也会没有了自己。

——一个人，如果始终跳动着一颗为自己所心爱并理想的事业而不懈地奋斗的心，这个人的事业应该能够成功。

——一个人要想发展，离不开别人的引导。但一个人一生都离不开别人的引导，这个人最终不会发展起来。一个人，一定要在别人引导下，学会自己走路，并用自己的脚，把路走正、走直、走顺，走入自然，走向社会，走进他人，走出自己。

——人不可能不累，但人一定要尽可能放下让自己累的事情，去轻松和放松，这样才能使本来累的事情，在自己心中不累。心中不累的事情，才有可能身体在累着，但累而快乐着，甚至累而幸福着。

——尊重好生命差异，才能尊重好每一个人！

——一个生命太洒脱的人，不会真正有生命。一个有生命的人，一定是在心中有生命的人，并使生命永远焕发出生命活力的人。

——有生命不一定有寿命，有寿命不一定有生命。

——生命只能理解，绝不能误解。要了解，更需要换位。珍惜才会拥有，感恩才会长久。

——人，大都是普通的凡人，一定要形成适合自己的普通人的活法。

——过好自己想要的生活，才不白过一生；但不能以牺牲别人生活为基础，去过自己想要的生活。

——人生必须有底线。没有底线的人生，难有顺利的人生。

——人尽力得到的东西，一定要倍加珍惜，不能让它失去时才感到珍惜；人尽力未得到的东西，一定不要埋怨、抱怨，更不要后悔和遗憾，一定要摆正心态，就当它是自己不应该得到的东西。

——一个人最怕的是，听过很多道理，依然做不好自己。

——老师可能最担心的是，给学生讲了很多道理，学生未听进心中，更未成为行动，终究未发展好自己。

——人带着情感、激情写出来的东西，才有真情实感，才能成为自己的生命体验。

——任何一种教育理论，无论多么精致和简洁，只要不真实，就可以拒绝和修正。

——幸福是自己的感觉。人，只能感受到自己的幸福，绝不要去感受别人的幸福，事实上也不可能感受到别人的幸福。

——人生充满期待，但一味地等待，慢慢就会失去期待。

——团结好人，才能真把事做好。

——人，一定要上微信，开微博，去 QQ，有博客，但更要在此同时，绝不要迷失自我，而一定要保持自己的独立、独到、独特和独行。

——有了思想上的焦虑、知识上的渴求，才会有真正学术上的追求。

——一个人，如果不知道自己想要什么，就会有不少自己不想要的东西；如果不知道自己该说什么，就会说了不少自己不该说的话；如果不知道自己该做什么，就可能做了不少本不该自己做的事。

——尊重他人的人格和尊严，这是做人的底线。

——理解好老师的苦心，学生才能有效地行动，真实并扎实地把自己发展好。

——一个想把任何事情都做好的人，最终可能什么事都做不好。

——每个人都有自己的选择，不同的选择就会有不同的命运。

——每个人都会有好运气，真正的好运气往往是自己给自己带来的。一个人单靠别人，难以有好运气。

——人，一定不要把自己的发展仅仅寄希望于别人，而是自觉接受自己所信任老师的引导和指导，使自己的发展独立、独特，适度地独行。

——人，一定不要彼此误解，更不要有遗憾。

——人生基于缘分。有缘者总有缘，无缘者想有缘，也难有缘。

——人，可以原谅人，不可求人原谅。

——人，会做事，才能把事做好；不会做事，还不如不做事。

——人，宁可自己吃亏，也不要去占别人便宜。一旦占别人便宜，就意味着别人在吃亏。

——师生关系处好的关键在于互敬。教师对学生，不应是尊重，而应是尊敬。教师一旦能学会欣赏学生，对学生尊敬之心和情自然油然而生。教师如果久敬于学生，学生自然久敬于教师。师生一直互敬，本来就基于缘分的师生关系，自然和谐、稳固、持久和永恒。

——人要专注于学术，必须有不失人和的孤往精神。保持适度的孤独，才能有本真的孤往。

——好的文字都是基于创作的冲动而写出来的。

——人，不能活得不明白，但也不能活得太明白。一个活得什么都想明白的人，难以活得丰富和多彩。

——人一定要有主见，但不能什么都有主见。一个什么都有主见的人，难以在心灵上接受别人的影响。一个人，如果不善于在心灵上接受他人的影响，就难于发展。一个有志于把自己发展好的人，要善于在不应有主见时没有主见，这样才能使自己的心灵开放、包容、倾听、悦纳和成长。

　　——发展好自己，才有可能教育好孩子；教育好孩子，家庭才真幸福。

　　——一个优秀的人，就是能把握好度，把看似矛盾的东西，集聚一身的人。

　　——人有时需把简单问题复杂化，有时又需把复杂问题简单化。

　　——人应该忙，但再忙，也必须给自己留有空闲，更要有闲情。

　　——人，难免有遗憾，但绝不能有后悔。

　　——学术和生活两不误，才能真成事，成大事。

　　——人生就是一场旅行。无论旅行到什么地方，都不能失去理想，都要面对现实，都不要失去童真。人听了许多道理，应该知道生活怎么过，如不知怎么过，那是对人生道理没有好好去聆听和倾听，并没有扎实有效地去行动。

　　——去品味人生，人生才能被品味！

　　——公平是工作的底线，分寸是工作的境界。

　　——有特立独行的思想，才能给人留下深刻的影响和记忆。

　　——有全球视野，才会有中国思维。

　　——改变自己从欣赏和崇拜自己开始，发展自己从自觉接受老师引导开始。

　　——进行历史研究，既要注重原始资料的爬梳、解读，并广纳相关学科范围内的史料，尽可能地还原原貌，又要具有多学科的视野，借鉴多元化的研究方法和研究理论，尽力探寻规律，以史为鉴。

　　——人，既要把事做好，又要把话说好。一定意义上，后者更为重要。

　　——目前中国的问题，一定意义上已是全人类的问题。没有全球思维，处理不好中国和世界的关系，难有对中国问题的扎实、真实以及有广度、深度的思考，更难有对中国问题的彻底解决。

　　——在我们这个节奏感较强的社会，需要急、快，但也需要慢。饭要慢点吃，路要慢点走，话要慢点说，事有时也需慢点做，慢工才能出细活。好的学问，也是通过稳定的研究方向和持续的研究成果，慢慢才做出来的。慢，是种功夫，更是人生应有的淡然和从容，是人生的一种境界。

　　——没有大量的阅读，难有好的创作和写作。

　　——没有过硬的知识积累，难有有深度的思维，更难有底气、大气和霸气的研究成果。

　　——重要事，一定要具体到每个人，这既是对人的尊重，应该成为工作习惯。

　　——人，无论在人生任何阶段，绝不能丢失天真、童真和本真。

　　——正己先正人，己正人自正。

——全力保护好自己的梦想，才有可能使梦想成真。

——人要忙，但不能穷忙，更不能瞎忙。人要忙到点子上，更要学会忙里偷闲。

——人要忙，但一定要忙在自身真实的发展上。有面对世事无常的内在力量，才能正确面对生命中的困惑和迷茫，并不断去切实解决和消除。

——童年和青年时期没有阅读经历，难以成读书人生。

——民国时期的教育可超越，也需超越，但不能跨过。

——爱读书，喜思考，善写作，这是做学问的底线。

——人，一定不要过度考虑脸面，不要把时间过多地放在应付人面、情面和场面。

——人生最重要的是经历。这个世界美好的东西，一定要尽力去经历。好好经历着，也就好好生活着。

——人的一生，最初的出发很重要，也很难忘。人生贵在坚持，如果人的一生都能坚持最初的出发，就会有持续的积累和积淀，也就意味着人生的精彩和成功。

——一旦孩子降生，无论母亲，还是父亲，孩子都是自己一生的责任，一生要与孩子共同变化、成长和发展，让自己成为孩子的榜样、骄傲和自豪。

——有了对的人，才能离开错的人。

——处什么朋友，那就是什么人生。

——没有目标，难有顺利的人生；太有目标，难成精彩人生。

——慢中有快，快中有慢，该快就快，该慢就慢，快慢结合，这既是能力，又是习惯，更是人生修养之境界。

——人，难以复制别人的成功。成功是自己的感觉，每个人都应有真正适合自己和属于自己的成功的追求，并最终获得成功。

——把每天的日子过好，也就在过好着每天的生活。

——欲天人合一，才有不一般的人生。

——爱好音乐，才能欣赏好音乐。

——人，要知道，不易；人，知道后，能做到，更不易。

——一个有志于去做学问的人，一定要以稳定的研究方向、持续的研究成果为信念，潜心做好学问，做出自己的独特和成功。

——享受好图书馆，才能有优雅人生。

——善于提醒自己，约束自己，才能主动、安全并超前地发展好自己。

——玩好微信的三个"从不"：从不用整块时间，尽力利用好零碎时间；从不发牢骚，去抱怨，给人负面影响，尽力给人以正能量；从不转发自己未读过并未评论过的材料，尽力使自己所转发材料给人以收获。

——人，应该也必须有自己的认识和意见，但绝不可强加于人。

——研究，不是自说自话，闭门造车，必须重视研究与自己同领域和相关领域的前沿研究成果，并使自己的研究成果受到同行的关注、认可。

——问题，这是研究的出发点和归宿。关注的问题一定要多于研究的问题，研究的问题一定要多于写出的文章。

——一个真正有思想的人，不是自己有思想，而是让别人更有思想。

——不同的城市定位，不同的人生命运。

——人，有安静、寂静之心灵，才能保持清静，并使自己纯净。

——心中有阳光，才有真智慧。

——爱孩子，是一切有生命的人的天性；爱好自己的孩子，才能真正做好自己；让孩子也爱好他（她）自己，孩子也才能发展好他（她）自己。

——一个学问人，无论在任何情况下，一定要坚持做好自己的学问。

——阅读越来越不连贯，知识越来越碎片化，这是一个人仅仅依靠网络去阅读所带来的负面效应，一定要尽力克服和避免，把自己阅读时间更多放在纸质书的阅读上。

——厘清历史事实，才能书写好历史；书写好历史，才能传承好历史；传承好历史，才能创造好新的历史。

——到研究生阶段，读书不要平面式阅读，而要立体式阅读，即围绕自己去研究和解决的问题去阅读。

——我是谁，我该做什么，我想做什么，我能做什么，我实际做了什么，我做得怎样，这是每月需反思的问题。

——平等不意味着公正。教育平等也不意味着教育公正。

——爱孩子是父母亲的本性和天性，但爱孩子要得法，绝不能太宠爱，甚至溺爱。否则，会影响、干扰，甚至伤害孩子的成长和发展。对于刚有孩子的年轻父母亲来说，一定不要以孩子为中心，把孩子作为自己生活的全部，而失去了自己本应有的生活主题。如果全家生活都以孩子为中心展开，不仅让孩子失去了应有的自然和自由，而且影响了父母亲自身的成长和发展。太溺爱孩子的父母亲，表面上看，是孩子离不开自己，实际上看，是自己离不开孩子。

——人，要成功，不仅需定位好适合自己的目标，而且更要采取好适合目标实现的策略和方式。

——人生就是在每个阶段，尽力做好自己必须做的事。

——只要做人，就一定要做有用的人。

——人有命，但更有运。命，可能难改变；运，可因人力而改变。

——要真正拥有孩子，就要珍惜好与孩子相处的每一刻，尽好对孩子的照管、教育责任，一生与孩子共享开心、快乐和幸福。

——孩子渐渐大了，在成长和发展，但自己是否与孩子一起成长和发展了？

——女人，就应该有情调。没有情调，生活没情趣；太有情调，生活不安稳；与爱着的人有共同的情调，生活才幸福。

——思考并解决好每个人每天都要遇到的问题，才能把自己融入并植根在大家心中。

——本科生是在学习的基础上研究；研究生是在研究的基础上学习。

——要做好学问，既不能基于西方进行中国的思考，又不能基于中国进行西方思考，应基于自己，形成自己对全球的思考。

——一个有志于把自己发展好的人，难免会遇到各种压力。面对压力，一定不要着急，更不要焦虑，而要沉着应对，尽力把自己该做的事去做，并相信自己能做好，这样才能消除和解决压力。

——做学问本来就是少数人的权利。一个想做好学问的人，只要有悟性，很勤奋，善策划，能固本，一定能做好学问；一个本不想做学问的人，做了学问，并能坚持着做，并越来越有做学问的兴趣，说明已有做学问的潜质和潜力，只要勤奋努力，可能还能做出大学问；一个想做学问的人，不聚焦，仅靠聪明和悟性，常偷懒，不勤奋，迟早做不好学问。

——要做好学问，需要广泛的兴趣爱好，但一定要聚焦到自己所研究的目标，因为人的精力毕竟是有限的。

——人，可以把做学问和过人生结合起来，因为学问的道路，也就是人生的道路。

——两个本不相识的人，走到一起，组成家庭，这是缘分；两个有缘分的人，一生恩爱，家庭和谐，这是经营。有缘分，才能组建成家庭；善经营，才能使家庭幸福。人啊，如果你想与开心、快乐和幸福一生伴随，那你一定要珍惜好缘分，经营好家庭。

——人生，本来就是要用自己的脚，一步一步走出来的。人生最大的价值，理应在过程，而不应在目的。

——人生一定要有目标，也应该有高远的目标，但让每个人都有高远的目标，这是不可能，也不现实的。人生的广阔性、全面性、丰富性和独特性，决定了每个人都应基于其生活世界，对人生有独立、独特，甚至独到的认识、体验和追求，人生贵在有适合自己的目标。人，准确定位好适合自己的目标，才能有适合目标的行动方案和方式，使自己的目标真正实现，并活得平实、真实和扎实，真正形成自己的精彩和独特。每个人都能定位好适合自己的人生目标，并尽力去实现，我们所生活的世界，才能真正和谐、精彩和多样。

　　——人，既需要教育，又需要训练。

　　——要发展好自己，必须管理好自己。但管理好自己，不是让别人把自己管理好，而是自己把自己管理好。人，一旦自己能把自己管理好，就有可能做出自己，做好自己，更发展好自己。

2014 年 9 月

　　——历史本身就昭示着意义，但历史的真正意义，应该是人主动去发现出来的，而不是被昭示的。人要真正重视和尊重历史，必须去主动并善于发现历史的意义，并能对历史的意义做出合理的解释，使历史的意义真正得到彰显。

　　——人，随着自己不断走向成长、成熟和发展，要常有着自己，在人生不同阶段，让自己不断充实、丰富和多彩。人要真正有自己，必须胸怀自然、社会和他人。人在处理好与自然、社会和他人关系的基础上，才能处理好自己和自己的关系，不会自己与自己过不去，更不会在有自己的同时，太自我和自私。但人在为自然、社会和他人做贡献的同时，应有适当的索取，才能真有着自己。人可以捧着一颗心来，但不能不带半根草而去，只尽义务，不顾权利，这会丧失了自己，形成不平衡的自己；人要真正有自己，必须在喧嚣的社会面前，有适度的孤独和寂寞，甚至发呆。人在这样的心灵状态下，才能有真正的宁静和自由，真正并真实地想到自己、想着自己和想好自己，并能自己向自己倾诉，发泄出自己的苦恼、苦闷，甚至不满，保持好心灵的和谐和充实；人要真正有自己，一定不要照着别人去发展自己，更不能把自己一生活成别人的影子，要在人生每个阶段，都有适合自己的独特理想、希望和追求，形成适合自己成长和发展的目标、路径和方式，并形成使自己能真实发展的能力；人要真正有自己，一定不要把工作、职业和事业作为自己生活的全部，学会休息和休闲，在累着自己的同时，也去照顾好自己，康健着自己，休息、休闲并在生活中享受着自己。一旦人有真正、真实和真诚的自己，也就一生在开心着自己，快乐着自己，幸福着自己，难忘着自己，感动着自己。

——人，不能没有想法，也不能太有想法。一个没有想法的人，容易活得太简单，难有应有的理想、追求和独特，很可能一生在为别人活，或一生生活在别人的影子里，难以活出本来就应有的自己；一个太有想法的人，容易把本来很简单的人和事看得复杂，并形成不切合实际的理想、希望和追求，给自己带来不应有的纠结、苦恼和苦闷，尽管每天在忙碌着，但难以形成有积淀的收获和成果。人必须有想法，但必须围绕自己的目标，把想法聚焦再聚焦，力求想清、想深、想透、想对，并把想法变成办法。人，绝不能是苦思冥想的空想家，必须成为想到就做到的实干家。一旦人把该想的事情想好并做好，把不该想的事情不想并不做，才能在自己有限的精力和时间内，有真实的成长和发展。

——规范好工作程序，才有可能轻松做好工作。

——人生，就是不断地与人相遇，遇到什么人，可能自己就会成为什么人。在自己的生命旅途中，如果能不断遇到贵人，那真是人生的缘分和幸福。一旦遇到贵人，自己就要倍加珍惜和感谢，主动与其相知，主动接受其引导和帮助，主动去改变和发展自己，否则就会有人生的错位和遗憾。人，自己的生命发展离不开贵人，随着自己生命的发展，自己又能成为别人生命发展的贵人，让别人与自己能不断相遇，那才是生命发展的可贵目标和境界。

——要做好学问，既需要经典，又需要经历和经验。

——人，既要有自我，又要有自由。自我是人确立其生活的支点，人通过自我的驾驭、约束、控制和克制，使自我不受制于外部世界，才能有真实和真情的自由。人在生活和工作中所承受的压力，实际上并非外部世界，而是自我的压力；自己与自己过不去，自己常纠结，正是这种压力的真实写照。人要有自由，必须要训练自我承受和把握自我的能力，如果坚持做下去，就会越来越有独特的自我，自己的内心就越来越自由，一生就能做好自己该做的事，处好自己想处的人。

——吵架是两个人之事，一人不吵，绝吵不起来。人，既不让别人与自己吵，更不让自己与别人吵。

——人要成为一个有用的人，不要成为一个太好用的人。

——做好自己，别人才能真正看得起你。

——人不能在生命的尾声，才去领悟人生，反思自我；一定要在生命的过程中，去研究自我，体悟人生。人生，既然有不同的阶段，那么在18岁成人后，就要在每个阶段，充分发挥自己的生命自觉，尽力思考和研究好与自然、社会、他人和自我的关系，准确定位好适合自己的人生之路。一旦定位好适合自己的人生之路，即使遇到别人不理解、有挫折、有困惑的情况，也不要犹豫、彷徨，而要精心策划，采取适当的策略，积极有效地行动，矢志不移地走下去。只要在人生每个阶段把路走得真实、踏实和扎实，一定会走出一条真正属于自己的成功之路，走出自己，走出积累和积淀，走出一生的开心、快乐和幸福。

——走好已选择的路，别选好走的路。

——人，既不能不满足，又不能太满足。人，要不满足，就必须常跳出原来所在，到另外一个所在，这样才能找到差距，一直有发展目标和动力，并能保持强劲发展势头，不断走向成功；人，一旦太满足，就会失去目标、上进、斗志和动力。人，在应该满足时，一定要满足；人，在不应该满足时，一定不要满足。

——研究历史不易，还原历史面貌更难。

——做事，只要精益求精，就不会有漏洞，更不会有遗憾。

——人生贵在给予，给予是一种信念。人，只有确立起给予的信念，才能不求回报：在给予别人，而别人可能不知感恩时，没有埋怨和抱怨。给予是一种能力。人，要想给予，必须能给予，有能力和实力去给予。一个连自身都奋斗和发展不好的人，即使要给予，也难给予。自身发展得越好，能给予人的就越多。能否给予，给予多少，这是衡量一个人发展水平的标志。给予是一种习惯。人越给予，就越想给予，越想给予，就越能给予。人，应该给予，但不能一味地给予；人在给予的同时，也应该去正当地索取。人，不能把给予完全理解为一味地奉献，在给予的同时，也应该进行正当的索取。一个既重视义务，又重视权利的人，才能妥善处理好奉献和索取的关系，使自己越来越想给予和能给予。

——人生幸福的第一要义，就是找到适合自己的职业。如果一个人喜欢学校、喜欢课堂、喜欢孩子，那么适合这个人的职业必定是教师。一个人一旦选择了教师职业，就要无怨无悔，一生矢志不移地走下去。研究好学校，通过自己的努力作为，在学校形成自己的独立和独特地位；研究好课堂，让课堂成为自己的生活场所，使课堂不断焕发出生命活力；研究好每个学生，与学生共同生活、成长和发展，与学生互尊互爱，使学生成为自己生命中的重要组成部分，并创造出值得自己崇拜的学生。只要做好这三方面研究，一个以教师作为自己一生职业的人，一定会一生在享受着教师这个职业给自己带来的尊严、开心、快乐和幸福。

——人的精力有限，把精力聚焦到目前自己必须做的事情上，才能把事尽快做完、做好，真实和扎实地成长和发展。

——要做好一件事，必须先想好这件事。想不好，绝不去做，想到位，才好好去做。想，要到位，一定既要力戒不切实际的空想，又要杜绝没有时间观念的瞎想。想到，就要尽快做到，并尽力做好。

——人的一生，就是有责任的一生。除了自己，谁也不能为自己负责，自己也不能代替别人负责。

——要做好工作，必须守好工作的底线，出好标志性成果。

——发展好自己，才能教育好孩子；培养好孩子，才能真实发展好自己。

——人，无论事业做得多大多强，工作再忙再累，也不能失去自己对家庭的责任，一定要用心经营好自己的家庭。家庭幸福是人生幸福的基础和动力，一个不愿、不会、不能主动去经营和享受家庭幸福的人，难以真正享受到人生的幸福。但只重视家庭幸福，而不想、不能在工作和事业上达到幸福的人，难以在更高层次上经营和享受到家庭幸福。一个既向往家庭幸福，又追求工作和事业幸福的人，才能真正享受到幸福，并一生在幸福着。

——在人生的紧要关头，以平常心尽力做好自己该做的事，做出最好的自己，可能就会有意想不到的成功。

——人的一生要活得从容，一定要有缘并找好适合自己的爱人，善于形成并听好自己的声音，适度形成和保持好自由的思想。爱人，需要不断提高自己的发展起点和平台，才能找适合；声音，需要人格和精神的独立，才能独到和独特，并越来越适合自己；思想，需要知识的强烈渴求、每天的积累和积淀以及富有激情，并常令自己感动并把握好自由边界的思考，才能不断产生并形成。

——人是一个独立的个体，但幸福的人不是在这个世界上孤孤单单的，而是有一个终生相伴的人，无论在什么时候，始终相爱着，不离着，厮守着，从恋人、妻子，到孩子他妈，再到老伴。夫妻就是基于缘分的一见钟情，倾情并真诚相爱；夫妻就是能在一块儿的福气，互相认准对方，不离不舍，互相支持和奋斗、成长、成熟和发展；夫妻就是互相温和、理解、宽厚、宽容，相爱一生，相守一生。恩爱的夫妻千万不能人在时往往无所谓，不去珍惜，人不在时才去珍惜，并去感到珍贵，这要形成终身遗憾。夫妻一定要珍惜两个人一起相伴的日子，互相去深爱、去关心、去体贴、去奋斗、去奉献、去经营、去享受、去厮守、去快乐、去幸福！

——在我们这个竞争激烈的社会，心态很重要。要保持良好心态，窃以为需做到十个字：第一，豁达。要学会坦诚、宽容、无私，有宽阔的心胸，豁达大度，遇事绝不斤斤计较。第二，松弛。不要把自己搞得很紧张，要学会过休闲生活，通过闲心、闲意、亲情等方式，消除身心疲劳，使自己心理放松。特别要注意不断培养自己广泛的兴趣爱好，陶冶情操，充实和丰富自己的精神生活。第三，平心。在保持进取心的同时，要力求有平常心，尽量作为，而不刻意追求。要学会以较少的代价获得最佳的成功。第四，拒诱。在这个功利追求的时代，要学会拒绝诱惑。一个人应有自己坚定的事业和追求，但绝不能被名利、金钱、权势等困扰，一定要看轻身外之物。第五，满足。人的需要是无止境的，仅仅拒诱是不够的。要知足常乐、笑口常开，这样就很少会有愁闷烦恼。人与人之间难以相比。多做些纵向比较，少做些横向比较，也就常有满足之心了。当然，在有满足之心的同时，也不能裹足不前！人就是一个矛盾体，要保持良好的心态，重要的是把握好度。度的把握需要阅历和时间。原则不丢，灵活有余，这或许是人保持良好心态最为基本的原则！

——学会给自己减轻工作负担，才能给自己更多的学习和研究时间。

——青春是一种状态，而不是年龄。

——人的经历，是人的财富。人要形成经历，需要时间。时间实际上就标志着经历。人每天都在时间中度过，在时间中经历和体验着学习、工作和生活；时间并不意味着经历。时间过得有兴趣、有意义、有价值才能形成经历；时间要形成经历，必须要有目标、有规划、有策划、有计划，并能扎实落实，知必行，行必果。

——成熟男人的十个标志：

第一，有明确而符合社会发展趋势和自己实际的事业、家庭和生活目标，并脚踏实地、一往无前地向自己既定的目标奋进。

第二，相信经济基础决定上层建筑，已具有从自己职业实际出发的可持续的赚钱能力，并已确立起一定的经济基础。

第三，注重自己的形象，并已具有设计自己形象和自我控制自己一切的能力。着装得体，精神饱满，有绅士风度，细心且幽默，有霸气但不霸道，有激情但不伤人。

第四，不对社会、爱情、孩子等充满太多幻想，但也不失去努力和责任，使自己的遗憾在心。相信在和谐社会什么都会各就各位，只要自己尽力即可。

第五，有好人缘，但善于把握尺度，原则不丢而灵活有余。具有良好而健康的与女性交往的能力。善于发现女性的优点、长处并赞美对方，懂得做女人的忠实听众，在事业领域能与女性友好地合作。

第六，已学会经营自己的事业和家庭，已具备处理好家庭和事业的关系以及教育孩子的能力，但以自己的事业为重。

第七，有强烈的社会、家庭和工作责任感，相信承诺就是责任，不做没有把握的事，不说无责任的话，不干违纪和犯法的事，不做道德良心上对不起他人的事。

第八，说话和做事干净利落，不婆婆妈妈。

第九，以不失去自己的良心为原则，已会察言观色，并能后发制人。

第十，无论什么时候都要充满必胜的信念，绝不怨天尤人。

——在一个社会和人生秩序尚未真正有效建立的社会，忙、累、过得真快等已成为不仅是职业人，而且是学生发自内心的一种表达。

——我们应该忙，但忙应该忙得值得，有价值；我们应该去累，但累应累得充实、快乐着，向前发展着。

——在我看来，学生的忙应忙在正业，忙在学业；累在不断增强自己去择业和就业的实力，累在自己生存和发展必须解决的事情上，而不是忙在副业，甚至远离自己的学业，累在自己都不知道做的事是否有目标和价值，累在茫然。一个真正聪明并想有所作为的学生，绝不能忙在那些似乎目前急需，但却影响自己长远发展的事情上。做任何事情都要付出成本和代价，一个善于发展的学生，要合理计算好做事的成本和代价。这样才能不断实现真实的发展，提升自己的实力，实现自己的职业理想，不断向成己成人成事目标迈进。

——对一个已走上工作岗位的职业人，特别是已基本适应了自己所从事工作的职业人来说，我更想说的是，在我们匆匆度过每天的时候，一定要力求使自己的心灵得到一定少许的安静，在做好工作人、家庭人的同时，切记自己还是发展人，要每天给自己的发展留下应有的空间，忙和累但在发展，使自己每天能安心读书、思考、写作，这不仅是一种意识，而且应成为有效的行动。否则，自己仅仅是人生旅程中的过客，不会实现可持续发展，更留不下真正属于自己的东西。一个进取心强的人多年后一定会去反思并与同龄人去比较，那时一定会后悔，但悔之晚矣。

——静不下心，难做学问。

——每个人都要工作，但并不是每个人都能把工作做好。要做好工作必须具备以下六个要素：

一、兴趣

工作应是生活中很重要的内容。一个人如果选择了自己喜欢的工作，就不会把它看作一种负担，才能把工作和自己的兴趣结合在一起，才能把工作做好。

二、目标

确定要做的工作后，必须进行充分的调研，确定好自己的工作目标，并力求把目标分解。

三、策划

根据目标对工作进行进一步的策划和细致安排，把工作程序化，列出工作进程。如果是领导，要知人善任、任务分解、责任到人、工作到位，而绝不越位。

四、尽力

要调动自己的一切经验、知识、智慧、激情和资源，竭尽全力并持之以恒地把工作做好。

五、体力

要经常坚持锻炼身体，保持旺盛的工作状态。

六、效率

工作既应重视过程，也应重视效果。工作必须要有时间概念，不拖泥带水，要特别注意工作策略和方法，讲求工作效率。工作不能刻意追求尽善尽美，但必须得法，不留遗憾。

——进行学术研究的人都喜欢买书。尽管身处网络时代，买书仍然应是学术研究者的基本选择和自觉行为。学术研究一般都是跨学科的研究，到书店买书实际上给自己提供了多学科阅读的视野和平台，可以扩展自己的学术领域；买书对于具有一定学术素养的人来说，可以在选书过程中，与自己的学术兴趣或者知识积累发生碰撞，引发自己产生学术灵感，形成新的选题，甚至形成新的思路和新的观点；买书是积累学术研究资料的基本方式。有无书房、有无藏书是衡量是不是一个学者的基本标准。买书必须选书，选书的过程也就是自己学术评价水平不断提高的过程，到一个人的书房，看他的藏书，基本能看出其学术素养、学术积累和学术水平；到书店买书和学术研究存在着互动关系，买书应该是学者常态的一种生活方式。你是不是在做学问，那就看你是否经常到书店选书、买书和读书！

——本科生向研究生阶段的过渡需要注意两个转变，一是心态，二是方式，后者对研究生的个人成长起到更加重要的作用。方式的转变包括四个方面：听课的方式。确定问题域后，针对问题域涉及的专业、课程，进行针对性较强的相关学习。读书的方式。研究生阶段需要阅读的书目很多，但已经不能像本科阶段那样进行泛泛的粗略式阅读，应该围绕问题、围绕问题的解决读书。作业的方式。研究生阶段作业的完成不能仅仅针对某一课程而写，每一项作业需要与个人的问题域相结合而进行，这样可以从不同的角度和层次深化对问题域的认识，同时，作业在保证高质量完成后，应力求发表。生活的方式。生活中充满着各种各样的不可预料的惊喜和挫折，每个研究生都应该积极面对生活所赐予的所有，由被动走向主动，实现个体的独立自主发展。

——研究生阶段的学习和研究某种程度上是针对问题的学习和研究，研究生学习和研究应该始于问题域的确定，之后应尽量围绕确定的问题域进行相关研究，如此，有利于在比较短的研究生学习阶段对某一问题形成自己比较完整、深入的认识，同时也可以在一定程度上减少研究成本。研究生一定要比较早地确定好问题域，并在听课、读书、写作业时聚焦到自己的问题域，为开题报告和论文写作奠定比较好的基础，有志于考博的同学应该把硕士和博士学位论文联系起来，进行整体设计和安排，使硕士学位论文成为博士学位论文的基础。

——集中精力去创造自己想要的生活，才能真正享受到生活给自己带来的开心、快乐和幸福。

——人，不要埋头苦干，而要抬头乐干！

——凡是到一个地方去，并已定时间或已与人约定好时间，自己定要先到或早到至少半小时，这样既可以给自己留好充分的时间，以免途中可能发生的阻碍，而且也是对别人的尊重。

——人，可能最无奈的是，时间不等人。

——人，对自己所可能拥有的适度的自由，一定要学会利用和享受；人要享用好自由，一定要学会容忍。实际上，对一个爱自由的人而言，容忍比自由更重要；一定意义上，容忍就是自由。没有容忍，难有自由。但容忍要有度。无原则的容忍，难以享受到真正的自由。

——生命是主动的，不是被动的。生命要生长，必须尽力并主动找到适合自己的空间，这样，生命才能舒张。

——人，应怕，要怕，能怕，会怕。怕做学问了，才是做学问的开始，也才能真正做好学问；怕做事了，才能精益求精，把事做好；怕开车了，才能把车开好，开得安全和流畅；老师怕学生不好好学习，学生未取得进步怕见老师，师生才有真实情感，关系才能和谐，师生才能共同成长和发展；老公怕老婆，老婆怕老公，夫妻才能真正恩爱，家庭才能和谐和幸福。怕，既要成为一种能力，又要成为一种习惯。

——人，可能在成长，但并不意味着已成熟；人，只有在成长的同时在成熟，才真正在成长着，并在成长的基础上，不断在发展着。

——只要有空，就抓紧时间看书。

——对于一个从事行政管理工作的人来说，晚上能够做自己要做的事情，那就是适合自己的休息。

——无学术旨趣，难做学术研究。

——说话时，点到即可；做事时，做到才行。

——追求快乐，创造性地追求快乐，并达到幸福，这是人一生的主业。

——文章不是自我欣赏，而是让别人看的，一定要把文章写得明白清楚，这样文章才能让别人欣赏，才能有力量，更能成为美文，影响深远，留世永存。

——在学术研究方面，研究生想导师之所想，才能做好己所做。

——人要活好这一辈子，最重要的是要有精气神。无论在任何时候，都要相信好自己，充满好希望，追求好目标，幸福好自己。

——人到这个世界上，实际上都在作为，只不过是有人在有意作为，而有人在无意作为。有意作为的人，有野心，有高远目标，有精细规划，有扎实追求，常有他人，甚少考虑自己，甚至一生为别人活着，活得有活力，但活得可能很累。他们把自己的时间和精力投入到工作中去了，忽视了家庭、家人、甚至自己，工作和事业可能很有成就，但生活质量和品位可能不高。无意作为的人，表面上不作为，实际上在作为；表面上没有目标，实际上在本分做事；基本工作不丢，生活质量和品位较高，但由于目标不高远，丢失了应有的发展平台、机遇和机会，难以履行好对家庭、集体和社会的责任，甚至会导致自我、自私，难以经营好自己的人生交往关系。人，要真正有所作为，不枉活和白活一生，应在人生不同阶段，既在有意作为基础上，无意作为，又要在无意基础上，有意作为。这需要人生的体验、反思、成熟和智慧。

——人要顺其自然，活得本真，但不能太随意，太率性。

——人到这个世界后，必然有一个从生物人到社会人的过程，在这个过程中，人逐渐长大。但人不仅仅是作为一个生物人，为一日三餐而活着，更是为生于斯长于斯的社会所要求的责任和使命而活着。任何一个真正想有所作为的人，都不愿做流星、做人生匆匆的过客。因而，随着人的长大，无论有意或无意，自觉或不自觉，都在义无反顾地探索、寻找各自的位置，试图走上人生的舞台。

——对位置，我们绝不能等闲视之。就像机械零件的不同功用决定其不同的位置，而各人的总体建构不同更决定了各人有各自的位置。每个人位置的不同，导致了人各自不同的人生轨迹。位置是我们每个人写好"人"字的第一笔。我们接受教育，实际上正是通过接受教育，去探索、寻找并选择属于自己的位置。教育必须教会，并最终让人学会去探寻属于自己的位置！

——我们去工作，去奋斗，实际上也是去寻找属于自己的位置。古人讲，三十而立。"而立"实际上就是找到了自己的位置。寻找位置，实际上就是在寻找属于自己的人生，寻找一种对社会、对他人、对自己负责的工作和生活态度。因而，在人生旅途上，位置的选择和寻找过程很可能是一个艰辛的过程！但一旦真正寻找到属于自己的位置，这个人必定是幸福之人。找到自己位置的人，一定是对自我很了解的人。当我们意识到自己真正是谁，能做什么，不能做什么时，真正的位置寻找才开始！寻找位置，实际上就是从位置中不断反观自己，认定自己的分量和价值，确立起真正的自我。真正的自我一定是不可取代的自我！一旦寻找到自己的准确位置，我们就应该尽快定位，不仅通过位置求生存，而且要通过位置求发展！应牢记的是，我们在寻找属于自己的真正位置时，绝不能去做无端的浪漫，不切实际的空想，应脚踏实地、实事求是，从反思自己出发、从客观实际出发、从社会需求出发，这样才能找到属于自己的位置，不断去充实并丰富自己的人生。

——位置就在我们脚下，但需要我们不断去探寻！位置必定垂青那些"位置意识"很强的人。

2014 年 10 月

——爱，既有主动的爱，又有被动的爱。主动爱上人的人，对爱的人一定能理解、懂得和珍惜；被动被人爱上的人，一定要理解、懂得并珍惜爱上自己的人对自己的爱不易。一个被动被爱上的人，如果不主动理解、懂得和珍惜爱自己的人，爱就有可能形成裂缝，有了让别人爱这个人的空隙，使爱不完整，并有后悔和遗憾。无论是主动的爱，还是被动的爱，两个人只要走到一起，组成家庭，就要使爱平等、互相理解、懂得和珍惜，相互经营好两个人的爱情和家庭。

——一个太聪明的人，很可能做不好学问。一个太聪明的人如果做了学问，一定要拒绝诱惑、勤勉用心、专注学问，尤其要下好做学问的笨功夫和硬功夫。

——人不能什么事情都管，只去管好自己该管的事。如果管的事太多，本不该管的事就一直管了。一个人，如果什么事都要管，并真去管，结果什么事也可能管不好。

——人，一定要听到实话。如果到一定阶段，听不到实话了，那是最危险的。

——写文章不能只按照自己的思想去写，而要处处为读者着想，注意换位思考：读者是否能清楚地明白自己所表达的观点。不尽力，甚至吃力修改好的文章，难成好文章。

——越短的论文，越难写；越长的论文，越好写；太长的论文（超过3万字），很难写。

——读书尽量不要先读序，除非是名家写作的好序文。一篇好的序文，不仅能把全书的精粹都表达出来，而且读了序文，差不多等于读了全书。

——做学问，就要真用功，并把功用在点子上。

——人，会做事情很重要，这样才能做成事。该自己做的事，尽力做好；该别人做的事，尽心安排好。

——要领导好人，切忌有小圈子，要做到什么人都是我的人。如果有小圈子，人们就有分别了，说这个是我的人，那个是什么人的人。人际关系就紧张、不和谐了，工作也就会因此而难做了。

——人，再有气度，也不可能不忧虑，但尽量少焦虑，不忧伤。人有适度忧虑，才能操好心，处好人，做好事。人有适度焦虑，才能有危机和动力。

——人，做事一定要换位思考。给人方便，自己才能方便！

——人生最没有遗憾的是，在孝顺父母上没有任何遗憾。

——自己做了一件事，但未做好，未做成，不要苦恼、后悔、遗憾，而要好好反思经验和教训，继续前行。

——一个把学问做精致的人，什么事情都可做得精致。

——管理重在组织，但一定要用自己的思想去组织。因为真正的管理，是思想的管理。

——人的观念影响着，甚至决定着人的行为。要改变一个人，一定要从改变其观念开始。

——人生苦短。对生命，我们要珍惜和爱惜，不要浪费。我们既不能把生命浪费在做了不该做的事，又不能把生命浪费在处了不该处的人。生命要不被浪费，既要做好选择，又要重视高效。既要定好每天该做的事，选好该去的地方，确定好该看的电影、书、网站和该听的音乐，又要定位好该处的人。一旦高效，就会节约生命，甚至感觉在延长生命。对一个喜欢做学问的人来说，生命要高效，一定要去做自己最有兴趣和潜力的研究，去靠自己内心的冲动写自己最想写的书和文章。否则，就是遗憾地在浪费着自己的生命。

——爱，最终是平等的。自己爱别人，但如果别人却对自己爱得不够，不爱自己，甚至与自己在一起时还在爱着他人，就一定要主动去放弃，不要有什么犹豫、后悔和遗憾。人，一定不要为了一个不爱自己的人，把自己变成一个自己不爱的人。

——幸福的生活，并不意味着就是有意义的生活。过有意义的生活，并幸福着，才真实和真情地过着幸福生活。

——爱不好自己，难以学会爱，并爱好别人。

——一个好老师，永远不会忘记自己欣赏和帮助过的学生；一个有良心并知感恩的学生，永远忘不了喜欢并帮助过自己的老师。

——教育的学问，不仅仅是在书本，还在读、在学、在思、在行，更在与自然、社会、他人和自我的交往中主动去感悟。

——人做事，应"三致"合一。既要精致、别致，又要简致。

——人生，少要"再"，不"再"最好。一件事做不好，再去做这件事，就不想去做了；不好的习惯一旦形成，再去改，就不易了；接受一种教育不易，再接受另一种教育更难。人，应该不断去接受教育，但最好不要被再教育或再去教育人；爱上一个人较难，再爱上一个人更难。真正的爱，初恋为最好，人不能轻易爱上人或被人爱上；写好一篇文章不易，再去改文章，就更难。人能一次成文，标志着一个人的研究和写作水平。人少要"再"，甚至不"再"，一定要善于研究好自己，精心并长远谋划好自己，尽力扎实好自己。

——人和人要相互处好，一定要相互悦纳，少要求，更不强求。要有要求，自己必须做到。自己都难以做到，绝不要求别人去做。

——人本质上就是为自己活着，但这种活着不是让别人为自己活着，而是自己要活着自己，活好自己，活出自己。

——人，活自己，实际上有三种活法：自己为自己活、自己为别人活、让别人为自己活。不同的选择，不同的人生命运。三种选择能定于一身并能彼此和谐的人，定是不平凡的人。

——人，一定要有主见，绝不能有偏见，更不能把偏见当成主见。

——一个人既要有科学素质，又要有人文素质。所谓科学素质，不仅仅是具有一定的科学知识，更为重要的是具有科学方法和科学精神：会做事，能做事，做好事；做事能认真、严谨，有根据，讲究方法，注重做事的过程、效果和境界。所谓人文素质，不仅仅是具有一定的人文知识，更为重要的是具有人文素养和人文精神：会做人，做好人；做人能坦诚、容忍、实在、民主、克己、同情、换位、慎独，注重做人的品行、习惯和境界。人，如果既有良好的科学素质，又有优秀的人文素质，并能使两者在自己身上越来越具备、统一和和谐，就一定既能成好事，又能成好人。

——人要真正得到尊重，不是让别人基于其人格和同情而对自己尊重，而是基于自律、自立和自强，让别人不得不尊重。

——愿我们都长成一棵大树，在一起享受阳光、雨露，抵挡狂风暴雨，长成一片蓬勃的树林，一道令人向往的风景！每棵树的健康在于精神、灵魂、自我的修炼，而不只在学问；一片林的长成在于相互致谢、倾听、交流与提醒，而不只在于心齐。

　　——要进行学术研究，研究者应该有个专门研究的领域，并去成为该领域的研究专家。但与此同时，研究者也应成为杂家。这就需要研究者摒弃单一的学科意识，杂学相关学科，并能成为杂家。杂学对于研究者特别重要，杂学时既需要聚焦于自己所主攻学科，又需要以自己所主攻学科为立场，力求形成基于本学科对其他学科的话语，更需要突破学科界限，把所有学科知识融会到自己所主攻的研究领域。真正的学术研究，在于有适合自己的独特的研究领域。

　　——具备了做事的条件，并不见得能做成事；在条件不理想的时候去做事，很可能才能真做成事。

　　——一个不知珍惜自己该珍惜的人，难以做好事，处好人，更做不出大学问！

　　——要把事做好，既需要正气，又需要和气。坚持正气时，不失和气；保持和气时，不失正气。

　　——一个人一旦已形成尽力做好的习惯，并成为信念，那么一切也就释然了，可能也就既做成了事，又处好了人。

　　——人，离不开他人。心中有他人，才能真情地对照好自己；关注好他人，才能真诚地有自己；研究好他人，才能真实地发展好自己。

　　——人，绝不能去逞强，但内心必须要强大。

　　——人生就是选择，既不能不会选择，又不能不坚持选择，更不能不断地选择。

　　——无生活情趣，难有富有生活情趣的学术旨趣；无学术旨趣，难有专业化的生活情趣。

　　——人生的最高境界不应是幸福，而是使自己生命越来越有意义。人，不能片面和单纯地去追求幸福，特别是单纯感官和身体上的幸福，而应形成自己对生活和生命意义不懈追求的习惯和信念，并在追求过程中去分享和享受人生的幸福。生命的真正意义是给予，一个人对他人、集体、社会、自然能给予，并在给予着，也就真正在幸福着。

　　——无欲则有魂，有欲难有魂！做好一介书生足矣。但做好一介书生至少需三代人努力。人的出生一定意义上决定着人的一生。更何况不同道的人，更难以有共同人生。

　　——当在微信和QQ中不是无聊地聊天，无意义地发泄，而是在进行思想的透气时，微信和QQ也就成为生命之间透气的平台和工具了，更成为生命的内在需要了。

　　——对生命的思考，很可能不能延续和延长自己的生命，但至少可使自己活得更明白，活得更有价值，活出更多的意义。但人不能仅仅思考着，更重要的是在行动着，在行动中思考并扎实好自己的生命，活出自己对他人、集体、社会和自然的意义。

——生日，意味着一个人在这个世界的生存之日。当一个人为了生存，不断形成自己的生活领域，具备了一定的生活能力，并把生活不断展开时，个体才能被赋予生命，个体生命的价值才越来越得到体现，个体的生命也才能得到延续和发展，并活得越来越有活力。当一个人个体生命越来越受到别人的关心、关注和关爱时，个体的生命才能越来越有价值。一个人的生日也才能过得越来越有意义，令人难以忘怀。

——两个相爱的人走到一起，是缘分；两个相爱的人，能走入婚姻的殿堂，更是缘分。但有缘分，不一定一生能修好这个缘分，需要在人生的不同阶段不断去保持、深化和经营。既然两个人有缘组成家庭，成为一家人，那么，这两个人就有很好的情感基础，需要惜缘、续缘，把爱情和家庭一生动态地去好好相互经营。无论遇到任何事、面对任何人，有什么问题、难题、困难，两个人一定要不断形成共同的价值观，并基于共同的价值观，赤诚相见、真诚理解、坦诚交流、相互容忍、共同面对发生的任何事、遇到的任何人，一定要做到一世相爱，永不分离。否则，两个人的心灵一定会留下伤痛，一生都不会真正得到开心、快乐和幸福。在这个世界上，人真正的爱、至深的爱，只有一次。一个人，只能真正爱好一个人；一个人，也只能被一个人真正爱好。爱上一个人不易，爱好一个人很难，一生爱好一个人更难。再去爱一个人，难上之难；再爱上一个人，并达到至深、至爱，几乎不可能！

——人要把事情做好，一定要先研究好别人做这件事的规矩、标准和样式，然后再去模仿，反复去做多次后，再潜心反思和研究，这样慢慢就走出别人的样式，形成自己做事的样式和风格了。

——做事，需要得法。想做好事，不一定就能把事做好。有好的方法，才能把事做好。

——人，去争取才有机会，千万不能等有了机会，才去争取。

——人生，实际上只有一条路，这就是走好适合自己走的路。

——当别人拥有自己所没有的东西时，一定要把心思和精力用在考虑别人的"有"，是不是自己应该有的"有"，自己如何才能"有"，并最终自己"有"，而绝不能把心思和精力耗在如何让人不再"有"。

——人，每天都在活着，可能也在幸福地活着，但一定要有意义地活着，要心怀平常之心，想有意义的事，做有意义的事，坚持再坚持，一定能活出品位、人气、精神，最终活出自己。

——人，选好适合自己做的事，精心策划好这件事该如何做，坚持并坚定做下去，就一定能把这件事做好。

——一个集体，只要每个人心甘情愿地尽好自己该尽的责任，没有做不好的事，自然也就有了人气、生气和文化气。

——想到，就要尽力去做；如不去做，那就不要去想。

——人生处处都有学问，不能仅会做书本式的学问。

——人要爱好自己，但做事·定要秉于公心，杜绝私心，尽力做到公开、公正、公平、公道。人，一旦私心太重，就难以做好事情，不仅自惹烦恼，而且成为孤家寡人。

——与人的交往，一定要把功夫放在平时。

——人要有自己的思想，必须研究好别人的思想，特别是名家的思想。随着逐渐走出别人的思想，自己慢慢也就有了思想。一旦定位好适合自己的研究领域，随着读书的积累、年龄的增长、人生阅历的加深，慢慢也就会形成自己比较系统的思想。

——没有丰厚的思想资源，难以有丰富的思想。

——人的发展，难以离开智者或老师对自己的指引。再聪明的人，如果离开智者或老师的指引，也难于发展，并走向成功。一个人，一旦在自己人生旅程中遇到人生的导师，一定要好好珍惜彼此的缘分，聆听其教诲，并第一时间去践行，否则悔之晚也。

——人不可能与任何人都发生交往，也不可能与任何人都交往好。人，一定要选择好适合自己交往的人。选择好，才能交往好。

——人生经历一定意义上造就了社会阅历。人生经历越丰富，社会经历越广泛。社会经历越广泛，人生体悟和思考越厚重。

——人的本性可能决定人的一生，但不适合自己发展，特别是不利于自己发展的本性必须去改变。对本性坚持不断地改变，会使自己的发展得更顺利，使自己一生发展得更有意义，更能活出精彩。

——先做后说，多做少说，不做不说，说后就做。

——把握好时间，才能不耽误别人。

——好老师不是教教科书，而是用教科书教，但不完全脱离教科书。

——聪明但不勤奋的人，可能连三流成绩也做不出来；不很聪明但很勤奋的人，可能能做出二流成绩；聪明并勤奋的人，就有可能做出一流成绩。

——要了解一个人，必须了解其家庭；要交往好一个人，必须进入其家庭。

——人在成就别人的同时，也在真正地完善着自己。

——一旦决定要做的事，绝不能犹豫，一定要果断并坚持做下去，这样才能把事做成。

——人生不可能没有等待，也需要等待，尤其是时机的等待。但这种等待应是主动的、积极的。人，绝不能被动地去等待。否则，就会失去机遇和机会。

——一个太实在的人，很可能给别人带来烦恼。

——人，应该尽力做事，但一定要尽力做自己能做到的事。自己做不到的事，既不要梦，又不要想，更不要去做。

——人，在人生任何阶段，一定要向别人学习。学习和研究好他人，才能不断做好自己。

——有缘走到一起的人，如果不相互交流，不互相改变，不共同经营，那么最终会无缘分。

——人，需要独立的精神和思想的自由。但是切记，独立是相对的，自由是有限的。人，保持好相对的独立，享受好有限的自由，才能成事成人。

——自己做不到的事，绝不要求别人去做。

——用己量人会自烦。

——社会再发展，人类再进步，教师、教室、教材、课堂的作用，也难以被取代。

——不想看透人生，反而能把人生看透。

——人，有时可能有意为之，难以作为；有时可能无意为之，则大有作为。人，无论在任何时候，都不要刻意作为。

——自私，一直被作为人不好的品质，但在对人的评价话语中，我们也是习惯上说，这个人太自私，自私前加了一个"太"字。实际上，人需要适度的自私。我们不能把自私作为一种美好的品德，但在奉献、付出的同时，人有时真需要一点或一些自私。一个人对别人太无私地奉献，很可能会给别人带来烦恼，影响别人的相对独立发展；一个人连自己都做不好，更谈不上对社会和他人的更多的奉献和贡献。人，有适度的自私，才有可能真实地发展好自己。一个把自己发展好的人，才能真情、真心、真诚和真实地为别人付出和奉献。

——做事一定要超前去做，不要被赶着去做。

——不会珍惜他人的人，不值得别人牵挂。

——让别人幸福，是自己的幸福，但自己幸福着，才能让别人更幸福。更何况幸福是自己的感觉，不能自己觉得别人在幸福着，更不能以自己的幸福去感觉和评价别人是否在幸福着。

——人，做事，绝不能凭想当然。

——为别人做事时，不能仅想着如何自己把事做好，而要在做事前主动交往和沟通，了解和研究好别人让自己做这件事的想法和要求，并在做事过程中及时汇报，把工作节奏、效率和质量把握好，这样才能把事做好。

——人，刚开始做事时，不一定能做好，不可能能把事考虑全面、细致，但只要善于不断学习、研究、反思、用心领悟，坚毅去做，并不断去改进自己做事的计划、策略和方式，慢慢也就把事做好了，就会做出效率、亮点、特色和风格。

——做事，不能仅靠勤奋、实干，更不能靠苦干。做事也需要聪明、悟性、灵活、策略。

2014 年 11 月

——相对于人与自然、社会和他人，人与自己的关系实际上是最难处理的关系。随着年龄的增长和人生经历及阅历的加深，人在人生任何阶段，都要主动地认清和定位好自己，以积极的心态对待好自己，善于宽容和原谅好自己，抓住一切机会发展好自己。

——网络技术每天在改变着人的生存方式和发展方式，但网络技术再发展，人永远应该是网络技术的主人。微信、微博、QQ 等，一旦不能被人主动驾驭，人就会失去对时间和空间的主动管理，更失去发展的主动权，最终使自己难以发展。

——一个值得让自己爱的人，一定是一个与自己有缘的人，一个与自己能说得来并能彼此敬畏的人，一个能让自己去宽容、甚至能容忍的人，一个能够与自己好好过日子的人，一个能让自己直觉上认定是一生能爱好自己并陪伴好自己的人。

——欣赏和评价好别人的学问，才有可能做好自己的学问。

——人，要发展好自己，一定要抓住机会，在各方面适度地表现自己，特别是在公众、公开和正式场合去尽力好好亮相，尽力说好话和讲好话。一个不被别人重视，不能被别人欣赏的人，难以发展好自己。

——一个人，不能仅做别人要做的，必须去做自己想做的，特别是把既是自己想做，又是别人让做的事做到并做好。

——与其做最好的自己，不如把自己做得最好。

——评价好别人，才能做好自己。

——一个不会适应现实的人，难以去改变和改造现实。

——人，既需从我走向我们，又需要从我们走向我。人的一生，既是基于我走向我们的过程，又是基于我们走向我的过程。

——当集体中的每个人为集体能做好自己，尽好自己对集体的责任时，这个集体才能真实和扎实地发展，并持续地发展着。

——人，只要富有爱心，能尽心并真心，会操心并用心，做到细心，没有做不好的事、处不好的人。

——人的忙，实际上既应忙在他人，又应忙在自己。无论再忙，也不能忘记自身的发展。人，一定要做好别人难以代替自己做的事，并尽力做好。带好孩子，孝顺父母，做好学业，写好论文等，这都是别人难以代替自己做的事，一定尽力做好。

——当我们在思考我们用自己被赋予的生命做了什么时，我们才能真正珍惜自己的生命，并使自己的生命更富有活力和价值。

——悟性好的人，只要目标明确并勤奋，一般什么都可做好。

——无积累式的持续发展，一个人难以顺利发展。

——一个总是在学习和工作中讨生活并享受生活的人，并总有一颗青春永驻的心，就不会感到年龄在增长，也不会感到老之将至。

——人做事一定要细心再细心，否则就会带来没有必要的工作，甚至给自己带来苦恼。

——人，重在强大自己的实力。只要有实力，任何事都不怕。

——细心，不仅仅是观念，更重要的是去行动，并努力做到位。

——人，要让认真成为习惯，但绝不能认真到刻板。

——人，要把时间珍惜好，一定要充分利用好自己的零碎时间。

——要把事做好，把人处好，必须把理性和感性、理智和情感，自律和他律、自由和规范、真心和策略、实力和人情和谐统一。会做事，才能把事做好；会处人，才能把人处好；会交往，才能成人成事。

——要把事做好，重在扎实好过程，一步一步把事做得严密、踏实。否则，难免出现不好的结果。一旦出现不好的结果，就难于面对和处理。如果过程已做得严密、踏实，但结果不好，那就要坦然面对，不要怨天尤人，而要通过自己的实力，把事再去做好。人生，尽管不能反复做事，但该反复做的事，一定要充满勇气和信心去做好。

——无论面对多么复杂的工作环境，一定要做一个内心强大的人，去乐观、热情、智慧、精神饱满地工作。

——人生，不能错过可能是自己最好的机遇和机会。但一旦错过，也不能太自责，更不能埋怨他人，而要充满信心，奋力向前，不能再次失去可能是最适合自己的机遇和机会。

——关注好与自己有密切联系的他人，才能真情、真实和扎实地做出自己，做好自己。

——生活不仅仅是享受，有时需要忍受和承受。人生，不可能没有不得不去忍受和承受的事。人，能适度地去忍受和承受，才能更好地去享受。只想享受，而不能有策略地忍受和承受的人，不仅难以珍惜已得到的享受，而且可能得不到真正的享受。

——爱一个人，爱得心疼；真心疼，才在深爱着这个人。

——在交往中，才能认识一个人；在做事中，才能认清一个人。

——一个想要自理的人，只有把自己做得真正强大，才能自理。

——能否为他人服务，这是衡量一个人发展水平的重要标志。但要能为别人服务，不能仅靠好心、真心和善心，还必须靠智慧、能力和实力，特别是自己的发展水平。一个能把自己发展好的人，才能真心和真实地为他人服务，并能在服务别人的过程中，有成绩和成就，不断提升自己。在这个意义上，为别人服务的过程，也就是不断发展自己的过程。一个人，一旦能为别人主动服务着，自己也就在主动发展着。

——人和人，既然有缘走到一起，就要一生去彼此欣赏、尊重、容忍、帮助、和谐。

——想事时，想透；做事时，做精。

——人，既不能感性，又不能理性。人，应该介于感性和理性之间。

——人啊，切记不要做自己不擅长的，更不要做自己本不擅长但别人让自己做的事。

——平等，不是人为，也不是均等，更不是拉平。

——孝顺好父母，这是每个人应尽的、不可替代的责任。人，绝不能让别人代替自己尽孝，要尽力奋斗，使自己能越来越有能力担当起尽孝的职责和义务。一个人，一旦自己能尽孝，孩子自然也就会去尽力地孝顺好你。

——孩子是自己一生的责任，但只有活出自己的母亲，才能尽好对孩子的责任。一个连自己都发展不好的母亲，难以带好孩子，更培养不好孩子。一个对母亲不尊敬、不孝顺、不崇拜的孩子，不仅难以发展好，而且会成为母亲的负担，甚至悲哀。一个好孩子，一定是让母亲放心、自豪和骄傲的孩子。

——人，应该适度关注别人在做什么事，但更为重要的是，沉下心来做自己必须做好的事。

——能回归自我，也就在幸福自我。

——学会放弃，才有可能更好地得到。人在其人生每个阶段，有不同的发展目标，一定要放弃做那些远离自己发展目标的事，而要聚焦自己的发展目标，精心策划，着力做好该做的事。一个什么事情都想做好的人，虽然一直在忙碌着，但可能最终什么事情也做不好。

——无论做何事，必须得法。与人交往也是这样，交往得法，才能与人深入交往。

——已成历史的东西，还值得回味，那就是真实的历史。

——人，在短暂的一生中，要幸福地生存，美好地生活，不断焕发出自己生命的活力，最重要的是要找到适合自己的存在位置。一旦找到适合自己的存在位置，就要主动地适应，发自内心地去认同，准确地定位，并不断通过自己的尽力作为，不断提升自己的地位。在人生每个阶段，自觉地履行好自己的责任，做出最好的自己，这样才能对自己所在的位置不离、不弃、不怨、不愤，一生都在成长、成熟、发展着，并越来越能感受到满足、快乐、幸福、自豪，美的感觉和享受也会源源不断。

——答应别人做的事，一定要做好。否则，就不要答应。

——一个在别人看来过得好的人，一定是艰辛勤劳付出、，并一直在勤奋努力的人。一个未艰辛付出过的人，谈不上有人生感悟。

——宽容好别人，才能更认清自己。

——人与人相遇并在一起不易。既然相遇，并彼此投缘，就一定要互相关心、彼此帮助、相互宽容，一生好相处。

2014 年 12 月

——人，一定要成为一个很有内涵的人。人一旦越来越有内涵，就越有人愿意与你相处、亲近并成为挚友。但人能成为一个有内涵的人不易，这需要自爱、真心、克己、奋斗、读书、实践、积累、贡献、忘我。

——人的一生说话很重要。人的说话，不能仅仅停留在不说大话、假话和空话，这仅仅是人说话的底线。人，一定要说话，但要会说话。该说的话，一定要说；不该说的话，绝不去说。要把该说的话说好、说到位，一定要有说话的艺术，讲究好内容、时机、策略和方式。

——人生，一年一年在过。一年一年的人生，一定要好好反思，只有这样，才能把一年一年踏实、扎实、真实地过好。

——每个人都是被动地来到这个世界，随着主体意识的不断觉醒、唤醒和生成，人若爱这个世界，才能真正地在这个世界生存和生活，并不断焕发出生命的活力，使自己的生命不断地丰富和充实。但人的生命不是靠别人去填满的，人的生命也不可能被填满。人，在爱的基础上，不断形成责任；基于责任，通过自己不断奋斗奉献才能对所生活的世界越来越爱，自己的生命也才越来越丰富并有活力。

——人的一生，时间管理很重要，是否把时间管理好，一定意义上决定着一个人的发展水平。要把时间管理好，在学生时代的训练很重要。无论是学校、老师，还是家长，一定不要把学生的时间占满，要给学生时间的自由。一旦学生既能管理好学校、教师和家长要求做事的时间，又能有自己自由支配的时间，并能自觉地训练对时间的管理，这就标志着学生已形成时间管理能力。一个好的学生，一定是有较强时间管理能力的学生。一个具有较强时间管理能力的学生，一定会走出一条适合自己的成功之路。

——用一生的知识、经验和体悟去读名著，才有可能把名著读懂、读深、读透、读进去并读出来。

——做事一般有步骤，尽力把每一步骤的事做得扎实、踏实，就有可能把事做成、做好。

——不读书，难以做学问。课题，是读书读出来的；论文，是读书想出来的；著作，是读书写出来的。

——人，尽力而为则可，绝不可强力而为。

——无论是个体、集体还是单位，仅靠己力，难以成大事。要成大事，必须进行主动、积极和有目标的交往，找到合作伙伴，进行稳定和持续的精诚合作，以合作求共同发展，以发展强合作。

——每个人都有忙的事，都在忙。但无论再忙，也不能忘掉自身的发展。人，就是忙在做事，也绝不能仅仅忙在具体事务，而要忙在研究好自己做的事，定位好该做的事究竟如何去做。人，一定不要忙于应付，这是穷忙。人，一定要忙在点子上，会忙，忙出效率，忙出水平，忙出自己。

——人，一定要去做自己有兴趣的事，并尽一生努力去做好，做得开心、愉快和幸福。

——利益是人的最基本追求之一，每个人都有利益的追求。一个好的管理者，就是能善于把集体中各种不同利益追求整合在一起，形成集体的利益追求，并让集体的利益追求成为每个个体的利益追求。一个好的集体，一定是能把集体利益追求和个体利益追求高度统一的集体。

——无论在任何时候，人对自己的发展都不能失去希望。

——做学问，无论是谁，都必须下死功夫，但不是死下功夫。

——读书，必须有明确的目的。即使没有明确的目的，也必须是无目的的合目的性。

——学哲学，一定要学好西方哲学史。西方哲学史是学哲学的基本功。

——人的精力有限，时间有限，读书的时间也有限，一定要珍惜好时间。读什么书，哪些书需慢读、精读和细读，一定要做好选择，绝不要读那些不值得读的书。在读书时一定要善思、动手，特别是做出对和错的判断。读书，不能仅仅停留在汲取知识，必须培养和训练自己识别、估价和发问的水平和能力。

——一个做学问的人，一定要形成到图书馆或书店去随意翻阅书和杂志的习惯。在对书和杂志随意地翻阅中，很可能会无意地发现问题，找到研究选题，形成研究想法。学问并不都在有意中，有时就在无意中。这就像人买东西一样，专门去买，反而买不上。有时随便在商店逛逛，反而能买上好东西。

——一个有志于以学术许身的人，一定要在早年选择一个思想成熟的大家去学习和研究，研读其著作，探究其人生历程和轨迹，并一生对其进行研究。

——任何一个研究题目，都是在阅读大量文献和无字书的实践基础上形成的。研究生要选好学位论文选题，一定不能向导师要题目，而是自己通过阅读去发现问题、筛选问题和确定选题，这样，自己才有研究兴趣和激情投入。当然，最好聚焦到导师研究方向去阅读并定题，并把自己的研究建立在已毕业的师兄和师姐的学位论文基础上，这样研究成本较小。

——文章既然是一篇一篇写出来的，那么文章写一篇就必须是一篇，要写得有分量、有厚重、有价值，不留任何遗憾，要能够代表自己写作的最高水平。

——人，既需要全面发展，又需要各自特长的片面发展。教育，既要使人全面发展，又要使个体独特的潜能能片面发展。只要使人身心健康，片面发展正是一种全面发展。

——学问绝不是玩出来的，而是实实在在做出来的。无论是对自己研究出来的任何一个观点、一句话，还是对自己写出来的任何一个字，都要一生去负责。

——在这个社会，纯书斋式的学者实际上很需要。一个既能静心读书，又能写出好文章的学者，才是一个真正的、影响深远的学者。

——要做好中国的学问，必须懂西方，这样才有比较的视野。但只懂西方，不懂中国，也做不好中国的学问。

——走好自己的路，这是做学问的最高境界。

——人，有自由才能自主、自在、自律，并真正有自尊、自信，并自强。

——人生有享受，也需要承受，但尽力不要去难受。

——人的精力有限，不应该去认识太多的人。但该认识的人，一定要找各种机会去认识。人，一定不要错过该认识的人。学会选择和确定该认识的人，并彼此交往好，一定意义上代表着个体的发展层次和水平。

——人的一生与教育相伴随，既是教育者，又是被教育者。人在教育他人时，心中一定要有他人，善于尊重他人并换位思考，自己做不到的事，绝不引领和要求他人；人在被他人教育时，要依赖和信任他人，但一定不能丢失自己，要善思考，求独立，有独特。

——人，要尽力去做好别人难以做，但自己能去做的事情；少去做，甚至不做别人也能做好的事情。一个人，只有做好别人不能做的事，成为别人难以代替的人，才在真实地成长和发展着。讲究好工作策略，工作才能做到位，并做出层次和水平。

——人不能过分地去关注一个人。太过分地关注一个人，不仅会给这个人带来压力，甚至忧虑，而且会影响到对他人的关注，失去平等和平衡，影响人际关系的和谐；人，也不能被人过分地关注。过分地被人关注，不仅自身压力大，活得较累，甚至很累，而且会导致别人对自己的忌妒，甚至忌恨，影响自己发展的自由和和谐。

——人要达到自我不易，超越自我更难。

——无论在人生任何阶段，一定要爱惜和保护好自己的身体。这仅仅是个体的事情，好像与别人不相干。但人，如果没有一个好身体，不仅会影响自身的生存和发展，难有较高的生命质量，而且会给别人带来烦恼、负担，甚至伤害和痛苦。

——人生的任务，就是不断奋进和前进。

——一个把自己发展好的人，一定是在人生每一阶段，都能清晰地认识到自己在这个世界中究竟居于什么位置的人。

——人，既不能把复杂问题简单化，又不能把本来简单的问题复杂化。

——人，可以成为对一切都感兴趣的人。但人不可能把所有兴趣都满足。人，一定要有中心兴趣，甚至牺牲自己的一些兴趣，去满足自己的中心兴趣。一个试图把自己兴趣都去满足的人，可能很忙、很充实，但难以有真实和扎实的收获，更难有成功和大的成就。

——人想事情，要想得更长远一些；人做事情，要先做好眼前的。

——人贵在不去做什么，而不是戒掉什么。

——人要做思想者，绝不做信息王。

——学生时代养不成思想的习惯，一生不会有思想的能力，更难会有思想。

——好的教育，一定要引导学生挖掘其可能性，定位好适合其自身的人生观和生活方式，并在社会中找到自己的位置，在生活中扮演有用的角色。

——人，一定要以积极的态度和方式去对待人和事；人，一旦以消极的态度去对待人和事，难免会导致他人的不理解和误解，并会影响别人的情绪。

——人，可以做自己想做的任何事情，但心中一定要有他人，更不能失去自己对集体和社会的责任。

——人，可尽力做自己必须做的事，但绝不可去做难以代替别人做的事。

——人的一生，难免会遇到挫折。一旦遇到挫折，更要去自立、自信和自强。人，应越挫越勇，而绝不应自卑、自弃。

——要想自己有思想，就要先研究好别人的思想。

——人生，是有底线的；一个连底线都守不住的人，枉为人。

——人，一定要给自己留有余地！

——评价，贵在适当，而不是适度。适当的评价，催人奋进；适度的评价，让人不平。

——人，一旦主动服务好别人，实际上就在发展着自己。

——去干事，能干事，会干事，干实事，干成事，这是人做事的基本信念。

——女性成就一番事业不易，需要付出同男性相比至少两至三倍的代价。要处理好事业和家庭关系，应在工作中忘记性别，在生活中记得性别。

先生致青年：大学教授的十年箴言

2015 年

2015 年 1 月

——认真做好自己该做的事，担负起该担负的责任，使自己的生命更充实、开心、快乐、幸福，更有意义。

——理论视野，学术眼光，思想深度，这是做好学问需毕生努力的三个方面。

——学术研究，不能以阐释别人的理论为目标，应以创新的思想取胜。但阐释别人的理论，是学术研究的基础性工作，一定要在研究的早期做好这项工作。

——做学问，就要认准一条路，走到底。

——人，一定要定位好自己说话的身份，力求以让人舒服的方式，去言说。

——人生，既指人的生活，又指人的生命。无论是生活，还是生命，只有达到一定的意境，人生才真正有意义。

——人，一定不要用别人的昨天去装扮自己的明天。

——人，只要做学问，就要真正把心放进去，这样才能做出经得起时间考验的学问，所写的文字多年后仍有人精心研读。

——做学问，既要入乎其内，又能出乎其外。

——人要简单，必须先去复杂。面对复杂，能去简单，人生才能过得舒心、舒服和舒适。

——人，一旦想到了应该做的事，不能仅仅要求别人去做，而应自己先去做。从自己做起，并做到、做好，自己才能坦然和释然，对别人也就不会有任何埋怨。

——人未到这个世界，世界就已不公平了；出生在不同家庭，就会有不同的人生命运；人在其成长和发展过程中，仍会面临着不公平。公平是一种状态，也是一种能力。人，既要使自己得公平，又要去为他人、社会争取公平。不公平可能是绝对的，公平是相对的。不能被动地等待公平，必须通过不断提升自己的发展水平，靠实力去不断得到公平。否则，只能无奈无力、怨天尤人。

——人，要有智慧地做聪明人。否则，聪明反被聪明误。

——人的发展是变和不变的统一。人，要改变自己，就要去改变不适合自己发展的方面。不需要改变的，绝不要随意去改变。

——一个人要把自己发展好，目标的确立很重要，但在一定意义上，意志力更为重要。再好的目标，若没有较强的意志力，也难以实现。无论做事、做人，还是做学问，一定要主动并自觉地训练和培养好自己的意志力。

——人，就是要活出自己，活得独特、独到、独有，并能独行，但不孤独。

——人，一定要做一个有为的能人，绝不去做一个平庸的好人。

——人到这个世界上，实际上就在做两件事：自己的事，别人的事。

——研究好他人的人生，才能走好自己的人生。

——要把工作做好，仅靠一己之力是不够的，必须群策群力。

——人可以自豪，但绝不能自满。

——睡觉也是一种能力，需要培养和训练。睡好觉，人就精力充沛，能多做事。

——人，可以越来越接受现实，但绝不能越来越现实。

——每个人都可能有其难处，不要轻易责怪、埋怨和抱怨他人。

——享受并过好今天，让每天的自己都阳光，焕发出自己生命的内在活力。

——人生，只有不断奋斗着，善于为别人着想着，智慧地战斗着，才能有积累、积淀，更有真正属于自己的成就和成功。

——人，每天都要踏着反思的节拍，去做最好的自己。

——人，活得太明白，难以精彩；活得不明白，难以成功。人，活得有些明白就行了，只要不迷茫、不彷徨，目标能高远，毅力能坚强，与时俱进，不断成长和发展就行了。

——人，要多为自己争气，尽量少为别人生气。

——绝不假心、假情、假意，而要真诚、真情、真心、真实待人。

——人，一定要把时间和精力放在内心最在乎的事情上，不要因别人的评判，轻易改变自己的选择。

——人生，值得，很重要。不值得做的事，一定不要去做；不值得计较的事，一定不要去计较；不值得交往的人，一定不要去争论，甚至生气。

——人，一定要自立、自信和自强，善于悦纳、欣赏和释放自己。要坚信，自己再不好，全世界也只有一个自己。

——不想成为自己，就不会活出自己；活不出自己，最终也不会成为自己。

——做人要厚道，多为别人着想。为别人着想，实际上就是为自己着想。

——同学到一起，是缘分。既然有缘走到一起，组成学生集体，大家就要共同经营好这个集体，团结、友爱、和谐，互相帮助，共同成长和发展。很可能有的同学做了不该做的事，给自己和他人带来了负担，但我们毕竟是学生，毕竟正在成熟和成长中，要指出对方的不足，但不要彼此怨怼，要相互包容、理解和体谅，营造出一个集体应有的和谐和温暖，让每个同学都留下对学生时代的美好回忆，一生去享受和珍惜。

——人，是向死的存在，但人不是为不死而活着，人是为生而活着。要好好生存，幸福生活，活出生命着的自己，并一生保持旺盛的生命活力，更要与自然和谐、与社会共进、与他人同乐、与自己同一。

——人，是别人难以代替的。既然别人难以代替，就要尽力借助别人之力发展自己；尽管自己不能代替别人，也要尽力帮助别人。

——人，随着自己人生的积累，一定要从"思想着的我"，走向"有思想的我"。

——未深思熟虑好的事，绝不去做。

——人，慢慢思想着，就会越来越有思想。

——人究竟为什么活着，今天或许明白了。既然自己的生命是父母给予的，人实际上就是为父母活着。人，只要活着，就要尽力去奋发向上，不要让父母担心，而要让父母对自己放心，并且越来越有能力孝顺好父母，尽好孝，做好人，成好事。人，很可能少小离家，但只要活着，就要让父母为你"点赞"，并永远为你自豪、安心。

——要做好学问，既需要学术的高度，又需要人生的高度。

——人做事，难以尽善尽美，但一定要尽心尽力。

——人，只有在为别人做事的过程中，才能训练和发展好自己。

——人，可以不去问这个世界需要什么，但一定要去问，这个世界究竟需要什么样的人。明确了这个问题，自己才能有灵魂地活着并活得越来越有活力。

——自己所认为的无用之事，不见得就不是有用之事；自己所做的有用之事，不见得就是在做有用之事。

——慢生活，才能有细思考。人一旦忙碌着，难以对问题进行细致、扎实和深入的思考。

——人，一定不要轻易找借口不去做自己本应该做好的事。

——随着知识的积累和人生阅历的增长，人要言人所未言，就必须消除由于习惯惰性，一直扎根在自己头脑深处的既定认识和看法。

——人，每天都面临着做事的选择。人所面临选择的事，无非分一辈子的事和一阵子的事两方面。一辈子需做的事，一定要尽力坚持做好；一阵子的事，很可能需要拒绝和放弃。

——人，还是要把自己擅长的事做好。

　　——活出自己，这个世界才能真正有你；活好自己，这个世界才能有幸福的你。

　　——人既不能靠本能去工作，又不能靠本分去工作，必须靠本性，尤其是本领去工作。

　　——很喜欢醒来时的这个时光：大地寂静，家中安静，心灵宁静。

　　——自由植根于人的内心，但自律的人，才能享受到真正的自由。

　　——读年龄比自己小的作者的作品，一般能快速读进去并读懂，读出自己的思考。虽然可能自己的知识积累不如作者厚重，但年龄和阅历毕竟相差不多。知识积累和人生阅历，这是把书读懂、读透的两个前提条件。

　　——人，不怕不知道别人是谁，怕的是不知道自己是谁。一个不知道自己是谁的人，很难知道别人究竟是谁。

　　——当一个人，既能认清自己，保持独特的自己，又善于认识和理解别人，能发自内心尊重别人，容下任何事，放下任何人时，才是真正有财富的开始。

　　——人，可以去做自己想做的，但不要去要自己想要的。

　　——人生是种搭配。自由搭配好的人生，快意，但无序，难有成功和成就；据目标搭配好的人生，心累，但有序，易获成功。据目标去搭配人生，只有不失去内心的自由，人生才能精彩，并在成功时有真实的成就感，从而形成自己独特人生的积累和积淀，使人生越来越潇洒。

　　——人，不能仅靠书本去感悟人生。人，必须基于实践，用生命去感悟。

　　——说话要留有分寸，做事要留有余地。

　　——人要喜欢历史，并从历史中去寻找智慧，但人最终要走出历史，这需要每天实践着、体验着、思考着。一个有思想的人，才能真正走出历史。

　　——人只要存在着，就要做事。不能仅仅满足于做完事，而要把事做好，必须通过不断地做事，去积聚并强大自己的内心。一个内心不强大的人，往往会做不成事，更做不好事。

　　——人，既不要强迫自己做事，又不要强求别人做事。

　　——人，难以要求别人，但一定要做好自己。

　　——人，一定要有一个真正属于自己的现实世界，拥有此生此世。但人要使自己不走向庸俗，还必须要拥有一个诗意的世界。

　　——人，尽力不要去考虑如果，而要更多去考虑结果和后果。

　　——人，要凭自己的良心，担负起该承担的、特别是别人难以代替自己的责任。

　　——准确定位好自己，才能发展好自己。

——一个喜欢学术研究，已具备学术研究所需要的知识基础、悟性和能力，并已把学术研究作为自己基本追求的人，无论在自己发展的任何阶段，无论遇到任何困难和情况，一定要尽力拒绝各种不利于学术研究的诱惑，坚持每天能静心阅读着、实践着、思考着、写作着……

——好的大学，绝不是排名好的大学，而应是品位好的大学。

——人生是否有趣，取决于自己是否想做有趣的事，过有趣味的生活。人有趣，才能使人生有趣。

——人，真正的自由，是能享受到思维的快乐。

——人，在每个年龄阶段，一定要做好自己该做的事，不懒惰、不拖延、不抱怨。

——自律人，才能成为自由人！

——随着年龄增长，说话和做事反而要越来越细心和谨慎，更要理智。

——因为工作走到一起的人，彼此有缘，要互尊互爱，相互支持，共同成长和发展。既然有缘走到一起，那我们就要永远在一起，互相珍惜！

——人，绝不能被要求做事，而要主动把自己该做的事提前做好！

2015 年 2 月

——思想家的作用，就是解放思想。

——当一个人理智和清醒地认识到，自己不仅是为自己活着，也在为社会、集体、家庭、他人而活着时，内心才会有强烈的使命感和责任感，并越来越强大和坚毅，进而才能真正形成学习和发展的内在动力，越来越有成绩和成就。

——人，不能随意从众，而要追随自己内心的声音，活得顺心和舒心。

——人，一定要先把自己做好，再去要求别人也做好！

——做事，既要有前瞻性眼光，也要能落地。

——人，既不能成为一个被动地为别人做事的人，又不能成为一个主动地失去尊严为别人服务的人。

——人，既不能没有主意，又不能随便拿主意。在拿主意时，一定要主动与能帮助自己的人多交流，多商量，虚心接纳其意见或建议，经深思熟虑后，再去拿主意。

——学术研究，既不能与人格、人生分离，又不能与社会分离。

——一个能把自己发展好的人，一定是善于定位自己、反思自己、提醒自己和约束自己的人。

——人，可以随缘，但绝不能随意。

——人，在让别人服务自己前，一定先把别人服务好。人，如果只想让别人为自己服务，而不尽全力为别人服务，别人迟早也很难为你服务。

——人要活得有尊严，必须先有价值。

——人生，无非苦和甜两字。人生要不苦，就要找到适合自己的职业、工作、爱人和朋友；人生要有甜，那就要悦纳和善待自己，定好发展目标，不断提升自身价值，奉献和宽待他人，有责任感、使命感、成就感、幸福感，越来越过得有活力、有尊严、有意义。

——无论在任何时候，面对任何情况，一定要调整好自己的内心，保持好心灵的宁静，不失去内心的自由。

——没有文学和艺术的爱好，难以有发自内心的人生感悟。

——人生在世，实际上每天都在面临着选择，或主动选择，或被动选择。不同的选择，决定着每天的人生图景，形成着不同的人生轨迹。主动选择是有目标的选择，主动权和发展权在自己手中，可以使自己每天过得从容、有序、快意、真实、踏实，不断提升自己的发展层次和水平，活得有活力、有质量和有意义；被动的选择是不得不进行的无奈而难以有目标的选择，难以有内心自由的行为，每天也过得忙碌、紧张，但活得累，而且可能活得没有自我，没有尊严，更难活出意义。人生不可能都是主动选择，但要尽力多去进行主动选择，适度进行被动选择。能进行主动选择，决定着人生的层次、高度和境界。

——人用心做事，才能把事做好，但人不可能对任何事都用心去做。人每天一定要把心思用在该做并必须做的事情上，这需要基于目标去抉择好自己每天该做并必须做的事。能做好抉择，一定意义上决定着人成长和发展的层次和水平。

——人想把事情做好，既要把握好尺度，又要把握好节奏。

——人与人不可相比。无论在人生哪个阶段，人只要尽力去做出最好的自己即可，不要与别人相比，甚至盲目地攀比。如果别人比自己优秀，不要妒忌，而要研究别人是如何优秀的，能给自己什么借鉴和启示，以便成为更好的自己。一个总与别人相比的人，会给自己带来本来不应有的压力、烦恼，甚至焦虑。

——永远保持清醒的头脑，不断训练自己，有正确的思想，并使自己越来越有服务能力，这是人一生做成事和做好人的基础。

——人要追求一生持久的成功，就要每天去一点一滴地积累，并不断形成积淀。

——人，只要清醒，善学，思考，创造，就没有做不好的事。

——爱一个人不易，一生一世去爱一个人更难。爱一个人，既需要两人相互容忍、珍惜，又需要把爱浸入日常生活中。爱在每天，才能爱好一生。

——有好人格，才能真有好学问。

——承诺的爱，难成真爱；投缘的爱，才是真爱！

——一个自我界限清楚的人，才能有理性并有激情地成长和发展。

——一个连自己究竟该做什么都不知道的人，谈不上对别人的责任。

——人应该让自己所爱的人幸福，但不能让这种幸福取代自己的幸福。尽管让自己所爱的人幸福也是自己的幸福，但这毕竟不是自己的全部幸福。

——去爱一个人，要选择；爱到一个人，要执着；爱好一个人，要奉献。

——读书，应是每天的习惯。一旦养成，受益无穷。

——别人再有，不如自己拥有。

——人若不雅，无论做事，还是做学问，都难有境界和品位。

——把握好人性，这是处理好人际关系的基础。

——回忆是美好的，但人不能停留在对过去的美好回忆中，而应使现在美好起来，给自己留下更美好的回忆。

——人的一生离不开家，家是人生的基础和心灵的港湾。每个已成家的人，应该都有两个家：大家和小家。大家，即自己父母亲的家，自己生长和成长的家，一定要常回家看看，不能只在过年时才回家。在家陪伴父母和让父母感到你总在家，这是人生难以代替的幸福。小家，即自己所成的家，两个相爱的人，既然已成家，那就要携起手来，共同经营好自己这个家，让这个家充满温馨，并依托这个家，做好工作，做出一番事业，并养育好自己的孩子，让孩子顺利成长和发展，幸福地去成家。小家离不开大家，小家是大家的延续。人，在经营好小家的同时，一定要呵护好大家。

——孝顺父母，这是人性之本能、人伦之要求。无论在人生任何阶段，都要把孝顺父母作为自己生活层面的基本需要，绝不留下任何遗憾。但想孝顺好父母，必须先把自己发展好，使自己越来越具备孝顺父母所应有的能力和实力。

——人生在世，就要尽力做好该做的每件事，尊重自己遇到的每个人。

——当今这个世界充满诱惑，但再有诱惑，一个定力很强的人，也不会被诱惑。

——人该拥有的就拥有，不该拥有的绝不能去拥有。一个什么都想拥有的人，最终可能什么都不会拥有。

——不断获得成就，才能不断激励自己成长和发展！

——做好自己该做的事，处好自己该处的人。

——社会发展得越快，人越需要去沉思，更需要在一定意义上，以自我本身为坐标，去准确定位发生在自己身边事的合理性或价值。人，接受了一种教育，并不意味着自己就在进步着；一种教育改革，并不意味着对自己就合理和合情；学校在变革，并不意味着自己就能从改革中受益；有老师的引导和指导，并不意味着自己就在成长和发展着；自己在帮助，甚至在为别人奉献着，但并非所有人都会对自己感谢、感恩，甚至回报。一个仅仅以社会为坐标，而不以自我本身为坐标看待这个世界的人，难以主动成长和发展着；一个仅仅以自我本身为坐标，而没有社会的坐标，难以让自己融入这个社会，可能在孤芳自赏着，甚至在寂寞和孤独着。

——人，没有强大的情感自制力，难以驾驭好自己。

——什么为最好？适合的就是最好的。一个学生，要在学生时代为自己一生奠定幸福的基础，一定要找到适合自己的学校、专业、学科、导师，有缘分的话，包括自己的男朋友或女朋友；一个职业人，要使自己健康、开心、快乐、幸福并一生过得有意义，必须找到适合自己的工作、岗位和城市，组建和经营好自己的家庭。

——他人看到的我，并非自我认识到的我。自我认识到的我，并非他人看到的我。

——人的自由不在于自己想做什么就做什么，应在于不做自己不想做的事。

——人不可能用有限的生命，去做无限的事情，只能去做有价值的事情。

——人，在人生的每个阶段，一定会有不同的压力。一旦遇到压力，不要着急，更不要灰心丧气、裹足不前，而是要善于积极面对，冷静分析压力产生的原因，理智地认识自身发展现状，形成消除和消解压力的举措和对策，这样才能把压力释放，并把压力化为自己发展的动力。

——观《狼图腾》有感：人，没有自由强悍的进取精神，难以活成一个充满生命活力的人；人，如果没有无私的付出，自己的生命历程难以留下不能磨灭的回忆。

——人，既要善于改变自己，又要善于保持好独特的自己。时代在变迁，人应与时俱进，不断改变自己，使自己更能适应现实，更能适应自己所处的时代。人应该改变自己，但人也不能轻易被改变，所改变的也只应是不适应时代的自己。面对时代的大潮，人应该把自己的优点、美好，好好地去保持，并不断去积淀，形成独特的自己。人不善于改变自己，很可能就落伍于时代，甚至被时代淘汰；人太易于改变自己，又难以形成自己的独特。善于改变自己，这是一种习惯，更应成为一种能力，需要不断的训练和磨炼。

——人，要尽力去管好自己，做好自己。对别人，不需要去埋怨和抱怨，就是埋怨了、抱怨了，也没用。

2015 年 3 月

——人不怕孤独，而怕太孤独！

——一旦学术研究成为自己的兴趣、职业，特别是自己生命中重要的组成部分，那就要定位好适合自己的研究方向，形成持续的研究成果；一旦找准自己的研究方向，那就要去思考这个方向究竟怎样去研究，回答好三个问题：为什么要研究，究竟研究什么，如何研究。

——人，只要活着，就要明白自己为什么在活着。一个活着、但不明白为什么活着的人，难以活出难忘的开心、快乐和幸福，更难活出自己人生的尊严和意义。

——学校不是社会，但学校在一定意义上，就是社会的缩影。一个能在学校过好社会生活的学生，进入社会后才能尽快适应我们这个复杂的世界。

——人，要学会倾听。但这种倾听，既包括倾听他人，又包括倾听自己。一个仅倾听他人的人，会失去自己。人，一定要倾听自己内心的声音。

——一个不热爱生活的人，很难对生活有热情；一个对生活没有热情的人，无论做工作，还是做学问，都很难有激情；一个没有激情的人，很难对工作或学问有激情地投入，难以达到应有的层次、水平和境界。

——一个发展着的人，既要善于听取别人合理化的建议，又要善于有效地尽快采取行动。否则，就会错过发展的机遇，很可能会走弯路。

——人，超前做事，轻松着，收获着，开心着；赶着做事，应付着，苦累着，熬夜着，透支着生命。

——家庭是幸福的基础，幸福是家庭的目标。

——与自然相协调，这是人身心和谐的基础。

——宽容他人是美德，宽容自己是不足。

——人应该快乐地去做工作，而不应该工作做完了才快乐！

——观察并理解人生百态，才能与自己遇到的每个人相处好。一个快乐的人，一定是与每个人都能相处好的人。毕竟，对不同的人，需要不同的交往方式。

——人，可以使用微信、微博、博客、QQ 等，但一定要适度，并把主动权牢牢掌握在自己手中，成为信息的主人；人，绝不能在庞杂的信息中浪费时间，更不能失去自我，成为信息的奴隶。

——一个没有好习惯的人，很可能给别人带来焦急、麻烦，甚至苦恼。

——一个想要把自己发展好的人，不能只是一味地想着如何才能发展好，而应主动、积极并有效地去行动，通过扎实和踏实的行动去把自己发展好。

——有缘遇到恩师，就要一生感恩，并传承好其学问和传统。

——人生在世，就要说实话，做实事，做实在人。

——人有三命：性命、生命和使命。人，不能仅仅有性命，还必须既要有生命，更要有使命。有生命，才会更有性命；有使命，就更有生命。

——人想到做什么事，不一定就能做好，必须找到做事的路径、策略和方法。

——一个内心不强大的人，事情最终也做不大。

——要把事做好，不能仅考虑自己愿不愿意，必须要同时考虑别人是否愿意。毕竟生活在人群中，不能做什么事情都以自己为主，把自己的意志强加于别人。

——对女性的尊重程度，反映着一个国家的进步和文明程度。从个体看，一个男人对女性的尊重，反映着其修养和发展水平；一个女人对女性的尊重，反映着人格和自强水平。

——心中没有他人，难以发展自己。

——人的发展，离不开时代留下的难以磨灭的记忆。不同时代的人有着不同的特征，代际不同，决定着每个人发展观念、发展目标、发展途径和发展方式的不同。

——无论在人生任何阶段，每个人都要把爱惜、保护和锻炼身体作为第一要务。要研究好自己的身体状况，了解好家族病史，调整好心情，注意好营养，找到适合自己的锻炼身体的时间、习惯和方式，把常有好身体，作为自己一生的基本信念。

——一旦做学生，就要把学业尽力搞好，没有后悔；工作以后，就要尽力把工作做到位，没有遗憾；一旦成家，就要尽力把家务活做好，无怨无悔。这是人活在这个世界上的三个基本信念。

——任何人仅靠自己难以发展，需要别人帮助自己。要让别人帮助自己，自己必须先去研究自己。把自己研究好，别人才能知道怎样帮助你。

——做事，切忌想当然。

——人不能仅仅想做事、要做事，要会做事，把事做实、做好。这需要研究，去换位思考，用心、操心、细心。

——夫妻关系和谐是家庭稳定和幸福的基础，一定意义上决定着孩子成长和发展。无论在什么情绪下，夫妻一定不要当着孩子吵架，更不能打架；无论在孩子人生任何阶段，夫妻一定要有效沟通，以共同的世界观、价值观和人生观为基础，对孩子教育、成长和发展意见要一致。夫妻关系不和谐、对孩子意见不一致，影响着孩子的成长和发展，更在伤害着孩子的心灵。

——一个年轻学子，要尽力做好自己，尽快成长和发展，一定要善于主动与老师交往，倾听老师对自己的建议，并把建议一一落实，尽心做到位。

——人生在世，就是两件事：想和做。想好，才去做；不想好，不去做。想到，就尽力做到；不做，就尽力不要去想。想得越好，就要尽力做得越好；想做得好，反而不能想得太多，知足常乐。

——用我们的创造，去共同认识、适应、改变和享受这个世界。

——把自己做好，就是对自己最好的回报。

——一个善良的人，一定要学会把自己保护好，最有效的策略就是把自己做好，变得越来越优秀。

——人生相遇不易，一定要相互珍惜。

——人，对别人要好，但好得要适度，不能没有限度，更不能失去原则和骨气。对别人太好，实际上在伤害别人；别人对自己的好，要好好珍惜，并尽力回报别人。把自己发展好，不断增强自身实力，使自己有担当，这是对别人最好的回报。

——人，要有不同凡"想"。这需要善于提出并解决问题，更需要把握好时代给予的机遇，管理好时间。

——尽快去买好书，这是做学问的基本功。

——人生得遇良师，真是莫大的幸运。一旦遇到，一定要倍加珍惜，全方位去交往，更要对其学术和思想进行系统学习、扎实掌握并以自己特有的性格和方式去发展并传承。

——有自由的向往，人生才能真正启航。

——人活着，不仅仅是在生活中去寻找快乐、享受快乐，更重要的是去准确定位好自己在这个世界中的责任，通过自己勤奋而踏实的工作，在履行家庭和社会的责任中，助推别人，成就自己，快乐着、幸福着，并使自己活得越来越有意义。

——尽管我们可以随时从网络上查找到所需要的信息，但毕竟不是我们所需要信息的全部。我们可以利用网络，但绝不能去依赖网络。

——对孩子的尊重，不仅仅在课堂上。

——人要想有想法、有观点、有思想，必须经常与能刺激自己动脑筋的人在一起。

——人和人之间一定要真诚交往和互相信任，这是人把自己做好的基础。人能互信，做事才能换位思考、互相理解、情感到位、彼此和谐，形成自己特有的亲和力和影响力。

——人生的最高境界不能仅仅是快乐和幸福，更为重要的是使自己的人生越来越有意义。每个人的人生意义，既不是别人给予的，也不是被创造出来的，而是通过每天的生活，自己活出来的，人生的意义就存在于生活本身。生活是生命的展开，要使人生有意义，必须不断焕发出生命的活力，并使生命越来越发展出爱好、热情、好奇、渴望、追求、理想、坚持、奋斗、奉献等品质。人一旦形成这些品质，每天所过的生活就会使自己的生命越来越有价值，人生也就越来越丰富、多彩，更有理想，也更使自己生活得越来越充实、扎实和踏实，并有意义。

——人怎么理解生活，就怎么过生活。一个过得开心、快乐、幸福并有意义的人，一定是对生活能准确理解的人。

——人，只做自己想做的事，少考虑别人是否让自己做，但不要不切实际地去想。

——人，要有思想，但离开肉体的思想不是真思想，归于尘世的思想才管用。

——不可能每个人都成为思想家，但每个人都应每天坚持思想着。

——真正的知识分子，应该是自己去做理想的自己，而不是让别人做自己想做的事情，更不是呼吁别人去做自己理想的事。

——人的一生难免遇到意想不到的事，一旦遇上，不要着急，一定要冷静，理智把握好自己，尽力做出最好的自己。

——做不好自己，绝不怨别人。

——自己只要用心做事，别人对自己就会用心。

——人，贵在实力强身。这种实力，不仅包括把事做得真实、扎实和踏实，做出成绩、富有成效，达到一定水平，而且包括人与人之间的合作和交往水平。前者是形成实力的基础，后者在一定意义上决定着自己实力的层次和水平。

——人生，就是我与你，你与我。

2015 年 4 月

——愚人节，叫"人愚节"，可能更好。人的一生，绝不能说一句愚弄人的话，做一件愚弄人的事。人也不能自己愚弄自己，但有时需要愚笨一些，不至于愚蠢即可。一个什么都想明白的人，在苦累着、紧张着；一个适度愚笨，但永不放弃自己心中追求的人，在轻松着、畅快着。人啊，与其愚人，不如人愚一些。

——人，不要怕麻烦。别人麻烦自己，是信任自己；自己麻烦别人，是信任别人。在别人麻烦自己时，一定要耐心、诚心、操心；在自己麻烦别人时，一定要真心、虚心、细心。人能彼此麻烦，那是缘分和幸运。人，不要太孤立。在麻烦别人时，彼此才能有深入的交往，并成为朋友。但人要独立，在自己实在无奈时，才去麻烦别人。

——人，既不要愚别人，又不要被人愚。

——诚，作为儒家为人之道的中心思想，既是人立身之本、做人的准则，又是道德修养的一种方法和境界。人，只要立身处世，就要以诚信为本，说真话、做实事，做到真实而不欺瞒、不虚伪，让人信赖。

——太好心为别人多想，实际上是不尊重别人。自己想得再好，毕竟不是别人在想。

——写作是人的冲动。人，不是为写而写，而是想写才写。凡没有冲动的写作，自己写出来的作品，很可能连自己都不想看。写作伴随着学问人的一生，没有写作的冲动，绝不去写作，即使去写作，也不会产出有意义、有活力、有影响的作品。

——一个人只有不断发现并改正自己的缺点，才能取得持续的进步；一个人只有发展好自己，才能真正有能力帮助他人；一个人既不要去做需要别人原谅的事，又不要老对自己说"抱歉"。

——对逝去亲人最好的思念，是传承好其经验、知识、美德、理想和信念；对逝去亲人最好的想念，是让自己活得开心、快乐、幸福并富有意义，并陪伴好活着的人，不让逝去的亲人在天堂再牵挂、操心；对逝去的亲人最好的思念，就是尽心把自己发展好，走好逝者希望自己走的路。

——人，一定要明确自己能做什么事，绝不要去做自己不擅长的事。

——怀念好先人，才能做好后人。

——学问人，并不是纯做学问的人。一个不会生活、不管家事、不善交往、不关心世事、不关怀他人的人，最终做不好学问，更做不好关于人生的学问。

——人能不断接受着教诲，就在幸福着。

——人最难的是不去做自己已养成习惯、但不再适合做的事。一旦戒掉陋习，那自己也会佩服自己，人生境界自然就得到了深度提升。

——时光难以倒流，只能珍惜时间。

——人，既要做好一个人，又要做一个好人。这需情愿、尽力、自然，靠自己本性和良心去做，绝不要去有意而为之，甚至失去自己，更不能去求回报。一个人很辛苦地去做好一个人，最终难以做成一个好人。

——人无生命自觉，难以主动融入这个世界。

——一旦让沉稳尽责、细致认真、诚实守信成为自己的内在品质，人在任何人生阶段都不会失去底线，做任何事都不会有漏洞，不会犯低级错误，也不会空留懊悔和遗憾。

——人，既不能自贬，又不要贬人，尽力把自己做好即可。

——人生，就是不断在做选择。不同的选择，成就不同的人生。任何选择都要付出代价，代价合理即可。人要做好选择，贵在分析利弊，利大于弊，其代价就合理，就可选择去做。

——让阅读成为自己每天的生活方式。

——做人守信用，做事有规矩。

——人与人，相遇就是缘分。不要以己度人，而要去换位思考，在不失去自我的前提下想别人所想、急别人所急。这样才能理解别人、体谅别人、原谅别人，彼此越来越信任、投缘、有情谊。

——人要做快乐的自己，但这不是做好自己的最高境界。人，仅仅活出快乐是不够的，必须活出意义。快乐是自己的感觉，别人难以代替。人，既要为别人而快乐，又要有真正属于自己的快乐。让自己每天过得有意义，才会有真正的快乐。

——快乐着，并不意味幸福着；幸福着，一定在快乐着。

——只要脚踏实地聚焦目标去做，一切都会慢慢就位。

——人和人的生命曲线有差异，每个人都是不同的，其成长和发展路径也不会相同。好的教育，旨在让每个人不同，而不是把本来不同的人培养成同一个人。

——人，不做自己最喜欢的事，难以活出自身生命的价值和意义。

——人总有自我局限。人要克服自我局限，必须不断去学习。学习是冲破自我局限最好的途径和方式。

——每个人都会产生焦虑，焦虑是人的基本处境，其存在具有一定的意义。适度的焦虑，让人能发现问题，增长心智，使自身发展有危机感、责任感和使命感。焦虑的无形张力，给人的生存和发展提供了动力。人，不怕有焦虑，关键是要处理好焦虑，找到适合自身的处理焦虑的方式和方法。

——人，需要和人交往。但交往要适度，并要进行与自己身份相适应的交往。在未做好自己之前，要谨慎与人交往。

——人，一定要为别人作贡献，绝不能进行无贡献的索取。

——人，绝不要企求每个人都喜欢自己，但一定与自己遇到的人，尽力去处好。人和人相遇是缘分，尽力与自己遇到的每个人相处好是本分，让每个人都对自己好，那就是一种过分。

——人，绝不能对别人苛求，由自己任性。

——人，需要悟，但更需要往深里求。

——人生就是相互陪伴。有孩子后，需陪伴孩子；老了后，需要孩子陪伴；自己的一生，需要有一生爱着自己的人陪伴。陪伴是一种意识，一种能力，更是一种习惯。人生，既能陪伴着别人，又能被别人陪伴，这样才开心、快乐、幸福，活得有意义。

——孝顺要拆开理解。人，必须孝，不一定都要顺。但若不去顺，绝不要影响孝。

——要未雨绸缪，而不要亡羊补牢。

——人，只有通过为集体做贡献，去发展自己，才真实地存在着。

——人，一定要正确认识、定位和不断反思自己。既不能失去自己，又不能太看重自己，更不能以自我为中心、自以为是。

——人要有能力，但不能在什么时候都去展现自己。人，不展现能力，而被人认为有能力，这可能是最大的能力。

——人生，尽力而已。人要有进取心，但不能失去平常心。

——策划好一件事不易，坚持做好一件事也不易，把一件事做成品牌更不易。

——人，在其发展的每个阶段，都需要适度去洗脑。人，贵在自己去给自己洗脑。可以接受别人的洗脑，但绝不能失去真实的自己。

——把自己泡在图书馆，这是"学人"的基本行为。

——人，要把握好机遇，一定要把每个人生阶段该做的事做了，并尽力做好。不尽力做好自己该做的事，没有坚持每天的积累，难以形成积淀，也就错失机遇了。

——人，一定要把别人第一次让自己做的事做好。否则会留下难以消除的不好的刻板印象。

——把尽力做好的东西给人，这要成为习惯。

——一旦阅读成为与衣、食、住、行一样重要的生活方式，读书也就成了生命中内在的组成部分，也就会每天都在充实、成长和发展着。每天都读书的人生，才是真正有意义的人生。

——歌声一旦唱出自己的心声，就会激起自己内心深处的情感，形成自己难以忘怀的记忆。

——好学生，就要想老师所想，去做老师多次要求的所为。

——时间在流逝着，人的生命也要充满活力地随之流动。

——人人要接受教育，是对的。但更重要的是，人人要接受适合自身的教育。教育的真正公平，是让每个人真实享受到适合自己的教育。

——人要善于不断去改变自己。这种改变，要从塑造自己的性格开始，并使自己的性格不断适应自己的追求。

——读书，不在多，而在精，内化于心，随时能提取；读书，不在快，而在细，尤其对名著要一句一句读，仔细琢磨；读书，不在读，而在问，要带着问题去读，读后形成新的问题，要读得进去，又读得出来；读书，不能只读，一定要写，要养成不写就不读的习惯。

——人，绝不能低层次地重复自己，一定要高品位地去发展自己。

——脑是教育的基础，脑的开发需要教育。无论教育者，还是被教育者，都要学会用脑，善于用脑。

——瞿葆奎先生说："屁股要与板凳结盟。"一个真正在做学问并越来越有成就的人，一定要拒绝各种诱惑，要有"板凳十年冷"的精神。

——人，重在精神和思想。

——做事，一定要讲究目标、策略和和谐。

——男人，本就应想家、恋家、顾家、在家。

——人在珍惜自己生命的同时，绝不能去浪费别人的生命。

——人在风雨兼程时，切记，不要忘了享受周围风景。

——人生，一定意义上，就是在等待。人，既要在希望中去等待，又不能被动地去等待，而应尽力在追求中去等待。

——一个没有一定生活情趣和品位的人，即使再辛勤工作，也难以达到一定境界和品位。

——无论在任何情况下，做事绝不能偏离自己的主体目标。

——没有比人更高的山，没有比脚更长的路。人的一生，要把自己发展好，一定要把握好人生的格调：真诚、温暖、爱人、积极、向上、率真、多彩。

——人，自己认为已做好人，做好事，也不可能让所有人都满意，凭良心尽力做好即可。要换位思考，但不能太考虑别人的感觉，因为人毕竟在为自己活着，而不是活给别人看。

——学问，在有问，并解问。

——人，就是在不断反思自我、有效激励和改变自我，并保持好独特的自我中前进。

——认真一旦化为习惯，就自然了，不累了，也就真认真了。

——人，绝不可能用相同的自己，活出与过去不同的自己，要成为不断成长和发展着的自己。

——不细心的女孩，难以优雅，更难成为好姑娘、好妻子、好母亲。

——一个素质好的人，不一定就能发展好自己。一个大学生，要把自己发展好，一定准确定位好自己，不错位自己，不偏离自己，更不浪费自己的时间和生命。

——不要把认真仅仅理解为态度、习惯，认真也是一种能力、品质和精神，更是一种力量。

2015 年 5 月

——人可以做自己想做的，但不要要自己想要的。

——人活着，可以"幸福地度日，合理地做人"，但关键是如何"幸福地度日，合理地做人"。幸福是自己的感觉，难以有统一的标准，但合理，应有共同的底线和尺度。

——只做不想会"有"，想要不做定"无"。

——人要换位思考，心中有他人，对他人负责任，在乎别人对自己的评价。但无论在任何时候，人都不能失去自己，而应活出自己的眼光，善于自我评价。一个善于为自己活，并活出自己的人，才能真正得到别人发自内心的喜欢、欣赏、信任和尊重。

——无论在任何环境下，一个有志于把自己发展好的人，都不能被同化，既而失去自己的目标。越坚定去实现自己的目标，人就越年轻。

——人，应该为别人做事，为集体作贡献，但必须聚焦集体远景和目标，形成自己独特的行动和方式。自己做得越独特，才越有贡献，而使自己越独有。

——人，一定要有时间观念！一个不遵守时间的人，实际上在浪费别人的时间。

——手机，可使阅读方便，但又使人的阅读碎片化；可使人彼此随时联系，但又影响着面对面的情感交流；可提高工作效率，但又使人懒惰；可使生活节奏加快，但又在浪费着人的宝贵时间。人，要用手机，但要少用、慎用，到家后最好不用。

——自律基础上，才会有真正属于自己的自由。

——爱是人的基本德行。爱，就意味着要付出，而最大的付出，就是时间。衡量一个人是否在爱，关键就看是否愿意付出时间。时间付出的越多，爱越深。未付出时间的爱，一定不是真爱。无论恋人之爱，夫妻之爱，父母和孩子之爱，还是师生之爱等，都是如此。

——无论做事和做人，都不能失去底线。做事，一定不忘记，不落下，按规矩做事，尽力不错做事，也不做错事，更不做违法乱纪的事；做人，一定不溺爱，不歧视，不打击和压制人，不欺负人，不骂人和打人，更不能去害人。

——大学时代，有长远的规划，才能有强劲的、持续的、高水平并有特色的发展。

——祝贺母校 113 周年！大学历史需记忆，大学传统更需传承和创新。

——人与人之间，要互相搭台，而不要互相拆台。

——教育最深刻的意义，可能不在于让学生去习得和掌握，而在于让学生感悟和体悟。一个好的学生，一定是感性、理性和悟性三者和谐的学生。在一定意义上，悟性比感性、理性更重要。

——个人的兴趣和价值观，一定意义上决定着个体的发展水平和贡献。

——一个知识量不足、知识种类不全、知识不系统，且未把知识内化于自己生命体的人，难以真正系统地思考。

——一个不会思考的人，难以有缜密和系统的思维。

——德有多高，学问就有多高？学问多高，德就有多高？这是关涉学问和道德关系的两个问题，一定要自己去解决。

——没有学术史的认识和考察，就难以做出真实、扎实、大气、别人难以企及的学问。

——真正的方法是难以言传的，需要个体的勤奋体悟。

——一个有志于把自己发展好的人，一定要据自己的性格天赋、价值观、兴趣、和目标，去做适合自己的事，并尽力做好，不留任何遗憾。

——如果别人没有让你代其做事，最好不要主动去为别人做事。

——人要努力成为有用的人，而不是好用的人。

——有国力，才有实力；有国格，才有人格；有国家，才有个人。

——成长，首先从定位开始。定位如能适合自己，并坚韧而有效地去行动，就会少痛、不痛，甚至无痛。

——人在每个阶段清零，才能做好真正的自己。

——一个家庭的成功，一般需要三代人的努力。农家出身的子女要发展好很不容易，需要付出艰辛的努力。想把自己一生发展好，在人生每个阶段一定要把握好三点：不自闭，要不断开阔视野，做人和做事有大的格局。不自满，要有高远目标，不断进取，不轻易满足，拒绝一切不利于主体发展的诱惑。不自卑，要以实力强身，不断获得成就感，对自己永远充满自信，相信自己能做好。

——人难免遇到想不到的事情，一旦遇到，就要冷静应对，不要纠结，更不要苦恼，甚至一味地痛苦，而要反思自身的不足，合情合理地去彻底解决。

——人一旦被感动，就可能有无限的生命能量。

——真正的生活品质，是以适合自己的方式，以求好的精神，通过自己的努力，使生活越来越有意义，越来越焕发出自己生命的活力，并创造出适合自己的生活。

——一个对学生真正负责任的老师，可能很认真、严格，但绝不会拒绝学生合理的要求，而是会关爱、呵护学生，给学生无私的指导和帮助。

——人活得累，根本原因在于在做自己不想做的事，做自己没有兴趣的事，特别是做不适合自己的事。

——一个在学生时代，对学业能负起责任的人，工作以后也会对自己的家庭和工作负起该负的责任，并坚持一生。

——人生苦短，一定要在每个阶段，知道自己是谁，而且明确自己能是谁。

——一个有志于做好自己的人，要有胸襟，能宽容，看透人生，克制自己，但不可与世无争，而应积极进取。人，可以谦让，但绝不能失去自己的发展目标，无原则地退让。自己必须做的事，一定争取去做；偏离自己目标的事，一定舍弃。一个什么事都争取去做的人，不仅在影响着别人，而且在伤害着自己。随着自己发展水平的提高，人要尽力让别人去做他想做的事，并尽力支持别人去做好。一个什么事情都亲力亲为的人，不仅让别人难以发展，而且最终自己也难以行动。

——人，不能盲目地接受教育，也并非所有人都要接受高等教育，甚至研究生教育。适合自己的教育，才是最好的教育。选择接受什么层次和类型的教育，这不仅决定着一个人是否在接受适合自己的教育，而且在一定意义上决定着人能否一生能过得快乐、幸福并有意义。

——人，可以随遇、随心、随情、随缘，但注意不要随意。

——人，老，是自然现象，不要去怕。人，最怕的是，心在老。

——人在每个阶段，一定要做好这个阶段该做的事。人在学生时代，自然学业为第一要务。一个在学生时代连学业都不作为第一责任的人，不仅未能为今后工作奠定好扎实基础，工作以后可能也不会把工作作为第一责任。一个学业和工作都做不好的人，谈不上对家庭的责任。

——学术研究的最高境界，可能是不再参考别人的论文，而是让别人去参考自己的论文。

——人到一定阶段，一定要围绕目标，去做难做的事，并尽力在研究的基础上去做好，这样才能扎实地把自己发展好。易做的事，再做千遍，也无助于自身的发展。

——有好的传承，才能有深度的创新。传承，需先承，才能传，每一代人"承传好"，才能代代传承好。创新，先定位好"新"，才能创。要定位"新"，必须先去"承传"，"承传"好的基础上，才能真正去创"新"。只求"承传"，不会有创新；只讲创新，难以有传承，更难创出"新"。

——无好外语，难做扎实学问；无国际视野，难做踏实学问。

——一个有志于把自己发展好的人，一旦经过精心策划，认定了自己发展的目标和方向，就要义无反顾，充满激情并富有活力地投入其中，不犹豫，更不留下遗憾和后悔。

——集体没有了个人，难以成为集体。个人在集体中，通过集体，并为了集体，才能真实地生存和发展着。每个个体，都应有高度的集体责任感。一旦集体需要自己，就应甘于奉献，并在奉献中，尽力不放弃自身的发展。一个自身都发展不好的人，难以对集体作出扎实的贡献。

——人不专一、专心和专注，难以专业，更难以成为一个专家，并成就一番事业。

——再好的短信交流、语音通话，也代替不了面对面聊天。

——手机是人生活的需要，但不能成为人生活的全部，人一定要学会抛开手机去生活。人更不能靠手机拍照，去记录生活。手机拍照很可能能把一切记录下来，但难以代替人真正的生活经历，真正的生活经历需要切身地、具有生命自觉地去体验。人只有用心体验生活，其生活经历才能在生命记忆中永存。

——可能夜深人静时，人才能静心思考。

——每个人都是与众不同的个体，都应该有自己的人生逻辑。人按自己的人生轨迹去走，才能走出一条适合自己的路。该争第一时去争，不该争第一时，绝不去争。人既不能与世无争，又不能事事争先。一个什么都争第一的人，一定是一个什么都想得到的人；一个什么都想得到的人，最终可能什么都得不到。

——真正的大学生活纪念，是一生保有对大学生活美好的回忆。

——人若没有贵人相助，难以靠自身实力，实现自己理想的发展。贵人需要自己不断去邂逅，只有当拥有一定的发展潜力和实力时，才能遇到。一旦遇到贵人，就要倍加珍惜，视为知己，主动寻求其支持和帮助，扎实为其做事，并通过共同做事，实现基于共同目标的可持续发展。

——做任何事前，一定要了解做这件事的规矩，这要成为自觉的习惯。

——一个富有创见之人，一定是一个认真的人。

——每个人都要有自己的哲学。一个不懂哲学、尚未形成自己哲学的人，难以有深沉和远大的抱负，更难有独特的品格和地位。

——人，一定要顺应时代的必然趋势前进，绝对不顽固和保守，但在前进时，不能把自己的一切都改变，什么都去创新，一定要留下不变的自己，并在传承基础上去创新。

——一个连自己都不尊重、不爱惜的人，难以尊重和爱惜别人。

——人，从刚刚生下的那一瞬间起，就是在慢慢地死去，从这个意义上说，人是向死的存在。人活出自己，才能让自己真正存在。

——人不可能对人完全袒露内心，但一定要对人坦诚。

——人要达到一定的精神境界，必须去深刻认识和体验人类已经到达过的精神境界。

——人，无内心的安宁和淡泊，难以做好学问，更难处变不惊。

——一所大学的品牌不仅仅是专业、学科、教师，还应有文化、艺术和体育等。

——教育必须要为社会服务，但社会也必须承担起该承担的教育责任。

——上专科和本科，重在选大学、学院或学校；上硕士，重在选专业；上博士，重在选导师。

——没有体验的人生，肯定不是真实的人生。但人不能什么都去体验，只应去体验自己必然遇到的。有完整体验的人生才是完善的人生，生命经过磨难才真实。但不必去刻意地追求完善人生，也不必刻意去经历磨难。

——一个人要想不断走向成功，必须尽快、尽早发现自己的潜力和优势，准确定位好自己前行的目标、领域和方向，然后尽力去聚焦再聚焦，扎实、踏实去坚毅行动，在一个领域留下自己深刻的"脚印"，成为别人难以代替的人。

——人活着，一定要给自己的心灵安好一个家，让自己一直保持着本我、自我和真我。

——人不断重遇自己，才能不断发展好自己。

——谦和的人，不一定在谦虚着；谦虚的人，一定在谦和着。

——要想领导一个人，必须从各方面去了解这个人，立足于集体共同目标去研究这个人，公平而无私地全方位地支持这个人。

——人，既然生在这个世界上，那么就要留下真正属于自己的印记。如能留下"大脚印"，那更好。

——忙碌的人，一定要知道自己最适合做什么，最喜欢做什么，最需要做什么。否则，就会只忙碌而无收获，甚至苦累着。

——一个真正的知识分子，必须有超越时代的头脑和独特而宝贵的经验。

——人，强大自己，才能真正宽容他人。

——人只有自觉自愿去做事，才能做成事，成大事。

——人想把自己发展好，既要不断强大自己的实力，又需要把握好机遇，抓住机会，也需要人脉和人情。

——一个明智并能干的人，一定知道自己究竟该做哪些事，并做好。

——一个好的集体，一定是每个成员都有义务感和责任感的集体。

——人有独特的经历，才有独特的作为和地位。

——当一个人是为提高集体地位而奋斗，而不是为提高个人地位而奋斗时，才能受到群众的拥护。

——在人生每个阶段，一定要善于自我反思，不断发现自己的不足、危机，甚至是忧患。

——研究好别人在做什么，自己才能做好什么。

——人在每个阶段实现其目标后，绝不能无所事事，应努力利用好时间，为下一阶段发展做好充分准备。

2015 年 6 月

——人在每个年龄阶段，都要有童心；有童心，才有真心；有真心，才能成真人。

——人不要一味去想自己该过怎样的生活，而要过好自己每天实际上已选择了的生活。

——人要开心地活在这个世界上，既不要盲目地去与他人比较，又不要对自己过于苛责、追究，更不要去伤感、懊悔。但人要不断去反思，反思好自我，才能开心快乐。

——一个正在成长中的人，要尽力靠己力做好该做的事，而不要让别人去代劳本来你该做的事。

——人，要学会感恩。但人要尽力少做需要向别人感恩的事，能自己做好的事尽力去做好，自己力所不及的事才主动去求助于人。人，不求助于人，难以发展；人，什么都求助于人，难以发展。

——一个人的阅读和研究，一定要有自己已确定的目标。

——无论做事，还是处人，一定要细心再细心，否则，不仅影响做事的效率和做人的形象，而且浪费时间，并影响人际交往。

——一个已工作了的人，对他人言，不可不信，不可全信，应考而后信。

——人，既要爱好思考，又要爱好行动。思考好，再行动；在行动中，更进一步系统思考。

——人需要感性、理性，又需要悟性和灵性。

——一旦经过深思熟虑已决定做的事情，那就要坚决不改变、毫不犹豫地坚持做下去，并尽最大努力做好，不留任何遗憾。

——一个青年学子，要以学术许身，把学术研究作为自己的职业，并以学术为支撑，实现可持续发展，必须重视这三"质"：学术气质、学术品质和学术潜质。

——一个能让自己强大的人，不会忧虑或担心别人比自己强大；一个能让别人强大的人，自己也就更强大着自己。

——有长期聚焦目标的积累，才能把一件事做完、做深、做透。

——一个不喜欢与人交流的人，难以从事教学，更难把教学做得越来越专业。

——人到这个世界上，就要做两件事：有兴趣的事和没有兴趣的事。有兴趣的事，人都愿意做，并愿倾力去做；没兴趣的事，人一般都不想做，更不愿尽力去做。能做有兴趣的事，是人的幸运、福气，但人生在世，难以都去做有兴趣的事，一定会有没兴趣的事需去做。人，基于自己的发展目标和对国家、社会、集体、家族和家庭的责任，一定要把自己可能没有兴趣、但必须要做的事情做好。兴趣是相对的，也是可以培养的，人把本来没有兴趣但必须做的事，去尽力做，并在做的过程中产生了兴趣，事情才能做好，且不累。一个人，既能做好有兴趣的事，又能去做本没有兴趣但必须做的事，并做得越来越有兴趣，才能通过做事，真实、扎实、踏实地成长和发展着，有意义地生活着，越来越焕发出自己生命的活力。

——一个学人，在目前的学术体制下，一定是一个学科人。一个学科人，一定要爱好这个学科，对这个学科有强烈的认同感、使命感、责任感、成就感、荣誉感和自豪感，并以这个学科为支撑，走好这一生，走出快乐、幸福和意义。

——人这一生，不管怎样谨慎、细心和小心，难免会遇到自己想不到的事。一旦遇到，可以自嘲、反思，但一定不要着急、懊悔，而要冷静面对、泰然处之，设法有效去解决问题。

——人要少想，甚至不想不该自己想的事，而要努力去做好自己该做的事。

——人做事，不能贪多。多做事，不见得能做成事，更难做好事。

——一个管理不好自己的人，难以管理好别人。

——做不好自己，难以和人交往好；和人交往不好，难以发展好自己。

——人要做好一件事，必须跳出这件事。人的格局有多大，做事的格局就有多大。

——人，在自己所生存的世界中，一定要履行好自己的责任，并使自己过得越来越有意义。

——要做好学问，课题研究是重要平台，但不能把课题研究等同于学术研究。

——一个真正有志于成就一番事业的女性，既不要做女强人，也不要做女汉子，更不要在乎世俗的偏见，而要准确定位好自己在这个世界的角色，以女性的方式，相对自由、独立于这个世界，真正实现自己的职业、经济、人格的独立。

——平安地活着，是人生最好的状态；幸福地活着，是人生最好的目标；有意义地活着，是人生最高的境界。

——人这一生，说话很重要，但绝不要去说空话、大话和过头话。

——人，要做好自己，让自己顺利成长和发展，必须把自己放对地方。

——一个自省能力强的人，一定是能对自己已想的事、正在做的事、已说过的话，有效反思的人。

——人，可以要求自己，但不能强求自己，更不能苛求自己。

——人，要主动地发展自己，但不要单向地、太主动地帮助别人发展他自己。在帮助别人时，要考虑别人的隐私和尊严，更不能代替别人做他自己本来应该做的事。一个无原则、无尊重去帮助他人的人，不仅发展不好自己，而且也在影响、甚至伤害着别人。

——一个认真做事的人，仅仅自己做事时认真是不够的，为别人做事时认真，才是真认真。一个为别人做事都认真的人，也才能真正认真地做好自己的事。

——要真正认识一个人不易。人，只有通过彼此真诚而有深度的交往，才能真正认识一个人。

——人，既然生来就是独一无二的，那么，其成长和发展也应是独一无二的。让生来的自己，通过成长和发展，成为别人难以代替和复制的自己，这是人活着的基础。

——人，既要有激情地发展好自己，又要有理性地把握好自己。

——洞悉人情事理，才能做好人的学问。

——一个有思想的人，既会沉思，又能表达。

——人，包容别人，也就在善待着自己。

——一个好心人，一定也要是上进人、责任人、细心人。

——人要把事做好，一定要精心策划，并尽力专注于一件事情去做。持续地去做一件事，才能做出积累和积淀，并做出成功。

——没有问题，做不成学问；有问题，但对问题不激动，做不好学问。

——不认识自己，难以成为自己。

——把自己发展好，才更有能力去陪伴父母。

——文献的查阅量、占有量和驾驭量，在一定程度上决定着论文的工作量、基础和水平。

——自己已深思熟虑并认定的事情，就要尽心尽力一直往前走。

——人要过上好生活，必须要付出自己的努力。

——人有明确并适合自己的志向，才能过上有意义的生活。

——在人生每个阶段，一定要把该读的书，读了；把该反复读的书，读好。

——做过，并做好历史研究，才能把现实研究做得扎实，并做出水平。

——人，如果能做自己喜欢做的工作，并且一生都能去创造性地去做，那真是人生的享受和福气，说明真正在过着有意义的人生。

——尽力去感悟人生，才能对人生不断有感悟。

——做什么事，一旦尽心尽力了，就要释然，释放好自己，宽容好自己。

——要做一个真实的人，既需要真实对待自己，又需要真实对待他人。

——要爱好一个人，必须尊重这个人。

——一个想把自己发展好的人，一定要成为别人想与你交往的那种人。

——人即使生逢其时，也需要自己去创造自己的人生。

——少壮不努力，老大徒悲伤。实际上，人一生都应该成为努力型的人。

——贵在坚持。人，一定要把坚持作为自己的性格。

——一个人既需要有自己独立的学术成果，又需要有自己所带领团队的学术成就。

——人，既要成为一个严肃认真的人，又要成为仁厚、宽厚和忠厚的人。

——一个中国人，就要在中国大地上，去为中国做学问，做出真正属于中国的学问，并做出能代表中国走向世界的学问。越是中国的学问，也就越是世界的学问。

——要发展好自己，必须延续着自己。

——一个人要去成就自己，必须不断去创造自己，并能一生都在延续着自己。真正属于自己的人生，是在不断积累着的人生，是有着丰富积淀的人生，是在每个阶段都能超越自己的人生。

——人有大的想法，才有好的做法；人有好的做法，才能实现大的想法。

——人，要成为别人要的人，而不要成为求别人的人。

——一个只顾家庭的男人，是一个好男人，但难以成为以事业为基础的优秀男人；一个不顾家庭的男人，失去了对家庭的责任，不仅难以真正成为一个优秀男人，而且不是一个好男人。

——人，不要把心思放在不该操心的事上，更不要去做本不应做的事。一个人，在任何时候，都一定要以内心强大的自己和不断积累的成就，去积极面对这个世界，强大自己，活出自己，活好自己。

——一个好人，必须是责任人。一个能负起责任的人，才真正是一个好人。

——一个对学科没有形成责任的人，难以学习和研究好这个学科。

——人，不投缘，交往多次，也难成知己和朋友；人，很投缘，交往一次，就会成为知己和朋友。

——教育，既是专业，又是职业，更是事业。

——考研，既是人生重要机遇，又是人生重要体验，更是人生重要平台。

——人，一旦在进取中不失平和，一生都会顺利而平安。

——人，一旦专注于去做一件事，并得法，就会取得自己所满意的成就，并获得自己都未想到的成功。

2015 年 7 月

——老歌越经典，记忆越永恒。

——人，把自己越来越做强，才能越来越受到别人对自己发自内心的尊重。

——人，既要把健康作为素质，又要作为习惯，更要作为责任。健康绝非己事，自己不健康，会给别人带来烦恼、负担，甚至痛苦。一个不珍惜自己健康的人，实际上是对别人不负责。

——人，从骨子里崇拜一种文化，才能真正研究好这种文化，去传承和创新这种文化。

——想有，不一定会拥有；要拥有，一定要先想有。

——人，可以适度自我，但绝不能自私，更不能无限自由。

——想、做和说能一致的人，才是真正在发展着并顺利而开心的人。

——无论在人生的任何阶段，都一定要成为能把自己发展好的人。

——人，过分地为别人操心，实际上在伤害着别人。

——人不可能没有烦恼，但为了新的开始，一定要尽快丢掉烦恼。

——一个在发展中的人，才能把握好机遇和机会。

——每个人都是怀揣着梦想的路人甲，只有通过有智慧的勤奋和艰辛的努力，抓住和把握好发展的机遇，才能实现自己的梦想，使自己成为人生的主角，去主宰自己的命运。

——人不可能把什么事都做成，能否做成事，选择很重要。人，一定要选择适合自己，并能延续的事去做，并不断超越自我，这样才能做成事，并做成大事。

——人在主动为别人做事的过程中，实际上在帮助着自己，在成就着自己。

——人，不被人重视，可能会被边缘化，但实际上拥有着更多去主动发展的自由；人，太被人重视，很可能在丧失着自己去主动发展的自由。人，最重要的是要自己重视自己，善于让别人帮助自己，并不断主动发展着自己。

——无论在什么时候，人都一定要管理并舒展好自己的心情。

——人可以有难以控制的激动，但绝不能有无理智的冲动。

——一个内心坚强的人，才能把自己想做的事坚持做好。

——人，一定要有耐心，并尽力去帮助他人。

——无大局思维，做事难以周全。

——一个人的一生，绝不能成为孤独的一生，而应成为交往的一生。

——人最大的富有，是思想的富有。但人绝不能借用别人的思想使自己富有起来，必须让自己有思想，使自己富有起来。

——人，既不应顺其自然，又不应该改造自然，而应回归自然。

——准确定位好自己，才能真正在发展着自己。

——认真成为习惯，才能真认真。

——一个人做不好事，可能无奈；一个人总去惹事，可能无我。

——中国教育，若做不到乡村教育层面，就做不好中国的教育。

——人生就是表演。人，应表演得越来越是自己，而不应表演得越来越不像自己，甚至不是自己。

——人想快乐，必须有颗自在的心。

——一个对自己做过的事，倾注过深情，并感到自豪，甚至在崇拜自己的人，才在成长着、发展着。

——文化，既需要合理地传承，又需要创造性转化，更需要创新性发展。

——一个不去尽力发展自己的人，既不尊重自己，又失去了对他人、家庭、集体和社会的责任。

——有良知的媒体，绝不能热衷于发布有关学校的负面信息。即使发布，也要去证实，不进行草率和有偏见的报道，去损害学校在公众中的形象。

——研究生，未接受严格的学术研究训练，未过好学术生活，难以找好未来的工作。

——自己不欣赏别人，难以让别人欣赏自己。

——人，若不聚焦目标去做事，什么事情都做不好。

——人，不要希冀已逝去的人还活着，而要对自己充满希望，去过好生活，并在自己身上延续着所思念人的梦想、理想，甚至生命。

——一个能主动发展的人，一定是善于自我唤醒，特别是能自我觉醒的人。

——任何一个问题的研究，一定要超越纯粹的单一专业研究范畴，去进行跨学科的综合研究。

——自律，应该成为人的基本品质和行为方式。一个自律的人，才能让别人放心，并被别人欣赏、相信和支持。人，能自律，才能保持好独特的自我，享受好有限的自由，自在地去实现自己理想的发展。

——人这一生，很不容易，一定要尽力去做人生赢家，少做人生输家，更不做人生败家。

——人，在自己成长和发展的每个阶段，一定要善于反思过去的我，正确衡量和认清现在的我，摆正自己的社会位置，规划好下一阶段的我，选好自己的人生舞台。人生，贵在认真、踏实、真实地走好自己的每一步，尽力不让自己有任何错位和错失。

——人要把事做好，既需要能力，又需要精力，更需要魄力和魅力。

——人，贵在摆正好自我，反思好旧我，建设好新我。

——人，内心不淳朴，行为难真实。

——人与人之间，真正的竞争，是身体的竞争。

——没有学术抱负和学术悟性，就难以把学术研究作为志业。

——一个想每天都活出意义的人，一定要有自制力。有自制力，才能准确定位好自己该想和该做的事；有自制力，才能拒绝诱惑，去想好自己该想的事，做好自己该做的事；有自制力，才能面对可能遇到的困惑、困难、困境，去冷静、从容地完成自己该做的事。一个自制力不强的人，不仅做不好自己，而且可能会伤害到别人。

——再聪明的人，也需要不断努力。人，不仅要坚持好自己有目标的努力，而且要使自己的每种努力，都在自己人生旅途上留下难以忘怀的印记。

——人，一旦能淡定，心灵也就平静、平和。

——一个人语言的局限，意味着世界的局限。

——做事，一定要细致，如能达到极致，那更好。

——读书是人每天必须做的一件事，快去读书。

——一个把奋斗视为人生核心的人，才能坚持每天勤奋，并让勤奋成为自己的习惯。

——一个表达、沟通能力不强的人，难以得到别人欣赏，可能因此失去自己发展的平台，错失发展的机遇。

——人过三十，一定要去定位好自己终身将要致力的一件事情。

——人与人之间一定要形成让人动容暖心的情感关系。但要形成这种关系，必须彼此有基于互动的情感体验，具备情感能力，并为彼此及时提供情感支持。

——人，一旦换位思考，就什么事情都能操心到，并做好。

——基于缘分形成的师生关系，彼此一生都在相互挂念着。学生挂念着老师，说明学生在感谢着，留恋着，难以忘怀着，牢记着老师当年对自己的教诲、引导和帮助；老师在挂念着学生，说明老师希望见到自己的学生，期望学生实现自己所期待的发展。

——成功不会走向你，要自己走向成功。

——不匆匆忙忙写文章，要潜下心来出精品。

——人，要做好学问，必须有自己醉心的学问，并一生去坚持。

——遇到和得到自己想读的书，就不要轻易放过。

——对于人文社会科学研究，要尽力去做前瞻性研究，不放弃基础性研究。基础性研究永远需要有人去做，做基础研究的人，一定要去坚持做，并做出层次和境界。一个人，在其研究早期，更应做好基础研究。一个未做过基础研究的人，其研究终究做不好，难以成专家，更难成大家。

——珍惜不好时间，时间就会被白白浪费；管理不好时间，自己就难以有真实的发展。人，一定要每天坚持把时间用在自己最必须做的事情上。这需要目标和定力，更需要每天拒绝不必要的交往，特别是无聊的上网。

——人，既要喜欢着自己的喜欢，执着着自己的执着，又要欣赏着别人的喜欢，关注着别人的执着。

——一个素质再好、再有理想的人，也不能骄傲地去面对这个世界。人，要以平常心去面对这个世界。

——人生是表演，但要真心、真情和真诚地去表演真实的自己，让自己表演得舒展和自然，即使由于自己不小心，被人误解，也不怨天尤人、自怨自艾，更不消沉，不彷徨，而要以朴实的情感和坚韧精神，继续把自己表演好，表演出与别人不一样的自己。

——人不能太自我，更不能自私、纯粹地活在自己的世界中，但人一定要构建好自我的世界，活出自己的独特。

——如何与人交往，也是一门学问，需要体验、反思和研究，这样才能不断提高自己社交的范围、层次、水平和境界。人，对不同的人，应有不同的交往方式；人，对同一人，在彼此不同的成长和发展阶段，也应有不同的方式。

——人，只要凭本性做人，凭良心做事，一切就能释然。

——无论做任何事，尽力后，就要以平常心待之。

——工作是人发展的平台和基础，但人毕竟不是工作机器，不能把工作作为人生的全部。人生，既需要适合自己的工作，又需要过好自己的生活。一个把工作做好的人，才能有生活的基础和保障；一个会把生活过好的人，才能更好地工作。一个想把工作做好的人，一定要经营好自己的生活；一个想过好生活的人，一定要尽力做好自己的工作；一个想让别人把工作做好的人，一定要关心好别人的生活。

——孤独既不是寂寞，又不是独处。在现代汉语中，"孤"指王者，"独"指独一无二，所谓孤独，就是指独一无二的王者。孤独者，既不需要任何人的认同，又不需要任何人的同情和怜悯，而是在任何环境下都很平静地去独行。孤独实际上是一种圆融的、能宽纳一切的精神状态。孤独者既能拒绝一切诱惑，又不去对外界展现自我，而是面对真正的自己。孤独者，一定是自由的、善于不断去学习的思想者。无论在任何环境下，孤独者都能让自己安静下来并且自得其乐。

——生活需要轻松、放松，也需要认真和严肃，适度的说教是生活的必需。

——创造了历史的成功，才是最大的成功，是最值得我们自豪和骄傲的成功！

2015 年 8 月

——孤独也有资格和境界。独处时不孤独，群处时在孤独着，才真在孤独着。

——不想孤独，不会孤独，不正在孤独的人，难以做好自己特别想做的事，更做不好学问。

——人，做任何事，都有其规则。对不遵守规则的人，最好的办法就是在自己把持好做事原则的基础上，不予理睬，更不去形成冲突。

——人，在与他人的交往中，不能过分地考虑自己，但绝不能遗忘了自己，更不能迷失了自己。

——人，无论在什么情况下，绝不能除了眼下的事，什么都看不到。人无远虑，必有近忧。一个只想活在当下、不去考虑未来的人，终究难以成长和发展好。

——人永远是未完成的存在，其发展充满不确定性。人，面对未来，有着无限的可能。但再有发展潜力的人，也要寻觅到自己在这个世界的准确存在位置，并使自己的成长和发展具有一定的确定性和可靠性。

——人，不与人交往，难以成长和发展。人，只有在交往中，并通过交往，才能认识他人，并真正成为自己。

——一个不按既定规范做事的人，实际上在给别人的工作增加负担。

——人，无原则地帮助别人，实际上在害着这个人。

——一个童年时代没有阅读史的人，长大后难以成为读书人。

——超前做事，就不误事。

——一个未接受过劳动教育，未形成劳动意识、未养成劳动习惯和未培养出劳动能力的人，难以全面发展。

——人，不求助于人，就难以成长和发展。但不要轻易求助于人，一定要先尽力把自己该做的事做好，有困难和疑惑后，再去求助于别人，别人也就会给予真诚而无私的帮助。

——格局决定了每个人做事的方式。对与自己做事格局不同的人，把自己该做的事做好即可，不要去埋怨、抱怨，更不要去彼此冲突。

——人，为人不坦诚，对不起自己的良心；为人太坦诚，易让别人不开心。

——概念是研究问题的基础，要做好研究，一定要让概念清晰。一个概念不清晰的人，难以去严谨并灵活地思维，更难去扎实地开展研究。

——把事做好，这是人成长和发展的基础。做事一定要热心、真心、用心、专心、操心、细心，这样就能做到位，不会有漏洞，更不会把事做错。

——没有常性和韧性，难以做成大事。

——再好的电子书籍，也代替不了纸质图书。真正有读书品位的人，一定在每天坚持读纸质图书。

——一个不想成就自己的人，不会去成就他人；一个成就不了自己的人，更成就不了他人。

——人，离不开对生命的思考，但并非所有人都能对生命进行思考。不成熟的生命，难以对生命进行成熟的思考。

——人，既要做好自己，又要做"好自己"。做好自己，才能做成"好自己"。前者是基础，后者是目标；明确后者，才能做好前者。做好自己，需要尽心、尽力、尽情；做"好自己"，需要好目标、好平台、好毅力、好性格、好老师、好朋友，对于成家的人，则需要好家庭，尤其是好爱人。一个发展得好的人，一定既能做好自己，又能做成"好自己"。

——人，想不清楚的事，不要轻易去做；不了解的人，不要随意去交往。

——人，既要尽力工作，又要尽情生活。

——人，只要认识和理解了历史，掌握了历史，并把历史贯通，就会扎根在历史的永恒之中。

——对一个要发展的人而言，既需要可塑性，又需要可能性。一个人要真实地得到发展，必须向一切可能性开放其自身。

——一个人要想形成自己的独特，既需要勇于做人，又需要尽力去做好自己力所能及之事。

——人要想每天开心，就需要有好的心态，保持好的形态，又有好的状态。

——一个想把事做好的人，一定要养成冷静处理问题的习惯，特别是冷静思考问题的习惯。

——生活的终极目的不是生存，也不是更好地生活，而是生命本身。

——人生的路有很多条，但真正适合自己的路，实际上就是一条。人的早年，可以尝试走走多条路，但 30 岁以后，一定要去走最适合自己的一条路，并坚毅地去把这条路走好。

——人，应该帮别人做事，但不能仅仅忙着别人的事，而忘记了自己本来应该做好的事。

——理解是人与人交往的基础和目的。但人与人之间不是轻易能彼此理解的，彼此能完全理解则更不容易，这既需要彼此有共同的价值观，又需要相互信任，更需要长久相处。没有过程和时间，人与人之间难以互相理解。

——一个把工作视为生命的人，才能真正调动起自己的激情投入和全部智慧，挖掘出自己的潜力，不断焕发出自己生命的活力，并在生命历程中真正留下属于自己的记忆。

——一个能成长和发展好的人，不能仅仅关注自我认知、自我定位、自我实现，必须了解和研究自己所处的时代，主动适应社会的变革，越来越自觉承担起自己该尽的家庭和社会责任。一个没有社会责任感且不能与时俱进的人，难以成长和发展好。

——研究生是导师负责制，导师对研究生很重要。但研究生一定要与其他老师处理好关系。

——人生可以有理想、梦想，但不要去假设。理想、梦想可以实现，但假设永远代替不了真实。更何况，人生不能去假设，更不要去验证。

——坦然看生活，微笑去工作。

——人，要去过有事业的生活，还是去过日常家庭生活，要尽快抉择。抉择不同，人生的目标、方向、命运和归宿也就不同。不同抉择，各有其快乐和幸福。适合自己的选择，就是最好的选择。

——无论再喜欢什么，也不能忘掉，甚至丢掉自己。

——早想，就要早做；早做，就会早好。

——一个易丢失自我或太自我的人，做不好教育者，也做不好心理咨询。一个气场强但又不失亲和力的人，才能真正影响他人的心灵。

——师生既然是有缘走到一起的，本来就该相处和谐。若难以和谐，那是因为缺乏共同的价值观，更缺乏相互的交流、尊重和信任，也未成为无话不谈的朋友。

——一个人，仅想象自己，难以成功；在与别人的交往中去了解自己，才能成熟地理解自己，并做好自己，最终使自己成功。

——真诚做人，勤奋做事，扎实做学问。

——人，每天身处网络社会，一定要尽力摆脱手机、微信、QQ、网站等的影响，离开网络，专注去想自己该想的事、读好自己该读的书、做好自己该做的事、交往好该交往的人。不到半小时，就想上网的话，就会想不好该想的事，读不好该读的书，做不好该做的事，交往不好该交往的人。

——一个不知道谁能信任，也不知道谁在欣赏自己的人，难以成熟地发展，更难走向成功。

——人，把自己尽力去做好，才有可能去影响别人做好他自己。

——拒绝诱惑，才能发展好自己。

——人所期待的幸福，既需要被人爱，有事做，又需要爱别人，去做事。

——要了解一个人，必须去了解其人性、本性、习性和特性。

——难得糊涂，这是人生到一定阶段后的话语，实际上并不糊涂。人，绝不能糊涂做事，不能大事清醒、小事糊涂，更不能大事糊涂、小事清醒。

——人都有自己的弱点，但知自己的弱点在哪，不易，去改掉自己的弱点，更不易。这需要高远的目标，坚毅的性格，自豪的成绩，更需要主动自觉接受比自己水平高的人的忠告和建议。

——专注去做好一个专业，专业才能成为适合自己的职业。

——人就是向死的存在。一个能想到死的人，才能更焕发出生命的活力，生命也才能更精彩。

——人，如果做不好别人难以代替自己的事，就难以有自己独特的发展。

——每天快乐不快乐，都是一天。人啊，一定努力让自己快乐每一天。这既是理智的选择，又是正当的行为，更应成为自己每天内心的声音。

——人与人，走到一起，就是缘分；人与人，一直在共同前行，就是幸福。

——再严密的逻辑思维，也需以历史思维为基础。

——人，无论在任何时候，任何环境下，一定要好好珍惜友情、亲情和爱情，并使自己每天保持好心情。

——机会对每个人是公平的，但人是否能抓住机会，对自己必须要有全面的评估。当机会降临到自己头上时，如果自己的知识、能力、品性、心胸、魄力等，能与这个机会相匹配时，那么就要去紧紧抓住。否则，不如放弃。

——人，能往以前看多远，就有可能往未来看多远。

——人，要把事做好，既不能着急，又不能走极端，必须要注意积累。做事积累到什么程度，自己做事的水平也就到什么程度。

——对历史的推崇，实际上意味着对现实的不满。

——人与人之间交往，最重要的是诚心、诚信、诚实、诚恳。

——人，一定要定位好自己的职业，去塑造适合自身职业的性格，并以好的性格，去铸就真正属于自己的人生。

——人，不要总去考虑胜过别人，压过别人，超过别人，而要更多去考虑如何才能成就别人。

——要做高质量和高水平的学问，必须读一流的论著，做一流的题目，具有一流的视野、格局、气度和境界。

——人，只要活着，就要不断去追求自己更合理的生命形态。

——最可贵的，不是人到无求品自高，而是人去有求品也高。

——一个人的学术水平，是与其知识积累和人生历练成正比的。

——读书没有足够的量，做学问的基础就打不好。

——人离不开财，但一定要取财有道。否则，难以高枕无忧。

——人，无论在何时何地，既要关怀好别人，又要爱惜好自己，保护好自己。

——人，要去做一世的事，而不去做一时的事。

——人，既要做出自己，又要做好自己，更要做得无懈可击。

——人的一生，如同走路，难免有摔倒的时候。一旦摔倒，既不要总反思自己为什么摔倒，也不要怨天尤人，唉声叹气，而是要尽快爬起来，坚毅前行，并坚信，路就在自己脚下，不停地走，成功也就在自己脚下。

——工作有计划，工作才有效率；生活有计划，生活才有质量。

——人，绝不能让各种事情，把自己的时间占满，一定要坚持给自己每天留点激情读书和理性思考的时间。

——写作底线：绝不写应时、应急、应付的文章。

——人，既要与别人相处好，又要与自己相处好。

——人，在自己做人有底线的同时，也要保护好别人的做人底线。

——一个想帮助别人的人，如果自己对所做的事不甚了解，未去研究，就轻易去帮助他人，只能给别人帮倒忙。

——一个人，在自己尚不具备能力去帮助他人时，不要轻易答应帮助他人，委婉的拒绝，实际上是一种善良。

——一个想做好学问的年轻学人，切记：不要轻言谁学术水平高。一个人的学术水平，和其对学术的评价水平，成正比。

——一个太想帮助他人的人，不一定能如愿。人，要把别人帮助好，既需要能力、水平、时机、策略、方式，更需要智慧。

——一个尚不具备能力帮助他人的人，在帮助别人的同时，很可能会给其他人带来负担和烦恼，甚至时间上的损失，影响着人与人之间本来正常的交往。

——一个想做事的人，不要轻易去做事。做事前，一定要有智慧地做好决策和规划；做事中，一定要坚毅前行，妥善处理好事与人、人与人、事与事的关系；做事后，把所做的事，置于全局去反思、总结，形成积累和积淀。

——真正能认识自己的人，永远是自己，一个连自己都不认识的人，难以发展自己，更难走向成功。

——人，绝不能总以自己认为的方式，去与别人交往，这样会越来越自我、自私；人，既要认清自己，又要了解他人，并在此基础上，以互相信任和换位思考的方式，去与别人交往。

2015 年 9 月

——人，处理问题的水平越高，就越能发展。

——一个想成名人的人，有了名人的欣赏、提携、指导和帮助，才有可能成名。

——人，无论条件多艰苦，不去抱怨，只求发展。

——人，要抓紧一切机会发展自己，不留一点遗憾。

——问题是研究的基础和出发点。一个不善于质疑，对问题不敏感、不能去高度关注，且不能去持续思考、试图解决的人，难以去做学问，更做不好学问。

——把时间管理好，这是人一生发展好的基础。人，既不要去浪费别人的时间，又尽力不让别人浪费自己的时间。

——人，无论做工作，还是做学问，一定要勤奋、勤劳和勤快，力求做到勤于思考，勤于读书，勤于写作。

——人的学习，仅强调"温故知新"是不够的，一定要同时注意"温故求新"。

——人要把自己活好，应各有其标准。人，以别人活好的标准去活，一生也难以活好。无论任何人，无论在任何时候，都应该把自己活好，并活出自己人生的意义，因为任何一个人，在这个世界上都是独一无二的。人，一定要去自己活，而绝不能代人去活。把自己活好，并活出意义，这是每个人一生的信念。

——只要写作，就要尽量写有自己东西的文字。

——发展需要条件，但没有条件，更应积极去发展。实际上，好的条件，未必会有好的发展；条件不好，克服困难，积极去创造条件，反而能发展好。发展好了，条件也就慢慢被改善了。

——别人让你做适合你的事，这是对你的信任和放心。人，认真做好别人交代的事，才能让别人欣赏和信任，别人才能帮助你做好你的事；认真做好虽然是别人的、但与自己密切相关的事，才能借鉴别人，做好自己的事，并不断形成经验和积累。

——无严谨的学术训练，永远做不出好的学问。

——夫妻，既然有缘走到一起，就要相互恩爱、信任和理解，一生相随，时刻陪伴。

——如果社会很浮躁，追求功利，以致于让人难以厚积薄发，那么只要有"积"就"发"，甚至无"积"也敢去"发"。

——人，有成就，才真正快乐！

——人，可以有个性，但绝不能太任性。

——研究生毕业后很可能不以学术为职业，但研究生在校期间，一定要把心放在学问上。

——人，要把事情做好，一定要立好规矩，走好程序。

——人，要从面对面的交往中去认识一个人，最好不要从别人的嘴里去了解一个人。

——人与人，有可能相处一世也难成朋友，但有时相见一次，可能就会成为朋友。人与人要成为朋友，既需投缘，又需相知并价值观一致。

——人，通过不断做事，才能不断发展。人做的事，无非两种：别人安排给自己的事，自己自主安排的事。人，去做好别人安排的事，可以得到发展，但这是远远不够的。人只有做好别人难以代替自己的、最需要自己自主安排的事，才能真实地让自己不断发展着。

——人，只要做工作，就要做到精细。不精细，工作就难以做到周到、全面、扎实，难免会有漏洞。

——人，只要做事，就要让别人放心。做事，越能让别人放心，自己就越能做事，越有事情做，并把事做得越来越有层次、境界和水平，自己也就越来越能更好地生存和发展。无论在人生任何阶段，一定要有事做，能做事，会做事，做好事，并把事做得没一点漏洞，更没有后悔和遗憾。

——人在奉献的同时，一定要去正当地索取。但人一定要尽力成为多给予别人的人，少成为向别人索取的人，即使是正当的索取。

——人，有好的心态，才会有好的水平。

——人与人之间的感情，基于缘分，根于本性，又要善于经营。

——人与人，相遇就是缘分，相识就要开心。

——人生重在经历。有经历，才有经验；有经验，才能做事周全。但再有经验，也需要聪明和智慧。一个既有经验，又聪明，并能智慧做事的人，才能把事做到位、做出彩、做成功。

——人，不能有什么想法就去讲，一定要把想法反复思考、扎实研究、严密论证后，再去言说。

——人要把事情做好，既需要自己独立做好该做的事，又需要与人合作做好共同的事。一个不能基于共同目标与人合作的人，既难以做好自己的事，又难以做好属于大家的事。在合作中做事，并通过合作把事做好，这既是人把事做好的基础，又是把事做成的底线。

——人，对自己遇到的任何人，都要心存敬畏，真诚相处，尽力帮助。

——人想要有与别人不一样的话语，既需要多样的生活经历，又需要坚持每天的阅读和知识的积累，更需要坚持每天去思考自然、社会、他人和自我。

——人，有回不去的过去，但不应有过不去的当下。人，一定要活好当下，特别要坚毅地做好当下的事。

——人的学习无处不在。人，既要通过读书去学习，又要通过做事去学习。一个能把事做好、做细、做扎实的人，才能做出好学问；工作中处处有学问。一个能去做学问，并能做出学问的人，做事才能有突破和创新。

——一个人，只要心中有数，什么事情都能处理好。

——一个涉世不深的人，要谨慎自己的交往和言行。

——对自己不了解的人，不要轻易言说他人对自己的赞扬和欣赏。

——人，有平台，才有彼此见面和深入交往的机会。

——一个以学术许身的人，一定要有自己独特的研究兴趣，专注于自己的研究领域，持续地去积累，并聚焦这一领域，形成代表自己的系列性成果。

——人，要做好一件事，就要研究好别人曾如何做这件事，并去借鉴，这样才能把事做扎实，并有突破和创新。人，凡事都从自己做起，从零开始，难免要走弯路，更难快速把事做成功。

——不管做什么工作，最重要的是外在的成就和内心的快乐。

——人，做事绝不能滞后。滞后做事，必定误事。

——人，多理解一些别人，就会少生气；多宽容一些别人，就不会生气。

——人，有了危机感，才能在内心深处生成使命感。

——人，一旦内心形成一个基本信念，就会有强有力的行动，就能实现自己理想的成功！

——一个想把自己发展好的人，一定要能战胜自己。一个有坚强意志的人，才能持续地做好自己必须做的事，并扎实地发展好自己。

——一个诗意活着的人，才能活好当下。

——不同时代，人对生命意义有着不同的解读；同一时代，人对生命意义也有着不同的解读。生命意义的解读尽管不同，但只要一个人在为国家、社会和他人尽其所能地奋斗着、奉献着，就要去理解、欣赏、认同和支持，而不应去误解和伤害，给他人留下伤痛和遗憾。一个对他人生命选择、意义和价值能理解、尊重和支持的人，才能让别人发自内心地尊重你自己。

——人，要把事做好，就需要准确定位好适合自己做的事；与同一工作领域的人去错位，做好自己本应做好的事；尽心、尽情、尽力把自己已规划、策划和计划好的事做到位。

——对于每一个学生而言，无论如何，一定要把学业放在第一位，在学业上尽力去付出和投入。一个在学生时代，连学业都做不好的人，不仅难以找到好的工作，而且会形成不好的习惯，即使工作以后，也难以把工作做好。人，在其人生每一阶段，都要把自己的主体事情做好。

——人，说话，就要直入主题；做事，就要精益求精；做人，就要智慧实在。

2015 年 10 月

——一个真正把自己做好的人，不是自己把自己做得多好，而是别人在延续着自己的精神和追求。

——热爱生命，这是人在这个世界的最大热爱。

——没有一定的人生体验和阅历，难以顿悟和领悟人生。

——历史，既需要继承，又需要创建。一个中国人，只有成为祖国历史的继承人，才能成为未来中国的创建人。

——人，要把事做好，贵在把事在过程中尽力去做好，而不是去处理结果。一个仅仅关心做事结果，甚至不守规矩、以非正规方式去处理结果的人，会失去别人的尊重，不仅做不好事，甚至会犯事、犯法。

——他人的思考永远不能代替自己的思考，特别是自己用心对自然、社会、他人和自我的独特的思考。

——一个连自己的事情都做不好的人，难以做好别人所托付的事。

——人，可以去希望、渴望，但绝不能观望，更不能失望，甚至绝望。

——人，可以有主意、有个性、有霸气、有思想，但一定要有平常心，待人要友善。

——无论在任何情况下，一个学问人，必须使自己的心灵保持有自由的空间。

——人生，就是要适度。人，要有事业心，但事业心不能太强；人，要学会生活，但不能离开工作和事业，去享受生活；人，要坚持每天去读书和学习，但不能失去自己独特的思考和创新；人，要去与别人交往，但要留下真正属于自己的有效时间；人，应该去奉献，但不能不正当地去索取；人，必须为他人服务，但绝不能失去自己，特别是丢掉自身的发展。

——任何领域的研究，都需要形而上的研究。任何一个年轻学人，在自己研究的任何阶段，一定要有形而上研究的经历，甚至一生都不放弃对形而上研究的追求。在一个人的研究生涯中，基础研究、应用研究和开发研究，应并行且有机结合。

——人，在怀旧，才能在自己心灵深处永远保持着鲜活的记忆，怀念历史，珍惜当下。

——一个对别人不能包容和奉献的人，难以拥抱这个世界，更难得到别人的欣赏和支持，难以使自己尽快成长和发展。

——一个心智成熟的人，才能对美好做出正确的评价。

——成功，就是所想、所说和所做和谐统一的结果。

——人要每天开心，就必须明确，真正能属于自己的东西究竟是什么。人，对本来就不属于自己的东西，却要去追求，去努力，去爱，想拥有，一生也不会开心。

——一个已定位好做什么事的人，一定要有定力去把事做好，拒绝任何诱惑，绝不去放弃目标。

——每个人在这个世界上都不容易，各有其选择和命运。

——对研究者而言，不去重视、研究和自觉传承传统，并不意味着传统不再存在、延续和传承。一个研究者，既需要研究以文字来记载和延续的传统，又需研究现实中一直在存活着和延续着的传统，因为真正的传统在民间。

——人，可以去错位发展，但绝不可以发展错位。

——人，只要是自己喜欢的事，就要努力去做；自己不喜欢，但必须要做的事，也要尽力去做。

——人，随着年龄的增长，要做好别人委托的事，但更应做好自己自主安排的事。越做好自己自主安排的事，实际上越能做好别人委托的事。

——人，想让人对自己有情，自己必须先有情。

——一个人，只想谋生存，难以生存；一个人，想谋发展，并把想法、做法和办法统一，才能生存，并持续强劲发展。

——人想把每天过好，一定要每天都有好的精神状态。一个有良好精神状态的人，一定是做事麻利、心思灵活的人。

——快乐，不能静静去等待，而要主动去寻找。

——人，既然到了这个世界上，做事就要务实，做人就要踏实，做学问就要扎实。一个能把自己做实的人，才能让别人放心、自己开心、大家都高兴。

——做事，这是人一辈子的事。人一辈子做的事，无非三种：一辈子自己都懂的事，一辈子自己才能懂的事，一辈子自己都未懂的事。人，要把事做稳做成，做出层次、水平、境界、快乐、幸福和意义，要尽快、尽力去做自己一辈子都懂的事，尽量不要去做自己活了一辈子才可能懂的事，更不要去做自己活了一辈子都未能懂的事。人，既然一辈子都要去做事，一定要把所做的事准确定位，超前规划，精心设计，扎实前行。人，一定要尽早定位这一辈子能做的大事，并要有定力，用自己一辈子的能力和精力，去努力做好。人，一辈子能把一件大事做好，就是人生最大的满足。

——人的一生，总有意想不到的事情发生。一旦遇到，即使无奈，一定也要宽容待之，认真处理，特别是要采取有效行动，不要让这类事情再发生。

——一个大学人，专业与自己生活中的兴趣一旦结合，专业会更有目标和志趣，自己的兴趣也越来越专业。

——人，要让别人对自己好，先要把自己做好，并对别人好。一个先付出自己的人，才能让别人真心为自己付出。

——人，不要轻易地质问和指责他人。即使感到自己被不公平对待，也要先去反思自己。一个能把自己做好的人，很难会被人不公平对待。

——一个好的老师，一定会无怨无悔地为学生服务和奉献；一个好的学生，一定会时刻对老师感恩，并以自己最好的发展，去有情有义地回报老师。

——人，要学会自己给自己加油！人，有目标和策略地努力着，就会不断在成长和发展着！

——人，一定要通过自身努力，使自己成为突出的存在。

——人的一生难免会有失败，但不要怕失败。被失败击倒，才是真正的失败。

——人生，既不要有过错，又不要有错过，更不能因过错，而错过。

——人，要把自己发展好，需要切身的体验、对自己的了解、评估和研究，但更需要去主动征求发展水平比自己高的人的忠告和建议，特别是提醒。人，能经常被提醒，是一种荣幸和福气，一定要倍加珍惜，尽力做到。人，一旦能经常被提醒，才不会走弯路，才能真实和扎实地成长和发展着。

——人的身体和精神相互依存。没有健康的身体，难以有健全的精神；没有健全的精神，也难以有健康的身体。一个每天精气神十足的人，实际上在强壮着自己的身体。如果一个人每天都目标明确，底气十足，信心满满，性格坚毅，拒绝诱惑，善于宽容，那么就会目光聚焦和敏锐，精力充沛和旺盛，就能抵御疾病对身体的侵袭，从而健康和长寿。

——一个能积累式地做好自己，在知识、写作、外语、表达、交往等方面实力很强的人，不愁找不到好工作。人，一定要成为别人要的人，而不要成为找别人的人。

——人，阳光地去生活，自己的生命才能充满阳光。

——人要把事做好，必须有底线，底线之一，就是不要误事。人的一生想不到会遇到什么事，但一个能提前做事的人，无论做任何事，也不会耽误。

——人，对这个世界要换位思考，力求宽容。要相信每个人都想做好自己职责范围内的事，都想做不负他人的人。任何人都有时代、能力和人格的局限。他努力了，你也就释然了。作为后来人，汲取其教训，克服自己的局限，人生足矣。

——一个能把集体的任何事，看成自己事的人，才有可能成就一番事业。

——一个总有后顾之忧的人，难以做好自己想做的事。

——一个学问人，要做好学术研究，一定要脚踏实地从基本工作下手，做到以后可不必再做，最多做些补充。

——学术研究，靠一两个人的力量，难以做好，必须集合许多人的力量，才能搞好。

——人做事，包括属于自己的事，自身发展中的大事，不仅仅是在为自己做事，同时也在为别人做事。一个做不好事的人，不仅在伤害着自己，而且在影响着别人，让自己和别人都付出不必要的代价。

——人，绝不能让美好的事情，从自己身边溜走。

——人做事，既有大事，又有小事。人，不能一心只想做大事，不重视也不去做小事；人，也不能日积月累地去做小事，而不去想也不去做大事。做不好小事，难以做好大事；在做大事同时，也绝不能轻视小事。大事和小事共同做好，人的一生才能有成就，并一生平平安安。

——人，既然要活好一辈子，那么一辈子都要有本事，并勤于做事。

——人，绝不要去做，虽勉强做很可能也能做成，但做不持久，最终做不成功的事。

——做好学问，既需有责任心，又需有问题及其解决方法，更需下硬功夫。

——一个人要身体健康，不能去依赖他人的提醒、关心、呵护、帮助，甚至治疗，而是取决于自己：既取决于自发的身体锻炼，又取决于健康的精神生活。

——人，既然已决定做一件事，就绝不半途而废。

——一个仅仅为钱去做事的人，最终做不好自己，更发展不好自己。

——人，要把自己做好，就要每天过好真正属于自己的日子。而想要把每天的日子过好，一定要把自己每天的心情调整好、控制好、放松好。日子，过的就是心情。心情好，日子怎样也能过好；每天的日子坚持过好，心情也就会一直好。要每天心情好，一定要目标高远而坚定，尽力做好自己，善良地宽容他人，严格地要求自己，外在规范着自己，内在放飞着自身。

——人生最大的成功，就是能与任何人去平等和友好地交往，但没有失去自己的独立和独特。

——人，一定要善于让别人帮助自己，去助跑自己的人生。

——人，想想别人是人，自己也是人，就会相信自己什么都有可能做好。

——如何改文章，这也需训练。改文章，切忌该改而未改，更不能不该改却改了。

——人要帮助别人去做事，但切记：帮助别人，不让他去做不应该做的事，也是一种帮助。

——一个研究者，读书不能为读而读，而要聚焦自己所要解决的问题去读，去书中"钩"自己需要的东西。读书没有"钩子"，等于未读。

——人活着，就要去做好自己喜欢的事，并去做好本来不喜欢做但必须做的事。

——一个能强大自己实力，并不断有实力的人，迟早能发展好！

——不容易做好的事，一旦努力去做好，也就容易了。容易，有时候也是一种习惯。

——人要把事做好，不能仅仅想如何做事，也要重视人际交往，把自己与别人的情感关系有效沟通好，才能把事彻底做好。

——人，坚持每天的阅读量，才能形成知识的持久积累和积淀，也才能慢慢有想法、观点和思想。

——师生是一生的缘分。一个在毕业后，不能与责任心强的老师保持密切交往和联系的学生，难以得到及时的帮助和指导，更难有强劲的成长、成功和发展。

——做事，动手早，就会效果好。

——人，不管遇上什么事，自己都要开心、快乐地去迎接它。

——人，无论在任何时候都不能忘记，我是谁，我究竟要成为谁。

——人，既要成为一个做人靠谱的人，又要成为一个能把事做靠谱的人。

——任何一件事，都有最终完成的时间。一个做事不提前、不给自己留更多时间的人，匆匆忙忙做不好事！

——人做事，不要着急，任何事都有其办法。人要做好事，必须进行研究，先想好办法，策划好，再去做。一旦答应为别人做事，不要轻易说难。把事研究并策划好，事情往往就有可能做好。

——人，为别人做事，不能用自己的思维去思考，更不能用自己的做法去做，要站在别人的角度，并严格依据别人的要求去做，这样别人才会对你放心，才有更多的做事平台，才能不断有更多的事去做，才能通过做事扎实地发展好自己。

2015 年 11 月

——人，不要企求什么都得到，更不能得到后却不珍惜。

——不懂得西方的学问，难以做好中国的学问。

——对于一个学问人来说，拿出自己过硬的成果，才有说话和对话的权利。

——人，每天聚焦好自己所做的事，才能有积累式的发展。

——一个不让人放心的人，实际上在背负着他人的关心、希望和期待。

——一个没有读书生活的人，很难活出文雅、优雅、智慧和品位。

——别人很负责并用心提出的建议，一定要尽快去落实到位，这样才能不走弯路，尽快成功和发展。

——人，去做有心人，才有可能积累好自己，发展好自己。

——一个学问人，如果没有心灵的喜悦、激情的投入、思想的快乐，难以高兴、顺心和开心。

——人，被人主动关心时，才能真正感受到人性的善良和人情的温暖。

——一个不认真做自己的人，难免会给别人带来不必要的麻烦，让别人无为地消耗时间。

——爱情的幸福是相爱，难以分离，永在一起；婚姻的幸福是互助，过好日子，白头到老。

——人要把工作做好，目标定位很重要，但更重要的是有实现目标的措施和抓手。

——学问要做好，贵在选好题，定位好适合自己的研究方向，并沉得下去、钻得进去。

——做学问，资料很重要，一定要穷尽一切可以找到的资料，并用尽。

——人在这个世界的时间很有限，一定要，所想的，尽快去做，并尽力做到；所说的，尽快去写，并尽力写好。人在自己生命有限的时间内，能把想到的做到，想说的写好，也就尽心尽力、不枉活一世了，更无人生遗憾了。

——人，需要别人带着自己走，但更需要自己去走。一个不会自己去走的人，既走不出自己的真实，又走不出真正属于自己的成功、快乐和幸福，更难使自己活出对这个世界的意义。

——人，难免会有孤独，甚至需要适度的孤独。但，人再孤独，绝不能孤立无助，毕竟孤掌难鸣。

——别人带来的痛苦，可以不痛苦；自己带来的痛苦，才是真痛苦。前者难免，释然即可；后者避免，自制即可。

——别人能代替的事，少做，甚至不做；别人不能代替的事，做好，不能落下。人，越能做好别人不能代替的事，才越有能力去做好别人能代替的事。

——过去虽然已过去，但一定要珍惜。即使过去有失去，但若不珍惜，今后仍会有失去。人，认清未来，珍惜过去，才能把握好现在。

——一个人不认真、不勤奋、不努力、不虚心听取建议、不主动接受教诲，不扎实前行，遇到再好的老师，也难以走向成就，获得成功！

——不懂国语，不是中国人；不懂外语，不是世界人。

——人，不要企求一下子就把自己发展好，而应努力使自己一天比一天更好。

——优秀，不能仅仅是想法，而应成为目标、信念、态度和习惯，更应成为行动和做法。人，不想优秀，难以优秀；人，越想优秀，越难优秀；人，尽力去每天做好自己，才能越来越优秀。

——人，有目标、有恒心并有信心，自己的发展就会越来越主动，越来越有成就，并能不断走向成功。

——人要把自己一辈子活好，必须活得坚强、顽强，无论在任何时候，都充满生活的希望、信心和勇气，用自己生命的整个激情和活力，去微笑和坦然地面对这个世界，活出自己的真情、真心、实力和贡献。

——一个真正想做事业的人，不能仅仅是自己去把事业做好，而是有一批人在跟着自己做，甚至在自己生命结束后，仍有一批人在做着自己未完成的事业。

——人，战胜了自己，才能发展着自己；人，跳出自我，开放和开拓着自己，才能常新着自己。

——人，离开人群难以生存和发展。一个想把自己发展好的人，如果无奈地进入一个不适合自己发展的人群中，那么就要保持自己相对的寂寞和孤独，坚守好自己发展的底线，去坚毅地发展自己。

——开车的人，车子一响，集中思想；轮子一动，想到行人。

——人与人的情感，通过真诚的交往，才能形成。师生之间的情感，也必须通过以学业为目标的互动，才能形成，并不断升华。师生，也就随着彼此情感的升华，越来越成为朋友和亲人。

——书，是人的精神食粮和依靠。一个未把书作为自己精神依靠的人，难以形成好读书和读好书的习惯，更难成为一个读书人。

——一个好人，不能仅仅是一个主动和乐于帮助别人的人，也必须是一个能够帮助别人的人。

——自己分内工作自己去完成，任何时候都不把自己的工作推给别人，这既是工作的态度、底线，又是工作的信念和习惯。

——人的一生，实际上就是三天，昨天、今天和明天。人生贵在反思好昨天，做好今天，想好明天。永远不把昨天的事拖延或推迟到今天，不把今天的事推到明天，最好能把明天要完成的事，今天就做出一些。

——人的一生，就是坚信自己能把该做的事做好，并能不断培养自己、历练自己和发展自己的一生。

——一个学问人，心静不下来，写作无冲动，做不出真实和有品位的学问。

——一个做学问的人，静不下心来，沉不进去，无法做好学问，迟早会留下人生的遗憾，过得没有意义。

——人，做出最好的自己，就有可能获得最大的成功。

——人有志业，并选对专业和职业，才能成就一生。

——人要发展，难免会有压力。人要过有意义的一生，实际上就是不断有压力的一生。人，既要减少和消除压力，又要学会去拥抱压力。人不断有压力，人生也就越来越有意义。有压力不怕，关键是要冷静面对压力，处理好压力，并把压力变成动力。

——人要尊重别人的建议、意见和想法，如确信别人是对的，就要坚决支持。但人必须有主见，不能随波逐流，人云亦云。人，对自己正确的意见，即使别人还不完全理解，也不要轻易放弃和改变，而要采取适当和有效的策略，让别人认同和支持。

——人，只要在这个世界上，就会有其归宿，各就各位。主动发展者，找到适合自己的所在；被动发展者，无奈地困在自己的所在。

——一个有国家责任感的人，国事要考虑，但家事也重要。家事做好，就在做好国事。

——人，善于思索，积极思维，具有思想，才能有自己独立的主见，不人云亦云，才能形成自己独特的发展路径，走出一条真正适合和属于自己的成功之路。

——一个没有内在精神力量、对自身发展未形成系统思想的人，难以有目标地发展着，更难以克服发展过程中遇到的困难、困惑、困境，难以去强劲并持续地发展着。

——人要努力，但一定要有目标地去努力。

——人，在每个年龄阶段，一定要把该想的想了，并想好；该做的事做了，并做好；该说的话说了，并说到。一个在每个年龄阶段，都去想了、做了和说了适合自己的事，并能适度超前的人，一生不会有遗憾，更不会有人生的抱怨和无奈了。

——人的一生就是两个瞬间：生到这个世界，离别这个世界。人，不由自己来到这个世界，但可有作为和有意义地活在这个世界。人，当与这个世界分别的时候，最高境界就是自己抓住了一切机会，找到了适合自己的职业、爱人，经营了适合自己的家庭，走了一条适合自己的路，成就了适合自己的工作或事业，并尽力舒适地过了一生。人生难以有最好，适合并舒适，就应是人生的最好。

——人的一生，就是用自己有限的时间去不断扩充自己空间的一生。

——人，无论有多大成就，都要有平常心，心灵平和，眼里有每个人。

——人的一生，贵在走好一条适合自己的路。人要走好一条适合自己的路，不能在走了弯路后，才知道适合自己的路是什么路，那为时太晚、时间成本太大了。人，一定要在走路前，就要了解和研究自己，精心规划适合自己走的路，绝不能去走看不到未来的弯路。人，应该相信，没有到不了的明天。

——人与人之间真挚的情感的形成，实际上有一个漫长的过程。这需要彼此的了解、理解、关爱、付出和经营。一旦形成真挚的情感，彼此就在关心着、牵挂着，相互在感动着、甚至流泪着。

——人，要实现自我价值，只有通过责任的承担，才能真正实现自我价值。一个定位不好自己责任的人，难以实现其自我价值。

——人的一生，难免遇到自己意想不到的问题，甚至难题，一旦遇到，不要纠结，更不要苦恼，而要冷静应对，静心思考，理性分析，积极去设法解决。一个想把自己发展好的人的一生，就是不断去解决自己人生难题的一生。随着人生难题的不断解决，自己也就在人生的每一阶段成熟着、成长着、成就着、成功着。

——人，遇到难事、烦心事，要多想解决办法，少去纠结心情。

——人要成为人，就要雪白做人，清白做事。

——人，要多说别人好，少说自己好！

——人，在人生每一阶段，一定要根据未来想成为的我，反思好过去的我，选择好自己必须做的事，去专注完成，做好现在的我。

——人，有真目标，才真充实；有真辛苦，才有真收获！

——人，过多的奢望，就是对自己过度的摧残。

——人应平等待人，与每个人友好地交往。但人也应慧眼识人，与比自己更优秀的人交往。人，把自己做得越好，才越能交往更多优秀的人，自己也就变得越来越优秀，并因自己，让别人也越来越优秀。

——人是连续的整体。一个想把事做好的人，一定要聚焦自己的目标，每天连续不断地去做事，绝不能一阵一阵地做事，更不轻易放弃自己所做的事。

——人，不怕苦后成名，而怕成名后苦。

——人，无论什么时候，都要对自己的未来充满勇气和信心。这需要尽快想好自己该想的事情，尽快做好自己该做的事情。人，在人生的每一阶段，不该想的事情绝不去想，不该做的事情绝不去做。

——一个想做好学问的人，面对任何事情，面临任何困难和问题，都要积极主动并有效地去解决，尽快使自己静下心来安心读书、思考和写作。这需要坚强的意志、坚韧的性格、坚毅的努力。一个心理素质不好的人，不能尽快主动调节自己心情，难以静心去做学问、去做出好学问，更难以一生都去做学问。

一个学问人的乐趣，不仅仅在藏书，更在读书和用书。

——人与人真正的交往在心灵。人与人交往不到心灵深处，就不会有真实的交往。

——人，只要做事，就应该把事做好、做大、做强。但人不可能把任何事都做到这个境界。人，对自己所做的事，绝不能平均用力，要着力必须做的事。人，也不可能任何事都会做、能做，要学会示弱，不要去逞强。一个不会适时适度示弱的人，对自己必须要做的事，难以做好、做大、做强。

——气大伤身。人要躲气，不要多气，不气更好，无气最好。

——人，既不能让别人看不起自己，更不能让自己看不起自己。

2015 年 12 月

——人，要学会睡觉。在任何情况下都能睡着觉，这既是能力，又是习惯。

——人，既然答应别人做事，就要尽力去做，不能轻易放弃。

——人没有童心和童趣，难以发自内心地高兴和开心。人，在人生任何阶段，都要保持好自己的童心和童趣。只有这样，人才能有积极乐观、开拓进取并不断走向成功的人生。

——人在任何时候，都要保持冷静的头脑，清醒的状态，进取的精神。

——人到这个世界上都有其责任，每个人都是责任人。在人生每个阶段，一定要明确自己所应承担的责任，并越来越使自己具有承担责任的能力。一个对自己的责任很明确的人，不具备承担能力，仍然承担不了自己该承担的责任。

——人的一生，既要有幸福的家庭，又要有适合自己的事业，并能把两者和谐地结合。这既需要信念、缘分、机遇，又需要自己一生去追求和经营。

——人通过不断做事，才能成长、成熟，并越来越走向成功。想要把事做好，既需要对所做的事，按轻重缓急进行合理的分类，做好该做的事和紧急的事，放弃不该做的事；又需要充分利用和使用好时间，把时间驾驭好。人的发展水平，既取决于做事水平，又取决于对时间的驾驭水平。

——人，每天过的就是日子。无论是想过与否，只要在这个世界上，每天都得过日子，都在过着日子。人过不过日子，不由自己。但人过什么样的日子，怎么过日子，那完全在于自己。人，一定要每天过好真正适合和属于自己的日子。这既需要每天有明确和清晰的信念和目标，又需要每天对目标的坚持、努力，并把每天的时间用在自己必须做的事情上。每天都能过好日子，才能形成人生的积累和积淀，并使自己一生过得快乐和幸福，每天都在有意义地好好活着。

——人要把事做好，就必须在任何情况下，都能保持理智、镇定和冷静，不随意处理心烦的事情，不轻易附和他人的建议或意见，不随情去着急上火，更不随便就失去对自己的尊重和信任。人只要定位好适合自己做的事，并去真心、用心、细心、诚心去做事，就没有过不去的坎，即使做不好，也不应有内疚和遗憾。

——一个能把自己发展好的人，一定是每天都能自觉地改变自己的人。但人去改变自己，只是改变不利于自己生存和发展的方面，不是改变得不像自己，甚至没有自己，而是要改变得越来越适合自己，越来越能悦纳自己，越来越是不离开群体共性的独特的自己，越来越使自己能在这个世界上生存和发展，并不断走向成功。这需要人在改变自己时，一定要根据自己的发展目标去反思、评估、积累，而不是盲从他人，盲目地排斥自己，不尊重和不相信自己，甚至否定自己。

——休息好，才能发展好。无论有多高远的发展目标，人一定要自觉主动去休息，抓紧时间去休息，特别是把觉睡好。一个连觉都睡不好的人，难以轻松和开心地发展好自己。

——一个未珍惜时间的人，总在说自己把时间浪费了。实际上，这个人不是在浪费着时间，而是在浪费着自己。

——人，既要成为自己悦纳和接受的自己，又要善于让他人欣赏、帮助和支持。

——人的一生，就是有意、无意和随意的一生。学习、工作和事业要有意为之；与人交往要力求无意、随缘；生活方面尽量随意，尽情舒心、舒适和舒服。

——人要尽力使自己成为一个能做任何事情的人。

——好的文章一定具有穿透力，能见人所未见，道人所未道。一个有志于把学问做好的人，如果持续地阅读和研究别人的好文章，自己的文章也就越来越能写好。

——人，只要相信自己，就能去做好自己。

——人不可能不忙碌。但人再忙碌，内心也不能忙乱。

——人快活起来，才能快乐起来。

——人只要在这个世界上，就要保护好自己的性命，好好去生存并健康地活着；珍惜好自己的生命，在人生每个阶段都主动地去焕发出自己的生命活力；承担起自己的使命，自觉和积极地履行好自己这一生的责任。

——人要多些开心，少些担心，不要忧心，更不去揪心，甚至伤心。

——人生重在做事。人既要成为一个能做事的人，又要成为一个会做事的人，更要成为一个做成事的人。

——一个对生活充满热情和激情的人，才能把自己的学习、工作和事业尽最大努力做得扎实并有成就，使自己越来越走向成功。

——人要把事做好，既需要好的状态，又需要好的心态。如状态不好，更需要好的心态；有好的心态，才能改变不好的状态。

——要把学问做好，必须安心和静心。

——人若不喜欢、不热爱秩序，就难以真实和扎实地成长、成熟和发展。道德有秩序，才能自律并守规矩；课堂有秩序，才有好的学习质量；读书有秩序，才能形成知识的积累和积淀；工作有秩序，才能井井有条；研究有秩序，才能形成稳定的研究方向和持续的标志性成果；生活有秩序，才能稳定、开心和祥和。人，既需要与外部世界形成秩序，又需要在心灵深处自有秩序。

——无论做任何事，必须先有自己的想法。想法能形成文字，才是真实和系统的想法。

——要想把事情做稳做好，就必须对所做的事去细致安排。

——爱一个人，就要爱到骨子里去。否则，就不要去爱。

——人和人一定要去彼此理解。真诚地理解一个人，才能真实地支持和帮助这个人。

——人，既要乐于服从他人，又要善于保持自己的个性。

——一个不能自觉唤醒自己精神的人，难以充满生气和富有活力地过好每一天，既做不好每天该做的事，又过不好每天应过的生活。

——人，既不能没有想，就去做事，又不能想得太多，才去做事。前者，导致做事盲目，难有成就；后者，导致做事犹豫，失去机会。

——人到这个世界，一定要去思考和回答这两个问题，自己究竟想过什么样的生活，自己究竟想做什么样的人。人对这两个问题思考和回答的水平，决定着其成长、成熟和发展的程度和水平。

——处不好人，做不好事；做不好事，处不深人。

——人的时间，一定要花费在自己知道该做的事情上，而不要消耗在自己不知道该做什么上。

——做事，不能只凭热情和激情，必须把握好节奏，讲究好策略。

——真正有特色的东西，其标志是别人无法模仿。

——人，一定要把自己的时间、禀赋和才华，放到有价值的事情上，并做出有价值的事。

——人，去做有意义而且有意思的事，才能把事做得成功并开心。

——人，要把书读好，既需要有韧性的操心、耐心和细心，又需要有惯性的宽心和开心。

——学问，既要做得有意义，又要做得有意思。这既需要责任、知识、才华和睿智，又需要悟性、潇洒、热情和激情。

——能让别人开心，自己才会真正开心。

——人，能相见，就是缘分。一定要公平地善待每一个与自己有缘相见的人，去真诚交往，更要去真心支持和帮助，互相温暖。

——一个真心和诚心去做事的人，无论在任何情况下，都会得到别人真诚的支持和帮助。

——没有知识的积淀、生活的积累、对社会的认识和对人性的充分感受，难以学习和研究好人文社会学科。

——人仅仅靠自己的人生体验，去长大、懂得和明白，是不够的，必须自觉接受老师的引导和指导，以及静下来和沉进去地读书，尤其读名著。

——大学生考研，这是人生重要的经历。但大学生不能把考研视为一切，甚至不去上课，不去承担集体责任，不去关心他人。一个只顾考研，不顾其他的学生，很可能考不上研；即使考上，也会失去不该失去的，留下大学生活的遗憾，甚至人生的遗憾。

——每个人都想把自己发展好，但只有每天在不断主动并自觉努力、使自己变得更好的人，才能把自己发展好。

——人都会有缺点，但不能只是一直在讲着自己的缺点，而应深刻地认识到缺点给自己的发展带来的危害，与自己的缺点进行斗争，尽快把缺点克服掉。一个能主动和自觉地研究自我，认识到自己的缺点，并努力去尽快改正的人，才真实、扎实和踏实地发展着。

——人生，可以去体验，但不能乱来，更不能胡来。

——人，既要活得明白和正确，又要活得丰富和洒脱，更要活得快乐和幸福、并有意义。

——一个没有归属感的人，难以有使命感，更难有成就感。

　　——人，认清了自己，才能发展好自己。

　　——人生，就是经验的积累。别人让自己做事，就是对自己的最高信任，一定要尽情、尽力、尽心把事做好。更何况，认真做事就是在训练并发展自己，也是在进行人生经验的积累。

　　——人只要做事，就要有板有眼，但不能刻板，更不能呆板。

　　——人，要把工作做好，既需要主动基础上的被动，又需要被动基础上的主动。工作，既不能很被动，又不能太主动。

　　——人的一生难免会遇到挫折。一旦遇到，不要灰心丧气、后悔、懊恼，而要总结教训，反思原因，明确奋斗目标和方向，采取有效措施，扎实前行，使自己越来越顺利。

　　——人要有主意，但不能轻易就以自己的主意行事。行事前，一定要多听听别人的建议，善于去接纳和采纳。一个不善于接受别人建议的人，永远也做不好事；一个仅听别人建议、没有自己主意的人，更做不成事。

　　——人越有压力，就越要去放松自己，放飞自己。一个不能放松和放飞自己的人，心中难以欣赏自己，更难发展自己。

　　——人要做一个成功的人，一定要善于反思自己，坚守自己，绝不轻易言败，也绝不放弃自己。

　　——人要去做事业，但仅靠自己一人，做不起来，要有一群人与自己一起，才能做出一番事业。

　　——买好一套书不易，读好一套书也不易，用好一套书更不易。

　　——一个不认同别人比自己水平高的人，难以发展好自己；一个只认同别人、没有自己的人，也不可能去发展好自己。

　　——人要把自己发展好，既需要善于经营自己，又需要有原则地帮助他人。

　　——人与人能彼此把心灵安放在对方那里，才能一生坦然并真诚友好地相处。

先生致青年：大学教授的十年箴言

2016 年

2016 年 1 月

——人生就是一年一年在过，每年只要尽心、尽力、尽情做人和做事，做出最好的自己，自己就会宽容、宽松、宽心，坦然在世，一生开心。

——人可以去为自己做事，但无论做什么事，一定要珍视和珍惜别人的存在。一个人如果心中无他人，不考虑别人感受，更不接受他人意见和建议，只是自己去想，只管自己做事，甚至只为自己，那么最终做不好事，更难成大事。

——人的一生，贵在珍惜和使用好时间，扩大和利用好空间。

——人的一生，可以成为为学术的一生，但学术绝不是人生的全部。

——一个人要真正得到成熟和发展，必须发现了自己，认清了自己，摆正了自己，战胜了自己，跨越了自己，成为一个正在朝着既定目标去发展的人！

——一个不喜欢音乐的人，难以有真正属于自己的心灵净土，更难以使自己的心灵净化和升华。

——性格不仅决定着人的命运，而且也影响着人的做事和做学问。人，无论在任何时候，都不能失去公正、无私、宽容和大气。

——人要把事做好，要惜时，但不要惜力。

——为了把事做好、把人处好、把生活过好，人可以考虑，但不能多虑，更不能焦虑。

——无论做事、做人、做学问，还是处理情感关系、过日常生活，都要遵守好次序、程序和秩序。

——人有宏愿，才有可能如愿。

——一个责任心强的人，要想把事做好，可与人协调、商量，适度去妥协，但绝不能失去原则地去退让。

——人坚持去做值得做的事，才能扎实地做好一件事。

——人既然答应别人做事，就要有结果，而不要找借口。

——人，要把事做好，把人处好，既不要有过不去的坎，又不要有过不去的人。

——人要把事做好，必须要思索自己的方式，并真正形成自己的做事方法。

——人的发展水平，在一定意义上取决于与周围人相处的水平。

——人的快乐，既需要别人给予，在做事中得到，又需要自找其乐，自得其乐，这由其个性决定。一个个性太强的人，难以享受到真正的快乐。即使快乐已降临，但由于其个性，快乐也会溜走。

——一个充满信心和责任感的人，每天都能阳光着，青春着，成长和发展着。

——人不纯真，难以做出真学问。

——人的一生，就是为好人、做好事的一生。把人为好，事情才能做好；把事情做好，才能把人为得更好。

——一个不会欣赏自己的人，不能欣赏好他人。

——人既知道自己做什么，又知道自己不做什么，才能把事做好。

——人敬畏什么事，才能做好什么事；人敬畏什么人，才能处好什么人。

——无论在任何时候，人都要释放好心情，开放好自我，尽力去做好自己该做的事情。

——人要过好每一天，既要能喝能吃能睡，又要能做能讲能写。

——欲成大事者，一定要处理好事业和生活的关系。越能把生活简单化的人，才越能成大事。切忌在无用功上浪费自己的生命。

——既要过好每天应过的生活，又要做好每天该做的事情，不浪费自己的时间和生命。

——一个做事踏实的人，从来不做没有准备的事。

——做有趣的事，交往有趣的人，人才能越来越有趣，并越活越有趣。

——人，既需要自己独在，又需要与他人共存。人，独在时，不能忘共存；共存时，不能失独在。

——一个想独享这个世界的人，一定是自私的，封闭的，孤独的，焦虑的；一个要与他人共享这个世界的人，一定在奉献着，开放着，交往着，享受着。

——人，只要活着，就要去追求生命的质量。

——人的发展，既不是仅属于自己的发展，又不是仅仅靠自己的发展。人的发展，到一定程度，实际上是为他人在发展着。一个责任心强的人，一定在时刻注意发展着自己，并真实地在发展着自己。一个连自己都发展不好的人，实际上在影响，甚至伤害着他人。一个负有责任，并要真实地去发展自己的人，一定要主动地接受别人对自己的引导、支持和帮助。一个正在发展的人，遇上比自己发展水平高的人，并能得到其引导、支持和帮助，才能真正在发展着。

——人，走向内心，才有自我；走出内心，才有世界。

——人生没有困惑，等于人生未过；人生困惑未能解决，等于人生白过。

——人一定要把有限的时间，用在美好的事物上。

——人，独立不独特，难以独立；独特不独立，难保独特。

——人要明白地去活，才能让自己活得清醒，让别人明白。

——人无论在任何情况下，都要尽力去把事做好。一旦做不好事，就会误事、误人、误己。

——一个靠良心做事的人，就是值得信任、依赖和支持的人。

——一个事业能成功的人，一定是既有雄才，又有大略的人。

——人可以生气，但绝不要赌气。如不生气，那更好。一个轻易生气的人，实际上是在跟自己生气。

——一个人只要目标明确，坚毅努力，自己想要的一切，岁月都会给予。

——一个做大事的人，绝不埋怨和抱怨。

——一个有生命力的人，才能越来越有真实的自我。

——人有能做自己的自由，才能做好自己。

——一个意志薄弱的人，什么事情都做不好，更做不成。

——人做事要有规矩，但不能太有"框"。一个做事太有"框"的人，不仅太刻板，而且很难突破自我，难有创新。

2016 年 2 月

——人可以不多言，但不可多心。一个不多言，但多心的人，难以坦然做事、坦荡处人，一生会活得很累。

——做工作，最怕不扎实；做学问，最怕不真实；过生活，最怕不踏实。

——人对自己已有的成长和发展，一定要倍加珍惜。一个不能及时认识到自己在成长和发展的人，会只有抱怨，失去自信、自尊、自强、自立，难以继续真实而持续地成长和发展。

——除违背自然法则和人性规则外，人没有不能的事、不会的事，关键是自己想不想做，愿不愿意去做。

——一个会做事的人，既知道什么事情该做，又知道什么事情不该做。

——人的成长和发展，离不开勤勉、勤奋和勤快，但更离不开策略、方法和智慧。工作要勤勉，但不能离开策略；学习要勤奋，但不能离开方法；做人要勤快，但不能离开智慧。

——人这辈子，不要过多去考虑别人是否对得起自己，而要更多去考虑自己是否对得起自己。

——一个连自己都很难改变的人，难以改变他人，更难把他人改变好。

——人离不开别人。一个想发展好自己的人，一定要主动和自觉地让别人尽快知道和了解自己，积极地让别人帮助自己。

——人改变不了自己的出身，但完全可以改变自己的命运。人要想改变命运，既需要尽力去做好自己，又需要尽快去求助他人。

——人要把事做好，一定要勤于用脑。

——人类是一个发展共同体。人，既不能牺牲自己，去发展他人；又不要牺牲他人，去发展自己。大家都在发展着，自己才能真实地发展着。

——人不要求超过别人，只求超过自己，这需要不断清醒头脑，超越自我。

——一个想成就事业的人，不能等着事情"走来"，而要走向事情，并不断做成事情。

——人要过好每一天，那就要把每天作为自己新的开始。

——人活得越真实、真诚和真情，就活得越成功。

——人，扩充好人脉，才能贡献好社会。

——人要一生都开心，那就一定要坚信：自己一年一年在成长和发展，活得越来越有责任和意义。

——一个想过好一生的人，既要进行身体的锻炼，又要做好心灵的训练。

——过上美好生活，这是每个人的梦想和理想。但美好生活没有共同的模式，适合每个人的生活，才是每个个体的美好生活。人要过上美好生活，必须尽早定位好适合自己的生活，找到适合自己的专业、职业、事业、志业，更需建立和经营好自己的人际关系，并把自己的身体搞好。定位越早，越能尽早努力，并能尽早过上美好生活。

——人，心不老，永不老。

——工作越忙，越应休息好。休息不是为了工作，休息本身也是一种工作。

——人要忙一些，不忙难以成事。但要忙在点子上，不能忙而无果，更不能忙而无功。

——一个能自我解放的人，才能使自己的生命更精彩！

——朋友不在多，而在关系深。

——一个不用读书填满大学生活的大学生，难以成为一名优秀的大学生，更难以奠定一生发展的基础、实现人生的成功。

——人不可能无私，但绝不可自私。当一个人有强烈的责任心，并对国家、社会、家人、学校、集体等越来越有责任感时，也就越来越不自私了。

——人有踏实的追求，才能有扎实的成功，并越来越焕发出自己生命的活力，使生命越来越精彩。

——人生一定要享受好"四乐"：成功之乐，助人为乐，知足常乐，自得其乐。

——人不可能让所有人都喜欢自己。对喜欢自己的人，一定要珍惜；对不喜欢自己的人，要坦然，坚信总有喜欢自己的人。

——不该认真的，不要去较真。

——人要不断勉励自己，但不要去勉强自己。勉励自己，是在奋斗；勉强自己，是在苦累。

——真诚、宽人、律己，这是人一生应坚守的信念。

——随着年龄的增长，人需做的事越来越多。这就需学会同时做几件事，并统筹做好。做了一件事，再做另一件事，既误了事，又做不好事，难以尽快成长和发展，人生更难以尽早成功。

——无论在人生任何阶段，遇到什么环境和困难，人一定要坚定不移地尽力把自己发展好，不留下任何抱怨和遗憾。

——所谓人生意义，就是要使人生有意义，活出自己有意义的人生。

——人把持住自己，才能发展好自己。要把持好自己，必须控制好自己，驾驭好自己，这需要理智、沉稳、坚毅，更需要稳固而灵活的自我。一个不能自觉进行自我修炼的人，难以把持好自己，更难以走向人生的成功。

——想到的事，不一定就要去做。但想得独到的事，一定要尽力去做到。

——人可以帮助别人，但绝不能代人去做。帮助别人，是人的本性，实际上也在发展着自己；代人去做，违反着人的本性，既损害了别人，又伤害了自己。

——生活应该教我们越来越不受伤。最好不去受伤，这既是愿望，又应成为能力。

——人要有希望，但一定要切合实际。不切合实际的希望，最终是失望。

——人生要做的事可能很多，但人并不适合做所有事，一生能把一件事做好，足矣。不同的事，要求不同的禀赋、资质、条件。一个想把自己发展好的人，一定要尽快认清自己的禀赋、资质和条件，尽快地定位好适合自己做的事，拒绝或不去做不适合自己做的事，并尽快精心策划，用尽心力和努力，坚定不移地做好适合自己的事。

——人能认识到一个人不易，人要去改变一个人更难，人把人改变得更合人情、人性，难上加难。人不去改变人，不仅失去了人的责任，而且自己也很难发展。一个要把自己发展好的人，一定既要善于去改变别人，又要勇于去改变自己。

——人无论在任何时候和任何条件下，都要乐观，而绝不悲观。一个对生命保持积极乐观态度的人，才能使自己的生命越来越有人性的活力，并使自己的生命越来越精彩。

——人不多方面去看问题，难以看清问题，更难去解决问题。

——人没有洞见未来的能力，难以把握和珍视好现在。

——一个人，有可能发展不好自己，但可能帮助好别人；一个人，帮助好别人，实际上也就在发展着自己。

——一个能有好心态和好心情的人，才能对这个世界包容和宽容；一个能包容和宽容的人，才能更有好的心态和心情。

——人无阅历，难以走好人生。但人的阅历，不能仅仅靠自身体验去获得，一定要通过阅读历史和研究他人去获得。

——人无人脉，难以发展。人脉的形成，除了通过同学、战友、亲戚等，更多是在工作后与人相遇、相知、相处、相帮而形成。互相麻烦，这是人脉形成的基础。人既不要怕别人麻烦自己，又要学会麻烦别人。一个人总怕麻烦别人，仅自理做事，既做不好事，又难与人深处，更形不成人脉。人在尽力做好自己该做事的同时，一定要学会麻烦别人，才能有效地做好自己。

——人知道不该做的事不去做，才能有更多的时间和精力，去尽力把该做的事做好。

——一个有责任心和事业心的人，会自觉要求自己去做事，并尽力做好，但绝不强求自己，更不强求别人。

——一个不会爱，甚至没有爱的人，难有对生命真切的体验，更不会去爱这个世界，留恋这个世界；一个不珍惜自己生命的人，更不会看到并去追求、享受这个世界生命的阳光；一个轻易就付出自己生命的人，实际上是自私的，失去了对生命的尊重；一个试图以自己生命的付出去警醒别人的人，在自大着，逃避着，失去了对群体生命的责任。

——该对自己人生负责的人，绝不是别人，一定是自己。

——人要力求使自己成为最好的人，但这并不是要去压制别人。一个试图去压制别人的人，最终做不好自己。人只有置身于一个共同发展的群体，自己才能获得真实而持续的发展。

——人，既不要去做自以为是、其实一无所能的人，也不要去做其实有能力，但却不抓紧机遇去展示自己的人。

——人活着就要有自己的追求，无所追求的生活算不上生活。

——人想要什么样的生活，就会成为什么样的人。

——人与人生来不同，不同的人自然有不同的命运，不同的命运都是由每个人自己决定的。

——人要善于接纳别人的意见，但这并不意味着要去接纳所有人的意见。人要虚心地听取所有人的意见，但只应接纳好的意见。这需要自己理性地去判断，智慧地去选择，果断地去采纳。

——人不仅要活着，而且要活得好。这需要充满信心，永远自信，不断自强。

——人不要轻易放弃自己正在做的事，除非做了不该做的事。人把自己正在做的事，坚持做下去，尽力做好，才能做成事，并不断形成自己人生的积累和积淀。

——人应该宽容和包容，但不能失去原则和自尊。仅仅去宽容和包容是不够的，也需要友爱和团结。友爱和团结的人，才能真正宽容和包容好他人，并不会失去应有的价值和目标。

——人与人长得不相同，但活法可以相同。两个相爱的人，一定是活法相同的人。两个活法相同的人，才能和谐地结合到一起，组成家庭，并把家庭经营得很幸福。两个活法相同的人，即使孩子上了学，有了工作，成了家，立了业，自己的孩子有了孩子，两个人仍然和谐地在一起。人，为了自己的幸福，一定要在结婚时，找到一个与自己活法相同的人。

——人难以解放自己，但可以规范和约束自己。一个善于规范和约束自己的人，才有可能让别人去解放自己，并最终自己去解放自己。

——人喜欢去做事，是好事。但人不可能做好所有自己喜欢的事，一定要专心、专一、专注地去做好自己每个人生阶段必须要做的一件事，并做得喜欢，不断有成就感，这样才能越来越走向人生的成功。

——要有充分准备，才去做事。否则，不仅做不好事，而且会白白费心、费力、费钱，更耗费了时间，而时间成本是人生的最大成本。

——一个真正有事业追求的人，一定会越来越有思想，绝不能让别人的思想去代替自己的思想。

——人要把自己活好，就要有个性。人有个性，才能任性。人不适度任性，难以使自己放开、放飞，更难以做好自己、把事做成功。但任性不是使性子，更不是失去对自己和他人的尊重。

——人在做选择时，如不自信，或想当然，就会失去机遇和机会。

2016 年 3 月

——人有关于健康的学问，才能健康地锻炼，身体也就会保持健康。

——人把自己的事做好，才有余力去帮助别人把事做好；人有能力帮别人把事做好，也就能把自己的事情做得更好。

——幸福的基础，就是要过上自己所希望的生活。要相信自己能过上这种生活，并要以自己生命的能量和活力，把自己所希望的生活展开。一生坚持过好自己所希望的生活，才能真正享受到生活带给自己的幸福。

——人既不能做自己不知道、不懂得的事，又不能做超越自己能力和超过规矩的事。明智地做事，才能把事做好，并做成事。

——人不能爱做什么就去做什么，一定要对自己究竟要做什么，系统研究，精心策划，专一行动。一个随兴而为的人，很可能是什么事都浅尝辄止，一事无成。

——人不稳重，难以有威严。

——做事，既要考虑有趣，又要考虑有益。

——理解是一种能力。人既要具备让别人理解自己的能力，又要具备理解别人的能力。大家都具备了这两种能力，才能相互理解。

——能随时接收到别人的提醒，真是一件幸福事。

——在与人真诚、真情、真心的交往中，才能认识自己，清醒自己，做好自己，发展自己，成就自己，并最终成就自己。

——人生：贵在能够自成一个体系。

——把自己主要的事情做好，才能把想做的事情做好。

——一个想把自己做好的人，一定是抓紧时间把自己发展好的人。能把时间管理好，决定着一个人的发展层次、水平和境界。

——一个把时间消耗在远离自己发展目标事物上的人，最终发展不好自己，甚至会成为别人，尤其是家人的负担。

——越是事情多，越要沉稳、静心、细心，按轻重缓急，把事统筹安排，并扎实而有效地去行动。

——人都有其不足，关键是要认清自己的不足，尽快克服。不能因自己的不足，就怀疑自己的能力，失去前进的勇气、决心和自信。

——只要做事，就要有实效，并务求高效。

——人生如同走路，可以走的路很多，岔路更多，而且迂回曲折。但适合每个人走的路，并不多，可能就是一条路。人一旦能尽早定位好适合自己走的路，并一生坚定走下去，就能走出一条成功的人生幸福之路。毕竟一个人在只有一条的路上不会迷路，付出的选择成本也会更少些。

——一个想把自己发展好的人，一定要时刻充满自信和决心，善于自己激励自己，要为自己打气。

——人，既能关心好他人，又能关心好自己，才能关心好这个世界。

——人对他人，既不能强求，又不能苛求，但可以要求，且最好是基于共同价值。

——人生在世，就在做两件事：活出自己，做好贡献。

——两个有缘的人，贵在不相离，不相嫌，更不相弃，一生在一起。这才是人生的快乐、幸福和意义。

——发展好自己，才活得有尊严。

——人需要阅读别人的思想，但一定要在有知识积累和人生阅历的基础上，经过长期和持续不断的独立思考，形成自己的思想，让别人去阅读。

——人的发展离不开学习。人在人生每个阶段，都要好好学习，天天向上。一个不去好好学习的人，意味着对自己不负责任，更难有人生的成功、快乐、幸福、意义。

——人不能只有想法。有了办法，想法才能实现。

——人遇到不开心的事，既要想开，又要放开。

——一个集体，没有共同的价值观，就没有纪律和秩序，也就没有形象。

——一个太爱想的人，实际上在做不切实际的空想，往往做不好事。

——人，扎实努力，才有实力，并能成功。

——人把自己的每一天作为最后一天去过，就会扎实地过好自己幸福的一生。

——家庭的和谐、稳定和幸福，这是一个人发展的基础、希望、目标和追求。

——一个不爱劳动，不具备一定劳动意识、习惯和能力的人，难以勤奋地学习和工作，也难以有成就。

——人的一生，会面临着不少机遇，但有的机遇，一生只可能有一次。人要把握好自己人生的一次性机遇，既需要不断提升自己的发展层次和水平，有自身强劲的实力，又需持续提升自己交往的范围、层次和境界，更需面临机遇时的智慧、决断和坚持。人一旦能抓住一期一会的机遇，就会有面临惊喜，无后悔和无遗憾地过好自己的一生，留下自己的人生脚印。

——一定要在做事前周密设计，精心策划，扎实好过程，才能达到理想的结果，并获得成功！

——人要把自己的事做好，绝不能把主动权交给他人。

——人要把人和事做好，既不能只有自己、心中无他人，又不能只有他人、没有自己，甚至丢失了自己。人，既不自私，又不忘我，才能做好自己。

——人的一生，能把一件事做好，足矣。人，定于一，才能专于一，并成于一。

——人，无事业心，无压力，就难以克服惰性，缺乏没有动力，更难把事做成！

——超前做事，才能把事做好；赶着做事，只能把事做糟。

——人要有适当的压力，但绝不可有失当的压力。前者能成为动力，后者就是阻力了。

——人，既然有想法，就要有办法。

——人，既要过好一个人的生活，又要过好一家人的生活。

——人生贵在相遇、相处、相知、相助、相惜。人与人，既然相遇，那就是缘分，一定要坦诚交往，真诚相处，互相熟知，在彼此人生旅程中，互相帮助，不断提升彼此交往的范围、层次、水平和境界，成为一生的知己，相互挂念，共度人生。挂念的人越多，自己的人生才越充实、丰富，并使自己的人生越来越有意义，不枉此生。

——人要活好自己，活出自己，一定要拜名师，跟名家，读名著，研名作，成名人。但成名人后，定要有凡心，仍是凡人。

——一个人，既然答应别人做事，就要把事做好。否则，就给别人不应有的操心和负担。

——人，既要做好事，又要做好学问，更要做好人。一个人，连事都做不好，更无法把学问做好；一个人，人做不好，事和学问也做不好；一个人，学问做不好，人和事一生都不可能做好。毕竟人生充满学问，凡事都有学问。

——人在任何时候，都要相信自己，不贬低自己和损伤自己。如果真的有事做不好，要在反思中前行。

——人向往什么，才能爱好什么；人爱好什么，才有可能做到什么。

——一个没有强烈自我意识的人，难以把自己的事真正做好。

——一个综合思维能力不强的人，难以把事做得周全、周到、周密，更难同时把几件事做好。

——一个对美没有感受和发现能力的人，难以把工作做得活泼和有趣，更难把生活过得轻松而有品位。

——人生毕竟只有一次，要活就要活得丰富。但人生的丰富性要靠自己活出来。

——人的真正成功，绝不仅仅是一个人的成功，应是一群人的成功，即团队的成功。

——人不形成对这个世界独特的认知方式，就难以形成对社会、人生等问题的独特思考。

——人要使自己有完整和幸福的人生，必须进行有目标的不懈努力，并不断实现对自身的超越。

——一个善于约束和规范自己的人，才不会有过失，更不会有过错。

——一个逾越自己身份去做事的人，难以处理好人际关系，更难把事情做好。

——一个不会处理问题的人，只能给自己带来烦恼；一个善于处理好问题的人，才能开心，活得轻松而有成就。

——人，如果自己做不好事，绝不要去埋怨别人，甚至怨恨别人，而要反思自己。但反思自己，不是埋怨自己，甚至恨自己，而是要剖析好原因，研究好对策，扎实有效去行动，尽力把后续的事做好，不留任何遗憾。

——人，只要做事，就绝不拖拉，更不拖延。做事越拖拉，事就越拖延。

——每个人虽然都是赤手空拳地来到人世间，但随着时光的流逝，每个人的人生会越来越不同。这既取决于每个人的人生目标、理想，又取决于每个人的进取、勤奋、努力、成就。最无情的就是时间，每个人都度过今天、昨天和明天。人到这个世界很不容易，既然已经来到了这个世界，随着时间的流逝，绝不能让自己成为人生路程上的跑客，更不能成为过客，而一定要成为人生路程上的贵客，越来越让别人尊重自己、接纳自己，并最终在人生旅程中留下永恒的脚印。

——每个人都有惰性，被人督促一点，事情就能做快一点。自己做事的主动性、自觉性越强，事情就越能做好。

——人一定要弄清楚自己，既要清楚自己知道什么，又要清楚自己不知道什么。

——做事不能犹豫不决。一个做事犹豫不决的人，别人很难第一时间给予你帮助。

——一个想做事的人，不可能不忙，但绝不能越忙越乱，忙得手忙脚乱，把事情弄得一团糟，让自己困顿不已，狼狈不堪。人越忙，越要泰然处之，平和而冷静地应对，按事情的轻重缓急，排好所做事情的顺序，厘清做好每项事情的程序和思路。这既需要消除自己过重的得失之心，即只想要好的结果，害怕出现不好的结果，又需要放宽和平稳自己的心态，定位好做每件事的程度，尽力去做每件事，做事后顺其自然。人，不可能把每件事都做好，更不应该把每件事都平均用力去做，一定要根据自己发展目标，定位好哪些事不做，哪些事少做，哪些事多做，这样自己才忙而不乱，忙而有收获、有实效、有成就。

——一个不善于向别人借鉴和学习的人，难以做好自己；一个不善于把言必行、行必果作为自己信念的人，难以发展好自己；一个不善于聚焦自己发展目标，兼收并蓄别人意见、观点、思想和理论的人，难以成就好自己。

——人要聪明。但让人初见，就感到的聪明，不是真聪明；让人慢慢发现的聪明，才是真聪明。再聪明的人，也要学会聪明。

——一个不想做事的人，自然做不成事。但一个想做事的人，也不一定就能做成事。人要做成事，必须在人生每个阶段，有良师的欣赏、提醒和指导，并主动和自觉地接受，能清醒地认清自我，形成强烈的责任感和使命感，确立起明确的、适合自己的、高远的发展目标，精心设计和策划好做事的方案，讲究好做事的策略，具有坚持做事的能力和毅力，并不断克服自己在做事过程中的不足，坚信自己能尽力把事做好，通过不断做事，形成人生的积累和积淀。

——一个真诚帮助他人的人，从不要求别人回报；一个真正想并能回报他人的人，就是尽力坚持把自己每天都做得最好，并使自己也成为能帮助他人的人。

——好的笔记，既记载了别人所讲，又记载了自己的所想和所做，就是自己的人生档案。

——一个想把自己发展好的人，一定要有个性，要克服惰性，不要任性，更不使性。

——人的发展离不开学习，学习是发展的基础，发展是学习的目标。人在学习着，就有可能在发展着；人在学习时，有着明确的目标，在勤奋着，并讲究学习策略和成效，就在真实地发展着。

2016 年 4 月

——人与人互不了解，难以合作；人与人在彼此的合作中，才能互相了解，并理解；人与人彼此理解，才能真诚合作。

——一个事业心强的人，才能有宽广的胸怀，去真诚地理解和拥抱这个世界。

——人为自己做事，可以由己；人为别人做事，难以由己；人为别人做事，但已成为自己的事，才真正自由。

——既然一生要把自己的路走好，那么就要坚持每天把书读好。

——人舍得主动放弃，才能得到更好的东西，并越来越有成功的人生。

——人，能遇上对自己掏心窝讲话并给出建议的人，实在是运气；自己能认同并接纳其建议，才真是福气。

——人承受不了什么，就做不好什么。

——一个真正爱学习的人，无论在什么时候，还是在什么地方，都可以学习，也能够学习，也更会学习。

——一个只积极为自己着想，而不主动去为别人着想的人，最终想不好自己，更做不好自己。

——一个有使命感和责任感的人，无论任何时候，都不会自私。

——人难以支配自己的命运，但完全可以支配自己对命运的态度。

——人要每天活好，首先要心情好，心情不好，难以过好今天。人要使自己每天心情好，必须要有良好的心态，看得下任何事，听得下任何话，凭良心做好自己该做的事。人生绝不能输给心情，每天把心情控制好、调节好和平衡好，是自己的生存之本。这既是一种信念，对生活的一种态度，又是一种能力和习惯，是生命的基本方式。

——一个心怀理想、有担当的人，一定是有智慧之人，不会轻言，更不会轻易做事，既能立足于现实去实现理想，又能用理想去调控现实，知道自己适合做什么，应该做什么，实际去做什么，并能用适合自己的理想，去不断改变自己，改变他人，改变这个世界。

——人既然降临到这个世界，自然就会在这个世界有一个位置。但一个想有作为，心怀使命的人，绝不被动地被搁置、摆放在一个位置，靠感觉自然而然地活着，而是基于高远的适合自己的目标，积极主动地抉择和奋斗，使自己在这个世界较早地有一席之地，并在这个位置越来越焕发出生命的激情和活力，越来越有生命发展的主动权，使自己的生命越来越有意义和价值。

——一个想发展好的人，不要过多地考虑他人，只求做出最好的自己；一个能做出最好自己的人，一定是善于主动听取别人的建议，并认真对待和落实，而不轻易自己决策、任性和想当然做事。

——人，生病难免，但再病，精神绝不能倒。

——一个人要有自我，但是绝不能有刻板的自我，更不能固我。

——把该做的事情，聚焦去做，才能把事情做大。

——人最大的放心，是对自己的放心。

——一个能站在别人立场去思考问题的人，才能把问题思考得好。

——人的发展，既需要起点，又需要平台。发展起点越高，发展目标越好定位，发展潜力越大；发展平台越大，发展视野越开阔，发展越能顶层设计，发展机遇越多，发展目标越能实现。

——人不心平气和，难以安度一生。

——做学问是少数人的权利，并不是任何人都适合去做学问，并能做出好学问。一个能做出好学问的学问人，无论在任何条件下，都要坚持勤奋地做好学问。

——人仅仅去做好自己的事情，是远远不够的。人只有能做好别人交给自己的事，并把别人的事当作自己的事情去做，才能真正做好自己的事情，也才能有真实的成长和发展。

——做事程序严密，一生不会出事。

——人要把事做好，既需要让自己成为能手，又需要帮手和助手，更需要老手的、支持、指导和帮助。

——帮人是人的本性，帮人就是帮己。但帮人，要帮其过程，绝不帮其结果。帮其结果，实在害人。越帮结果，越在害人，又在害己。

——人都有惰性，贵在自觉克服。这既需要高远的目标、坚强的毅力，又需要有责任、使命，需要自律、自理、自强。

——人生处处有智慧。人生不智慧，难有快乐和幸福的人生，更难把人生过得很有意义。

——人只要坚定去做一件事，就有望做成这件事。

——读"好"书，才能"好读"书；"好读"书，才能"读好"书。把书"读好"，这既是一个人的态度、习惯、能力和品位，又影响着一个人一生的命运、成就、成长和发展。

——只要工作，就要有成果。无成果的工作，就是无效的工作，不如不做。工作要有成果，既需要目标、规划，又需要原则、态度、习惯、人脉、人情、智慧、激情和毅力。

——好读书，读好书，读书好。只要读书，就应有快乐；只要不快乐，就去读好书。

——一个人做不成事，一定是未聚焦适合自己的目标。

——心里装多少事，才能做多少事；心里越装事，越能成事；心装大事，才能成大事，并成就人生。

——人只有学会放弃，才可能有更好的得到。

——人与人的相处，贵在公平友好。即使别人对自己不公平，但自己对别人必须公平友好。一个无论在任何情况下，都能与别人公平友好相处的人，一定会结好人缘，并一生有好朋友。

——人要学会去适应别人，但绝不能去迎合别人。

——尊重好别人，才能有自由的自己；倾听好别人，才能有清醒的自己；认同好别人，才能有批判的自己；团结好别人，才能有发展的自己；帮助好别人，才能有强大的自己。

——既抚养好孩子，又赡养好父母，这是人的本分和职责。

——做己就要帮人，帮人就在帮己。

2016 年 5 月

——劳动是人生存和发展的基础。人只要学习、工作、生活着，就在劳动着；人只要劳动着，就在学习、工作、生活着。人勤奋而有效率地学习着，就有收获、成长；人辛勤而智慧地工作着，就在生存、发展，每天就过得有意义；人无怨而有品位地在家庭劳作着，就在快乐和幸福着。一个有强烈劳动意识、良好劳动习惯、较强劳动能力的人，一生会活得平安、快乐、幸福。

——忠心于人，才有爱情；忠诚于人，才有友情。

——要想有自尊心，就要自律；要想有自信心，就要自强。

——人的一生，就在得失之间。不可能什么都能得到，但该得到的一定尽力去得到，不该失去的尽力不要失去。人生究竟得到什么，失去什么，不能顺其自然，而要更新观念，了解自我，研究他人，聚焦目标，努力而为，不留遗憾。人生的遗憾，甚至悲哀，就是得到了自己不该得到的，失去了自己不该失去的。

——人生不可能把什么事情都做得很专业，但必须做好的事情，务必做得很专业。自己的专业，更要做得专业。

——人生在世，既要努力使自己由小草成为大树，又要尽力帮助自己所欣赏的人，由小树长成大树，并让大树成林。

——青年是人生最美好的时光。作为青年，就要胸怀全球，积极进取，充满理想，关注现实，与时俱进，开放自我，自主发展，理性成人。

——做事，就要做主流的事，并把尚且边缘的事，做成主流。

——一项好的研究，既有好的问题，又有适合的方法，更有厚重而深沉的理论。

——生活是多姿多彩、丰富多样的。我们不能把自己的生活过得很单一，必须把自己的生活过得很丰富。没有丰富的生活，我们难以有圆满的人生。

——一个对他人寄予厚望的人，难免唠叨一些，要求一些，希望一些。否则，那就是失望，甚至无望。

——一个悟性好的人，只要多热心，多尽心，多操心，多用心，多细心，没有处理不好的事。

——人仅仅为自己活着，不可能幸福；人仅仅为别人活着，也难以幸福。人既能为别人活着，又不失去自己，才能真正幸福；人能通过为社会、国家、民族、集体作贡献，去发展自己，才能活得有意义。

——人不固执己见，没有成见，才能有远见，并越来越有真知灼见。

——人不能不去与人交往，但也不能过多交往，关键在把握好度。为何交往，与谁交往，何时交往，交往什么，最适合的交往方式是什么，这都要准确定位。

——美，无处不在，但并不是每个人都能发现美，每个人也不可能随时都发现美。美的发现，需要从容。

——有团队，才能做好事。一个团队，每个人都齐心，才能心齐。心一旦不齐，团队也就不再存在。

——一个只想突出自己的人，一定不会去帮助别人，最终会发展不好自己，甚至一事无成。

——人可淡化自我，但不能消弭自我。淡化自我，是为了有真我；不消弭自我，是为了保有独特的自我。

——人不能仅仅有思考工作和学问的时间，必须有思考生活和人生的时间。

——人既不能太高调，又不能太低调。要内心高调，外在低调。

——一个想发展好自己的人，需要自己解决的事一定亲自去解决，实在不能解决，才请别人帮助，并希望别人在帮助自己的过程中也能受益。

——遇到事，总往好处想，就能得到快乐；遇到人，总去想其好处，就能友好相处。

——人生就得不断去选择，但尽力不要总重新选择。选择一次就能成功，才是人生最大的成功。

——人可以选择放弃，但绝不要轻易放弃选择。

——人要顺利成长需要磨炼，但仅仅靠磨炼，时间成本太高，还需要聪明、智慧、反思、唤醒，特别是去主动和自觉地去接受比自己发展水平高的人的引导和提醒。

——人既需要用眼睛去认识和看待这个世界，又需要用耳朵去聆听这个世界，更需要用自己全部身心去感受这个世界。倾听好这个世界，自己才有可能成熟、成长和发展。

——人没有好的平台，也不去努力，就难以发展；人有了好的平台，但不去勤奋努力，没有本事，照样难以发展。

——懂得，是人和人心灵能交往的基础。人既要让别人懂自己，又要让自己能懂别人，更要让越来越多的人懂自己。在人生每个阶段，不能仅仅在已理解自己的人群中漫步，而是要努力使更多的人能理解自己，有更多的人，与自己一起去漫步。

——人既不能想得太多而不去实干，又不能未想好就去实干。干前想好，干后再想，想、干结合，才能把事想好，并做好。

——一个真正在做事业的人，对自己必须做的事，一直会处于兴奋状态，既不怕任何麻烦，又没有时间去厌烦。

——人把有兴趣的事做好，那是本分；把没兴趣的事做好，才是本事。

——既然人生不能重来，那么就要尽力，使自己的人生不留有遗憾！

——素质再好的学术研究者，也不可能在学术研究领域无所不能。一个真正想做学术研究的人，一定要尽快找到适合自己的学术研究支点，越早越好，能在大学时代找到就最好。

——路永远在人脚下，但人不能永远在路上。真正适合人的路，只有一条，不能走走停停，也不能一直在走，应沿着既定的目标和方向，走完了一段路，再去走另一段，在自己人生每个阶段，走完每个阶段应走的路，直至生命无奈地被结束。

——一个既能把自己发展好，又能帮助别人也发展好的人，才是真正发展完善的人。

——人难免会有过错，但不能总有，同样的过错绝不能再犯。

——人的发展，重在人生每个阶段充分挖掘好自己的可能性。人不能轻易说自己不可、不能、不行，而应更多考虑自己是否可能、可以、可行。

——人生绝不能虚度时光，每天过着有意义的人生，并不仅仅局限于工作，过好日常生活，也是有意义的。

——人，要想把事做好，态度决定着做事水平，人格决定着做事风格，精神决定着做事境界。

——所谓人生的规划，实际上就是对自己每天时间的规划。人，没有明确的人生目标，难以规划好自己每天的人生，更难以利用好每天的时间。一个每天都过不好的人，难以拥有美好人生。

——人要帮助别人，但不能轻易去帮，更不能什么都去帮，帮人要有原则和底线。一个不善于帮助他人的人，在浪费着自己的时间，最终难以发展好自己。

一个连自己都发展不好的人，难以富有成效地帮助好他人。

——人，有策划和策略，才能多做事，做实事，实做事，事做实。

——做人文社科学问的过程，也就是自己道德修养水平和境界不断提升的过程。

——一个生活没有确定感的人，难以静心而持续地做学问。

——学业，本来就是学生的第一责任。

——人与动物不同，动物可以为人表演，在农业化时代更多的是人的工具，甚至成为人的宠物。但人要自我表演，通过人生每个阶段的尽力表演，最终发展好自己。一个不把时间、精力和智慧用于自身发展和社会发展的人，难以活出自己的人生价值和社会责任。

——人为自身去发展，快乐着；人为别人去发展，苦累着；人基于社会、家庭、集体等责任去发展着自身，人生才真正有意义。

2016 年 6 月

——人的一生就是不断解决问题的过程。人要把问题解决好，既需要能力，又需要精力和体力，更需要努力。

——人，是在与人的关系中存在，如果需要与别人竞争，就不要过多地去考虑如何与别人竞争，而要用心去做好自己。人，但凡一心只想做好自己，并坚持每天都做好自己，就可能做出成功的自己。

——难做、但必须做的事，可以暂时搁置，但绝不能放弃。

——人既需要与人交往，又需要独处。一个不善独处的人，难以静心去思考，更难静心去写作。

——人既要以他者的眼光看待自己，又需要以自己的眼光去看待他者。

——人不断重新发现自己，才能使自己的发展不断有新的起点，持续去成功。

——人，在自己早年，不练出心安的定力，做不出静心的学问，更难静心去成就一番事业。

——人，只要自信，就能自强；一旦自强，自然就自信。

——人不功成，难有成功。

——人，事情越多，越需要养性和静心，要分清轻重缓急，厘清头绪，安排妥贴，把握好时间，去尽力做好。这需要心态、能力，更需要智慧。人可以急于事，但绝不去急于人。

——人，发展在坚持，成果在积累，人脉在平时。

——凡把事做成功的人，都有"日日功"。

——人生，尽力做好事，尽情处好人，尽心顾好家，足矣。

——真正触动人心灵的，一定是思想；真正影响人行为的，一定是习惯；真正改变人观念的，一定是技术；真正保护人发展的，一定是纪律；真正使人享受生活的，一定是规矩。

——人对自己必须做的事，必须全力、聚力和尽力。

——让自己会思想，有思想，并能用最精练、最通俗的语言去表达出自己的思想，这是做学问的基本功。

——所谓"人才"，一定是先做人，再成才。人都做不好，才必难成。

——人，应该、也必须做事，但做事一定要有底线。什么事能做，什么事不能做，一定要能清醒和清晰地抉择，并有正当的理由。人，不能做的事，不仅不去做，而且不去想。

——一个能发展好的人，一定是有自尊，并能自爱、自律、自信和自强的人。

——人每天思想，就越来越能思想，并能把思想转化为行动。人，可以有思想而不去行动，一旦行动，则必须有思想，否则，行动必然是盲目的、低效的，甚至是无效的。

——人，绝不要去迎合别人，而要去做适合自己的事。

——人既需要有知识，又需要会用知识，更需要活学活用知识。

——人难免管不好别人，但一定要管好自己。

——不深挖已有理论，难以形成自己的理论。

——人生，可以有遗憾，但绝不能有缺憾。

——要与不要，乃是人生重要选择，选择水平高低一定程度上决定着人的发展层次。该要的，要通过自己的勤奋努力，一定去得到；不该要的，绝不能去要，甚至自己都不去想。

——一个成熟的人，一定会尊重别人，倾听他人，但绝不会被别人的意见和判断左右，也能拒绝一切不利于自己发展的诱惑。

——人的发展，离不开组织。只要是一个组织，就必须有人对组织去规划和指挥，并承担起把组织团结好、运作好和发展好的责任。

——发展自己，这是人的第一要务，但人不能只去发展自己而不保护自己。保护好自己，是发展自己的基础，而发展好自己，可以更好地去保护自己。人在发展自己的同时，一定要尽最大能力保护自己，保护好自己的身体、安全、心情、自尊等。

——不要想说什么话，就去随意写作，当有值得说的话时，才真正去写作。

——人可能没有子女，但必有父亲，父亲就意味着一份使命和责任，意味着一份关心和关爱，是一个家庭的支撑。父爱同母爱一样，无私且不求回报，但同母爱相比，更默默、更无形、更宽厚和宽容，只有用心的孩子才能真正体会到。既能履行好自己的责任，又能无私地去爱，并会爱，这个父亲一定是好父亲。

——人，再忙，也要把孩子培养好；再累，也要把自己发展好；再辛苦，也要把家庭经营好。

——人与人难免有差异，但要尽力缩短差距，更不能有差错。

——人生既然没有标准答案，那么就要尽力做好自己，活出自己。

——人生就是这样，难免遇到一些意想不到的事，故做事一定要统筹、计划和超前。

——事情再急，也要心平气和。否则，既做不好事，又可能伤人，出力不讨好。

——每个人先把自己做好，发展条件才有可能好；发展条件好了，自己就能做得更好。

——思维独到，人才能独特。

——人要勉励自己去做必须做的事，不要勉强自己做不适合自己的事。

——如果不了解前人所走过的路，难以真正走好属于自己的路。

——工作是自己的职责、权利、义务，一定去尽力做好，绝不能把本就是自己的工作，推给别人做。

——学问不是学出来的，而是问出来的，更是做出来的。

——人，不了解历史，难以发展；仅了解历史，并不标志着在发展；创造出历史，才真实地在发展着。

——人要想把事做好，不能仅仅有良好的动机和能力，必须细致筹划，群策群力，并形成程序化的行动。

——人，越想静，实越难静。一个能驾驭好自己内心的人，才能想静就静；一个控制不好自己内心的人，难以静心。

——有无积累是衡量学术研究水平高低的重要标志。这种积累，既包括资料的积累，又包括思考的积累，更包括人生体验的积累。

——人，不主动，就永远被动；被动，不仅做不好事，而且往往误事，甚至坏事。

——人，就在与人的关系中生存、成长和发展。人在把自己发展好的同时，必须从大的格局出发，妥善处理好人际关系。

——工作要做好，必须有训练。人，主动和自觉地接受训练，工作就能做细、做实、做好，做得让人放心，自己也很有成就感，无任何缺憾和遗憾。

——工作是为了养活自己，活着是为了更好地工作。

——人贵在养，既养好身，又养好心。

——一个发展好的人，既是能把握好底线的人，又是有自己底色的人，更是一个有底蕴的人。

——人不可能不累。人要累在事上，不要累在人上，更不要累在自己；人要累在身体，绝不能累在心上。

——一个想做事、也有能力去做事的人，做事一定不能有漏洞。如果做事不细，就会有漏洞，也就有可能误事，甚至坏事。

2016 年 7 月

——越来越有能力去帮助别人，这是一个人发展好的重要标志。人，越能帮助好别人，也就越能发展好自己。

——人在每个阶段敢于归零，人生每个阶段才能有新的发展。

——读书，不怕缺少契机，而怕缺少坚持。

——人，一定要用自己有限的生命，去专心致志地完成一项终生的事业。

——人持续地去做一件事，才能把这件事做实、做好，留下自己人生的痕迹。

——人可以好强，一定要顽强，但绝不能逞强。

——人，既不要企望让别人与自己一样，又不要奢望自己与别人一样，自己凭良心、真心和本性，去做好自己，即可。对别人，尽了自己的职责，说了自己该说的话，做了自己该做的事，即可。

——人，未做好自己，就去反思自己，反而难以做好自己；在做自己的过程中，有一定成就感后，去反思自己，才能真正反思好自己。

——人，通过为别人、集体和社会等，作出贡献，才能活出自己生命的真正意义。

——人应在什么年龄，想什么事。人超越自己年龄去想事情，会影响自己的进取、奋斗和斗志。人，一定在什么样的年龄，过什么样的生活。

——人，无大的格局，难做成事业，更难有以事业为基础的大发展。

——每天出门在外，坚持携带一本书并坚持去读的人，才是一个读书人。

　　——一项好的学术研究成果，一定是批判力、创新力、影响力和发展力合一的成果。

　　——人，没有工作效率，难有发展。

　　——一切工作的开始是最重要的，人要把工作做好，一定要重视工作的开始。在工作的开始，就要立好工作规矩，守好工作纪律，确立好工作信念，形成工作活力，养成工作精神，保持好工作习惯，坚信会有好的工作成果。

　　——人若想尽快成熟、成长和发展，既需自知，又需基于社会责任的自律和自制，以及保护自己的适度自私，心中要有自己，更需保持好心灵上的自由。

　　——人的一生，难免会遇到不利、不顺、不公，但即使遇到，也不要去埋怨。作为父母，绝不要在孩子面前去抱怨。

　　——人的能力、精力有限，不可能把所有事都做好。人越能较早准确定位好适合自己做的事，并坚持不懈地去做，才越能把事做好，进而成就自己的事业、人生。

　　——人要想活得明白、有目标、有激情、有活力，既要了解好自己是什么人，又要明确自己究竟能成为什么样的人，更要知道自己究竟应帮助哪些人，与哪些人成为朋友，不同的朋友，决定了不同的人生。

　　——人，要凭良心，去做自己必须做的事；人，要靠责任，尽力去把自己做好。人生，只要做到这两点就够了。

　　——人，不要轻易对自己的发展作出决策，一定要充分了解社会和自己，多方吸取他人建议，而后才去对自己的发展作出决策，并在决策后，不犹豫、不轻易动摇、坚毅前行。

　　——人生没有最好，适合才为最好。人，不要离开自身需要，轻易地把生活分为好的生活和坏的生活。适合自己需要的生活，才是最好的生活。一个人能否生活好，关键在于能否根据社会发展和自身目标准确定位好自己的需要。

　　——一个不舍得把时间给别人的人，不可能会给别人真诚的爱、关心和帮助。

　　——一个18岁以上的成人，一定要把学习和研究作为自己每天的底线和习惯。

　　——思维是人至为重要的品质。一个思维不敏锐、不敏捷、不敏感的人，难以做成事，更难成大事。

　　——人的一生就是三天，昨天、今天和明天。人要立足明天，反思好昨天，做好今天。人，一定今天就全力以赴，明天再去加油，如果总是明天去加油，既过不好今天，可能也难有好的明天。

　　——人的晚年，绝不能就成为"玩年"。

——人要做好一件事，必须要通过读书、思考、研究、请教等方式，在做事前，形成对这件事的系统认识。人，宁可放弃其他方面的认识，也要追求对必须做的这件事的认识。

——一个连自己生活都掌控不好的人，难以有工作上的高目标追求，更难成就一番事业。

——人生，不仅仅是学问、工作、事业，更有家庭和生活。一个经营不好家庭的人，难以静心做好学问、尽力做好工作，更难有自己心爱的事业。

——人都想成为有用之人，但人不可能成为对什么都有用的人。所以，既要成为有用之人，又要成为无用之人。有用，才能工作和发展；无用，才有休息和闲暇。人有用，才有机会无用；人无用，才可能更有用。

——人，一旦做事认真、严谨，一生不会出事。

——人，做事一定要用心、细心，绝不能在不该有错误的地方犯原则性错误。

——人，想做好别人要求的事，就要研究好别人的要求，并严格按照要求去做，做完后及时反馈和反思。

——只有想到、得到，但没有做到，就没有人生！

——人与人之间，既要有工作关系，又要有情感关系，才能处好关系，并处深关系。

——人生贵在积累和经营，这既包括经验、知识、能力和文字，又包括情感、性格和人脉。

——人要去思维，不断去思维，不断超越自我去思维。这样，自己才能持续成熟、成长和发展。

——人，不适当的孤独，难以幸福地成长，更难快乐地成长和有意义地发展。

——人，不去主动读书，难以把人生看明白；人，不去自觉体验，难以把人生活明白。

——时间要节约，欲望要节制，生活要节俭，人生要把握好节点。

——社会地位是衡量一个人发展水平的重要标志。一个人的社会地位由他对社会的服务价值所决定。每个人只要尽最大努力，对社会尽力做出其贡献，就会有其相应的社会地位。

——音乐具有丰富人生的意义。一个不会欣赏音乐的人，难以使自己人生的享受达到一定境界。

——人应该，也必须成为一个责任人，但人的才能不同且有限。人要根据自己的才能，去认清自己的责任，并切实去履行，绝不能去承担自己难以承担的责任。

——人对自己不知道的，就要去学习；人对自己遇到的问题，就要费脑筋、下力气去思考。学习和思考，是每个人每天都要做的事，只有认真学过并仔细思考过的事，才能有满意的结果。人只有善于学习和思考，才能做出自己的贡献。

——人的才能有限，只要尽了自己最大的努力，尽了自己的才能，做了自己必须要做的事，就可释然，更可满足。

——学生，并不因为他学习，所以算是一名学生，而是因为他是一名学生，所以才要学习。学习是学生的第一责任，如果不把学习作为主业，实质上已不是一名学生。

——思维超前，才能成就大事。

——与自己同路的人，未必是志同道合的人；与自己是同事的人，未必是有同一志向的人。

——人，既需说，又需做。说话要留有余地，不能说绝；做事也要留有余地，不能做绝。

——一个让勤奋成为每天的习惯的人，才能成事。

——一个人，一旦能用以前不可能有的透彻眼光，立足于未来，去观察自己的过去和现在，就说明这个人在进步，在成长，在持续地发展着。

——人心不静，难以做出理性思考和明智选择。

——人是一种对自己一切负责的存在。

——一个不去专注做工作的人，工作做不进去；一个不去研究工作的人，工作做不出境界；一个不善于筹划工作的人，工作就会有漏洞。

2016 年 8 月

——人的一生，就是做事的一生，甚至是连续去做一件事的一生。在人生的每一阶段，一定要定位好自己该做的事，并尽力、尽情去做得诚实、扎实、真实。人，不做事，难以快乐、幸福并有意义地活着。

——人每天都在面临着诱惑，特别是与自己主体发展目标不一致的诱惑。一个不善于拒绝诱惑的人，做不好每天的自己，更难在人生每个阶段，扎实地发展好自己。

——人生活的底线，是尽力不为物质生活所困；人生活的底色，是尽心过好自己的日常生活；人生活的底蕴，是宁静地做好自己愿意做的事，尽情地把自己的生命展开，实现自己的生命价值。

——人，要用腿去散步，但更要让大脑去散步。

——人有自信，才能信任他人。

——人由占有所带来的快乐，难以真快乐；人由自己努力所形成的快乐，才是真快乐，真在快乐着。

——人无内心的激情，既做不好事，又处不好人。

——人，无爱，难有尊敬；无责任，难有真爱。人有爱和责任，才能越来越彼此敬重。

——人，"读"好别人，才能表达好自我。

——一个没有精神追求的人，难以有尊严地活着，更难有价值地活着。

——人，有缘才相识，但一生有缘才是有缘，有缘的人才能一生都在一起。

——人，贵在经营好自己。人，既要经营好以事业为目标的工作，又要经营好以幸福为目标的家庭；人，既要为别人经营好自己、不丢掉和失去自我，又要尽力帮助与自己有缘的人去经营好他自己。

——只要做事，就要把握好时间，超前并有效率地去做，绝不拖延。这样才能把所做事，越做越简单，并做得有效率、有质量。

——人的一生，就是要让自己的生命充实、丰富、多彩、有活力，可以有适度的孤独和寂寞，但绝不能让自己的生命历程有空白。

——读书，理应读懂，但读懂仅是自己的感觉，在人生不同阶段，实际上有着不同的"读懂"。即使读同一本书也有一个过程，读书需品味，不能太急，更不能太功利。人，随着知识和人生体验的积累，才越来越能把书，尤其是经典读懂，既读进去，又读出来；既读出自己的内心理解，又读出自己的独特思考；既把书作为自己的思想来源，又成为论证自己观点和思想的依据。

——人一生需要了解、理解、欣赏和研究的东西太多了，但人的生命有限，时间、精力和财力更有限，一定要在自己人生每个阶段，自主做好选择，更要学会主动去放弃。人生不去放弃，就不会有更好的得到。

——人所在的世界，是多样性的世界，人的生命也是多种多样的。人处在这样的世界，一定要找到自己能闪光之处，能使自己生活舒适之处，能永葆自己生命活力之处。

——人要形成自己的观点，甚至思想，必须聚焦到自己有兴趣的特定主题或内容，进行富有连贯性的坚毅、独立和独特的思考。

——人生，就是表演。但再丰富多彩的表演，人也不能丢掉自己、失去自我，更不能没有了创造性的人格。

——人的一生，实际上就是做和玩两件事。人，一定要在人生每个阶段，把该做的尽力做好，把该玩的尽情玩好。只做不玩，活得太累；只玩不做，活得无聊。人，既能做，又会玩，做中有玩，玩中去做，就会活得精彩，本来就幸福而有意义的人生，自然就不会被别人左右。

——人不能不自信、不自豪、不自强，但也不要把自己看得太重。人，既不能丢掉和失去自己，又不能太有自我。一个优秀的人，就是使原本矛盾的事达到和谐。

——一个把超前做事形成习惯，并一生坚持的人，才能成长和发展好。

——无益，还是有益，这是人生重要的面对。人，要有需求，就要据自己的发展目标，形成有益的需求，并去主动满足和实现，而要拒绝无益的需求；人，只要做事，就要去做有益的事，而绝不去做无益的事；人，只要处人，就要有益于人，而绝不做无益于人的事。

——如果做不好抉择，就绝不随意和随情去做事。

——人，应该倾听别人，虚心听取别人的意见，但这并不意味着别人的所有意见都去接受。人，对别人所提意见，在虚心听取的基础上，一定要根据自己解决问题的需要，并结合实际仔细认真研究，对好的意见主动听取、接受，并化为自己的有效行动。

——人的一生就是生命不断被唤醒并累积的过程。人不能茫然、无知觉地活着，而应清醒地向着自己所定目标勇往直前，在人生每个阶段都尽力去实现自己生命的价值。

——选择，既是每个人的自由和权利，又是每个人的自律和责任。人，可以帮助别人去选择，但应停留在商量、建议、劝说，而不能代别人去选择，更不能强行为他人做选择。

——人，有意识地去强大内心，内心才能变得越来越强大，自己也才能越来越有精神支撑和力量。

——人要实现自己理想的目标，在人生每个阶段发展好自己，必须善于拒绝诱惑。人要拒绝诱惑，必须聚焦自己人生发展目标，准确定位适合自己的需求，并力求减少自己的需求，特别把不利于自己发展的需求减少到最低。一个需求过多的人，难以拒绝诱惑，更难以发展好自己。

——人，可以追求自己所向往的东西，但更要去追求适合自己的东西。如果自己所向往的东西，就是适合自己的东西，那就要坚定去追求，并尽自己最大努力去得到。

——人，绝不能为了自己，而要求别人去做不是他所必须做的事。人要让别人做事，必须让这件事契合其需要。

——人，究其本质，就是两种人的存在：理性人和感性人。人要把自己成长和发展好，既要成为理性人，又要成为感性人，更要成为理性和感性和谐结合的人。

——人把自己当人，才能把别人当人；人把别人当人，才能使自己更好地为人、处人和成人。

——人，研究不好别人，一定做不好自己；人，不去超越别人，永远做不好自己。

——人让"及时"成为好习惯，才能不误事，并把事做好。

——人，只是为了在自然状态中保持独立、在社会上成为一个公民而被创造的。每个人，在人生每个阶段，一定要珍视自己独立存在的价值，持续和深入地研究好自己，准确定位好自己的权利、义务和责任，过好自己有意义的一生。

——没有哪一个人愿意失败、喜欢失败，人生最好一次成功，不要有失败。一旦失败，就要正确面对和承受，并从失败中汲取营养，去积累宝贵的经验和教训，并走向成熟，最终获得成功。

——人做事，实际上都是为了自己，尽力把自己想做的事做成即可，做完后可以去反思自己做得如何，但不要去多想别人对自己的评价。

——文到情处，才是文；情到深处，才是情。

——人无胸怀，难有境界。

——善于用心去做事，才能尽力把事做好。

——事业难做宽，但一定要做深。

——人，一定要做事，并要多做事、做对事，但绝不去惹事。

——一个心境光明正大的人，才能有宽广的胸怀。

——人，就是大写的人，就要处理好"大"和"小"的关系。人要大气，不要小气；人要大度，不要小肚鸡肠；人要有大格局，不能视野窄小；人要顾大家，不要只顾小家；人要大处着眼，小处着手；人要大胆，不能太小心谨慎；人要去做大事，而不能仅去做小事。

——人，过多地为别人操心，只能使别人越来越不操他自己的心。一个不会为自己操心的人，永远做不好自己。

——人只为大家做事，就失去了自己；人只为自己做事，就失去了大家。人，既能为大家尽心、尽力、尽情做事，又能把自己应该做的事做到位，才能真实地发展好自己，并与大家共同发展。

——人的成长和发展不是一蹴而就的，需要长期的知识、能力和生命体验等的积累。

——人，主动选择，才能有真正的缘分。

——人，既要用世界的"眼睛"看自己，又要用别人的眼睛看自己，更要用自己的眼睛看自己、认清自己。

——人需要节约，既需要金钱的节约，又需要生活用品的节约，更需要时间的节约。人生最大、最重要的节约，就是对时间的节约。

——人，既不能同时做的事情太多，又不能单一地去做事。人做任何一件事，既要有多种目标，又应当有多样效果，更要有多样价值。

——人，既要有理想世界，又要有现实世界，更要有立足于现实的理想世界和理想牵引下的现实世界。

——任何一个个体在其发展过程中都会有问题，只有认清自己存在的问题，研究好这些问题如何解决，扎实而有效地不断解决好自己存在的问题，才能顺利前进、持续发展。

——人把该做的事，当作自己的命去做，才能真正释放出自己的生命活力，才能把事做得成功，并在生命历程中留下自己独特的贡献。

——人，活着就要承担起自己对世界、社会和他人的责任，但不能为别人活着，要为自己所追求的事业活着，并活好这一辈子。

——做事有难易，只有选择难做的事，才能通过扎实地做事，真实地发展好自己。

——发展是人的第一要务。人只有在持续发展的进程中，才能真正感受到生命存在的活力和价值。

——人不做事，永不会做；人越做事，越做越会。

——人要通过做事，把自己"亮"起来，把自己的内心、人格、精神和道德等，做得越来越明亮。

——人，一定要有我，但更要有我们。

——人与人之间一定要去交流，但要尽力去进行高层次、高水平的交流。肤浅的交流，还不如不交流。

2016 年 9 月

——一个想让别人帮助自己的人，一定要先做好对自己的研究，形成自己的基本想法，甚至方案，再与别人进行有效的讨论和对话。

——理解了什么是"理解"，人与人彼此之间才能相互理解。

——人，先自己了解好别人，再让别人了解好自己，才能做好别人所认可和欣赏的自己。

——人，如果只想自己、只顾自己，永远不会有真正属于自己的人生。

——人不怕没本事，而怕不做事。人，只要尽力做事，就有可能做成事。不去做事，就怎么也做不成事，既误己，又误人，更误集体和社会。

——人，了解好别人，才能做好自己；超越别人，才能创造性地做成、做强自己。

——人，想不清楚自己、对自己不清晰，就既学不好别人，又做不好自己。

——一个对时代不敏感、接受能力不强的人，难以与时俱进。

——人要尽力去安排自己的学习、工作和生活，避免让别人去安排。

——人缘好，机会就多就好。

——人生得适度累，不累难有成长和发展。但要累在该累的时候和地方，绝不能累在人上，要累就累到事上。人为工作所累，才会有进步；人为思想所累，才会有思想；人为帮助别人所累，才会有真实和真诚的交往，才会共同成长和发展。

——自己想做，但难以主宰的事，难做成，最好不轻易去做；自己想做，且能驾驭了的事，只要尽心尽情尽力，并得法，就能做成。

——历史可以借鉴，但绝不能成为自己思想的包袱，甚至负担。

——一个不自律的人，难以成为有出息的人。

——一个总与别人讨论去做什么的人，在浪费着别人的时间。

——人不可能都去做学问，但一定要成为一个有学问的人。

——查阅好资料，才能做好学问；走出资料，才能形成观点和思想。

——人，要求别人做的事，先从自己做起；自己做不好，难以要求别人。

——人，一旦认定了自己的导师，就要去跟定、跟紧和跟进。

——读书不是为读书而读书，而是要通过读书，去尽力形成自己的知识、想法、观点和思想。

——人生重在陪伴，要既能让自己陪伴好别人，又能让别人陪伴好自己，更能让自己陪伴好自己。

——人，心真了，空话就没有了，事也就做扎实了。

——研读名著，这是人的基本功。随着年龄的增长和知识的积累，人对名著就越来越能理解，并能内化为自己的思想资源。人对名著越能深刻理解，学术基本功就越扎实，也就越来越有想法、观点、思想和理论。

——一个不虚心听取别人意见的人，永远做不好自己。

——人只要去做事，就要交代好自己的内心。

——人要把自己发展好，那就应在人生每个阶段都做最好的自己。人要做最好的自己，那就应每天做好该做的事、读好该读的书、处好该处的人，既不应断断续续去做事，又不应一阵一阵去学习，更不应想起什么才去做什么。一个每天能做好自己的人，既应有做人的规矩，又应有做事的底线。

——人，既离不开别人的关心、支持和帮助，应该谢谢别人，又离不开自己对自己的倾听、倾诉、关注和自身努力，应该谢谢自己。一个经常感谢别人的人，可能会失去自己；一个不会去谢谢自己的人，无法把自己感动，难以在别人人生旅程中留下自己的印迹，实际上成了不负责任的人。

——一个善于为他人的利益而思考和行动的人，才是一个有智慧的人。

——人有道德和才能，才能受到别人的尊重，并被别人发自内心地尊敬。

——人在人生的每个阶段，都应明确知道自己的目的地。一个不知自己目的地的人，难免迷茫、困惑和犹豫不前，这是在浪费着自己的时间，无为地消耗着自己的精力，使自己难以持续地去成长和发展。

——人既应有普遍性尊重，又应有获得性尊重。前者基于人性，后者基于水平。

——人要把自己发展好，应该在平时下功夫，积累每日的信念。

——一个没有学术责任、理想和抱负的人，走不了学术研究这条路，即使走了，也走不好，甚至走得痛苦，还不如当年不要去走。

——真实的研究，不能让事实去迁就观点，观点要以事实为依据。

——人的情感是互相麻烦出来的，用不尽，更用不光。

——工作，只要有智慧地去全身心投入，就会越来越有效率和水平。

——人，需要生活，离不开生活的情趣、快乐和幸福。但人要活出自己的尊严、意义和价值。在人生每个阶段，生活仅仅是自己的底线，而不应是自己的底色。人的真正底色，应是学业或工作，甚至于事业。一个学业或工作都不用心、不去尽力和勤奋努力、更谈不上有事业心的人，过不上自己理想的生活，更难享受到有意义的人生、活出本来应有的体面和尊严。

——踏踏实实做事，实实在在做人，开开心心生活，健健康康活着，日日做做家务，天天想想发展，时时处处学习，常常陪陪孩子，久久记记孝顺，美美忆忆同学。

——人的发展，有一个从量变到质变的过程。只要聚焦好自己的发展目标，坚持每天的积累，不断增加人生体验，在任何时候都充满自信，就会进步、成长、成熟。

——想法，若变不成办法，还不如没有。

——人要积极有为，不断形成作为，绝不碌碌无为。这既是一个有责任的人的信念、习惯，又是自觉的行为。

——一个生活不多彩、情感不丰富的人，做不出真实的好学问。

2016 年 10 月

——无国难有家，有家要为国。国家强盛，人才能有尊严；人有国家情怀，才能有大的格局，并把自己发展得越来越到位，越来越能为国家作出自己独特的贡献。

——一个要把自己发展好的人，应跳出个体的我，为家庭；再跳出家庭的我，为国家。

——一个靠自己奋斗的人，在人生每个阶段，既应该开阔视野，不断有大的发展格局，又不能轻易有发展上的满足，更不应盲目与人攀比而自卑，应坚持每天勤奋和努力，善于让人帮助自己，从而自立、自主，自强。

——人可以去享受安逸生活，但绝不能安于现状，不思进取。

——一个能发展好的人，一定是合理使用和分配时间的人，尤其是早上时间、零碎时间、双休日时间和假期时间。

——人要活出自己，但不是仅有自己，没有他人。人，既要为自己活，又要为别人活。人活着，就是出于责任。一个主动、自觉地为家庭、集体、社会去活的人，才能活出自己的意义和价值，并最终活出自己。一个仅仅去想自己，并仅仅为自己活的人，既难真有自己，又难活好自己，难以成为对社会有价值的人。

——文章是让别人看的，而不是自言自语。站在读者角度寻求具有自己个性特点的话语或思想表达方式，用最简单而精练、易懂的语言去言说自己的思想，这是学者必须达到的思想表达境界。

——人的发展需要一定的时间成本、知识成本和经济成本。在发展的每一阶段，人应以最小的成本，去实现自己最理想的发展。一个不计算自己发展成本的人，难以扎实而又开心地发展好自己。

——人不讲话，有时比讲了话要好；人不做事，有时比做了事要好。

——人，好什么，才有什么好。具体地讲，人，有适合自己的喜好，才能有自我感觉的美好。人在自己人生每个阶段，一定要善于立足于社会、集体，研究好适合自己的喜好，特别是课程、书本、美食、运动项目、学校、专业、职业、城市等，并以好的目标、过程、途径和方式，达到好的结果，去实现自己人生的美好。

——人，应该做自己想做的事。但人做的事不可能都是自己想做的事，有些不想做的事，实际上是必须做的事。人，把本来不想做、但又必须做的事做好，甚至做得想做了，才能把自己每天该做的事做好，并做出成就，更作出一番事业。

——人可以不怕去做事，甚至不怕去做难事，但切忌去做想法不能变成办法的事。

——一个已有工作的人，最为重要的就是处理好工作和生活的关系。一个只有工作，没有生活的人，可以高效去工作，但缺少了生活情趣和放松，不会有较高的工作品位；一个只有生活，不去主动、积极和有效工作的人，难以有生活的基础和保障，难以成长和发展。人，可以把工作当生活，但绝不能把生活当工作。一个既会工作，又会生活的人，才是在成长、成熟和发展着，并一生在快乐和幸福着。

——人应该为良心活着。一个有良心的人，就要主动和自觉地处理好与自然、社会、他人和自我的关系，既要基于社会责任感，善待自然、社会和他人，又要基于个体发展的使命感善待自己。人要为自然、社会和他人去奉献，但也要为自己的生存和发展去正当地要求、索取和满足。一个连自己都生存和发展不好的人，难以让别人生存和发展好。一个善待不好自己的人，实际上在伤害着自己，不仅发展不好自己，而且在影响着他人，甚至成为他人、集体和社会的负担。

——人，做什么事，不仅要研究好这件事是否值得去做，定位好其价值，而且要研究好这件事如何去做，其程序、要求、途径、策略等究竟是什么。这样，这件事才能做得务实、扎实和踏实，并使自己通过做这件事得到成长和发展。

——人对自己所必须要做的事，不要怕耽误时间，更不要嫌麻烦。人，经过多次反复，才能做好自己该做的事。一个自觉训练做事的人，就会有经验、有办法、有效率，能发展。

——人在自身体验基础上，了解和理解了做一件事的基本规范，再据规范主动去训练自己，反复去做好自己，规范就会越来越内化为自觉的习惯、模式和信念，并使自己在已有规范的基础上，逐渐形成自己做事的艺术和风格，实现可持续发展。

——一个想把事做好的人，应该把握好轻重缓急，在任何时候都要有节奏，做到不忙乱，高效率，好质量。

——"生"既然有"日"，"日"就要有"生"。人，降生到这个世界不易，既要珍惜好自己的每一天，又要生存好、生活好，让生命越来越有活力、价值和意义。

——一个人能否生存和发展好，既取决于他能否选择最适合自己的东西，又取决于他能否拒绝自己不想要或不爱的东西，特别是能拒绝不适合自己的诱惑和选择。

——在当今社会，每个人不管愿意不愿意，都与其他人有关，与其他人紧密联系在一起。一个人，与他人能否有效并友好交往，这是一个人能否发展好自己的重要指标。一个人，就代表着一个世界。一个有志于发展好自己的人，应该根据自己的发展目标，有选择地与别人交往，通过别人去认识这个世界，并借鉴别人从而扎实地发展自己。

——人最大的快乐和幸福，就是在工作和闲暇时间里，过着充实和有意义的生活，越来越有生命的活力。

——一个想保持生命活力并使自己生命个体可持续发展的人，一定要注意时间成本，把合理分配和使用时间作为自己每天发展的基础。如难以合理分配和使用时间，不仅无益于自己发展，甚至在破坏着自己的发展。

——任何事情，都应有解决的办法，这需要研究、选择、决策。人，只要想办法，就会有解决问题的办法。

——一个不主动通过受教育去不断更新知识和技能的人，迟早是一个落伍人。

——一个什么都想要的人，最终可能什么都得不到。

——人生越有牵挂，就越充实，越有希望，越有意义。但人生也不能牵挂太多，否则会很累，所以该牵挂的一定牵挂，不该牵挂的绝不去牵挂。

——人，在人生每个阶段，应有每个阶段的人生。人，只有不断更新观念，自觉调整目标，积极主动，每个阶段才有真正属于自己的人生，一生才能过得定心、真心、放心和开心。

——人，只要想做事，并去做适合自己的事，就没有做不成的事。

——不同职业，对优秀人才的标准不同。最优秀的人才，可能不适合做老师，应让最适合做老师的人才当老师。

——人生没有最美好，适合自己为最好。

——每个人都是一本书，既要书写好自己的书，又要读好别人的书。人，每天都在书写着自己的历史，要力求一次写好，尽力不要去改写；人，每天都需要与人交往，要尽力把别人的书一次性理解好。人，写不好自己，就在苦累着别人；人，读不好别人，就在苦恼着自己。

——真正的朋友，可能多年未见，但一直在彼此牵挂着，一旦见面很热情，无话不谈。

——人，要学好一个学科，不仅要内化好该学科的知识，而且要把握好该学科的结构，更要去探究该学科建构的历史、现状和未来，全面理解该学科的本质。

——一个想把自己发展好的人，应走出自己，在与别人的对话、交往和合作中，去准确定位，扎实地做好自己。

——人，聚焦自己目标，博采别人所长，内化成自己的优势，才能踏实做自己，越来越走向成功。

　　　　个人跳出当前所在，去到另外一个所在，才能认清自己，并有压力和动力。

——人在与别人交谈中，才能越来越理解自己，认清自己，从而去做本来的自己。不与别人对话，最终做不好自己。

——教育需要精心、细致、细微，绝不能粗心、粗糙。

——文章写得好的标志，应该是让自己的每篇文章都承载着自己长期的积累、独特的体验、独有的思考和独到的启发。

——人，既要学会自己去做事，又要学会组织别人去做事，更要学会基于共同目标去共同做事，并共同做好、共同发展。

——一个社会文明的标志，主要反映在对具体个人的关爱、关注和关心上。

——人，换一种心境，才能好好休息。

——把自己发展好，这是人生第一要务！

——一个不自觉问清自己来路和去程的人，难以生存和发展好。

——每个人都有惰性。人，自觉克服惰性，做事不拖延，才能不延误，才能踏实而扎实地过好自己的一生。

——人，每天不坚持一定的阅读量和思考量，难以有想法和观点，一生都难有思想。

——没有思想的行动，是盲目的行动。人，如果没有思想，就要筛选和借鉴别人的思想；一旦形成自己的思想，就要坚持好、传播好、影响好、更新好。

——人，难以知道将来的自己，但一定要知道现在的自己；人，要使自己有美好的将来，应该尽力、尽心、尽情去做好现在的自己，但不应该去拼命做好自己。人生，可以拼搏，但绝不能去拼命。否则，只能损伤自己，甚至伤害别人。

——要尽力坚持想别人所未想，做别人所未做，思别人所未思，悟别人所未悟，讲别人所未讲，写别人所未写。

——人，没有好心情，难以做好事情；人，要想做好事情，应先调整好心情。

210

2016 年 11 月

——人，重在以适合自己的事为平台，做大自己，做强自己。一个把自己做大、做强的人，自然在这个世界有一席之地。

——人真正的幸福，既来自个人努力，通过自身发展而获得幸福，又来自责任到位，通过帮助别人、特别是家人发展而获得幸福。人，应该奉献自己、但绝不能牺牲自己，失去自己，那样反而会连累别人，甚至伤害别人，因为你代替了别人应有的付出和劳动。人，在为别人、包括家人奉献自己的同时，应不断发展自己，才能作出更好的奉献。人，应不通过牺牲别人的方式，把自己发展好、成为别人的骄傲和崇拜，这样才真正是为别人奋斗和奉献着，才能彼此共同发展。

——人，认同别人，才能越来越有自己；人，越来越有自己，才能越来越让别人认同。

——人，要本分，但不能失去适度的调皮，更不能失去自己的多彩。

——人，自己越有水平，就越要去认同别人，这样才能不断跨越自我。

——一个不抓紧时间去发展自己的人，不仅不为自己负责，而且在给别人带来负担。

——人要想把事做好，既需要真情和热情，又需要心情，更需要激情。人要有激情，既需要兴趣，又需要目标，更需要责任和使命。

——人有两个世界，儿童世界和成人世界。儿童不要进入成人世界，但成人要进入儿童世界；成人世界的东西，不要进入儿童世界，但儿童世界的东西应进入成人世界。儿童就是儿童，既不能过早成人化，又不能成为小大人；成人已不是儿童，但要有童心，有爱心，才能进入儿童世界去陪伴、关爱和引导好儿童。

——人，不可能没有压力，但绝不可去自找压力，把本来不是压力的变成了压力。

——人，不去努力，不可能进步和发展。但努力不是人的本性，需要自律，并把努力作为自己的本分。

——人，自己不真诚，难以让别人真诚待自己。

——人可以想在理想中，但要活在现实中，而绝不能活在概念中。

——人，与别人有差异且错位地去存在，才能使自己独特并错位发展。

——我们学习不了太阳，太阳在照着我们学习。在太阳光芒下，我们成为光明磊落的人。

——人，既不能强求别人做事，又不能强迫别人做事，应去合作，并在合作过程中互相指导，这样才能把事做好，并共同得到成长和发展。人的成长和发展不应是自然而然的过程，应主动去合作，才能得到发展；在合作中被人指导，才能控制好自己的发展方向，扎实好自己的发展过程，真实地得到成长和发展。

——人，可以依赖他人，但更要在依赖他人的基础上，去依靠自己，并使自己能让别人信赖。

——人，公平地对待每个人，自己也就会越来越有人气和生气。

——一个能把家庭经营好的人，才能经营好自己的事业；一个能把事业经营好的人，才越来越能把自己的家庭经营好。

——人生贵在坚持，既坚持好自己的"变"，又坚持好自己的"不变"。人，坚持做最好的自己，才能每天不断改变不适合自己的方向，使自己越来越是自己；人坚持做最适合的自己，才能坚持好不变的本色，使自己本来就是自己。

——人生没有最美好，适合自己为最好。适合自己的消费，才是最应当的消费；适合自己的商品，才是最好的商品；适合自己的婚姻，才是最圆满和幸福的婚姻。

——人，既不能不知自己应选择什么，又不能已选择但不去坚持，更不能不断去变换自己的选择。

——人，选择做适合自己的事，实际上节约了自己发展的时间，因为时间是人最大的发展成本。

——人，要倾听他人，但应该基于自己所承担的家庭、集体、社会等责任，为了做好自己，去倾听他人，而不是为一味地顺从和服从他人。

——人，坚持原则，才能精益求精。

——把人用好，才能共同把事做好。

——一个设身处地为别人着想的人，才能真正得到别人真诚而无私的帮助。

——人，要去与人交往，但交往需实力，自己实力不强时，尽量少去、甚至不去交往。一个实力强的人，很可能自己不想去交往，但别人也不得不与你交往。

——生活有高品位，工作才有好作为。

——做什么，就要去研究什么；研究好什么，才能做好什么。

——人，有效地沟通，才能高效地发展。

——人，扎实过好自己的每一天，做好自己该做的每一件事，处好自己该处的每一个人，在人生每个阶段，才能不断一次性成功，不断实现自己的人生理想。

——一个对什么都无所谓的人，必定无所为；一个对什么都有所谓的人，必定难有大为。

——学习和研究，这是学生的两件基本事。对本科生而言，要在学习的基础上去研究，学习要走在研究的前面；对研究生而言，要在研究的基础上去学习，研究要走在学习的前面。

——一个年轻人，在为别人好好做事的过程中，才能被人欣赏，并尽快成长和发展。

——学习和研究，这是两个密切联系的概念。我们应强调研究性学习或研究式学习，但绝不能把学习等同于研究，或把研究等同于学习。没有学习，难有研究；没有研究，学习难以深入，难以达到一定层次、水平和境界。

——人，可直爽做事，但更要智慧做事。

——人生有三件事，做事、做人和做学问。这三件事本质上是一致的，会互相迁移，互相影响，互为因果。

——人可率性而为，但绝不能随性而为，更不能任性而为。

——人做事，既要真心和热心，又要细心和小心，更要多操心。

——人定位好适合自己的生活，才既有目标和情趣，又有激情和活力，活出自己生命的意义。人，每天在过着适合自己的生活，发展着自己，欣赏着自己，愉悦着自己，生活才能过得越来越好。

——人，目标聚焦得越好，事情就做得越快越好；跳出既定目标，但又不远离目标，事情就会做得越来越大，人就在不断成就着自己的事业。

——不去反思，难以有清醒的人生；不去清醒，难以有活明白的人生；不去明白，难以使自己的人生快乐、幸福、有意义。

——人，可以不断去开启自己的生活，但不能都去重新开始。生活需要适度的创新，但更需要延续、稳定，甚至不变。在不变的基础上，定位好适合自己的生活目标，去适度改变和调适，才能过得自主安详、稳定舒适，但又不失进取和奋斗。

——人，超前做好自己，才不会被动；人，在研究好别人的基础上，才能做好自己；人，每天扎实好过程，才能使自己不断有成就；人，在发展好自己的同时，关注好与自己紧密联系的人的发展，才能有共同发展，并不被别人埋怨。

——一个坚持把别人的事当作自己的事去做，并让人放心的人，才能真正把自己的事做好、做强。

——人，若要与人比较，应比其优点和优势，而绝不去比其缺点和不足。

——人，应该追求适合自己的事业，做好适合自己的学问，勤奋努力地去工作，但无论在人生哪个阶段，每天都应该过好适合自己的生活。人最好的作品，不能仅仅是自己的工作成就，也应该包括生活。一个不把生活作为自己作品并去创造的人，难以使自己的工作富有成就，也难使自己的成就符合人性、合乎人情、富有人味。

2016 年 12 月

——生活，有其节奏。一个生活有节奏感的人，才能过好自己的生活，把生活过得有序、充实、惬意、舒适、满足；一个生活没有节奏感的人，可能就过得疲惫、烦恼、苦累，难以从内心深处去珍惜自己生命的快乐、幸福和意义。

——择一事，终一生，才能成大事。

——尊师爱生，不应是师生关系的基本表征。互尊互爱，才在表征着真实的师生关系。师生既然有缘走到一起，就应互相信任、关爱、欣赏和崇拜，共同学习、成长和发展。

——人，不能不做事，但也不能多做事或做多事。能把一件事做好就很不容易。

——人，都难免有坏的情绪。但即使情绪再坏，也不要去埋怨、生气而无聊地打发时间。一个想做好自己的人，应该控制好自己，尽量对事情释怀，尽力对人宽厚，即使有了坏的情绪，也要究其原因，彻底有效去解决。一个把时间浪费在坏情绪，而不善于调节自己的人，难以做好每天的自己，也会给别人带来不快、烦恼、压抑，导致彼此关系紧张不和。

——行前有知，知后必行。

——人，觉到，悟到，才能在心灵深处去做到。

——人应该去梦想，并不断去追求，但不切实际的梦想，要自觉放弃。一个不主动放弃不适合自己梦想的人，在苦累无果着。

——人，无论在人生任何阶段，既不能应付着去做事，又不能无目标地去忙碌，更不能对自己的发展失去耐心、细心、操心。

——一个人，做不好别人不能代替自己的事，最终没有自己。

——人一生，旨在成人成事。作为一名研究生，论文的开题、研究、写作等，就是研究自己如何做好人和事，并去成人成事的过程。题目能选好，适合自己一生的发展目标和方向，就有可能定位好；研究设计能做好，一生就有可能规划、计划和策划得好；论文思路明确，结构合理，自己做事讲话就会有逻辑并条理；论文能去反复修改，就有可能把自己定于"一"，意志坚定，做成事，并成大事；论文能按学校要求，严格按论文格式去注释和做参考文献，一生就会自律，按规矩做人做事，不给别人带来负担；论文连一个错别字都没有，每个标点符号都没错，一生就会越来越谨慎做事，真心待人，精益求精，不会犯错，一生平平安安。

——人能独处，才有真思。

——人，回归自我，必有真我。

——一个大学人，大学是其一生的基础。一个人在大学怎么过，今后人生就有可能怎么过。

——人多为别人着想，自己的路才会走得更远。

——人有好的心态，才有好的心情，心灵才能宁静，才能去做自己真正想做的事，并做好。

——人生应该有宏伟的目标，如果宏伟的目标尚未确定好，那就用心做好当下的事。

——为别人服务，这既是善良，又应是习惯，更应是能力。人服务别人的能力有多大，自己的成就也就会有多大。

——每天早上时间抓不紧，就抓不住当天；一生早上时间用不好，就抓不住一生。

——一个不会请教、请示的人，难以做出最好的自己，更难以让别人欣赏、让别人帮助。

——人既应适度保守，又应适度放开。人放开自己，才能放松自己；越放松，才能越来越放开自己，工作才能轻松起来，生活也才能越来越舒适、舒心、舒服。

——人爱自己，实际上比爱别人更难。人不可能无条件地爱自己，当自己欣赏自己、成就自己、发展自己、自豪自己，才会真正爱自己。

——研读历史，不仅仅在于追本溯源，更在于探究历史对今天和未来的影响，历史有助于我们重新思考今天的重要问题。

——学有所用，思有所得，行有所获。

——做事一定要细心，并适度谨慎。人做事上的不小心，很可能影响自己或别人一生的命运。

——只要做事，就要认真去做，既不要敷衍了事，又不要借口自己忙、顾不上做，更不要傲在心中，或看不起别人、与别人赌气，不真心去做。人做不好事，既伤害自己，又负面影响别人。

——人，既要有真情、才情，又要富有热情、激情。

——有好的工作思路，才能有效去工作，工作也才能扎实而有成效。

——人，不预先策划好，不要随心去做事，更不能随便去做事。

——好人，未必有好思想；有思想者，未必是好人。好人要有好思想，既要好得有理性、有责任、有原则，又要好得有个性，更要好得有激情。

——一个以自己为荣的学生，既要以母校为荣，又可让母校以自己为荣。

——考试，既需要积累，又需要发挥。一个会考试的人，既要每天扎实地积累，又要在考试中能放松、正常、甚至超常发挥。考试，既需要勤奋、刻苦、用功，又需要训练、技巧和策略，一个能把自己发展好的人，应该是一个会考试的人。人，一定要以考试为基础，去扎实地发展自己。

——人要想把事做好，不能寄托在别人身上、去靠别人做事，而应相信自己，主动把该做的事做好、做强。一个能把事做强的人，自己才能持续地做这件事，并做得越来越大，越来越强。

——人，时间越有限，越需要尽心、尽力、尽情去把事做好，既造福别人，又不留遗憾。

——人不可能把任何事都记住，但关乎自己发展紧要的事，一定要记住，并记牢。忘记做事是人生最大的遗憾。

——人活得丰盈，才能思得精彩。

——人，一生都要去成长，既长好，又长强。

——人无内在规定性，难有外在约束性。

——人不要与别人比，而要善于与自己比。

——人把每天的生活去踏实过好，人生也就会过得精彩、活得有意义。

——人会策划做事，才有可能会策划自己的人生。

——把握好时机，才能使自己越来越好运。

——人有目标，并沿着自己的目标坚毅前行，才能过好自己的一生。

——好的教育，不应是塑造人，而应是挖掘受教育者的可能性去成就人。

——人有成长感、成就感，才能有自豪感。

——好的教育，不是消除差异，更不是消灭差异，而是要承认学生的差异，并把差异作为有效的教育资源，让学生去有差异地去发展。

——人，应该为未来去活，但更应该活好现在。一个活不好当下的人，难以有美好的未来。

——人定位好适合自己做的事，才能做好自己应该做的事。人做好一件事，并去坚持，才有可能做大、做强，并越来越成品牌。

——人，要修行，先修心。

——人，只想做出最好的自己，才有可能成功。

——人有大格局，才有可能活明白。

——一个既有自觉的发展目标，又主动要求别人帮助自己的人，才能持续地成长和发展。

——一个学问人，准确定位好适合自己的、有意义的研究领域，才能持续地做出有意义的学问，并越来越产生有意义的学术影响，形成持续和持久的学术影响力。

——人，细心，再细心，常细心，一生做事就没有漏洞，就能平安一生。

——人越勇敢做自己，就越有自己。

——人，做好别人不能代替自己的事，才能越来越做真自己、做好自己、做出自己。

——文字与人的心情密切相连。人没有激情，难以有文字的冲动和流动。

——时间实际上标志着经历，我们每天都在时间中经历和体验着生活。但时间并不意味着经历，过得有兴趣、有意义、有价值才能形成经历。时间要形成经历必须要有目标、有规划、有计划。

——人无信任，难有真情；人有真情，就应信任。

先生致青年：大学教授的十年箴言

2017 年

2017 年 1 月

——人，绝不能随意、想当然地去做事。人要把事做好，应先去研究好这件事怎么去做，再精细策划，去形成做事的方案，并据方案坚毅、扎实、有效地去行动。

——人，决断好自己该做的事，舍弃好自己不能做的事，远离好自己不愿做的事，才能成事，并越来越通过做事，把自己扎实而高效地发展好。

——一个只做自己想做、愿做的事，而不去做自己不愿做、但必须去做事的人，迟早做不好事。

——不读书，难有学问；读了书，也不见得就有学问；聚焦一个方向或领域，并聚焦于问题的发现和解决，去读书，才能越来越有学问，学问也越来越专深。

——人可富贵，但绝不可因富贵，而得病。

——一个把大家的精力集中在事业上的集体，才有活力，并和谐。

——工作不能急做，也不能迟做，更不能不做，但可适度缓做。

——只要工作，就要扎实，不要想在心上，说在口上，浮在面上。

——人，只要做事，就要心里清楚，心中有数，心中有人。

——工作可忙，但要忙而不乱，不能忙乱，更不能乱忙。

——可以把学习、培训比喻成充电，但一定要形成磁流，贯穿全身，更新观念、知识和手段，坚毅前行。

——一个已把自己尽力做好的人，才真实地在感谢着别人，发自内心地感恩着别人！

——做事应有原则，但也要灵活，更要有好的策略和效果。

——一个越来越远离集体的人，集体也就慢慢远离了他。

——研究者的学科跨度不大，其学术研究难有厚度和深度。

——旧和新，这是一个事物的两个方面。旧的不一定就不对，新的不一定就对。我们应该吐故纳新，而不应去破旧立新。已有的好的传统、习惯、观念、做法等应好好继承，适度去因循守旧，但同时要适应时代和社会的变迁，不断创新传统，不断更新观念，改变不合时宜的习惯，探索新的做法。一个既能适度因循守旧，又能与时俱进的人，才能使自己既不变，又能变，才能越来越能固本，扎实发展，有底蕴，并厚重。

——人，只有养成聚焦一个问题去系统思考的习惯，才能到某一情境下，形成自己对一个问题的系统而独特的思考。

——不能对一个对别人不负责的人太好心。一个太好心的人，实际上在伤害着别人。

——人，工作要认真、热心、热情，乐于帮助他人，但在工作面前，每个人的责任要很明确，不要承担起不该承担的责任。

——人的生命，既然彼此不同，那就应该形成各自独特的生命风景，并不失人的基本本性。

——规范好自我，才能发展好自我。

——人，应该实在、真诚，但不能没有策略和智慧。

——人，怕什么，才能做好什么。

——人，既要善于改变自己，又要善于保持好独特的自己。时代在变迁，人应与时代俱进，不断改变自己，使自己更能适应现实，更能适应自己所处的时代；人应该改变自己，但人也不能轻易被改变，所改变的应是不适应时代的。面对时代的大潮，人应该好好地保持自己的优点、优秀、美好，并不断去积淀，形成独特的自己。人不善于改变自己，很可能就落伍于时代，甚至被时代淘汰；人太易于改变自己，又难于形成自己的独特。善于改变自己，这是一种习惯，更应成为一种能力，需要不断的训练和磨炼。

——社会发展得越快，人越需要去沉思，更需要在一定意义上，以自身为坐标，去准确定位发生在自己身边事的合理性或价值。

——一个仅仅以社会为坐标，而不以自身为坐标看待这个世界的人，难以主动成长和发展着；一个仅仅以自身为坐标，而没有社会的坐标，难以让自己融入社会，可能在孤芳自赏着，甚至在寂寞和孤独着。

——文章是让别人看的，而不是自言自语。站在读者角度寻求具有自己个性特点的话语或思想表达方式，用最简单而精练、别人最易懂的语言去言说自己的思想，这是学者必须达到的思想表达境界！

——人，无论有什么事，都一定要保持每天好的精神状态。

——对成人而言，教育孩子，如果是为了自己，那么孩子难以教育好；教育孩子，如果是为了孩子，那么，对孩子的教育就越来越好，孩子教育得也就越来越好。

——人，需要彼此尊重。但人不会被别人自动地去尊重。人，必须通过自己，坚持每天的自觉努力，不断取得成绩和成就，才能越来越得到别人发自内心的尊重。

——人生可以感慨，但重要的是有感动，更有感恩。人，既能让自己感动，又在感谢、感恩着别人，自己也就在自豪着，成长和发展着。

——人，应有自己的想法和做法，但不要轻易将自己的想法和做法强加于别人，而应自己先去尽力实现自己的想法和做法，让自己成为别人效仿的榜样，并以榜样的力量，让别人去实现他自己的想法和做法，并使其成长和发展。

——一个集体，只有所有人的内心，都承载着同样的梦想，这个集体才能越来越有责任感、使命感和成就感，才能越来越有凝聚力和活力。

——人，只有不断进取，才能生存下去，并过上有品位和尊严的生活，从而越来越焕发出自己生命的活力。

——人，主动和自觉去强大内心，自己的内心就会越来越强大。

——人，既要对自我本质进行追问，经常去思考我是谁，又要对自我与他人关系去进行追问，经常去思考你是谁的人。

——读书，应该去读新书，但更应该去读常见的书。读不好常见的书，读书的基本功不扎实；读不好新书，难以了解新知，更难以使自己与时俱进。

——治学，不去聚焦一个适合自己的研究领域，难以做好研究，并做出学问。聚焦一个研究领域去治学，既需要系统阅读有关这一研究领域的著作，尤其是经典著作，又需查阅相关论文，做好文献综述，更需在此基础上，定位好自己研究的切入点，实现在已有研究成果基础上的创新，不断形成自己在这一研究领域的系列成果，越来越产生学术影响和社会影响。

——人，只管做实自己，做好自己，做强大自己。一切皆释然。

——一个有爱心的人，应该去关心人，但，既不能太主动去关心人，又不能失去自己去关心人。人，太主动去关心人，实际上在伤害着对方的自尊；人，失去自己去关心人，实际在伤害着自身的发展。人，自身强劲的持续发展，会影响着他人，并让他人发自内心在服气着，这实际上，是在关心着他人。

——一个连自己都做不到位、做不好的人，做不好父母。

——人，坚持每天读好书，主动并持续地去进行人生体验和积累，并富于积极主动自觉的思考，就会越来越有奇思妙想。

——人，需要操心，但不能什么都去操心，那样会活得很累。一个操碎了心的人，实际上在失去着别人对自己的感谢和尊重。人要把心操好，既需要聚焦于自己的目标，又需要能让别人也有去操心的资格、自由、时间。自己该操心的，一定去操好；自己不该操心的，就要相信和放手，让别人去多操心。人，越能让别人去操心，才能操好自己该操的心，自己每天才能活得充实、放心和开心。

——人，发展好自己，实际上是对别人最好的关心。

——人，要吃饭，少吃苦，尽量不吃亏。

——如果人生每个阶段都很扎实，没有拉下，那么自己的一生才能扎实而平安，才能有成就，真开心。

——一个认识不到工作的广度、深度和难度的人，难以带着事业心去工作。

——人不互相麻烦，难有真实情感。

——人，不要用时间去证明一切，而要用时间去实现一切。

——人，与年相伴随。人的一生，就是一年一年在过的人生。人过一年，年龄就增长一岁。与年联系，人的一生就是，从少年、青年、中年到老年的一生。无论人生怎么过，这是一个自然的过程。但对一个要把自己发展好的人而言，这个过程应是生命自觉的过程，需要一生主动成长和发展，更需要以过好每一天的态度、习惯、智慧和水平，去过好每一年。人，坚持过好每一天，每天去做最好的自己，就会扎实而有成就地去过好每一年，并把自己的一生过得快乐、幸福并有意义。

——人，要做，就要去做一个实在的人。一个实在的人，应有以下十个方面的标志：一个善于审视自身且放飞自我的人、一个立足发展且不断超越的人、一个满怀理想且不畏现实的人、一个内心澄澈且把握自我的人、一个慎言敏行且勇于担当的人、一个直面人生且淡定从容的人、一个认真严谨且踏实勤勉的人、一个珍惜光阴且信守承诺的人、一个德才兼备且严于律己的人、一个常怀感恩且回馈社会的人。

——生命中最美丽、最绚丽的是激情，是激情让我们面对困难永不言败，是激情让我们在生命旅程中难以失败，是激情使我们实现了自己的理想，是激情给了我们生命的光彩。激情不一定持久，不一定可靠，可这正是激情的可贵之处，我们要爱护激情，培育激情，让我们的生命与激情同在。

——人的激情究竟从哪里来？人的激情来自自己所喜欢的压力。人有压力才有激情。但这种压力必须是自己发自内心喜欢的压力，是自己敢于面对并能够克服的压力。具备这两个条件的压力，才能爆发出真正的激情！生命需要压力。生命如果有适度的压力，激情才会有滋生的土壤，生命也才会更加光彩！

——人是有差异的，并且差异会越来越大。人的差异究竟在哪？以下是我的回答：人的差异在于目标聚焦、人的差异在于中心兴趣、人的差异在于坚强毅力、人的差异在于业余时间、人的差异在于婚姻爱情、人的差异在于朋友交往。

——一个有目标的人，一定是富有理想，善于反思，了解自我的人；立足现实，对自己能准确定位的人；善于把目标分解，并能把目标具体化的人；能把目标坚毅去实施的人，善于反思行动，适时自觉调整目标的人。

——人，答应别人做的事，就要及时去尽力完成。除非自己有紧急事，可以推后此事，但即使要推后，也要及时与别人讲清。这要在早年加强训练，并成为自己一生的习惯。

——人，在做事，才能成长和发展。对做事而言，人宁可做事后后悔，也不要错过了后悔。对一个有志于把自己成长和发展好的人而言，做了事，未做好，可反思，但绝不后悔；已错过的事，自己本不该去做，并不适合自己去做，也绝不后悔。

2017 年 2 月

——人要在乎这个世界，就要强大自己的内心，自己的事尽力去解决。自己难以做好的事，才求助于别人去解决。

——一个连自己都发展不好的人，不仅关心和照顾不好别人，还会给别人带来负担，甚至痛苦。

——人的一生，就是在经营自己的一生，既要经营好自己的发展，又要经营好自己的家庭，更要经营好自己的孩子，让孩子比自己更优秀，活得比自己更好。

——人，作为一个责任人，来到这个世界，就要守住这三个底线：第一，经营好自己。一生不惹事，不出事，安分守己，每天坚持去发展自己，做最好的自己，活出自己应有的地位和尊严。第二，经营好自己的家庭。要找好爱人，幸福地走到一起，互相恩爱，厮守一生，绝不因情感不和谐而离婚，那样会给孩子、别人和社会带来负担，甚至伤害。第三，经营好自己的孩子。既让孩子崇拜自己，又让自己为孩子而自豪。人这一生，经营好这三个方面，才能活得真正快乐、幸福并有意义。

——做事，与其靠人言，不如靠信念。

——要把事做好，需要把握好以下三个基点：第一，要相信自我。自己一定能把自己必须要做的事做好，并做得精彩。当然，这需要尽力，并有实力。第二，把所有事情做好是对的，但要在有限的时间内，集中精力做好最应该做的事！否则，很可能做了不少事，但忙忙碌碌，收获不大，更难在人生旅程上留下美好的记忆。第三，做事不能贪多。无论做工作，还是做学问，每年，甚至每天必须精心策划，力求有标志性成果。

——把工作做细、做好的六大要点：态度认真，用心做事。研究好做事的特点和规律。形成工作方案，对所做事进行细致策划。集中好自己的注意力。做后多进行检查。以对自己负责的做事习惯严格要求自己。

——人是不可能被注定的。尽一切可能改变自己、丰富自己，享受生活中的各种惊喜，这才是我们来到这个世界的目的。

——人的本质就是人的无限的创造活动，即人和劳作的关系。人正是在不断劳作且只有在实现创造性的劳作过程之中，方可更好地体现出个体的真正价值。

——生存和发展，这是人在这个世界上的两大主题。人，既要以生存求发展，又要在发展基础上去生存，更要从发展的高度去解决生存。

——人，既然能靠本能去生存，那么也就应靠本能去发展。

——人，善意地对待生活，生活就会善意地回馈你。

——人去锻炼身体，不应在于延长寿命，而应在于保持和焕发自己每天的精神气。

——读书不应求时间和地点，只应求兴趣、目标和心静。

——发展危机在于经常改变目标。

——人，贵在能做好自己。这既需要有做好自己的胆量，又需要有做好自己的时间和自由，更需要有对他人和社会的责任。

——看一个人发展得是否好，就看这个人能否利用好早上时间、零碎时间和节假日时间。

——人，只管做好自己，不要轻易依赖于他人，更不能把自己的命运交给他人。

——一个集体，应有这样的信念并去坚持：我们是能每天坚持学习的集体。我们是每天尽力把自己工作做好的集体。我们是每天善于做好研究的集体。我们是每天善于锻炼、调整好心情，自信满满、精神饱满的集体。我们是每天舍得把时间给家人，但又不失去自己应有发展的集体。我们是善于广交朋友，人缘好，活得有尊严和滋味的集体。我们是在家和基础上，能够帮助别人，对社会能履行好自己应尽责任的集体。

——学问要做好，既要有高度、深度和广度，又要有速度。尽管学问是一个慢功夫，需要长久和持续的积累。

——一个学问人，要做好学问，基础要扎实，眼光要远大，文字要大气。

——人的时间和精力是有限的，把时间和精力花在什么事情上，就是什么人。

一个把自己已发展好的人，应该是一个已把时间和精力放在了大家都在做、必须做的事情上的人。

——人生，离不开圆。当团圆、圆满、圆全、圆润、圆熟、圆实、圆通等与自己密切相连，并成为一个人的人生信念和习惯行为时，这个人应该在快乐、幸福着，活得美好和有意义着。

——一个连自己的事都不好好操心的人，别人难以去帮忙。

——人，应该成为有用的人，但不可能成为对什么都有用的人，有时需要成为一个无用的人。人只有当事远离自己目标，成为无用的人的时候，才能聚焦好自己的目标，用好自己有限的精力和时间，真正成为一个有用的人。

——人来到这个世界，特别最迟到 30 岁，一定要找到适合自己的安身立命之所，越早越好，越快越好。

——人生不能失去底线。学生时代，就要做好学生。工作后，就应做好工作。这样，一生才能平平安安。

——人，驾驭好自己，才能发展好自己。

——一个感觉日子过得快的人，应该在有目标着，奋斗着，忙碌着，充实着，珍惜着时间，扎实地成长和发展着；一个感觉日子过得慢的人，可能在盲目着，懈怠着，无事着，无聊着，浪费着时间，更不可能在成长和发展着。

——人应该不断地向前走，但有时也需要适度地回头。适度的回头，是为了更好地向前走。一个擅长去反思自己已走过路的人，才能真实、踏实和扎实地把适合自己的路走好。

——人要把事做好，既要做好自己应该做的事，又要能让别人为自己做事，更要能把别人让自己做的事做好。

——人生，就是互相陪伴。陪伴自己去实现自己理想的工作目标和共同的生活目标，才是真正意义上的陪伴。

——人的一生，旨在做好事，活好人。做好事，才能活好人；活好人，才能更好做事；人把事做得再好，最终还是要活好人。

——人生遇到彼此矛盾和冲突的事会很多，一旦遇到，要去冷静应对，周密设计和考虑，最终形成方案，去协调并协商解决，以便达成和谐。

——一个做事认真的人，既是对自己所做事认真，又是对别人让自己所做事认真。一个只对自己所做事认真，但对别人让自己所做事，却不认真的人，最终也不会认真地做好自己所做的事，更难做成事，更谈不上做成大事。

——人，离不开思考。经常思考如何思考，才能学会思考，并越来越能思考。

——人，只要去做事，就要思路清晰。

——别人委托的事要做好，做事前要问好，做事后要反馈好。

——做事，要深谋远虑，要谋划好，形成计划后，再去行动。事情不谋划好，没有计划就去做，既做不好事，又浪费时间，耽误自己，还可能会给别人带来麻烦，甚至烦恼。

2017 年 3 月

——做事靠谱，才能让人信任和欣赏。做事越靠谱，才越能把事做成，并越来越能去做大事，并做成大事。

——人，先做好自己，才求助于别人；自己尽力做得越好，别人才越能高水平地帮助你。

——人，把事做好，需要组织；仅靠己力，难以做快事，更难做成大事，甚至在耽误着做事。

——人应该考虑自己的个人利益，但不能光想着自己的个人利益，因为这个世界的存在，并不是为了某个人的利益，更何况，这个世界绝不应该是人人为己的世界。一个人人为己的世界，绝不会是个好世界，更绝不可能长久。一个人人为己的集体，也绝不是一个好集体，慢慢就会有内耗，走向解体。一个把集体利益高于个人利益的人，才能真正得到生存和发展。

——人应该尽力把事做好，但人的时间和精力是有限的。人要把事做好，既要准确定位好适合自己最需要做的事，又要研究好做事的目的、原则、内容和策略，更要不断提高自己做事的效率。这样做事，才能把事做成，并做好，不拖延，更不会误事。

——人不用心，难以细心。

——人的一生，是确定性和不确定性的统一。人的一生要过好，应该与人生的确定性去安然相处，而要与人生的不确定性去主动相遇。

——人做事，既不能急，又不能慢，而要悠着点。

——一个人，若能真心做事，既热心、用心和宽心，又很操心，并能细心，应该没有做不好的事。

——人不能被别人催着去做事，而要主动去做事，特别去主动做好对自己紧要的事，并尽力高效率去完成。

——人都搞不定，事就做不好。

——过出来的日子，才是真日子；活明白的生活，才是真生活；内心干净的人，其心中的世界就真明净。

——守不好时，做不好人。

——人醒了，才能主动去生存和发展，越来越焕发出自己生命的活力。人之醒，既需要惊醒，又需要警醒，更需要每天的唤醒，特别是对自己，要坚持每天去主动发展的唤醒。

——人生越有成就，就越应享受人生；人要享受好人生，就要越来越能有成就。为了享受好人生，人就得去奉献，做出贡献，即使在自己没有心思和心情时，也要去做有意思的事，干有意义的活，而不让时间白白流过。

——一个发展好的人，应该是善于与人打交道的人。

——人要去帮助好别人，先要做好自己。人越能做好自己，就越能帮助好别人。

——人的一生会不断遇到难题。一个能主动靠自己的力量去破解好难题的人，内心才能越来越强大，生存和发展的层次和水平也才能越来越高。

——无过基础上去有功，有功的同时绝无过。

——人在做事中，才能学会做事。

——做事，要到位，而绝不越位。人，既不要拉下应该做的事，又不要去考虑不该考虑的事，更不要去做不该做的事。

——做事有做事的规矩。做事前，了解好做事的要求；做事中，有什么问题随时汇报；做事后，把做事的结果及时反馈，并反思好今后应如何把事做得更好。

——一个总说有时间的人，可能在懈怠着；一个总说没时间的人，可能在忙碌而无为着；一个总说时间不够用的人，可能在每天扎实地奋斗着、有为着。

——一个人的发展，不是一个人的事；一个人发展不好，就会影响一个集体的发展；一个集体发展不好，就会影响到每个个体的发展。

——人，只要去努力，就可能有成功；人，越努力，就越会有成功。

——一个把自己的发展命运牢牢掌握在自己手中的人，才能做强自己，并持续地发展好自己。

——交往，是一个人发展的基础。与人形成良好的交往关系，这是一个人发展好的保证。人在人生每个阶段，应该形成适合自己的交往方式，建立起和谐的人际关系。

——一个不用心、不细心做事的人，不仅发展不好自己，而且在影响着别人做事，给别人带来烦恼和负担，甚至伤害。

——做事一旦没有效率，事就越积越多；挤着做事，事自然难做成，更难做好。

——靠人不如靠己，靠己不离靠人。

——人越主动工作，工作就越能超前和轻松。

——准确定位好发展资源，才能去尽最大努力发展好自己。

——人，系统并长远策划好自己，才能每天做踏实自己，并尽快发展好自己。

——一个集体，只要精心谋划，目标明确，群策群力，没有做不成的事。即使当下因时机不当，做不成，以后也可以做成。

——人无肚量，难有人格。

——人通过不断做事，并在做事后不断去反思，才能越做越有成就，不断走向成熟和成功。

——人明白了做什么事，不一定就能做到什么事。

——人生就是一个过程。每天，就应是人生新的开始。

——生活既简单，又复杂。人，该简单就去简单，该复杂就去复杂，既不能把生活简单，又不能把生活复杂，更不能把本来简单的变得复杂，把应该复杂的变得简单。

——人诚然是未完成的存在，但人生每个阶段有每个阶段的任务，每个阶段的任务必须完成。特别是学业和工作。

——一个中国人，只有具有国际视野，主动并自觉地把自己置身于中国语境和情境下，才能想好事，做成事，成大事。

——人，只要做事，就要顶层设计，精心策划，扎实行动，而不要随便尝试，随意行动。

——人，应面向未来，活在当下，不能从明天起才去成为一个幸福的人，而应该在今天，就成为一个幸福的人。

——把每天的时间策划好，管理好，这是一个人身体好，能多做工作，并做好工作的基础。

——人无私心，才能对别人真关心，并关心好。

——一个集体，大家彼此心通，事情才能做通。

——人，有兴趣去做研究，并在兴趣中做研究，就越来越会研究，研究就越来越得法，研究水平也就越来越提升。

——一个没有战略思维的人，难以超前发展。

——对父母亲而言，孩子很重要，但如果太关注孩子，把自己时间更多地给了孩子，那么不仅自己难以发展好，而且也在影响着孩子的发展，使孩子难以独立、独特。

——一个总是求人帮助的人，发展不好自己；一个总不求人帮助的人，也发展不好自己；一个在自己实力基础上，善于让人帮助自己的人，才能发展好自己。

——一个能把自己发展好的人，应该是会考试，并能一次性考试成功的人。

——人生就是选择，进行适合自己的选择，并选择好，才能走好一生。

——人的一生，应尽力不说错话，不做错事，不走错路。但，人不能仅仅怕犯错，而应防止出错。

——人遇到难处理的事，既不能赌气，又不能意气用事，而是要心平气和，周密思考，精细策划，形成方案，最终彻底解决。

——做事应有效率，但更应有质量。

2017 年 4 月

——人只要做事，就应在做完的基础上，去尽力做好。做不完事，做不起事，做不好事，就做不成事。人在做完的基础上，越来越能把事做好，才能成长和发展，并越来越能实现人生的成功。但人也不可能把任何事情都做好，有些事情，做完即可。而对能实现自己人生目标的事，应该在做完的基础上，尽力去做好。

——人要把自己发展好，应该去扬长避短，而不应去扬长补短。人，深知自己不足，应该发挥好自己的优势，扬长避短，才能把事扎实而高效率、有水平地做好，进而真实地在成长和发展着，有影响着。

——纯青永在，才能青春永驻。

——学生时代形成好习惯，工作以后就会形成迁移，一生保持着好习惯。

——人这一生该做的事，迟做不如早做。人去早做事，才越来越能做成事。

——人在这个世界上，没有不难的事。事，只要想做，愿意去做，就不会难，并越做越不难。

——对逝去亲人最好的怀念，是尽力做好自己。越做好自己，才越有资格和能力去怀念。

——守时，才能做事。

——做事，与做学问一样。做学问需要做好研究综述，了解好别人研究了什么，确定好做研究的基础；做事需要了解别人是如何做事的，有什么经验和教训，并在此基础上确定好自己做事的方案。

——随着年龄渐长，人的事越来越多，这就越需要根据自己的目标，按轻重缓急，统筹兼顾和安排，尤其要合理分配好时间，不着急，不赶急，不熬夜，自觉放弃远离目标的事。

——人，一旦答应别人让做的事，既不能不尽快做事，拖着，又不能老觉得自己做得不好，也在拖着。人一旦答应别人让做的事，就应与别人定好最后期限，尽最大努力先去做好，尽快形成成果和结果，按时交给别人，在听取别人意见基础上，去尽力修改或完善，把事尽力并尽快做完。

——人难以离开集体，一个人的发展影响着集体的发展。每个人发展着，集体也才能发展好；集体发展好，一个人才能有更好的发展基础，并发展得越来越好。一个人，可以对集体不去做贡献，但绝不可成为集体的负担。

——一个集体，既要聚集总体目标，又要每个人错位去发展，这样才能共同发展好。

——人，既要去为别人做事，又要让别人为自己做事。人，为别人做事，不能自己想做什么，就去做什么，而应别人要求什么，自己才去做什么；人，让别人为自己做事，不能自己想让别人做什么，就让对方做什么，而应充分考虑对方的目标、志趣、性格，准确定位好适合其做的事，并把做事的要求讲清，甚至规定出做事的程序。

——人，只要想做最好的自己，就意味着拥有着自己。

——人不能着了急，才去做事；更不能想去做事，才被动去做事。该做的事，应该适度超前、主动去做，才能做到、做成并做好。

——人有好的习惯，才不给别人增添麻烦。

——一个想做好学术研究的人，既要写好自己的论文，又要评价好别人的论文，越能发现别人论文的不足，自己的研究水平才能越来越有提升。

——人，越有能力帮助别人，就越在发展着自己。

——所见，就要见，不能视而不见；所想见，就不能所未见；所不见，就不去见。人生旨在处理好所见，研究好所未见。

——一个能让忙碌的人，去挂念并给予其时间的人，是一个值得欣赏、很有发展潜力的人。

——一个自己都不珍惜自己的人，难以让别人珍惜。

——一个发展好的人，应该是给自己的发展以更多时间的人。

——人不要假设做事，要在做事中做事。

——失去底线的帮忙，实际上在帮倒忙，更在损坏自己做人的形象。

——人不小心，就难免有失误；人有责任，就会很小心。

——成事，先要成人；成人，先要成己。

——人所处的世界，无论其如何改变，关键在于自己如何去把握，并把握好。

——人活好一辈子，就要自觉地担当责任，并努力做出真正属于自己的贡献。

——人最可怕的是无情无义，没有担当。

——人在做事中，才能把人越做越好；人越做越好，事情才能越来越做到位。

——人活着，要做事，但无论做什么事，都不能随情、随便和随意，需要策划，更不能轻易放弃。

——人，既要开放和放开自己，又要保守和保护自己，这样，才能使自己持续地成长和发展。

——人，既不能以己度人，又不能以人定己。

——读好纸质书，才能读好书。

——阅读，既是人类的生存之道，又是人类的发展之道。

——机会对每个人，虽然是公平的，但并不多。不多的机会，要靠自己的实力，才能把握好。只有有强劲实力的人，才能不断把握好机会，在人生每个阶段，都能实现自己理想的成功。

——人生有不断的坚持，才有扎实和真实的成功。

——做好众人的事，才能做出真正属于自己的事。

——人，正确认识自己，才有可能找到供自己发展的平台；找到适合自己的所在，才能真正和真实地发展自己。

——一个老师，如果没有耐心，不给学生一定的自由，更不去宽容，永远做不好老师。

——人生，不能轻易去尝试，而应目标适合并明确，尽力一次就成功；人生不能总去假设，只去讲如果，而是应尽力去做，不断得到好的结果。

——对一个有志于学术研究的人来说，适合自己的平台，才是最好的平台；适合自己的导师，才是自己最好的导师；适合自己的学术研究方向，才是最好的研究方向。

——人的形象，不能只有一面，应有多面。

——人尽力去做好自己，每天就有可能遇见最好的自己。

——人这一生，想大事，做大事，才能成大事。

——人，要心安、心静，就要只求做好自己，不去过虑他人。

——人，不能仅仅考虑自己如何活，也应考虑如何为别人活。人越为别人考虑，就越能做好自己。

——人越努力，应该越成功。但实际上，人越成功，才会越努力。

——做事，就是在做人。

——真正的自由，就是让本来就自由的自由。失去本真，难以自由。

——认清学问的清苦和辛苦后，仍然喜欢去做学问，才真正是学问人，也才能静心和真心，去把学问做好。

——一个对别人有责任的人，才能尽好自己的责任，并做好自己。

——一个想做事，并成大事的人，不会把时间耗在忧虑、犹豫、无聊、苦恼上，而是把时间花在努力、勤奋和奋斗上。

——人生的信念和幸福：年轻时，不要让生你的人受累；年老时，不拖累你生的人。

——人认识到，不一定就做得到。人要做到，需要责任、使命、毅力、激情和精神。

——人，应该把所做的事作为一生生命的内在构成，但不应以自己的生命为代价去做事。

2017 年 5 月

——人要劳动，但不要劳累。劳动也要得法，更要去研究。

——一个既能拿得起，又能放得下的人，才不枉过自己这一生。

——一个学问人，既是学问的好之者，又是学问的乐之者。

——以人去定事，才能做好事；依事去做人，才能做好人。

——人要真正享受到快乐，就应该去做真正有意义的事。

——人，每天都应成为最好的自己。

——人要活得有意思，就应去做有意义的事。人越能做出有意义的事，也就活得越有意思，越能珍惜这个世界。人活得越有意思，就越能做出有意义的事。

——人不爱自己，别人难以爱你；人对别人没有责任，也难以爱好自己。爱自己，既是人生的目标，又是人生的境界。爱自己，既要成为一种人生习惯和态度，又要越来越形成一种能力。

——人先尽力做好自己，别人才能尽情帮助好你。

——人在自己生存和发展的关键时候，才能认清自己和认识别人。

——人一旦说不可能，什么事也做不成。

——人失去责任和使命，什么都会忘掉，包括自己。

——人，处什么人，就可能做什么事，成什么人。

——人不应取悦别人，但也不应失去对别人的责任。人，越能尽好对别人的责任，自己才越能快乐。一个能快乐自己，并不失去责任的人，才能让别人也在快乐着。一个越能给别人带来快乐的人，才真正在快乐着自己。

——诚真人，一生真诚。

——大家都有的东西，不应珍惜；自己独有的东西，定去珍惜。

——人应随和，但不应随情、随意、随性。

——一个发展好的人，应该是能主动学习、借鉴别人优秀的东西，并越来越优秀的人。

——人，自己不去主动做，就会被别人去做，自己就会失去应有的发展机遇，很可能也就留下了人生的遗憾，甚至抱憾终生。

——人，既然认识了一个人，就要认识这个人的真心，并彼此心灵相识、相通和相融。

——人尽力去做好每天的自己，才能少让自己无能为力的事情发生。

——关心好他人，才能做好自己。

——人在自己忙的时候，能闲下来，才能把事做得更超前、更理智、更有效率；人在闲下来的时候，实际上还在忙着，才能扎实地过好自己的每一天，让自己更有收获和成就，每天在成长和发展着。人，就应该忙中偷闲，闲中忙着。忙和闲的关系能否处理好，实际上反映着一个人的工作态度、能力、智慧、效率和水平。

——每一天都是最值得过的一天，但仅仅知道值得过，过不好每一天。只有根据自己的目标，做好规划，策划好自己每月应做的事，并每天做好自己应有的选择和计划，尽力扎实做好每天已计划好的事，才能使自己每天过得值得。

——人要幸福，就不会后悔当初。一个真正在幸福的人，一般都有好的当初。

——研究好别人做了什么，自己才能扎实去研究什么。

——人在请别人帮助他人时，越能体谅、理解和尊重别人，就越能请人帮助好自己想帮助的人。

——一个太乐于助人的人，很可能就苦了自己。

——人，既应活给别人，又应活出自己。人，既有生活的目标，又有生活的热情，就有可能活出自己。人不可能事事顺意，但有可能事事如意。

——人只要做事，就要适当和适度地形成自己的方式。

——人做事，就在做人。把人看清，才能把事做好。

——一个爱美的人，才能成为青春永驻的人，并能一直成为给别人带来快乐的人。

——人可以改变自己，但不能改变到自己都不认识自己。

——人要把事做好，一定要有具体的目标、具体的计划、具体的要求、具体到个人、具体的效果。

——人，生活好，才能有情调地工作好。

——人做事，就要找到事与事之间的联系，分别进行好宏观、中观和微观层次的系统思考，并进行系统地安排。工作没有系统思维，就会忙乱，就会丢三落四，既累了自己，又苦了别人；工作既无效率，更难有标志性成果。

——人，没有人品，难有精彩人生。

——这个世界实际上给男人赋了了更多的责任和使命。一个真正的男人，就要努力成为一个顶天立地的人，想天下事，做天下事，成天下人。

——人不能假设做事，要通过行动去做事。

——在互联网时代，一个不能主动去用好微信的人，是一个不能与时俱进的人；一个不能主动与人进行微信交往的人，是一个缺少交往意识，不善于与人交际的人；一个连微信群都不能邀请别人加入的人，在失去着与别人越来越多的交往。

——一个目标高远的人，一生不会拖延做事，而是超前做事，并能尽心、尽情和尽力去做好自己该做的事。

——人的成功，是通过高远的目标和坚强的毅力，一步一个脚印累积起来的。人要想有一生的成功，那么就应在人生的每个阶段，务实、真实、踏实、扎实和坚实地走好每一步。

——面对剧变的世界，改革很需要，很必要，但改革并不意味着就合理、合情和合法，改革也不意味着就否定、断裂，而是要促进稳定和发展。越是促进稳定和发展的改革，越需要处理好传承和创新、传统和现代化的关系，要精心设计，稳中求进，坚持适当和适度的保守和传承。失去传承的改革，改革将付出不必要的代价，难以深入人心，难有改革的持续活力和效率、效益，并会给人心灵上带来不应有的负担，甚至痛苦，进而影响稳定和发展。

——一个学问人，能把别人的学问讲清楚，弄明白，就不错了。

2017 年 6 月

——人要好心，但要好得有原则、有骨气、有霸气。

——人去借力做事，就好做事。

——人，迟早要做的事，绝不能懒着去做，拖着去做，而要尽快去做，更要超前去做。

——人，先要去做好自己有把握的事，再去考虑是否能做难以有把握的事。

——一个学术人，不以学术为业，达不到以学术为乐，难以做好学术。

——一个连自己都不相信的人，永远成不了真正的自己；一个不去尽力做好自己应做事的人，难以相信好自己。

——人守不好信用，永远做不好人，更做不好事。

——人生就是一个过程。每天，就应是人生新的开始。

——考试，既是对自己人生的检验，又是人生的基础和开始。考试，既需要知识、技能、能力，又需要志向、心态、细心、习惯、毅力、精神。考好试，才可能抓住好的发展机遇，并有好的命运。

——人，不在平时去做好自己，迟早会因忙累坏自己，更难有成功的自己。

——一个视野开阔的人，才能有大格局地把事做好、把人处好。

——一个想把自己发展好的人，只能不断地向前。

——人，有缘认识一人，并投缘，就要去真诚相处一生！

——只要去研究，就一定要从问题着手。

——人的一生都在决策中，做适合自己的决策，并使决策适合自己，才能持续成长和发展。

——想到，并去做到，事才能做成。

——人这一生，越早知道自己该追求和得到什么，越好。该舍弃的，尽快舍弃；该放弃的，尽快放弃；该丢弃的，尽快丢弃。弃之，是为了更好地得到。

——人不能凭感觉去认识一个人，通过交往才能真正认识这个人。

——格局决定着结局。

——人，再有个性，也不能失去人性。

——一个聚焦适合自己目标，尽力去奋斗的人，永不会有失落。

——人对自己必须要做的事，就应既按时间有效率地去做完，又要尽责、尽心、尽情、尽力去做好。

——人把事做好，需要时间和精力等方面的投入，特别是时间的投入在决定着做事的水平。

——人把自己发展好，才能更好地为别人做事；人越能为别人做事，才越能更好地把自己发展好。

——人都知道做事要细心，但真正做到不易。这既需要格局、责任和能力，又需要态度、自觉、习惯和精神。

——一个没有集体责任感的人，一生难以发展好自己。

——人下功夫学到的东西，才能真正属于自己。

——任何人成功的背后，都有不容易的过去。

——人的第一责任就是让自己每天健康地活着。人，没有好的身体，不仅难以承担起自己该承担的责任，而且在给别人带来负担和痛苦。

——人，想不好，不去做事；认识人还不够，不去讲话；不怕做学问，不要轻易去发表文章。

——一个成熟的人，不会轻易去感动、激动、能动。

——一个优秀的女性，在优雅着，不去犯错，更不会轻易认错。

——一个好心的人，很可能在做着别人不希望做的事。

——一个大学毕业生，在人生每个阶段，都应把握好这样三个底线：同龄人应有的，尽力自己也去拥有，尽力后则释然；成家后，夫妻要聚焦好家庭目标，既夫唱妇随，又妇唱夫随，共同尽力去把各自发展好；有孩子后，一生尽好对孩子的各自责任，与孩子一起共同成长和发展。

——人生历程既然是不能重复的，那就要扎实过好每一天，尽力使自己的每一天想法现实、工作踏实、精神充实。

——人干事业，还是做事情，决定着人一生的命运。人干事业，才能在扎实地成长和发展着；人做事情，就难免失去前进的动力，很可能在混着日子，百无聊赖着。

——人没有童心和童趣，难以发自内心地高兴和开心。人，在人生任何阶段，都要保持好自己的童心和童趣。只有这样，人才能真正在自己内心深处，有主动、积极、乐观、开拓、进取并不断走向成功的人生。童心和童趣一旦泯灭，人很可能就会有遗憾、甚至不幸的人生。

——做事不专一，不坚定，这是做事的大忌。

——人的发展不可能一直进步，很可能也会退步，因此，必须形成自己的可持续发展能力。为此，必须准确定位适合自己的发展目标；必须有坚强的毅力，坚定地向自己的目标迈进；必须进行严密的策划和计划，过好自己的每一天。

——人一定要为目标而行动，没有目标的人一定是无所适存、难以有成就的人。

——生命的意义不是消磨时间，而是过有责任的充实的生活。

——人的潜力很大，但需要机遇、机会、亲情、责任、使命和平台。

——人的潜力的挖掘，需要得到比自己更优秀人的教育、指导和训练。

——一个人仅仅靠别人的教育和训练是不够的，需要自己的体验、感悟和行动，特别是行动后的系统反思。

——命运必须掌握在自己手中，但这一点任何人都难以教会自己，需要通过自己一生去体悟、行动和积累。

——人最重要的是安全。生命不仅仅属于自己，人一生都要善于保护自己，时刻都要有清醒的安全意识。要学会安全发展。

——人与人的交往需要真情、真心、真诚、真实，这样才会有真正的人气、大气、志气和霸气。

——一个人要做好的"十不"：

第一，不能失去原则。

第二，不能无原则地走捷径。

第三，不能没有平常心。

第四，不能没有规划（核心是目标）。

第五，不能犯三个错误：不守法、不遵循道德、不遵守规章制度。

第六，不能太有惰性。

第七，不能失去正业（学生的正业就是学习）。

第八，不能失去研究。要把研究成为自己的素质和习惯。

第九，不能一天不读书。

第十，不能不孝敬父母。

2017 年 7 月

——人不能靠冲动去工作，而要通过深思熟虑，并扎实有效地去行动，去工作。

——考试重在平常积累，功夫下在平时，才能考好。

——一个既不想知道也不能确定在什么时间和地点去获得什么的人，难以真实和扎实地在成长和发展着，更难以在欣赏着自己。

——一个学问人，不静心，难以治学，更难以形成有深远影响的成果。

——人越做好自己，才越能服务好别人；人越能在服务别人中，不丢失自己，才越能真做好自己。

——人不自信，难以有个性；人无个性，难以成就真正属于自己的人生。

——真正的学问，是有功夫的学问；真要做出学问，往往在功夫之外。

——爱是一个人的事，爱情是两个人的事。有爱未必就能有情，有情自然就有爱。爱能生情，才有爱情。

——人，要做你自己，因为别人都有人做了，但这个自己，应该是有责任和使命的自己。

——一个人有责任和使命地在做着自己，才能真正做着自己。

——人要按照自己的想法和意愿去活，不要依附任何人而去存在。

——一个主动去选择自己人生的人，才有可能使自己的人生尽早成功。

——一个喜欢别人严格要求自己的人，才能真实并扎实地把自己发展好。

——专业的人，就要做专业的事。

——没有哲学的训练，难以发现好的问题；没有好问题，难有好的研究成果。

——一个总让人帮助自己的人，难于发展好自己；一个总想帮助别人的人，不知不觉地在发展着自己，更在通过成就别人的同时，在发展着自己。

——人把一件事做好，既需要工作，又需要适度操作和智慧的运作。

——人生有不少琐碎的事情，但人不能把自己的生活过得琐碎。人，只有把自己的生活过得系统、有条不紊，每天才能扎实和真实地成长和发展着，并越来越有成就着，最终走向成功。

——人每天勉励着自己，才能成就着自己，并享受着自己。

——友吾友，才有友，更有友。

——人生达不到从容不迫之境，难以成功。

——人的一生只要有爱做的事、要做的事、能做的事、盼望的事，就能真正地在感受着人生的快乐。

——一个好学生，应该去关注自己的学校怎么样，但更应去关注自己学得怎么样。

——学习活着的先生，缅怀逝去的先生，才能有一代一代的学人，才能有学术的传承和创新。

——人，一旦心中已有目标，就要坚实、坚强和坚毅地朝着目标、有责任和有智慧地持续走下去，走出成功，活好一生。

——人要想让别人把你所想的事做好，先从自己开始。人先尽力做好自己想做的事，才有可能让自己所想的事成为大家所做的事。

——人要把自己的每天过好，就要总结好昨天的、干好今天的、计划好明天的。

——任何事，只要习惯了，就不累。

——人要真忙，而不要装忙、瞎忙和闲忙。

——不超前做事、不去高效率做事，就可能拖延，甚至错过机会，做不成事，更难把事做好。

——真正的师生关系，不仅仅停留在学生时代，而更应在毕业以后。师生，应彼此携手去做更多的事，圆更多的梦。

——人，自己拥有的一切，应靠自己的艰辛奋斗得来，这样一辈子才能活得真实和踏实、自在。

——人只要有追求，就会永远年轻。

——人生苦短，那就尽力去走好，不要留下遗憾。

——人生之路漫长，但关键的就那几步。人生关键的这几步，需要周密的超前规划，更需要具体的计划和策划。

——一个有追求的人难免会累，但这种累，既不是心累，也不是苦累。

——人不专注，难以成事。专注是一种能力，需要不断的磨炼。

——人生有许多难忘的回忆，但刻在人心灵上的东西，才会真正被铭记一生。

——别人能做到的事，只要自己能用心并辛苦去做，自己也就能做到，甚至比别人做得更好。

——一个对家庭都没有责任感的人，难以有对社会有真实的责任感；一个没有社会责任感的人，难以形成对自己发展的使命感，更难以持续地成长和发展。

——一个收拾不好家的人，收拾不好自己的心。

——一个人，就是一个世界，善于向别人学习，并把别人的优点化为自己的东西，才能使自己的世界越来越美好。

——人，应该找到适合自己的事情。但只做适合自己的事，不去做不适合自己、但必须做的事，难以做成事，更难把事做好。

——人应该有对完美的追求，但在现实中切忌执着于完美。

——对读书人而言，一个未研读过文学名著的人，难以从内心去尊重人性、合乎人情。

——奋斗，既是一个目标和过程，又是一种习惯和行动，更是一种信念和信仰。

——一个想要做事的人，要学会做事，并真会做事。

——人，随着年龄的增长，事情会越来越多。只要超前做好规划，提前做好计划，做事前有周密的策划，就越来越能把事情做完、做成、做好，更不会迟缓、拖延、耽误。

——人，每天尽力去踏踏实实做好自己，才不枉这一生。

——一个想把自己发展好的人，一定要有长远的布局、超越自己的格局和集体的大局。

——人的时间和精力是有限的，特别是在一个人的早年，一定要把主要精力和时间，用到自己的学业和该做的工作上，绝不能把时间和精力放在旅游、健身、美容等生活享受方面。一个自觉、主动为自己的学业和工作尽力奋斗的人，才能真正有属于自己的生活享受，并真正享受人生。

——一个在学生时代利用不好假期的人，可能做不好自己的学业，更难以扎实地成长和发展。

——处事不细心，处人不细致，事情难以做到精致。

——人在同一师门，既是缘分，又是共同成长的同伴，更是互助发展的平台。

——人，常记得"旧"，才能日日常新。

——一个还没有做好自己的人，不要轻易埋怨和指责他人。

——人，要坚守自己，也要与时俱进；人，要包容别人，但要坚守原则。

——一个人，可为爱情和家庭作出一定的牺牲，但不能牺牲掉自己的工作和事业。一个主动自觉把工作和事业经营好的人，才能经营好自己的爱情和家庭。

——一个本来就能做好自己的人，应该在善于学习别人的基础上，尽力靠自己做出真正属于自己的水平和特色。

2017 年 8 月

——一个学科人，忠诚于自己所从事的学科，才有资格去做这个学科；对这个学科形成责任感和使命感，才能真正有动力去做好这个学科；对这个学科越来越有成就感和自豪感，才能越来越做大和做强这个学科。

——人，都想发展，也在发展。但人的发展不仅仅是量的变化，更应有质的飞跃。人的发展要想有质的飞跃，既需要精心的规划、组织和策划，又需要团队的聚焦、奋斗和合作，更需要高度、深度和速度。人如果发展得慢，实际上意味着在退步。

——人的平台越大，视野才能越宽广；人的眼界越开阔，思维才能越独到。

——靠别人，难靠得住；靠自己，才能真正靠得住；人，自己都靠不住自己，那就没有了自己。

——人，如果心不在，事情就做不好。

——人能和气，心灵才能畅通。

——人有气势，才有成功。

——细心，既是一种态度，又是一种习惯，更应是一种能力。

——一个想做学问的人，不坚持每天适量的阅读、适当的思考、适宜的写作，难以做好学问，更难把学问做大和做强。

——人，既不能在自己本不该在的地方，又不能做自己本不该做的事，说自己本不该说的话，更不能成为自己本不该是的样子。

——人，应该适度并尽义务地奉献自己，但绝不能牺牲自己。一个心中有他人但过度牺牲自己的人，不仅自己难以成长和发展，而且影响着别人的成长和发展，更难给别人带来快乐和幸福。

——人，既不能认错人，又不能看错人，更不能帮错人。

——人，操心过度，还不如不操心。

——父母对孩子，要尽力去引导，而绝不去霸道。

——一个学问人，低调地做好自己，才能静心去做好学问。

——人定位好适合自己的目标，才能发展好自己。人越早聚焦适合自己的目标，才越能快速地发展自己，甚至实现超常的发展。

——别人可以不喜欢自己，但自己一定要喜欢自己。

——好的教育，必须满足社会和个人共同的可持续发展。处理好社会和个人发展的关系，这本来就是教育所面对的主题和难题。

——一个对自己都不深刻了解的人，难以了解和理解别人。

——人，既要活得明白，又要明白地活着，活出自己的尊严、价值和意义。

——好的教育，不仅仅是引导学生去享受美好的人生，更应引导学生形成对世界、社会、他人和自己的爱、智慧和责任。一个有爱、智慧和责任的人，一生才能活得明白。

——人生是一个过程，但人生每个阶段应有重点，把重点把握好，自己的一生才能扎实过好。如何把握好重点，这是人在每个阶段面临的难题，要切实解决，并通过突破重点，使自己不断获得成功。

——人，珍惜目前，才有长远。

——人应该去实现别人的期望，但不能按别人的期望活着，应把别人的期望尽可能内化为适合自己的希望，去真实和扎实地活出自己。

——一个既会与同事相处，又会与家人相处的人，才能无遗憾地过好自己的一生。

——人，既应倾听别人，又应表达自己。

——人与人相遇，就是缘分。常联系，才能长相处，真相知，互相帮；不联系，那就意味着缘分尽，不必憾。

——人可以自己吃点亏，不能亏待了别人，但不能常吃亏，亏待了自己。一个能适度亏待自己的人，是有福气的人；但一个太亏待自己的人，难以成长和发展好。

——人不要去抱怨自己命运不好，而要每天勤奋、谨慎、实在并智慧地去做好自己。

——好的东西，不能仅仅拥有，而应去享用。

——尽管今天有今天必须做的事，但明天需要做的事，也应从今天开始。

——只有能为别人每天所做事去点赞和感谢的人，才能坚持好自己每天应做的事。

——一个发展好的共同体，定是一个在每天都去学习的共同体。

——人有责任感和使命感，才能珍惜和用好时间。

——一个做事不用心的人，实际上是对自己不负责任。

——只有不断强化自己的实力，充满自信和信心，并勤奋努力的人，才能每天在成长和发展着。

——人若想管好别人，那就应先从管好自己做起。

——机会是公平的，但不是像我们习惯上所讲的那样：为有准备的人准备着，而是在为准备好的人，在准备着。

——人能淡定，就能成大事。

——人在真诚中，才能切实自在着；人在责任中，才能真正自律着；人在宽容中，才能内心自由着。

——人生最大的浪费，应该是时间的浪费。

——人不可能对别人一无所求，而且人对别人的要求，一般都多于别人所能给予的。人对别人如何要求，要求什么，决定着一个人发展的层次、程度和水平。

——人既有可塑性，又有可能性。如果前者由别人做主，那么后者自己一定要去做主。

——一个热爱生命，并主动在生命每个阶段都尽力焕发出生命活力的人，不会有失败的人生。

——人之所以会痛苦，可能是因为在盲目地进行比较。

——人生是一种选择，但一个想要发展好的人，不应是一直在让自己的生命去选择，而应是使自己的生命，较早地聚焦于适合自己的目标，并不断去拓展、延伸，使自己的人生越来越精彩。

——一个自信的人，无论在任何时候，都认为自己有望，而绝不是无望。

——人可以非做不可，但不应非赢不可。

——惰性重，难以获得人生的成功，更难有成功的人生。

——我言我所知，不言我不知。

——人这一生，既会有巧遇，又会有巧合，更会有巧成。

——人摆脱自己的平庸，才能有品位地去生活。

——人自愿去做事，才能把事做好；人被迫去做事，事永远做不好。

——一个在任何状态下，都能保持神志清醒的人，才能做成事，并能成大事。

——人不能在人生大事的地方，寻找人生，而在人生小事的地方，忽略人生。

——人不能逃避自我，而应不断超越自我。

——人应想好干什么，但更应干好什么。

——人要成为会做事的人，绝不成为会出事的人。

——人要去享受孤独的滋味，而不要去忍受孤独的苦味。

——一个以最大的热情去做那些构成自己每日生活意义的事的人，才能活好自己的每一天。

——人虽然有好的记性，但有些事不一定就记得，更不一定就能回忆起来。

——一个相信自己能做出好学问的人，一定坚持每天在做着学问。

——人生既不能失意，又不能很得意。

——一个过不好日常生活的人，做不出好学问。

——人离不开自己的经验，但不能任由过去的经验决定自己，仅靠自己的经验去行事。人既要善于运用好自己的经验，又要合理地去借鉴别人的经验。

——人真正的富有，是自己能拥有至少一段的美好回忆。

——站在别人的角度，去理解他人，才有可能理解好他人。

——人只有坚持把该做的事情，都做得最好，才能让自己活得越来越好。

——人先积极主动地参与做好别人让自己做的事，才能准确定位好适合自己做的事，并越来越能把适合自己做的事，做得越来越好。

——人去做自己喜欢做的事，才能尽力把事做好；人享受着自己在做的事，才能通过做事，越来越在成就着自己。

——人一旦已承诺别人去做事，并有完成的时间，一定要确保自己能做到。若做不到，一定要提前告知，讲出理由，并再约定一个时间，把事完成。

——人一旦通过合理决策，形成自己的想法和做法，那就不要轻易因为别人的看法而改变。否则，一事无成。

——人不应去迎合别人，更不应去讨好别人，而应形成自己的形象，建立起自己做人和做事的原则，让别人去尊重和遵守。

——一个做好自己的人，才能要求好别人。

——一个优雅的女性，可让别人见谅，但从不应向别人道歉。

——人，不去道歉的人生，才能是一直在成长和发展着的人生；常去道歉的人生，应该是迟缓、滞后，甚至在迷茫着的人生。

——童年没有玩乐，过不好童年。

——说了，就等于做了；做了，都不去说。这是人生的两种不同境界。

——学问只有做得如痴如醉，才能把学问做得越来越深入，并有味道。

——极端去思维，才能把问题认识得更清晰；辩证去思维，才能把问题认识得更到位。

——只求做好自己，不求评价别人。

——人有主见，并形成定见，才能持续成事。

——做事沉稳务实，才能把事做实。

——人既要尽力不让自己无奈于这个世界，又要努力不让这个世界无奈于自己，更倾力不能使自己对自己无奈。

——一个人云亦云的人，难以形成自己独立思考的态度、习惯和能力，更难形成自己独特的话语。

——人要想让别人去做事，并共同去合作做事，那就要肯花时间，去摸透这个人。

——准确定位好适合自己的研究领域，并有方法上的自觉追求，才能越来越把学问做好。

——什么事都想去做的人，往往什么事都做不成。人限制自己去做事，才能把该做的事，做成。

——一个一生致力于有所作为的人，才能一生不断有成就。

——人无激情，难以成就一番事业。

——人既应尊敬别人，又应尊敬自己。

——人长时间地去做一项工作，才能有越来越大的成就。

——人的发展，既需要在有限中去寻找无限，又需要在无限中去定位有限。

——生活有规律，工作才有可能有秩序和程序。

——人无付出，难有获取。

——人最大的悲哀，是哀求别人，讨厌自己。

——人志愿去工作，才会有工作尊严。

——人生要有规划、规矩，但人生不能固化。

——人真正有求于这个世界的，应该就是爱。无爱，人难活。

——人可以比别人优秀，但不能高人一等。

——我们对时间而言，就是不要浪费。

——人有时候说"我"，实际上已不是"我"了，因为他对自己已不了解了。

——人，做不好事，应先去反思自己，而不应去埋怨别人。

——权力可以要求人，规范人，但不能强迫和强制人，更不能压迫人。

——人，相信自己，就会做好自己；做好自己，也就会更相信自己。

2017 年 9 月

——人，既应个体独立去存在，又应在人与人的关系中去存在。人的关系性存在水平，在一定程度上决定着人的成长和发展水平。人的这种关系性存在，既应是共同性和共生性存在，又应是共融性和共享性存在。

——不读鲁迅，难深度了解现代中国，更难有基于民国的思想资源。

——人给别人做事，就得守人家的规矩。如不想守其规矩，那就不要去做。

——有规矩，不见得就没有思想；有思想，很可能就需有规矩。

——人凭良心去做好自己，不去管别人，也管不了别人。

——一件事，说易，做难，做成功更难，那得需要精心谋划，严密程序，不懈努力，有效行动。

——一个坚持并善于做学问的人，醉心于自己所做的学问，就能做出越来越有价值的学问，并得到自己该得到的东西。

——一个有责任心的人，应该去对别人操心。但这种操心应适度，不过度。一个过分操心别人的人，实际上是出力不讨好的人，别人会视之为负担。

——一个想把自己成长和发展好的人，要保持好自己每天的工作量、阅读量、思考量、写作量、交往量、工作量、活动量和营养量。

——人应该去主宰自己的人生，但要主宰人生，不能离开别人的引导、指导、提醒和帮助。

——一个能做好学问的人，就要静心好好去做学问。

——人一直去做与别人一样的事，可能在生存；人只有先去做好与别人一样的事，再在此基础上，尽力并切合实际地去做与别人不一样的事，才能在发展。

——人，自觉自愿去做事，才能把事越做越好，更能使自己成长和发展得越来越好。

——人要把问题思考好，不能在假设、假想中思考，而应在阅读中思考，在借鉴别人的经验中思考，在写作中思考，在实践中思考，在与别人讨论中思考。

——人高层次、高品位、高平台去做事，才能快速地成长和发展。

——人生不能消极逃避，只能积极面对。

——女性，既不淡定，又不优雅，难以高雅。

——人只有身上有一种不断奋进的精神，才能把自己要做的事越做越好。

——人的发展程度、层次和水平，一定程度上取决于对自己每天的时间管理水平。

——人，既不强求自己按别人要求去做事，又不强求别人按自己要求做事，这样才能内心平静和淡定，不惹事，并成大事。

——人应该去相对独立，但绝不能把自己孤立。

——人与人之间一旦有基于情感的信任，彼此就会理解，更不会彼此抱怨，甚至指责。

——记住昨天，才有明天。

——人不了解自己，就难以认识别人；人认识不好别人，就难以做好自己。但人既不要从别人嘴里去认识自己，又不要从别人嘴里去认识他人，而需要通过自己的观察、体验、研究，以及彼此的活动去认识他人，从而更进一步去认识自己。

——人生不能被动去如果，而应主动去要结果。

——人不淡定，必有所失。

——人这一生，谨言慎行，才能平安顺利。

——人的时间有限，再忙，也要把时间和精力用于自身的发展。一个人只有把自身发展好，才能更有资格、责任和能力去担当。

——人做事不容易，才能把事做好；人做事太容易，事反而并不一定能做好。

——人不能仅仅胸怀理想，还必须下决心去实践，成为一个现实基础上的理想者。

——人生就要去成功。没有成功，人难以生存，更难发展。

——人遇到难办的事，要先研究该如何去办，形成合理的对策后，再去以微笑的方式采取有效行动，尽力而后释然。

——一个把握不好时间节点的人，难言发展。

——一个聚焦好主体目标，并能适度放弃与主体目标联系不紧密事的人，才能扎实地实现自己的主体目标。

——一个人连自己都驾驭不了，难以处理好与外部世界的关系。

——记忆好昨天，才能做好今天，更有好的明天。

——人，让别人彻底放心，才能受人重托去做更大的事，进而越来越快速地成长和发展。

——人生最大的活法，就是有共想的人，在做共同的事，去共同地享受。

——人，只要认真做事，并对所做事进行研究，应该没有做不好的事。

——做学问有三种路径：历史有什么，我们应该怎么做；我有什么，我们应该怎么做；别人有什么，我们应该怎么做。一个真正想做好学问的人，应该通过前两种途径，而不应该通过最后一种途径去做学问。

——人做事，要尽力一次到位，尽量不要去重做、后做、补做。

——人，心在哪，就忙在哪。人用心去做什么事，才能做好什么事。

——一个想把自己发展好的人，如果需要别人帮助，则要让别人处理过程，而不要让别人处理结果。

——人生不能轻易尝试，更不可能什么都想得到。一个轻易去尝试的人，可能什么都做不好；一个什么都想去得到的人，可能什么都得不到。

——人，就是要在不断做事中，去成长和发展。

——真正有价值的东西，难以用物衡量，而只能用心来衡量。人生真正有价值的东西，往往就在自己的内心，在人内心的东西，一生会难以忘怀。

——人，该做的事超前做，才能主动做事；要做的事按时做，才不影响后面去做事。

——人，时刻相信自己，才会永远做好自己。

——一个做不好自己的人，就会影响别人，甚至影响别人的一生。

——一个聪明智慧的人，不会把时间耗在自己管不了的事情上。

——人不要假设做事，要靠自己的行动去做事；人更不要看着别人去做事，而要自己去尽力做好自己应该做的事。

——人不善于静心、宽容、换位、理解、谦和，什么事情都难以做好，更难做大、做强，并活出自己。

——人与人好的标志，就是彼此舍得把时间给对方。

——人在发展自己的同时，一定要把自己保护好。

——人要斗争，但要有策略；人要争取，但要有方式；人要发展，但要有路径；人要宽容，但要有原则；人要成功，但要有智慧。

——一个能给别人正能量的人，应该就是能善于给别人帮助的人；能自觉担当起责任的人；在帮助他人并担当责任时，从未失去自身发展的人。

——人与人之间的尊重，不仅仅在结果中，更在过程中。

——无论逆境，还是顺境，既应善待自己，又要善待别人。

——人只有自身在不断地实现突破，自己所热爱的事业，才会不断有新的突破。

2017 年 10 月

——人，事情做得越好，节日才能越安心地过好；与人越和谐，节日才能越舒心地过好。

——人既能按自己的意愿，去做适合自己的事，又能照自己愿意的方式，去尽力做别人让自己做的事，才能持续地去把自己成长和发展好。

——人，只有当自己觉得不只是个人而已，而应承担起对他人、家庭和社会等的责任时，这个人才能去主动和积极地努力着，勤奋着，劳作着，并在真实和扎实地成长和发展着。

——人，身边有人，才能快乐和幸福；身边无人，只能孤独和寂寞。

——一个事业心强的人，放开一切野心，才会有事业上的成功。

——人可以重名、利，但绝不能不重情。

——人把自己发展好，既需运气，又需勇气。人有勇气，才更有运气；人越有勇气，才越能抓住运气。

——人，把人和事看透了，甚至看到底了，才能形成适合自己的应世之道。

——人生最好的团圆，就是人与人彼此有缘的相遇，并一生能快乐地在一起，彼此相伴，一路前行。

——一个研究者，只有知道如何去研究，才能持续地做好研究；与此同时，只有在研究中不断去学习，在研究中扎实去研究，研究水平才能越来越得到提升。

——一个思想着的人，要定位好适合自己的思想资源。

——人成功的标志，应该是既有家，又有业。家需要经营，业需要专攻。勤奋、敬业、创新、谨慎、诚信，家业才能兴盛。

——人生幸福的生活基础，就在于父母和孩子想的和做的能一致和和谐。父母研究孩子适合成为什么人，才能引领孩子成为其想成为的人。

——人和人走到一起不易，难免有竞争，但绝不能失去合作与和谐，更不能轻言击败对方。

——一个从来都细心的人，从来都做不出对不起别人的事。

——人只要尽力去努力，就会有意想不到的事发生。

——人做事不能遇到什么，才去做自己想做的事，而应据自己究竟想成为什么样的人，超前去做自己应该做的事。

——人可以要求，但不能强求，更不能企求，绝不乞求。

——人最大的爱，是能爱到别人心坎里；人最大的责任，是能让别人做其应该做的事；人最大的智慧，是能让别人做共同应该做的事；人最大的自由，是能让别人有适合其自身的自由。

——好心情成就好人生，好人生永有好心情。

——人生就是过程，当彼此都在过程中，那就是相遇、缘分，更是共在、共处、共心、共乐，更共有意义。

——一个人，当他不再只想着自己，而能想着他人时，这个人就在一生幸福着。

——人对自己最大的关怀，应该是自我保存。

——人与人要彼此去换位思考、相互沟通和协调，这样，才能合作好。

——人要把事做成功，既不要自己有漏洞，又要有适度的防人之心。

——人做事，既应靠本性和本分，又应靠本领和本事。

——人，要让别人帮忙，那就要及早告诉别人，让别人有更多的时间。

——人要有为，但要顺势而为。既不能太顺其自然而为，又不能逆势而为。

——人既不能给别人挖坑，又不能给自己挖坑。

——人要把事做好，既要善于适应别人，又要勇于改变自己，并不断去完善自己。

——人帮助别人，才能让别人帮助自己；人越能让别人帮助自己，自己也就越有能力帮助别人。

——人越能把自己做好，才越能有资格给别人提建议。

——人要把时间更多地用在自己有能力解决的事情上，不要耗在自己无能为力的事情上。

——人，谨言慎行，才能安心做好自己该做的事。

——人，要爱好一个人，那就要把自己的时间多给这个人。

——人生就是一个历程，难免有不足、失误和教训，关键是要持续进取着、奋斗着，那就会在进步着、发展着。

——人即使活不出自己的价值和意义，也要活出自己的舒心和开心。

——人，既在为自己活着，又在为别人活着，要活得有目标、有爱心、有责任、有智慧。这样才能妥善处理好每天遇到的人和事。

——人一旦遇到难以解决的问题，绝不要烦躁、苦恼，而要淡定、镇静，积极有效地去解决。

——一个在发展着的人，没时间去纠结、苦恼、苦闷。

——人，要让别人做事，但不因做事，给别人带来负担，而应通过做事，让别人自身获得发展。

——人，习惯什么，就不难什么，甚至什么都不难。

——人与人彼此多商量、多沟通，才能把事做得和谐、圆满。

——人与人的关系是互相麻烦出来的。人在适度自理基础上，越在麻烦着别人，彼此也就越在相互理解着、帮助着、支持着、支撑着。

——人，难以用自己喜欢的方式去度过一生，而可以用欣赏自己的方式去度过一生。

——人，要喜欢自己，但更要欣赏自己。

——人最可贵的是，能发现自己的不足；人最宝贵的是，善于改正自己的不足。

——人一旦形成能解决问题的思维，工作中遇到再难的问题，也会被合情合理解决。

——人应该有自己独立的意见、想法，但不能固执己见。一个固执己见、不善于倾听他人意见和建议的人，难以把自己的成长和发展达到理想的境界。

2017 年 11 月

——一个集体，大家心往一处想，才有集体的共同目标，才能把集体发展好，并通过集体，每个个体也能发展好。

——人活好自己，就是留下自己历史的过程。

——人，在人生每个阶段，对待生活要有适合自己年龄的态度。随着自己年龄的增长，人应该逐步从适度被动地接受，转向主动地去创造。

——人，要把自己的时间管理好，就应做好自己能做的事，不去想自己力所不及的事。

——人做事时，如果做一做，停一停，看一看，而不是埋头去做，事情有可能做成，但难以成大事。

——一个一心只想把自己成长和发展好的人，既不会有厌烦，又不会有厌倦，更不会去厌世。

——人要有内在的压力，但要正确面对外来的压力，更不要自己去打压自己。

——人，如果总是聚焦自己在做的事，就不会顾及远离自己目标的事，更不会，也没有时间，因不在自己目标范围内的事而心烦，影响自己正在聚焦做的事。

——人可以随心做事，但不可随情做事，更不要随意和随便做事。

——一个对自己把控不了的事不烦恼、不生气的人，才能过好自己每天有规律的生活，才能做好自己有能力做好的事，每天才能能活得快乐、幸福，并有意义。

——一个在写作上把握不好字数的人，生活中可能就会成为一个爱唠叨的人；生活中爱唠叨的人，难以成为一个写作上能控制好字数的人，也难以成为讲话时能把握好时间的人。

——人，要把工作做好，但不能做得太累，既不能太累了别人，又不能太累着自己。

——路，应永远在人心中。人心中有路，自然就有路，更不会迷路。

——一个让别人帮自己忙的人，自己就应是在帮别人忙的人。

——人可以喜欢自己的学科，但不要对别的学科有偏见，甚至歧视。

——人，要相信自己，不盲从别人。

——一个人把握不好现在，就不会有美好的未来。

——人的发展，既不能有暂时，又不能去延时。

——人，没有激情的投入，什么事也做不好。

——人既然要把每天活好，那就要明确每天应做什么，不做什么。

——人的一生，就是开心地过生活，把生活过得开心。

——人靠自己的努力，选择好适合自己的人生，才能走好自己的一生。

——人，适度的高要求，才有适合其自身的高水平发展。

——人这一生，既需承担，承诺，又需承认，但少去承受。承认是承担和承诺的基础。人的一生，实际上都在为得到承认而努力，这既包括别人的承认，单位和集体的承认，又包括家庭和社会的承认，同时绝不能忘了自己对自己的承认。一个连自己都不承认的人，不会得到任何人的承认。

——人，主动、自觉、持续地去思考人生，才能不断有深入、深刻和系统的人生思考。

——人有好的目标引领，才能不断克服自己的不足，顺利地成长和发展。

——人生在世，工作、社交和婚恋是一生的目标和难题，认识和解决得如何，既在一定程度上决定着一个人的成长和发展，又在一定程度上决定着一个人的快乐和幸福。

——人时间花在哪，就忙在哪，成长和发展水平也就在哪。

——人，处处真心为别人考虑，就是一个好心的人；一个能为别人去经营的人，与此同时也不会失去对自己的经营。

——人一旦把有意义的事做得有意思，把有意思的事做得有意义，那么，做事的过程，就是在享受的过程。

——人靠良心做事，一生就不会碰触法律底线。

——法近人，人守法，才有真法。

——人，想不好的事情不做，已做成的事情不多想。

——一个没有成就的人，谈不上自己对人生的体悟，因为没有经历过艰辛的奋斗。

——一个能忍受并走出困难、苦难、痛苦、孤独、寂寞、挫折的人，才能形成持续和持久的发展力，并不断通过自己的奋斗，获得成功。

——人，站位高，眼界才能宽。

——人做错事，应该内疚，但不应一生去内疚。人应尽快走出内疚，用自己的努力和智慧，去弥补自己因做错事所带来的损失。人如果一直在内疚，不仅在影响着自己的快乐和幸福，而且实际上在伤害着别人，因为自己的不快，影响了别人的快乐和幸福。

——人有感动，才有真爱。

——人要把事做得踏实有效，就要去提前，能超前，那更好。

——人活得明白，才能把事做明白。

——人要谦虚，而不谦卑。

——一个人应花一定时间去研究别人是怎么失败的，但更应花更多时间去研究别人是如何成功的。

——人与人相处好，才能和谐好。人既应学会与别人相处，又应学会与自己相处。

——人，去做一件事时，只有想做出最好的自己，才能把所要做的事做好。

——人，尊重他人，才能做好自己。

——人形成以目标为导向的思维方式，才能有以目标为导向的发展方式，才能尽快把自己成长与发展好。

2017 年 12 月

——写一篇论文，实际上是在讲一个故事，这个故事要主题鲜明，论点明确，引人深思，让人欣赏。

——谈人生，改变不了人生，但不谈人生，认识不了人生。人生既需要认识，又需要改变。当一个人既能倾听别人谈人生，又能通过自己勤奋的努力去体验人生时，才能通过自己不断的人生体悟，持续地去改变自己的人生。

——论文如何去创新，需准确定位。论文一般应从视角、方法和结论方面去创新。

——人生，不轻言坏、害、死。

——人有良心，人格永在。

——人，善于反思自我，才能有目标地前行。

——一个放不下别人的人，难以真正放下自己。

——一个勤奋和勤劳的人，其人生命运一般不会差。

——人有积极主动的生活，才能不断超前去发展。

——人要想让别人帮助和支持自己，把自己想做的事做成，不要试图去改变别人开始，而要从主动自觉改变自己开始，但这种改变，不能失去做人底线和尊严。

——人要想让别人给自己做事，不能只想着自己，要多想别人，特别要给别人留下更多的时间。

——人不要做了一件事，再做另一件事，更不要专门去做一件事，要主动自觉地把要做的事穿插起来进行，这样才能高效率和高水平地去做事。

——一个总以为自己做事对的人，难以把事做得更好。

——一个让学问进入自己生命核心，并让做学问成为生命的重要组成部分的人，才能做出真学问，并一生不断做出好学问。

——人既不能迟到，又不能迟缓，更不能迟来。

——人要把事做成功，既需要胆量过人，又需要细心如发。

——人，做别人不愿意让做的事，不能事先告人自己要做这件事。

——人，要把事做好，就要换位思考，不要由己及人，而应由人到己。

——一个人如果不每天保持一定的阅读量，就难以有成为一个学问人的思考量；一个思考量达不到系统思维量的人，难以做成有思想的学问。

——一个人在自己人生旅途中，难免有自己意想不到的失意、失算，甚至失败，但只要自己目标明确，善于反思，勤奋努力，积极向上，就会有意想不到的成就和成功。

——人按时去做事，事就会按时去做成。

——人把自己活好，才能让别人活得更好；人与别人共同去活好，彼此才能共同活好；让别人与自己内心同在，别人才能与自己一生同在。

——人在自己内心中，既要有别人，又要有自己。别人再好的东西，也是别人的；自己再不好的东西，也是自己的。人要善于学习别人好的东西，并使其真正属于自己。

——人善于影响别人，才能做好自己想做的事。

——一个善于看到别人长处的人，才能及时发现自己的不足，并快速改正自己的不足，持续地去成长和发展。

——一个生命自觉成长的人，既要认识到生命的无限性，又要认识到生命的限制性。

——人可以主动去承受，但绝不可去逆来顺受。

——人应去自由，但也应去自制。

——一个没有足够力量面对自己的人，难以主动并自觉地把自己成长和发展好。

——一个不知道自己要什么的人，可能每天都在漫无目标地活着。

——人有适度的付出，才有应该的得到。

——人不专心致志，就可能一事无成。

——一个不知道如何安排自己该做事的人，难以做成事，更难通过做事去成长和发展好自己。

——人做事，宁愿做过了后悔，也不要错过了后悔；不去后悔，那更好。

——人生只能去面对，而不能去逃避。

——人心中的地方在何方，就会去向何方。人若能一生留在老地方，走在老路上，那定是他心中的地方适合他内心的路。

——一个常讲道理的人，做不实自己，更难发展好自己。

——人在工作中，对别人最大的服务和贡献，应该是出好主意，想好办法，做好事情，做出实事。

——每个人身上都蕴藏着能创造自己的特性，但只有能坚持原则的人才能真正创造好自己。

——一个能感动自己的人，才能感动别人。

先生致青年：大学教授的十年箴言

2018 年

2018 年 1 月

——人坚持每天的奋斗，才能不断过上美好的生活；人享受美好的生活，才能更主动和积极地去奋斗。

——人要成为什么样的人，就会活成什么样子。

——人，用心对待自己遇到的每个人，才能活得越来越有活力，越来越精彩。

——人接近什么人，就有可能成为什么样的人。

——考试是人生中的大事，考试水平的发挥，一定意义上决定着人生的发展水平。考试要考好，既要整理好自己的优势和不足，又要整理好日积月累的知识和技能、方法和技巧，更要整理好自己的心情。只要去考试，就要发挥出自己的正常水平，甚至超常去发挥，这既是人生的基本信念，又是人生每个阶段发展水平的标志。

——人，善于保护自己，才能去发展自己。

——人，做不好自己，就不要去要求别人，更不要去苛求别人。

——人越早准确定位适合自己的发展目标和方向，并能拒绝任何诱惑，不偏离，并不懈地为之奋斗，就越能不断走出一条真正属于自己的成功之路，去享受自己的成功人生。

——人要把自己的生活过好，可以要求，但更应顺求，不应强求，甚至苛求。

——人，没有兴趣，难能成事；有责任的兴趣，才更能成事。

——拼出一身真本事，成就一番大事业，自己的人生之路才能越来越踏实和扎实。

——人与人正式谈话，彼此肯定要互相尊重；人与人之间即使是笑谈，也不能失去对自己和他人的尊重。

——人不能善待自己，就有可能会累着别人。

——人，是个体性存在，但永远是关系性存在。要融入一种关系中，需要能力和水平，但更需要身份、时间、人情和积累。

——人，既然一心不能二用，那就要一心用在该用的地方，这需要对自己的兴趣依据适合自己的目标去整合，更需要聚焦目标去坚持每天应该做的努力和奋斗，不断去形成自己的积累和积淀。

——旧作，若不过时，才能成为佳作。

——人越忙，才越能锻炼出自己的能力。

——事中有人，人中有事，才能既做好人，又做好事。

——人在做事中，才能真正学会做事。人要把事扎实做好，需要一定的阅历和经验。

人，不断主动和自觉地去突破自我，才能在人生每个阶段，都能获得成功。

——人能善于准确定位自己不能做的事，才能把适合自己做的事，不断去做好。

——人靠自己的实力去奋斗，才能一生活得舒心和平安。

——人清醒地去了解自己，才能把自己想做的事做得开心并成功。

——人做事越不细心，就会越让别人多操心；别人越多操心，就越会慢慢失去对你的信任。

——人不能专心致志地去做事，就会永远一事无成。

——人生最终的目标，就是要成为适合社会的人。

——人驾驭不好自己，就发展不好自己。人只有通过高远的目标、坚强的毅力和与时俱进的精神，才能切实地驾驭好自己。

——人不自制，难以成事。

——人不善于自省，那就难于超越自己；人不善于超越自己，那就难以持续地发展好自己。

——时间，会让一切说真话，但当听到真话时，时间已过，人生也就错过了。

——人要坚持每天的劳作，但不能太疲劳；人要勤奋工作，但要学会更好地休息。

——人善于限制自己做事，才能不断通过做适合自己的事去成长和发展。

——人生最高境界，不应是幸福，而应是每天都去活出自己的意义。

——人，幸福着，但未必活出了自己的意义；一个活出了自己意义的人，必定在幸福着。

——真正的学术讨论，不应仅去关注彼此的观点，而应去关注是否寻找到了问题的真正答案。

——人的一生既然是多面人生，那就不要让自己的人生那么单一。

——人只有在工作后善于反思，才能把工作做得越来越好。

——人坚持不好每天的阅读，根本谈不上成长和发展。

——一个男人，连丈夫的责任都尽不好，枉为男人。

——人不能做老好人，别人说什么就答应什么，别人让做什么就做什么。人，不适合自己的话不要轻易去听，不适合自己的事不要随意去做，这样才能把话说到，把事做好。

——人，只要去做事，就要既遵守规矩，又讲求质量。

——人要把生活过好，不能让生活找自己，而应及早定位适合自己的生活，用一生去追求和享受。

——一个不善于利用假期学习和研究的人，难以通过时间的利用，把自己成长和发展好。

2018 年 2 月

——人相信自己是什么，才可能是什么；人坚信自己是什么，可能就是什么。

——人，付出不亚于任何人的努力，才能把自己尽快发展好。发展慢，实际上也是一种退步。

——一个想把自己发展好的人，抓不住机会，就难以发展好。人要善于抓住机会，必须坚持每天有目标地积累，并不断形成积淀。

——人，根据自己的既定目标，每天尽力辛勤做好自己后，就要释放自己，放飞自己。人，放松自己，才能去尽力辛勤地做好自己。

——人，既需要进取心，又需要平常心。学习和工作上需要进取心，交往和生活上需要平常心。

——人，对于想做的事情，就不会觉得难熬。

——一个能把学问做好，并能在此基础上表达自己思想的人，就是一个在用极其简单易懂的语言，去说清楚高深的道理的人。

——复杂的问题，难以轻易解决，但本来简单的问题，不能用复杂的方式去解决。

——一个对中国没有深厚情感的人，难以做好中国的学问。

——人不能一直做一件事，而要把与这件事相关的其他事做好，并能跳出已做的事，这样才能把自己所做的这件事做得更好。

——人，既然一生活不成别人的样子，也不应该活成别人的样子，那么就要活出自己，活成自己本来就应该的样子。

——人，不同的平台，就有不同的见识；要有更好的见识，就去更好的平台。

——一个有思想的学者，应是超前去说别人想说的话，而不是跟着别人说别人已说过的话。

——中西交融，已成为天下学人的追求和趋势。身在西方，也需中国学问；身在中国，也需西方学问。只有在中西学问共同的基础上，才能做学问，并不断做好学问。

——人随意中，才能尽其情；人随愿中，才能尽其力；人随想中，才能尽其思。人目标中，才能尽其才。

——人轻松去做事，往往也就能把事做好。

——人对自己坚信，才能有坚韧；人能坚韧，才能坚持做好自己该做的事，处好自己该处的人。

——一个人要把自己的生活过好，过得幸福并有意义，那就要尽早准确定位好适合自己的生活，形成自己独特的生活方式，而不要把自己的生活变成别人的生活。

——做好学问，贵在找好问题。

——人，不可能什么都得到，只能得到自己该得到的。

——一个人什么都会得到，这个世界可能就不公平了；一个人如果什么都得到了，那只可能是这个人对自己一生发展进行了精心规划，并采取了有目标的坚毅行动。

——人无格局，难以谋局和布局，也就难有好的结局。

——人，历史地去看一个人，才能看清一个人；彼此真诚并相互信任地去做事，才能合作做事。

——一个真正会生活的人，不是去寻找生活的意义，而是去实在地生活，不断去活出生活的意义。一个只去寻找生活意义的人，永远不会生活。

——一个有远大事业目标的人，有许多需通过的东西，但最难通过的是自己的性格。

——学问乃天下之学问。一个要做天下之学问的人，那就要有容纳天下人和天下事之性格。

——性格可能会先天生成，但不可能先天就被注定。

——一个真正有责任心的男人，不仅表现在工作上很有责任，而且表现在生活上也不能失去应有的责任。一个善于处理好工作和生活关系的男人，才是一个真正的男人。

——人不真实，难以踏实。

——人，一旦拥有，就不想失去；人，如不想失去已拥有的东西，那就要倍加珍惜，持续并持久地去付出。

——忠是狗的本性，也应是人的品性。人，只有既对事业忠诚，又对人忠心，一生才能活得快乐、幸福，并活得越来越有意义。

——人再关心社会和他人，也不能失去对自己和家人的关心。

——人有高远的目标，才可能有超前的发展。

——人要善于用好自己的气。人要有生气、才气、锐气、骨气和适度的霸气，但不能傲气，也不能失去人气、和气；人有运气，但不要去叹气，不要有怨气，更不能泄气；人难免有脾气，但最好不要生气，不要有火气；人要去争气，但不要去赌气，更不能意气用事去斗气；人要有正气。义气，但不能没有底气。

——人一旦拥有，可能就不在珍惜着；人一旦失去，就试图去珍惜，但已在遗憾着。

——一个做事常为别人着想的人，才能把事做到别人心坎上。

——人生就是在不断地积累和积淀，并及时地去保存、传承和创新。

——人要把每天活好，就应掌控好自我，特别要知道自己每天最想要的是什么，并知道自己如何去得到。

——人能坚持每天不想不该想的事，不做不该做的事，每天就会过得真实、充实、扎实和踏实。

——人，不认同别人，难以形成自己；人，太认同别人，即使形成了自己，也不是真正的自己；人既能善于认同别人，又能勇于保持相对的独立，才能使自己真正成为自己。

——重要的事情，不投入足够的时间，难以做好。

——人生不可能没有失败，但不去言败；败不馁，才能使自己的人生积极向上，终获成功。

2018 年 3 月

——人人都有特长，这个社会才公平，并有特色。

——人一生就生活在人与人的交往中，人际关系水平一定意义上也就是自己的生活水平。人的美好生活，也就是人和人彼此间和睦的生活。

——人要重视好人，而不是对自己好的人。

——无论男性，还是女性，在婚恋问题上，要尽力去找一个好人，而不仅仅是去找一个对自己好的人。

——人无师承，难以成人。

——人，明白自己能做什么，能做到什么，比自己想做什么，更为重要。

——做事，要尽力，但不可太用力。一个太用力做事的人，不仅苦了自己，而且在累着别人。

——人要把自己的生活过好，就要主动，而不能被动。一个主动过生活的人，应该是能掌控自己生活的人；一个被动过生活的人，是让生活带着自己走的人。

——人靠自己，难以成事，更难做成大事。一个欲成大事的人，先要选择好与谁同行，然后慢慢使自己有能力去选择让谁与自己同行。

——人难免有自己的局限，但尽力不要让身体成为自己成长和发展的局限。因身体差而形成的局限，难以靠意志力去突破。

——人每天去奋斗，就会感觉一年一年过得很快，并过得随心和如意；人每天不去奋斗，就会感觉一年一年过得很慢，并过得艰难和不爽。

——人不要轻易与已形成自己的价值观，但却与你的价值观不同的人，去辩论，因为你可能在浪费自己的时间，并影响彼此的和谐。

——人要做事，但绝不惹事；人要处人，但绝不惹人。

——人对人要关心，但不能偏心；人做事要放手，但不能放任。人对人要随和，但不能随便；人做事要大度，但不能大意。

——人离不开别人的帮助。但先尽力把自己该做的事做好，别人才能更有基础地帮助你。

——人要在意别人如何看待自己，那就要去尽力做好自己。

——人真正的自由，不是自己想做什么，就去做什么，而是自己不想去做什么，就不做什么。

——人可以无知，但绝不可自以为知。自以为知，比无知更可怕。

——人，交什么朋友，就是什么人生；交不好朋友，过不好人生。

——人，实在去做好人，才能把事做实在；实在去做好事，才能把人做得更实在。

——人，有能力，这很重要，但更重要的是，要把自己的能力发挥到极致。

——人要有主见，能适度给别人提出意见，但绝不能有偏见。

——人不能轻易拒绝别人，但要主动去拒绝不利于自己发展的一切诱惑。

——人要把自己生活过得快乐、幸福和有意义，那就不能让别人去安排生活，而应自主安排好自己的生活。

——人这一生，只有通过不断勤奋的劳动，才能使自己越来越在生活中强大，并越来越受到别人发自内心的尊重，活出自己生命的内在意义。

——人应该去自我反思，但绝不要去自我苦思。

——人要与别人去竞争，但更要与自己去较劲。人越适度与自己较劲，就越能永葆生命活力，越能不懈地奋斗拼搏。

——人只有永不放弃工作，才能不断积累工作的经验，形成自己的风格，并越来越有工作成就。

——人自觉自愿去做事，才能把事扎实做好。

——再好的原创性，也不能失去普遍性。

——生命相连着命运，命运伴随着生命。生命在哪个时候会变成命运，真需要切实去把握。

——太有规划的人生，难以活出人生的精彩；没有规划的人生，难以活出人生的成功。

——人有适度的自私，才有自己的发展；人有一定的无私，才有自我的成长。

——人有时候不去做事，反而比去做了事好。

——历史终究是别人的历史，自己所形成的历史，才是真正属于自己的历史，尽管自己的历史一般由别人去书写，很可能不是自己的真实历史。

——一个真正的研究者，只要做研究，就要长远谋划，扎实成果，渐成系列。

——人最大的力量，是自己思想的力量。

2018 年 4 月

——一个能沉住气的人，才能做成事，并才有可能成大事。

——做任何事，如上升为情感，特别是已在情感中，那就是自觉自愿，无怨无悔。

——人不想去做事，自然做不好事；人太想去做事，往往也做不成事；人想做适合自己去做的事，淡定并尽力去做，一般就会做成事。

——人经过自己的决策做事后，应该去反思，但绝不要后悔。

——人不能漫无目标地生活，应该有目标地生活，特别有主题目标地去生活。人在人生每个阶段，只有确定好适合自己的生活主题，才能切实过好自己有目标的生活。

——一个做不好自己的人，不要轻易求助于他人。

——人在一起能共事，是缘分，但都有一个互相磨合的过程。在这个过程中，如果彼此善良着、了解着、反思着、理解着，各自基于共同目标在自觉改变着，那么就会越来越一致着、和谐着。

——人无好的精神状态，什么都无法做好。

——人，抬头乐干，而不是埋头苦干，终会有成功和成就。

——做好自己，才能带动别人，影响他人，更能越来越做好自己。

——一个人只有不懈去努力，才能不断有发展。

——相信是人与人之间交往的基础。一个发展好的人，既要相信自己，又要让别人更好地相信自己。让别人相信自己的基础是自信，一个不自信的人，很难让别人相信自己。一个能承受一切的人，才能每天保持着最起码的自信。每天尽力去做好自己，就有可能去承受一切。

——一个发展好的人，应该是善于把时间用好的人。一个能准确定位好适合自己的目标的人，才能善于把时间用好。

——人，有什么样的母亲，就有什么样的人生。

——人生，不断去完成，才能越来越多一些美好和回味，少一些平庸和乏味。

——人，不去争什么，做不成什么；人，太去争什么，也做不成什么。

——人，没有人情味儿，处不好人；人，太有人情味儿，做不好人。

——人，最难战胜的，应该是自己；人，最应用心的，也应该是自己。

——人，与别人不一样，才能成好自己的样。

——一个善于为自己活着的人，才能越来越活好自己；一个越活好自己的人，才不拖累别人，并能让别人也活好其自己。

——人，只要本分性去存在，尽力对待好每个人，尽心做好每件事，一切就释然了。

——人，只有走进人心，才能做成事，并成大事。

——人，绝不能去骗人，但要学会善意地去哄人。

——同一首歌，多人去唱，会有不同的唱法和风格；同一件事，多人去做，也有不同的做法和风格。人不同，事也就做得不同；人去求同，才能把事做成。

——人生路不可能仅有一条，但适合自己，并能走向成功的人生路，对一个人而言，可能只有一条。

——人，不能仅仅成长了，而要成长得好；人，不能仅仅发展了，而要发展得好。

——一个把持不好自己的人，难以做成事，更难去做大事。

——一个自理的人，才能去自强；一个自强的人，才能去自爱和自立。

——一个胸怀宽广的人，才能善于把持和把握好自己。

——一个不给别人带来烦恼、麻烦的人，才能越来越成为别人欣赏的人、想念的人。

——一个非人的地方，不可能成为一个做人的地方。

——人有适度的个性，才能安全地活着。

——人一心多用，难以把事做好。

——人，如果难以达到清心的境地，那么至少要达到静心。静心达到一定水平，就有可能清心。

——人，既能走出自己，又能走向他人，才能走到成功。

——做事不能怕困难。越困难的事，越要坚持去做。人不敢去做事，事情反而变得越来越困难。

——人这一生，不在于活得多长，而应在于活得多好。

——人生，只能去面对，而不能去回避，更不能去逃避。

——人，每天把自己该做的事做好，一生才能皆好。

2018 年 5 月

——人，劳动好，才能有资格去休息好；在劳动基础上休息好，才能劳动得更好。

——人有激情去做事，才能把事做得彻底和成功。但激情必须是自己给予的。

——人，贵在责己，不在责人。

——人保持好的心情，才能活好每一天。

——人可以追求完美，但不可完美地追求。

——人，适度承受这个世界，才能真实地享受这个世界。

——一个连自己都不知道的人，难以让别人知道自己。

——人这一生，最重要的是导向，不同的导向，自然会导致与别人不同的命运。

——一个勤奋做学问的人，要尽力去选择通过勤奋能做出来的学问，才可能有学问上的成功。

——人的能力是有限的，应把自己有限的能力，投入到该投入的地方。

——人，认识不到人心，处不好人；人，理解不了人性，做不好事。

——人在 30 岁后的每个人生阶段，对自己若能了如指掌，确切知道自己的优势和不足，才能真实和扎实地成长和发展。

——人再在人间奔波，也不能忘记休息，更不能忘记家庭。人休息好，经营好家庭，才能爱惜好自己。

——一个能自觉献身于教育事业，善于关心学生，并能主动地去挖掘学生潜能，让学生定位好可能的生活领域的老师，才能不断激励着学生，才能对学生的一生产生永恒的影响。

——人的尊严，最不应去伤害。人应保持好自己的尊严，但绝不要去伤害别人的尊严。

——人的发展过程，就是恒心和毅力坚持不懈的过程。

——人，应该去务实，但不要入现实。

——一个优秀的女性，从不抱歉和遗憾。

——人这一生，只有真实和真情，才能走好自己激情的一生。

——人，什么时候做不好自己，就什么时候享受不好人生。

——一个送人不知去何方的人，可能自己也不知去何方。

——人，再好的想法，也需要行动；再好的计划，也需要实施；再好的方案，也需要实行；再好的安排，也需要落实；再好的指示，也需要执行；再好的结果，也需要反馈。

——人，自理好自己，才能关心好别人；做不好自己，就在麻烦着别人。

——目标明确，务实工作，才能做得踏实并富有成效。

——人，只有成为自己的主人，才能有无止境的发展可能性，并无止境地为自己的可能性发展去负责。

——人应该忙，但不能瞎忙，而要忙得有目标、有计划、有程序、有成效。

——人，心中既应有他人和自己，更应有家人。人，顾不好家人，难以真正顾好自己和他人。人，再去顾好自己和他人，也不能不去顾好家人。

——人，把时间管理好，就有可能去做好一切。

——人在精神上解放自己，才能正确地认识和对待自己。

——所谓一家人，就是要代代相传，代代做好自己应做的事，而且下一代不要做得不如上一代。

——只有发展好自己，才能扎实孝顺好父母；以孝顺好父母为目标，才能更踏实地发展好自己。

——一个人只想着自己，往往做不好自己；去看看别人，才有可能去做好自己。

——人要把紧要的事做好，那就尽力不要去分心，更要免于在不知不觉中，受到诱惑。

——人对他人应有一定的义务、责任，但绝不能为了他人而活，而失去自己应有的权利和独特的生活。

——人这一生，能以自己的爱好为生，才能平安和幸福，才能活出自己生命应有的意义。

——人应该去拼搏，但绝不应该去拼命。

——人与别人能否交往好，不在于自己如何比别人优秀，而在于自己是否被别人接受。

——良好的教育，一般是从培养好习惯开始的。

——一个被动知道信息的人，只能牵挂着别人；一个主动知道信息的人，在帮助着别人。

——每天在研究中，自然也就越来越能成为研究人。

——一个学问人，在认真阅读着别人，也就在虚心地做实着自己。

——一个重感情的人，才有可能遇到一个懂自己的人；一个能有幸遇到懂自己的人，也才有可能越来越读懂自己，从而珍惜感情，踏实地走自己应走的路。

——人需要别人懂得自己，但更需要自己懂得自己。

——人需要目标，更需要行动。唯有那些目标界定得很清楚的行动，才能把目标扎实地实现。

——人生有格局，才能去合理布局，否则就会出局。

——人不淡定，事就难成。

——一个人的发展水平，取决于他每天在想什么，更取决于他每天在做什么。

——人，一旦换位去思考，再难的问题也有办法去解决。

2018 年 6 月

——一个只有通过自我克制而达到快乐的人，才能拒绝一切不利于自己发展目标的诱惑，坚毅并坚实地在成长和发展着自己。

——人再关怀别人，也不能失去对自己的关怀。一个失去对自己关怀的人，很可能在失去着关怀别人的资格。

——人活着，就是一种责任；人一旦有责任，每天活着，就很有精神。

——人超前在成长着自己，才能扎实和成功地在发展着自己。

——人生每一步，都应聚焦适合自己的目标，扎实和踏实地去走，既不能走错步，又不能走得落下步。步步走好，才能不断走向成功。

——任何一项工作，都有其特点、规律、经验和创新。只要确定好目标，坚持在工作中主动学习和思考，认清这项工作的特点，把握其规律，传承已有经验，以团队合作的方式去创造性地开展，这项工作就能做成、做好，并做出自己的独特和风格。

——任何事情能做成，都是过程和结果的统一。人要把事情做成，既要扎实过程，又要重视结果，更要为结果去走好过程。

——人这一生，会有许多考试，需扎实做好。这既需要自然：对考试有主动的姿态，平时勤奋努力，每天去自觉准备着；又需要实然；对考试有积极的状态，发挥出自己应有的水平，甚至超常发挥；更需要释然：对考试有良好的心态，考试尽力后顺其自然。

——人，既应重视自己在集体中的独立和独特，又要重视自己在集体中的联系和交往。

——人，既应主动自觉地感受到生命存在的意义，又应让别人享受到其生命存在的意义，这样才能活出自己生命的意义，不枉活这一生。

——人与人彼此协商好，才能共同去把事做好。

——一个集体，如果每个人仅仅是被通知去做事，那这个集体已无活力，更难有基于集体共同目标的成功。

——人，落下步，那可能是人生的无奈，应该没事；但步落下，那可能是自己不主动努力，更不善经营，应该反思。

——人在任何时候做事，都要换位思考。人一旦换位思考，做事就会细心、细致，并使细心和细致，成为习惯。

——一个能保护好自己的人，才能发展好自己；一个发展好自己的人，才能更好地保护好自己。

——人每天都面临着选择，选择最应该做的事，才是最好的选择。

——人在每个发展阶段的开始，就要去自觉清零。人学会清零，才能主动和自觉地让自己清醒。人永远在清醒着，也就在持续地成长和发展着。

——人在有专业的基础上，找准适合自己的职业，并不断去敬业，才能成就一番事业。

——人有不同的格局，就有不同的结局；有大的格局，才会有好的结局。

——男人去做丈夫，就是一种责任。这种责任不是一种重压，而是一种幸福。

——做好科研的基本信念：稳定好研究方向，出好持续性研究成果。

——人脚踏实地去为别人、集体和社会做好事，才有可能心安理得地过好真正属于自己的日子。

——知道我与你，处好我与你，我你就凡事皆成。

——人聚焦目标去做事，做事才真有收获并高效。

——做事需研究，并主动和自觉地去训练。人在做事中学习做事，才能不断把事做好，更不误事。

——一个想成大事的人，贵在把自己做强。人越做强自己，才越能保护和发展好自己，并成为越来越独特的自己，别人难以代替的自己。

——人这一生，旨在把握好度。无论做事和做人，都不过度。

——人，只要定位好适合自己的目标，去适度主动、守时、细心、自信、实在地去做事、处人，就应该没有做不好的事，处不好的人。

——一个喜欢伤脑筋做事的人，才有可能喜欢做学问。

——一个不去付出的人，什么也不会得到；一个付出一切去得到的人，即使得到，也有可能失去；一个付出自己该付出的人，才能得到自己该得到的，而且不会失去。

——人去做符合自己身份的事，才能做好自己应该做的事。

——人既善于去传承别人，又勇于去创新自己，才能不断去成就自己。

——人有良好的交往，才有成熟的发展。

——人要把事情做好，需要在做事中去学习和研究做事，更需要多跟别人学做事，甚至仿效和模仿别人去做事，这样才能不做错事，并使自己越来越会做事，能做事，做事既有大气、格局和效率，又能越来越形成自己的独特风格。

——人人都想获得自己理想的成功，但并不是人人都能成功。人，即使未能获得成功，也要自信，并把自己的腰杆挺直，把今后的路走正，走得适合自己，因为在这个世界上，人都是独一无二的。

——人做事情，往往就是这样：事在人做，事在人为。

——工作只要细心到位，人心也就自然到位。

——人越早读懂自己、他人和社会，就越能超前成长和发展自己。

——人，一旦认识到，就要行动到。

——人只有每天都能活出精神气，才能活好这一生。

——人无交往，难有情感。

——人怕自己，才能做好自己；人对自己心狠一些，才能越来越做好自己。

——人，适度地放弃，才会有更好的得到。人放弃该放弃的，才能得到该得到的。

——一个人到了一个新的地方，要尽力让别人走向自己，而不是让自己走近别人。

——人形成工作自觉，才能自觉把工作做好。

——人要好好过日子，并尽力过好每天的日子，而绝不能去混日子。

——人不勤奋一定做不成事，人仅靠勤奋有可能也做不成事。人在勤奋的同时，更要有目标、有人气、有策略，且方法得当，才真正能做成事。

——人要坚持自己的原则，但不能太刻板，更不能去伤人。

——一个想做大事的人，不把小事放在心上，才能把大事想细、想出策略，并成就一番事业。

——人只有对已存在的现状善于去接受，才有可能去尽快改变不合理的现状。

——人不能轻易说自己老，一旦说自己老，那就越来越老了。

——一个人中文和外文的水平，直接影响着成长和发展水平。

——人坚持好一直应该做的事，就越来越能把事做成、做大和做强。但所做的事，要精心设计和策划，更要适合自己，并能坚持去做，这样才能通过做事使自己成长和发展。人在做事，并不意味着自己就在成长和发展。

——任何一个人都是集体中的人。一个人做不好自己，就在影响着集体。

2018 年 7 月

——人越忠诚，就越能把事做成。

——人难免有各种事，如不能按时完成别人安排的事，提前说清即可，但要尽快确定自己下次能完成的时间，确保把别人安排给自己的事做成并做好。

——随着年龄增长，人面对的事情越来越多，按轻重缓急去分类，合理安排，做事才能真有效率，才能不断获得成功。

——人不应随便去做事，更不应把要做的事轻易放弃。

——自由和生命对人至关重要。人没有了适度的自由，也就没有了人格的尊严；人没有了生命的活力，也就失去了自身有意义的存在。

——人无论在任何时候，都要尽力保持好的心情。心情不好，是人最坏的下场。

——人需要别人的策划、规划和计划，也需要自己的造化。

——一个忠于自我的人，才能定位好适合自己的路，做成适合自己的事，找到适合自己的人。

——人竭心尽力去丰富自我，才能付出越大，回报越多。

——人不能赶着去做事，更不能让别人赶着去做事。人只有超前做事，才有时间和精力，把本来早应该做的事做好。

——做丈夫，是一个男人生活中，最有意义的事，也是最意味深长的任务。一个能成为丈夫的男人，才应该是一个幸福的人。一个在应该成为丈夫的年龄，没有成为丈夫的男人，是一个不幸的人。

——一个不知自己路在何方的人，难以成长和发展；一个仅知自己路在何方的人，也难以成长和发展；一个既知自己路在何方，又能坚持每天去脚踏实地勤奋并智慧地去努力的人，才能在人生每个阶段，都尽快地成长和发展。

——人，无论在求学阶段，还是在工作阶段，既能坚持不落后于他人，又能坚持每天应做的工作不滞后，一生才能过得顺心、舒心和开心。

——人做事只要主线明确，就能越来越聚焦去做事，尽快做对事，做成事，并通过做事不断实现成功。

——人，合理去消费，消费也就合理。

——人，无论遇到任何事，都要充分调研，换位思考，厘清思路，至少严密形成上、中、下三种策略和方案，积极有效沟通并协商去和谐解决。

——人在自己发展的任何阶段，都应有底线思维。人能守住自己做人和做事的底线，才能越来越有基础去不懈地奋斗。

——人只要去写作，就应格式规范，并形成习惯。微信和短信也是写作，应把格式规范，包括标点符号也应规范。

——人无论做什么事，都不能到了筋疲力尽的地步。与其这样，还不如不去做。

——人要在世界上每天能当个人，既需要源源不绝的生命活力，具备能拒绝远离自己发展目标诱惑的选择力，又需要能同时做几件事的注意分配能力，以及正好有的运气。

——人离不开别人的帮助，但需要一定的自尊和自理，不能做什么都去求助于别人。人越少欠别人的情，越好。人欠别人的感激之情，应是自己这一生最大的债务。

——人乐于助人，才能助人为乐。

——一个事业心强的人，无论任何时候，在什么情况下，都不会放下自己对事业的执着。

——人不去付出，那就什么也没有。

——人这一生，最大的不幸，不是没人爱，而是不爱人。

——人要有目标地去生活，而不能让生活随意地带着自己走。

——人，只要去做事，就要去做自己很有把握的事。一旦遇到没有把握的事，自己不要轻易去做，更不要轻易答应别人去做。

　　——人要管好他人，应该先管好自己。一个连自己都管不好的人，是管不好他人的。

　　——人要把握好自己生命的节奏。每个人的生命节奏不一样，即使同一个人身上也会表现出不同的生命节奏。

　　——人一旦做不好自己，就应该先去反思，系统地考虑该如何再去做好自己，并尽快扎实有效地去行动，而不要轻易去埋怨别人，更不能去抱怨这个世界。

　　——人不应想什么去做什么，而应做什么才去想什么，这样才能把事做快并做成。

　　——人再累，也不能累坏自己，尽管压力在增加；人再苦，也不能不快乐自己，尽管苦中在作乐；人再忙，也不能不照顾好自己，尽管事情在增多。

　　——养好身体，做好工作，夫妻恩爱，育好孩子，陪好父母，交好朋友。

　　——做不好父母亲，难以养育好孩子。

　　——人做学问，就是在挖一口深井，越挖才越有学问，挖得越深，才越能有系统的学问，并越来越成为学问大家，形成大家的学问。

　　——一个想发展好的人，要善于反思自己；先做好自己，才能不断有成功。

　　——人生就是互相陪伴。对父母亲而言，要培养好孩子，先应陪伴好孩子。陪伴好孩子，自己才能有资格培养好孩子；对孩子而言，发展好自己，是对父母亲最大的孝顺。发展好自己，才能有资格和条件陪伴好父母。在发展好自己的同时，去陪伴好父母，自己的人生才能更幸福更成功。

　　——人，做强做大自己，才能帮好别人。

　　——人不应咋开心我就咋活，咋顺心我就咋过，而应咋活就咋开心，咋过就咋顺心。

　　——人只要写文章，就要把话说明白：用自己的话说，说自己想说的话，并用别人能理解的话说。

　　——人，认清一个人，才能处好这个人，并使自己更去做好一个人。

　　——人，身体搞好，才有基础把一切搞好。

　　——人尽力做自己想做的事，才能持续地做好适合自己的事，并通过不断做事，获得成功，实现自己的可持续发展。

　　——一个学问人，一旦读书、思考和写作成为每天的习惯，并坚持一生，就能越来越形成积累和积淀，不断获得学问上的成功。

　　——人一旦有过去和将来的视野，就不会被当下占据自己全部的心灵，而会使自己的心灵更开放和更自由，不受当下的束缚。

——人做强自己，才能成为有用的人；人不能什么时候都成为有用的人，需要适度的无用，否则在累着自己，辛苦着自己，更做不好本来的自己；人成为别人看来无用的人，才能把别人认清，同时在自由着自己，洒脱着自己，滋养着自己，更在发展着自己。

——人与人之间应亲密、亲近、亲切，但人与人的状态毕竟不同，也应有一定的距离感，保持好适度的距离，到位而不越位，这样才能妥善处理和保持好彼此的关系。尤其是父母亲和孩子、师生及上下级之间的关系，更应这样去处理，才能把彼此关系处理好。

——人，想做的事未能如愿，那第一时间就要释怀。

——人不是生就的，而是生成的，更是做成的。但人要做成自己，而不是做成他人，更不是代他人去做人，或让他人代做自己。

2018 年 8 月

——人，消除假我，保持真我，才有自我。

——人应把自己活成世界需要的样子，但人的能力有限，也应适度活成这个世界有时不需要样子，更应活出自己本来的样子。

——人，只要做事，就要有格局；人，只要做人，就要有格调。

——人，谋好事，才有真诗；人，做成人，才有情诗。

——人，把集体维护好，才能把自己发展好；人基于集体立场，把自己做好，集体才能发展好；集体发展好，自己依托集体，才能把自己越来越发展好。

——人，脚踏实地着为真，常想着别人为善，成人成事着为美。

——人这一生无非要做两件事，自己想做的事和别人让做的事。人既需要做好自己想做的事，又需要做好别人让做的事，但这无非是在本分做事。人一旦能把别人让做的事，变成自己想做的事，就能超越本分做事，把事做强，并做成大事。

——人生三件事：找到适合自己的工作；找到适合自己的爱人；培养好自己的孩子。人每天的三件事：吃好、睡好、心情好。

——人生如走路。人只要走路，就要去走适合自己的路，更要去走不断高于自己的路。

——人，让别人懂你很重要，但更重要的是你要懂自己。人，千万不能不懂自己，甚至读不懂自己。

——人可以有意见，但不要有陈见，也不能有成见，更不能有自负的成见。

——人不懒，学业和工作才能日益进步；人不贪，才能拒绝一切诱惑，不断有长远的发展。

——人有高远的目标、坚强的毅力、充沛的活力，并充满热情，才能越来越把自己想做的事做好，并不留任何遗憾。

——人面对的世界主要是科学、艺术和生活，人就在这三个世界中生存和发展着。人一旦形成对这三个世界的责任，就有可能将其统一，实现自己的和谐发展。

——人在怕自己，并在为自己担心，才有发展的基础和可能。

——人活着，就要有尊严；人越想有尊严，才越能有责任感；人越有责任感，才越能保持好自己的尊严，并促使自己持续地成长和发展。

——人，成不了别人的榜样，就难以成长和发展。

——人，不知道，不会做到；人，知道，也难以做到；人要把知道的做到，需强劲的目标、坚强的毅力和每天的行动。

——人能准确定位自己不想成为什么人，才能成为自己应该成为的人。

——人为自己设定好应有的底线，每天才能做好应该做的事。人一旦失去底线，什么事都难以做成。

——人细心到每件紧要事，每件紧要事才能细心地做好。

——人对自我没有严格要求，不要轻易要求别人。

——创造是人发展的动力，也是人生命有活力的基础。人，只有不断使自己的人生富有创造力，才能使自己的人生精力旺盛。

——人只有内心有一股前进的力量，才能保持上进心和进取性，使自己不断向前，持续发展。

——爱是家庭的基础，人一生幸福的源泉。人所找到的配偶，只有既是一个自己爱的人，又是一个爱自己的人，才能组成一个幸福的家庭，一生也才能经营好这个家庭。

——既然每个人都是这个世界上独一无二的人，那么每个人都应活出自己在这个世界上的独特个性，成为别人难以取代的唯一。

——人活得有人味，才能越来越活成一个人。

——人只要想把事情做好，就有办法。

——人都希望自己变得更好，但只有把自己该做的事都做好，把该处的人处好，才能使自己变得更好。

——人要限制自己，但绝不可限定自己。

——随着年龄的增长，应做的事情越来越多。但人的精力毕竟有限，为了把事情做成、做好，基本的策略是，在一段时间内集中精力去做最紧要的一件事。

——人不应怕别人比自己聪明，而应怕的是：比自己聪明的人比自己更勤奋、更努力。

——人只要宽容和包容，自己就不会无地自容。

——人越去努力，就越不会有生活负担。有生活负担的人，一般是从自己努力不够，甚至不努力开始的。

——经典名著不仅应该成为阅读对象、思考对象，而且应成为思想的来源。

——人在学生时代，旨在学成一个人；人在工作时代，旨在做成一个人。

——人只要定位好前进的方向，一般不会把路走错。

——人要把事做好，并受到别人的认可，既需要有善良的动机，又需要有智慧的行动，更需要彼此的欣赏。

——人都有惰性，既需要别人逼迫自己，又需要自己逼自己。人不断去基于责任和目标逼迫自己，才能持续成长和发展。

——人有可能去认识一切，但不可能去拥有一切。

——人一旦知道自己的幸运，就要及时去感恩、领受并珍惜。

——人要去追求，并完美地去追求，但不应去追求完美。

——一个真正的学者，应该就是一个非常独特的学者。

——任何一位研究者，都应该熟悉其研究的材料。

——人在这个世界上能有唯一的地位，不是天生的。人，只有以最大的主动性，去不断努力奋斗，才能充分地达到自己的唯一地位，使这个世界成为有我的世界。

——人只要做事，就要去做有意义的事，否则就是生命的浪费。

——人越早能认识到自己适合做什么，如何去做，并一直坚持去做，越能超越同龄人，并在超前成长和发展着。

——人只有在人生每个阶段做好自己，实际上才能有时间、精力和能力去关心和帮助别人，进而去关爱这个世界。

——爱，既是一种情感，又是一种责任，更是一种约束。人，彼此有约束，才能有真爱。

——人格越好，成长和发展得就越好。

——人能自觉地保护好自己，才有可能主动地发展好自己。

——不去研究和反思，一个亲身经历过历史的人，也未必能看清历史；一个没有亲身经历过历史的人，更难看清历史。

——人，应该尽可能地为自己的快乐着想，但这种着想不应失去对他人和社会的责任。人能为他人和社会做贡献，甚至奉献，实际上才真正快乐着。

2018 年 9 月

——人，让细心成为一生的习惯，虽然不易，但一定要形成。学问是细活，不细，难以扎实、深沉；工作做细，才能没有差错、漏洞，才能一生平安；生活中去细心，才能关心好人，才能与人友好相处，从而一生幸福。

——人与别人的关系，实际上取决于人与自己的关系。一个处理不好与自己关系的人，难以处理好与别人的关系，甚至在负面地影响着自己与别人的关系。

——父母亲对孩子最好的陪伴，是做好自己，成为孩子的榜样！

——人要尽力把事做好，就要尽情让别人理解自己，并互相理解；人要尽情把人处好，就要尽力让别人喜欢自己，并互相欣赏。

——人每天最宝贵的就是时间，既要把自己的时间给别人，又要花一定时间与自己在一起。一个把全部时间给别人的人，难以扎实地成长和发展好自己，很可能会最终没有自己；一个只把时间给自己的人，在失去着对他人、家庭、集体和社会的责任。

——人既然每天都在面临着不同的选择，那么，就要主动拒绝不适合自己目标的诱惑，做好适合自己的选择，而不要被动地去选择，更不要被动地去被选择。

——人切实把自己当人，才能让别人尊重和欣赏。

——人这一生，旨在成人成事，既要对得起所做过的事，又要对得起所处过的人。

——人与人之间最大的信任应该就是对良言的信任。人若没有别人的良言相劝，难以走好适合自己的路、做好自己该做的事、处好自己该处的人。一个想把自己成长和发展好的人，一定要善于听取别人对自己的吩咐、建议、忠告、规劝、教导等，并扎实地去落实，有效地去行动。

——人既要有为人之心，又要有适度的利己之心。人没有为人之心，那就要失去应有的责任、贡献和价值；人没有利己之心，那就要影响到自己的成长和发展，甚至损伤自己的身体。人最大的利己之心，就是应该把时间留给自己，把自己成长和发展好。人有一定的利己之心，才能有更多的为人之心。一个自己成长和发展不好的人，谈不上对别人的影响和贡献，更活不出自己生命的独特和意义。

——人以职业为基础，才能过好一般人的生活；人把自己作为一般人的生活过好，才能过好其职业生活。

——人，与人交往不好，做不好事；人，事做不好，交往不好人。

——人既应坚强，又应适度脆弱。人若坚强，就能坚持走好适合自己的路，扎实做好自己该做的事。人若适度的脆弱，就不会逞强，就能保护好自己，并处好自己该处的人。

——人跳出自我去做事，做事才能有格局；人做事有格局，才能把事做大；人把事做大，才能为他人、集体和社会做出自己独特的贡献。

——人，反省好历史，才能走好当下；人，反省好自己，才能走出自我。

——人，遇到人生关键的事情，一定要全面调研，深谋远虑，精心思考，形成系统思考和方案后，多与别人商量，虚心听取多方意见，再去尽快决策和扎实行动，否则就会失去生命成长和发展中的机遇和机会。

——人，如果要把事做好，并通过做事得到别人的信任、欣赏和支持，一定要按时做事，甚至提前和超前做事，而不应让别人提醒着去做事。

——人，用心去靠手做，会比电脑做得更好。

——人要与别人处好，重在把自己做好，不要轻易去要求别人，更不能随意去指责别人，甚至辱骂别人。

——人工作再多，也不能不去陪伴家人；人工作再累，也不能忘记养育孩子；人工作再有成就，也不能忘记经营家庭，经营好家庭也是自己一生的成就。

——人要活在自己心里，而不应活在别人眼里。人要把自己活在心里，既需要做事尽好自己应有的责任，又需要做人尽好自己应有的本分。

——一个优雅的女性，会在任何时候都把自己做得淡定、得体，从不埋怨、抱怨、道歉。

——人这一生，不可能每个阶段都做得很好，只要尽了心、尽了力、尽了情即可。

——人，应多反思，并越来越自律，但不可多自责。人适度宽容好自己，才能让自己越来越自信、自立和自强。

——人，不可能什么都会做，特别必要时，学会适度求助于人，才能把自己该做的事做好。

——人，尽力去把每天别人不能代替自己的事做好，才能一生过得充实、踏实、扎实和真实，并做出一番成就和事业。

——人做什么，就应有什么样子，这样才能养成好的习惯。一个孩子，早年一旦形成不好的习惯，一生难以改变。

——人，帮助别人，实际上是在帮助自己；人，有能力帮助别人，实际上是在成就自己。

——偶尔去看别人微信时，有时会看到"朋友仅展示着最近三天的朋友圈"，对此我感到很诧异，每个人都应有开放的自我，向别人开放的心灵。人，一旦封闭了别人，那就等于在封闭着自己。

——人先做好自己，才有能力帮助别人。

——一个从小就对书珍惜和尊重的人，一生才能读好书，并写好自己的书。

——人在任何时候，都不要失去自己的精力和活力。

——一个有个性的人，不应去过和所有人一样的日子，更不应让自己和所有的人相似。

——每个人都是自己的唯一，但绝不是这个世界的唯一。人，无论在任何时候，都不能放弃为美好生活奋斗的决心和努力。

——人适度去抑制自己的本性，才能不断去实现自己更远大的目标。

——人，一生在做着一件事，一心在想着一件事，这样，事情才能做到别人心里，才能做最好的自己，并形成自己独特的生命旅程。

2018 年 10 月

——家国责任，这是人一生中最基本的责任。人有家国情怀，才能有家国责任。人若自觉去承担并履行家国责任，就能跳出自我，充满精力和活力，真实、充实、扎实和踏实地过好每一天。

——人要把自己活得自觉、自立、自信和自强，关键在于能不断地取得成就。人要有成就，既需要高远的目标，又需要聚焦目标的扎实行动，更需要坚强的毅力以及比自己水平高的人的提醒、建议、引导、指导和帮助。人一旦既成就着自己，又能凭自己的成就，成就着他人，就越来越能活出生活的意义，越来越能自立、自觉、自信和自强。

——人难以成为别人的影子，应该越来越成为自己，并活出自己应有的样子。

——人不可能什么都能得到，只应得到自己该得到的。人一旦选择好自己该得到的，就要尽力去得到。一个什么都想得到的人，最终可能什么都得不到。

——人的生活应有其道德标准，但人不可能遵照所有人的道德标准去生活，否则自己不仅活得很累，而且越来越在失去自我。

——人难以忘掉自己的过去，也应去追忆过去，但过去再好，也不是现在。人，既应立足现在，反思过去，又应面向未来，过好现在。

——人，心里不老，就永不老。

——人做工作，应该去追求完美，但更应该去尽快完成。过分追求完美，不仅在影响着工作的效率，而且可能使工作难以完成。

——时间成本是人生的最大成本。人，无论做事，还是做人，都应去把时间管理好。人把时间有效管理好的标志，应该是：用最短的时间做成该做的事，用最快的时间处好该处的人。

——人，想要学习，总能想出办法。

——人，要尊重人，但不能过分，否则，不仅在伤害着自己，而且会导致别人对自己的不尊重。

——人要把学问做好，但更应把性格锤炼好。

——人要做好自己，但精力毕竟有限，要以自己的人格和成就赢得别人的欣赏、得到别人的支持和帮助。人，既能求得别人帮助，又能帮助好别人，才能尽快成长和发展好自己。

——人应坚持自己的想法，但也应虚心多方听取别人的想法，并不断完善自己的想法，谋定而后动。

——人尽快研究好他人，才能尽早地做好自己。

——人有稳定的研究方向、持续的研究成果，才能不断做好自己喜欢做的研究。

——人要过自己的生活，而不是他人的生活。

——人能准确地找到自己，这是人一生的功课。人要学会在这个世界中，自觉地去找到自己。人，既要能通过别人的指导和引导，找到自己，又要能自己去找到自己。

——人发展好的三个底线：大格局，不满足，不自卑。

——家庭和事业是人一生的两大基础。人这一生，既不能爱错人，又不能走错路。

——人要有好寿命，并能有好发展，那就不应有坏脾气。人，既不应对别人发脾气，又不应对自己发脾气。一个爱发脾气的人，既在影响着做事，又在影响着做人；既伤害着别人，又在苦累着自己。人有一个好脾气，那是你自己一生的福气。

——学术能交流，才有真学术。

——一个学问人，只有学问做进、做精、做细、做深、做透，才能越来越做出学问，做成学问，做好学问，并依托学问，与人处好，过好一生。

——人，做任何事，都要讲究规矩，否则会失去别人的信任。

——人要把工作做好，应该既有秩序，又有程序，更有次序。

——人到任何一个地方，都是缘分，能去坚守、坚定并坚毅地去做适合这个地方的事，才能真实、扎实和踏实地走好自己的人生之路。

——人的一生既然是短暂的一瞬，没有福分一直走到历史长河的终点，那么我们就要尽快定位好自己在历史长河中的存在位置，尽情、尽心、尽力走好自己的一生，使自己这短暂的一瞬留得美好，成为历史。

——人，内心强大，始终相信自己，才能坚持每天都做最好的自己。

——人要把事做好，既要确定对象，又要选择好适合对象的方法，并把方法化为程序，严格按程序去做。

——人，只要做事，就要对象明，思路清，方法对，时间紧，效率高，没漏洞。

——人，以自我的相对确定性，才能永恒面对未来的不确定性。

——人，一旦形成基本的工作模式，并扎实好工作程序，工作效率就会越来越高。

——人不应成天去想着今天、愁着明天，而应每天有信心地做着今天，美好着明天。

——人的历史应靠自己去书写，而不是去描写。

——人，搞清楚自己是什么样的人，才能去切实做好适合自己的事，成为本来应是的样子。

——人，做事要到位，而不越位。事情是别人应做的，还是自己该做的，要准确定位好。事，该别人做的，就应让别人去做；该自己做的，就要自己去做。这样去做事，才能既不越位，又能把自己该做的事做得更多，不断提高自己的工作效率。

——一名老师，相信学生，才能培养好学生；信任学生，才能做好自己；与学生合作，才能共同成长和发展。

——人，不要轻易去批评人，更不应轻易去指责人。人与人之间换位思考，也就释然了。

——人与人之间多沟通和交流，也就互相理解、彼此包容了。

——人，可以不做事，但绝不可误事。

——人，做不好自己，不仅影响着别人，而且在伤害着自己的形象。

——人可以让别人帮助，但更应尽力做好自己。人越能做好自己，别人才越能高质量帮助你。

——人用心把每件该做的事做好，特别是把别人不能代替自己做的事去做好，就会通过做事持续地成长和发展。

2018 年 11 月

——一个自己还在发展的人，虽应帮助别人，但要把更多的时间留给自己。

——任何一个人，都是与自己不同的人。认得他人，才能认清自己；懂得他人，才能做好自己。

——人，不去拖延做事，而习惯于超前、提前和及时处理，才能不断提高自己做事的能力、效率和水平。

——人只有自觉承担起该承担的责任，才能成长和发展。

——人，有适度个性地去做人，才能有自己风格地去做事。

——人，学生阶段把学业做好，找到适合自己的职业后，把工作做好，一生就会平安、快乐和幸福，并持续地活出自己生命的意义。

——人，自己先把自己当回事，别人才有可能把你当回事。

——人要把每天过好、活出自己生命的意义，既要每天过得有意思，又要每天过得有意义。

——人生，贵在专心。人这一生，要去专心学好一门手艺，专心学好一个专业，专心读一本值得研读的书，专心研究一个值得研究的人，专心从事一份适合自己的职业，专心交往至少一个值得信赖的朋友，专心经营自己幸福的家庭。

——人，做什么事情，都不要发愁，而要尽力去想办法、尽情去做好。

——人，只要有做好事情的决心，就会越来越有做好事情的力量。

——人，先把自己做好，别人才越能帮你更好。

——人，天天去努力，慢慢才能有积累和积淀，并越来越有实力。

——人，能做事，别人才找你做事；把别人让做的事据其要求做好，自己才更会做事。

——人，应该为自己活着，但人在为别人活着、甚至奉献着时，自己才能更好地活着。

——积极主动去做事，才能快乐地做事，并真切地感受到做事后的快乐。

——人必须勤奋，但要有规划、有智慧、有效率，并高水平地去勤奋。

——人聚焦于自己，才能向着目标扎实地做好自己、持续地发展自己。

——人一旦形成每天读书、思维和写作的习惯，这些习惯每天就会营养着你，更在滋养着你。

——人的精力和时间毕竟有限。聚焦自己的发展目标，关心好自己该关心的，才能珍惜和使用好时间，才能尽快做好自己，并不断去实现自己的发展目标。

——人与人彼此宽容，相互独立，才能越来越深层次的交往、心灵才能互相交融，并越来越有情谊，且能互相帮助、共同成长和发展。

——人，要去关心人，但不应太去关注人。一个人太受别人关注，实际上在是一种负担。

——人应该活成自己想要的样子，但究竟什么是自己想要的样子，需准确定位，定位越早，越能活成自己想要的样子。

——随着年龄增长，人需做的事情会越来越多。人要把每天的事情做好，贵在找到所做事之间的联系，养成同时能做几件事的习惯，把每天的时间统筹安排好。

——人活得有目标、精神和情怀，才能使自己的生命不断升华，从而真实和真情地享受人生。

——每个人都有活好自己的标准，但不应用自己的标准去刻板地要求别人，甚至强求别人。一个达不到自己所定标准的人，更不应要求别人。

2018 年 12 月

——人做事应为别人着想，但要适可而止，不能过分。一个过分操别人心的人，既苦累着自己，又影响着别人的自由，甚至给别人带来烦恼，让别人不快。

——人，能不断以恰当的方式，去做恰当的事，才能不断获得成功。

——人离不开情感，应过有情感的人生。但人的情感不能过度和过分，有恰当的情感，才能过好自己的人生。因为，恰当的情感才能给予我们更多的东西。

——幸福是自己的感觉，人都想过得很幸福，但幸福既有大小，又有一定的限度。人放弃不该有的幸福，才能得到自己本应有的幸福；不去追求不该有的幸福，才能每天有价值和有意义地幸福着。

——人只管一直做自己喜欢的事，才能每天静心和开心，并不断有新的成就，实现理想的成功。

——一个人要想发展好自己，既不能自己不关心自己，又不能自己耽误自己，更不能自己伤害自己。

——人，珍惜每一天，才有可能过好每一天，并把属于自己的每天过到极致。

——人生，永远不能在关键时犯关键性错误。

——写作是一种冲动。论文贵在自己想写，不是为写而写。越想去写论文，并坚持不懈去写，就越有能力写论文，论文就越能发表。

——人生，应该去积极主动面对，既不能回避，又不能躲避，更不能逃避。

——一个暂时还不能做好自己的人，先去博采众长，研究别人怎么做其自己，再慢慢存异创新，不断去做好自己。

——人与人的合作，要彼此反复沟通和商量，不自己轻易做决定，更不能代替别人去决定。这样才能合作好、彼此长期和谐做事。

——人，不能轻易拍脑袋去做事，要有研究的去做事。

——人做任何事，都要换位思考。人越能为别人着想，才越能把自己想做的事情做好。

——人去适时地清空自己，才有更好的自己。但人再清空自己，也不能失去应有的积累和积淀。清空自己，是为了能更好地学习、研究和工作，能不断形成积累和积淀，并去享受真实的人生。

——人不多操心、不细心做事，不仅做不好事，而且会慢慢失去别人对自己的信任，更在浪费着自己宝贵的时间。

——人做事，先应完成，再去完善并追求完美。人把事做成，才有可能完美；人太追求完美，事难以做成。

——人需要一个人单独走路，但更需要别人与自己一起合作走路，这样才能把路走远，并走得踏实，并越来越做出自己的成就、走好自己的人生之路。

——人，应多为大事做事，少为小事做事；多为名做事，少为利做事。

——家庭和谐，孩子才幸福；父母学习，孩子才发展。

——人不失去做事底线，才能把事做成。

——一个学问人，应主动和自觉地为自己的写作生涯进行合理的时间预算。

——人，可以忙于不同的事情，但应该有确定的目标。一个没有确定目标的人，不仅会效率低下，而且会忙而无获，甚至忙中出错。

——一个自由的人，不应是自己想做什么就去做什么，而应是能根据其目标，准确定位适合自己的时间和空间，并去合理使用的人。

——人的成长和发展，离不开别人的引导，但随着自己知识的积累、阅历的丰富、心灵的成熟，人的成长和发展，更离不开自我的引导。一个不善于去自我引导的人，难以持续地成长和发展，更难有大的成就和事业。

——一个拥有抱负的人，能主动并自觉地去不断做其想做的事情，才能成为一个有成就的人。

　　——人应研究别人，但也应研究自己。研究好自己，才能发展好自己，这是人一生的功课。

　　——人，坚持每天都有好心情，才能过好自己的每一天。人要有好心情，既需要有基于目标的定力和动力，又需要有能完成目标的精力和体力。

先生致青年：大学教授的十年箴言

2019 年

2019 年 1 月

——人在每年的辞旧迎新之际，应该总结自己，反思自己，展望自己，但更应好好谢谢自己。人，能谢谢自己，才能感动自己，激励自己，成长和发展自己，使自己越来越是真正的自己。

——人无格局，难以成事，更难成大事。人要有格局，就应跳出自我，既要基于自己的目标研究好他人，又要善于与他人有效合作，不去埋怨和抱怨别人，只想着如何做最好的自己。

——人生，既不能延期，又不能超期，更不能无期。

——一个能让自己持续成长和发展的人，应该是不断有力量的人。这种力量既包括人格，又包括思想，更包括精神。

——人，只要在其生命进程中，不失去定力、努力和张力，其生命就会越来越有活力。

——人，不仅应该使自己的生命活出意义，更应使自己的生命具有示范意义。

——想成为自己的主人很难，一旦成为自己的主人，生命就会更积极主动，更活力多彩。

——人人都在思考着自己的生命，但要能够常在自己的生命中得到一些值得思考的东西，才能形成对生命持续和系统的思考。这需要基于适合自己的目标，一生去奋斗。人一直去奋斗，才能不断得到值得思考的东西。

——人要成为生活的主人，就应积极地生活着，而不应被动活着。

——人与人生来不同，每个人都应成为独特的自己。这需要别人的引导、支持和帮助，但更需自己去努力完成。

——人做事，不仅仅是为自己做事，一个人跳出自我去做事，才能主动并自觉地做成事。

——一个想把自己发展好的人，不仅要准确定位好适合自己的选择，而且要心甘情愿地服从于选择带来的约束。

——人要想不断焕发出生命的活力，就应获得对于生命的控制力，这既包括克制自己的能力，又包括适度的强制自己的能力。

——人在自己最好的年华和时间，一定要去读最有意义的书、做最有意义的事。

——人的能力和精力有限，不可能把所有事都做好。人一旦能做了别人不能做的事，并持续去做好，就能不断形成自己独特的地位和价值。

——历史虽由人去写，但历史往往难以超越。

——人能放下任何事，容下任何人，才能有好心情做好该做的事、处好该处的人。

人与人彼此商量着做事，才能彼此和谐着做事，并不断在共同做事。

——学生只是学生，作为老师，就要对学生去宽容和包容。一个不能适度宽容和包容学生的老师，做不好老师。

——人的生活一旦单一，那就难以形成丰富的人生经历和阅历，更难形成自己独特的人生体验和感悟。

——我们每个人，既然是世界上唯一的存在，那么就应准确定位好自己的位置，并经过不懈的奋斗，实现自己在这个世界的存在价值。

——人真正拥有的，就是自己的经验。人通过自身体验，不断形成经验，才能把人生遇到的问题彻底思考好，更能去把问题及时解决好。

——人既能把学习当作很快乐的事，又能让学习成为有成就的事，才能持续成长和发展。

——人一旦工作，就要有效地去工作。能有效工作，是衡量一个人工作能力和水平的重要标志。

——人不可能什么都得到，必要的放弃是为了更好地得到。人每天究竟去放弃什么，还是去得到什么，决定着人的发展能力、层次和水平。

——大家都在为集体作贡献时，一个集体才能成为集体。

——一个能成功地把自己发展好的人，应该是把个体的人生发挥到了极致的人。

——与人能平行、平等和平和地交流，这既是学者的理想，又是学者学术水平的标志。

——一个习惯和自己较劲的人，才能每天坚持学习，并持久地成长和发展。

——一个能力强的人，不会有压力；一个本领强的人，不会有困难。

——人难有过人之聪慧，但可以有过人之勤奋。

——人既不能不把别人当回事，又不能太把别人当回事。这既需要对别人的了解和研究，又需要据自己目标进行合理选择，更需要自己对人的信任、亲和力和感召力。

——人做事难免会累，但不能活得累。

——做什么工作，应是自己的选择。人一旦能自己选择工作，工作才有可能适合自己，工作起来才能主动、有效、快乐和幸福，并通过工作实现自己的价值，活出自己应有的生命意义。

——人想要别人怎么对待自己，自己就应当先怎么对待别人。

——人难以关心好每个人，但绝不去伤害任何人。

——人多为别人着想，别人才有可能去多为你着想。

——人不可能没有私心，私利。人只有忽略自己的私利去做事，才能做成事、处好人。

2019 年 2 月

——人的发展应有自己的预期，但预期要合理，并去坚毅地落实到位，才可能超越预期。

——人看人，就要看其长处；人帮人，就要帮其难处。

——人与人之间的不平等，既有社会经济造成的不平等，又有人的能力差异所造成的不平等。我们往往重视了前者，但忽视了后者。

——人都希望自己有更长的生命，并让自己生命中拥有更多的东西，这虽然是人的理想，可以去追求，但这种理想和追求既不能过度，又不能过分，更不能成为自己生命的负担。

——人这一生，旨在做人、做事、做学问。做好学问，先要做好人和事；学问做好，才能把人和事做得更好。

——人应既能工作，又会休息。一个能工作好的人，应该是会休息的人；一个会休息的人，应该是能把工作做好的人。

——人不能马马虎虎过日子。人把日子过得仔细一点，才能把生活过得更好一点，学业和工作多有成就一点。

——人植根于一个集体，主动和自觉地为这个集体尽力作出自己独特的贡献，才能持续发展，并不断实现自己的人生价值。

——人不应试图去主宰自己的命运，而应主动去塑造自己的命运，并在塑造自己命运的过程中，越来越成为自己命运的主人。

——人自己都不能走进自己的内心，那就已不是自己了。人能让别人走进自己的内心，才能有亲情和爱情。

——人的生命意义需要在自己的人生中去寻找，但更应在自己和自然、社会、他人之间的联系中去寻找。人能准确定位好自己与自然、社会和他人的关系，才能找到自己的存在价值，并活出生命的意义。

——人既应让自己成为别人的一部分，又应让别人成为自己的一部分。无论谁成为谁的一部分，人都不能失去自己应有的人格、尊严、思想和生活。

——能否把碎片化时间利用起来，这既是一个人能否把时间充分利用的标志，又是一个人能否成长和发展好的标志。

——人规范做事，才能求同做事；人自由做事，才能存异做事。人既能求同，又能存异，才能高效率地做事，并释放自己的心灵去有风格地做事，从而不断形成自己的独特风格。

——人，特别在自己学生时代和刚工作时，做事不能仅想着自己怎么去做，而要多想着别人要求怎么去做，并把这些要求去一一落实，这样才能尽早把事做好，尽快成长、进步和发展。

——要做好学问，既需要理论的高度，又需要思想的深度，更需要历史的厚度。

——人生，就应是不断超越自我的过程。人要实现对自我的不断超越，既需要固守自我，又需要更新自我，更需要在人生每个阶段不断去重建自我。

——人不断用自己的头脑去思考问题，就会越来越有自己的观点、见识和思想。

——人生旨在活。人，只要活，就应既活得明白，又活得有层次、有境界。

——一个学生时代都不认真的人，工作以后也难以认真，也不会认真。

——人活着，旨在"有"。人既需要有情去处人，又需要有理去做事，更需要有家去活成一个快乐幸福并有价值的人。

——人在了解别人的过程中，也在了解自己；人在研究别人的过程中，也在研究自己；人在评价别人的过程中，也在评价自己；人在反思别人的过程中，也在反思自己。

——人不可能什么都优秀，也不可能在什么时候都优秀。优秀是一种追求，也是一种选择。人要聚焦自己发展的目标，并通过不断的追求和努力，去把自己变得越来越优秀。

——一个优秀的人，也是会示弱的人。人的时间和精力有限，一个会示弱的人，才能有时间和精力让自己不断变优秀。

——要想把人处好、把工作做好，既应不怕麻烦别人，又应少去麻烦别人，更应不怕别人麻烦自己。

——人要去奋斗，但仅仅有奋斗的想法是难以成功的。要奋斗成功，既需要奋斗的激情，又需要奋斗的行动，更需要奋斗后的反思。人，反思好自己的奋斗，才越来越能奋斗成功，并越来越能成功地奋斗。

——人做事，既需要认真严谨、细心扎实的态度，又需要持续提高的水平。水平有一个提高的过程，但态度问题不解决，根本不可能做好事，更难以不断提升自己的做事水平。

——人每天都在走着，但人怎么走，需要好好定位。人要把自己走好，不应让别人去推着、赶着，而应主动、超前去走，这样才能走稳，并走出自己、走出成功。

——人一旦能操心好别人做的事，就越来越能做好自己的事。

——人与人能否交往好，因素是多方面的，文化是其中一个重要因素。文化可以帮助人与人相处，但也会形成人与人的距离。文化相近的人，可以更好地相处；文化有差异的人，难以很好地相处。人与人要相处好，就应适应彼此的文化，并去有效地沟通、达到和谐。

——人这一生，既需要从历史中找寻，又需要把一切交还给历史，更需把自己写进历史。

2019 年 3 月

——人在这个世界，就应做甚务甚，绝不应做甚误甚，既不该延误，又不该耽误，更不去犯错误。

——人可以去了解别人的经历，但无法经历别人的经历。从这个意义而言，经历就是一个人的财富。但人的生存和发展仅仅靠自己的经历是不够的，应去了解和研究别人的经历，让别人的经历也成为自己的财富，从中寻找到对自己生存和发展的启示。

——人做别人交代的事，要先搞清别人的要求，并尽力抓紧时间去一一落实，同时研究好自己的情况，也就能把事做好，并做出特色。

——人通过自我认识，尽早找到适合自己的存在，才能聚焦起自己的力量、合理安排自己这一生、并焕发出自己的生命活力。

——人应有情，但情不是攒出来的，而是彼此有缘，在物质基础上，去交往和陪伴出来的。一个把自己发展好的人，才能对别人尽情，并越来越有情；一个有情的人，才会更有责任，并有能力支持和帮助别人的发展。

——人都应喜欢自己的生活，让自己成为生活的主人，而不是生活的旁观者。但人要过好自己的生活，既应准确定位好适合自己的生活，又应真实、踏实和扎实地去奋斗。一个不善于奋斗的人，最终过不上自己所喜欢的生活，更难以成为生活的主人。

——人应内心强大，保持自己的独立，尽力做好该做的事，尽心走好该走的路，但也应学会适时、适地和适情地求助于人。人能适度地求助于人，才能用人之长，补己之短；人能主动地求助于人，才能让人去更好地帮助自己尽快走好自己该走的路，并越来越走出成功。去适度并主动地求助于人，这既是人的本性，又应成为人的德行，更应成为人的惯性。

——每个人不可能想做什么事，就能做成什么事；每个人也不可能只做自己想做的事，而不去做自己不得不做的事。每个人都有不得不做的事，但并非每个人都能做好。一个人一旦能爱上其不得不做的事，才能尽力去做成并做好。一个人主动去把自己不得不做的事做好，这个人才能真实并有成效地持续成长和发展。

——人想清楚自己不去做的事情，才能想好自己该做的事情；人不去做自己不该做的事情，才能做好自己本来就应该做好的事情。

——人只要去做事，就应去顶层设计，并尽心、尽力、尽情去做好，既不误事，又不惹事，更不能出事。

——人在同一个工作单位或集体，要想相互处好，既需要彼此共同合作去把事情做好，又需要彼此情感上沟通、信任并彼此帮助，这样才能共同成长和发展。

——人，事再多，也要保持每天的放松和轻松。

——一个既能为自己着想，又能为别人着想的人，才能把事做妥、把人做好、把学问做深。

——好的教育，不应仅仅是等每一朵花开，也应是让每一朵花开！

——人要想每天过好，心情好是基础。要想心情好，既需要据自己的既定目标，超前或提前把自己应做的事情做好，又需要自觉地与自己每天相处的人沟通协调，更需要主动把心情调节和调整好。

——一个自己都与自己过不去的人，更难与别人过得去。

——人做事仅靠己力是不够的，还需要别人的有效帮助。对帮助过自己的人，要主动和自觉地进行及时的反馈，并尽快去感谢。一个发自内心去感谢别人的人，才能得到别人更好的帮助。

——人应该去帮助人，但不能什么人都去帮助，需要了解好情况后再去帮助。不了解好情况就去帮助别人，不仅会给别人带来麻烦，而且会给自己带来烦恼，甚至会引起别人对自己的不信任。

——人，处好人，才能做好事；人能做事，才更能处好人。

——一个连自己都做不好的人，不仅难以生存和发展，而且会给别人带来麻烦和烦恼。

——人尽心、尽情、尽力，去做好别人让自己做的事情，才能得到别人尽心、尽情、尽力的帮助。

——人，想不到自己遇到什么事。一旦遇到不利的事，既不要焦急、焦虑，也不要灰心丧气，而应主动和积极地反思，找到事情不利的原因，再去奋发向上和进取。更何况，从生命长河看，不利的事很可能会变成对自己有利的事。

——人无论再忙，也要做自己，做好自己，但不要过度和过分做自己。

2019 年 4 月

——学问，有道。一个学问人，要研究好别人怎么做学问，自己才能把学问做好。

——一个善于学习他人的人，才能越来越做好自己。

——人做什么事，就要有做什么事的设计、路径、策略、方式和方法。

——人在人生发展的每一步，既不能错过发展机遇，又不能失去信心，更不能轻易退缩，甚至放弃。

——人，仅仅靠自己，难以做一番事业，即使做成，也会慢慢垮掉。人，在自己立业的同时，不断去识才、育才，更惜才、用才，才能使事业越来越光大。

——人生，就像音乐的律动；能律动的人生，才是精彩的人生。

——人生就像唱歌，但不是用嗓子唱歌，而是用心灵唱歌。

——教育，不是人为的说教，而是心灵的呼唤。

——一个出版人，旨在做书，并给人出好书。做书，就是在做人；做出什么样的书，就代表是什么样的人。

——书如其人，人如其书。

——人，要善于为别人着想，否则会落下人情。

——任何一名教师，所面对的，是活生生的人，而不是想让它怎样就怎样的机器。教师，研究不好自己的每一个学生，难以做好教育、培养出理想的人。

——人，全面评价自己，才能深刻地反思自己，不断去认真地做好自己。

——人只要来到这个世界上，都有其位置。但人主动选择好自己的位置，并在人生每个阶段都把自己的位置放对，才能使位置适合自己，自己也才能在这个位置上持续地成长和发展，并更加快乐和幸福。

——每个人既然都真实地存在着，那么每个人也应去活得真实和实在。人在学习、生活和工作基础上，能不断去创造自己、超越自己，才能活得真实和实在。人在自己最有创造性时，才在这个世界上真实地存在着。

——在这个世界上存在的人，并不见得活得真实和实在；一个活得真实和实在的人，才在这个世界上真正地存在着。

——人生，既不应浪费，又不应奢望，更不应厌倦。

——人生，需要必要的付出，没有应有的付出，难以活得真实和实在。

——人，要坚持每天学习、工作和研究，这应成为一生的习惯。

——人，只有具有全局观和整体思维，才能把事做得更扎实，更细心入微。

——人应自由，但自由不是由着自己想做什么就做什么。自由离不开规范、规矩、约束，人越能规范自己、守好规矩、常有约束，越能自由。

——人需要别人的提醒、督促，但不是什么都要别人来提醒和督促，人更需要的是自律，还有自觉。

——人想什么，很重要。有用的，去多想，多做；无用的，想都不去想，更不去做。

——人，都有一定的局限性，既具有自己特有的局限性，又具有普遍人性的局限性。在人生每个阶段，主动、自觉和清醒地认识到这两种局限性，才能弥补自己的不足，充分发挥出自己的优势，才能不断进步和发展。

——好的教育，贵在引导。一个好的教育者，既善于引导别人，又善于引导自己。无论引导别人还是自己，教育者都需把理解能力作为基本手段。一个理解能力强的教育者，才能既引导好别人，又能引导好自己。

——人，无论享受快乐和幸福，还是遭遇不快和痛苦，可能有别人的原因，但大多是自己造成的。

——人，在尽己力基础上，学会求助于人，才能扎实并快速地做好自己、发展好自己。

——人的性格，决定着人的格局；人的格局，影响着人的命运。

——在婚姻问题上，人，没有最好，适合自己为最好。

——人这一生，不是别人对自己的选择，而是自己对别人的选择。

——人，家成，万事才有基；家和，万事才能兴。

——一个不善于听取别人建议的人，很可能会走弯路，难以抓住时机成长和发展自己。

——人要把事做成做强，既需要自己尽力，又需要别人帮助，更需要团队合作。

——人，研究好别人，是为了做好自己；人，做好自己，是为了超过别人；人，超过别人，是为了大家。

——思想是连续的，而不是断续的。断续，不会有思想，仅仅是想法。

——在思想产出方面，人管不了他人，唯有做好自己。只有持续地做学问，才有可能产生思想，并把思想系统化、理论化。

——人的生命有可塑性，也有可能性。一个人只有一次生命，既不能浪费这一次的可能性，又需要不断挖掘更多的可能性。好的教育，就是要不断挖掘人的可能性，使人的生命持续发展，并使其发展达到应有的高度。

——人应去做好自己，但这个自己既包括别人想要的自己，又包括自己想要的自己。人在学生时代，应更多去做好别人想要的自己；人在工作时代，应更多去做好自己想要的自己。人越能做好别人想要的自己，才越能为做好自己想要的自己奠定基础；人做好自己想要的自己，才能不失掉本来的自己，并使自己越来越成为自己。

——人应该去随心地生活，但不能失去应有的原则。善于遵循一定的原则去生活，才能实现自己的发展目标，使自己的人生不断获得成功。

——人一旦找准自己的人生定位，就要树立自信，锲而不舍地努力奋斗，书写好自己的人生。

——人最重要的信用，是时间信用。人，把握不好时间，既做不好事，又做不好人。

——人，不一定能成为做事做得最好的人，但应成为做事最努力的人。

——人生，贵在经营，既要经营好家庭，又要经营好事业。人，经营好家庭，才能经营好事业；人，经营好事业，才能更好经营家庭。

——一个喜欢提前，甚至超前做事的人，才能从容地做成事，做好事，做大事。

——人，应该每天休息好，但更应该每天勤奋着；人，应该过好节假日，但也应该给自己的学习和研究留下一定的时间。

——一个不守信用的人，难有条件去持续地发展自己。

——一个连自己的情绪都控制不好的人，难以成事，更难成大事。

2019 年 5 月

——人，关键在做好自己。一个做不好自己的人，走到哪里，也难以处好人，做好事。

——人，既然答应别人去做事，那就要尽情、尽心、尽力去做好。

——时间很重要。做学问要把握好时间，既要在规定时间内完成，又要注意好时间节点，如周年、诞辰等。

——人只要做事，就应一天也不耽误，一天也不懈怠。

——人与人，有情义，怎么也会走到一起；人与人，无情义，再怎么，也走不到一起。

——人既有他人，又有自己，才能更有自己，并更有他人。一个连自己都没有的人，难有他人；一个没有他人的人，难有其自己。

——人，在其发展的每个阶段，都会遇到难题，并有难处。随着自己的成长和发展，人对自己所遇到的难题和难处，不应该去回避，更不应该去躲避，而应直接面对，尽力去有智慧地解决。

——人要把事做好，并要做出一番事业，既需要充沛的精力，又需要高昂的斗志、奋斗的精神，更需要创新的思维。

——人，彼此无信任，任何事都难成！

——人，只应考虑如何更好地去做好自己，而不应盲目和随便地评价他人和他物。这个世界，任何事都有其局限，没有最好的，只有最适合自己的。尽快找到适合自己的事，并能一生坚持去做，并做成功，那就未白来过这个世界。

——一个想做思想者的人，不能仅仅是一个思考者，而且必须也是一个行动者。一个在行动中思考，并为思考去行动的人，才能越来越成为一个思想者。

——人，要有勇气去做事，但不能意气用事，更不能赌气做事。

——人做事，应尽快完成后，再去完善。

——人，越能同时交替做事，才越有工作效率。

——人，一旦做不好自己，就难以顾及他人。一个做不好自己的人，还想顾好他人，很可能会失去自尊和自爱。

——人做事，只要尽力去做即可。即使做不成，也没事，绝不要因此影响自己的心情，而要去反思失败的原因，继续前行。

——人，既应相信好自己，又应相信别人。人，越相信自己，就越会不断去做好自己；人，越相信别人，就越能得到别人更好的帮助。

——人，认真严谨一旦成为习惯，就不累了，自己一生也就扎实和踏实了。

——人，仅从自我去思考，往往做不好事；人，常常换位去思考，才能越来越做成事。

——互相牵挂的人，彼此就是情感中人；但只有牵手同行，成为事业中人，才能彼此更常牵挂，并在有限的生命中，更相知，常相随。

——人来到这个世界上，既要让这个世界能更好地适合自己，又要让自己适合这个世界去存在。人做事要有明确的目标和方向，做人也要遵从自己的内心和原则，不能轻易改变自己，才能失去自己的初心，但人也要善于沟通和变通，主动并适度地去调整和改变自己，使自己越来越能在这个世界上更好地发展和存在。

——做人和做事，这是人生两大要素，两者不同，但密切相连。人在做事中，只有不断去做人，才能既做好事，又做好人。

——一个优雅的女性，只要尽力去做最好的自己即可，不抱怨和埋怨，更不让自己给别人抱歉和道歉。

——人难免有时做不好自己，要在反思自己的基础上，相信能做好自己，并不断前行。

——亲人要常相处，而不是有事的时候再相处！

——人，彼此能认识，就是一种缘分。有缘的人，既然走到一起，那就是相互牵挂、相互支持、相互协同，更相互经营。

2019 年 6 月

——在这个世界上，没有一成不变的事。人要改变自己的命运，贵在找到适合自己该做的事，并有信心、有智慧和有毅力地坚持去做，不断去做出自己的成功和自豪。

——人要在这个世界上做出一番事业，必须去奋斗，但不能孤军奋战，应善于与人合作，并形成自己的团队，共同去奋斗。

——人难以知道自己未来将有什么样的生活，但只要努力和尽力地去追求具有挑战性的新生活，就会越来越有适合自己的生活，自己的生活也就越来越幸福。

——人形成自我不易，超越自我更难。但人不断地去超越自我，才能不断有生命的惊喜，不断活出意义，越来越活出自己，。

——人要学会问自己，但不是去问自己不可能做到什么，而是要去问自己能做到什么，并去把看似无法做到，但又必须做到的事，尽心、尽力、尽情地去做到。

——人，认识好过去，才能做好现在；人，做好现在，才能把握好未来。

——人要去做事，但不能轻易和尝试地去做事，而应有充分准备和有把握地去做事，这既需要明确和高远的目标，又需要基于目标的积累和积淀。

——孩子就是孩子，不能成为小大人；成人不仅是成人，更应该有赤子之心。

——一个学问人，做学问是一辈子的事，不是一个阶段的事，更不是一阵子的事。这既需要高远的目标、坚强的毅力和饱满的精神，更需要每天好的营养、锻炼、休息和睡眠。

——人，交往不好人，做不好事，更难成大事。

——人既应该独立，又应善于依靠他人。人应在人格上追求独立，但不能凡事只靠自己，什么事都亲力亲为。一个善于依靠他人，并把自己应该做的事做好的人，才能发展好自己。

——人，一旦想成大事，那就要大局思维，布局做事，成局做人，结局好人。

——人，只有安康，才有成长和发展。

——人，守好信用，彼此才能互相信任。

——细心，不仅仅是自己的事情。人不细心，很可能会失去对别人的尊重，更可能失去别人对自己的信任。

——人，既不埋怨和抱怨，又不唠叨和轻易指责，这样才能与别人友好相处，和谐共存，并共谋发展。

——人，只要有理有据去做事，一般就能把事做成。

——人的成长和发展，离不开别人的引导和帮助。人，既能求教于人，又会求助于人，才能把自己尽快地成长和发展好。

——人只有在做事中才能学会做事，越做事，效率和水平才能越来越高。人把高效率和高水平做事作为自己的习惯，才能做成功事，并能做成大事。

——人应勤奋，但也应适度，不能过分辛苦。一个能活得轻松而又勤奋的人，才能事半功倍。

——人有信仰，才能精神焕发。

——人在这个世界上，有胸怀，就会有一切。

——理论不仅要有广度、深度和高度，而且更要具有高度概括性、可扩展性和前瞻性。

——人，应该受到别人的关注。这种关注，学生时代，是自己的学业；工作以后，是自己的工作。

——人，没有人情，就不会有事情；没有事情，就更不会有人情。

——人，别人再拥有，不如自己去拥有。

——人这辈子，实际就在活张脸；人只要活着，那就不能失去自己应有的尊严。

——人，要求好自己，宽容好别人，才能处好人，做成事。

——人与别人一起工作时，彼此及时商量，并及时反馈，才能把工作做好。

——一个素质再好的人，要想发展好自己，也需要别人的提醒和提携。

——人要把工作做好，贵在目标明确，组织好他人，形成团队，扎实好过程，不断形成成果积累，并善于反思和总结。

——人要及时去做事，及早去完成事，甚至去超前做事，否则事情越积越多，就会忙乱，也就难以把事做好了。

——人，看人，要看其优点；用人，要用其长处。这样，彼此才能合作做事，不仅成事，而且和谐。

——人，一旦能过好有效率和有效果的每一天，那就在成长着，并以积累的方式去发展着。

——志同道合的人，彼此联系、合作，共同去奋斗，这就是彼此的人脉、力量和希望，更是彼此的成长和发展。

——人善于为别人着想，才能做好自己该做的事，别人也会对你所做的事放心满意。

2019 年 7 月

——人驾驭好自己，才能发展好自己。人要把自己驾驭好，既需要驾驭好自己的目标，把适合自己的目标坚毅地去实现，又需要驾驭好时间，坚持每天去把时间充分地用好，把自己每天都过得扎实、踏实和真实。

——父母相信孩子，才能陪伴孩子；父母鼓励孩子，才能引导孩子；父母成为孩子的榜样，才有资格教育孩子，从而使孩子得到好的发展。

——人一旦主动去做事，就能自律，并能自主发展。

——人，越适度地去努力做好自己，别人才越能给你更好的支持和帮助。

——人，尽力每天去反思自己、研究和学习别人，才能扎实地做好现在的自己。

——一个想成事者，既要有胸怀，又要有情怀，更要有对自己和别人的关怀。

——人在人生每个阶段，都应定位好适合自己的发展目标，并以自己独特的方式，不断去成长和发展。

——人可以适度去强势，但绝不去强求，更不去强迫。

——人做事既不能小气，又不能不小心。一个既不大气，做事又大意的人，不仅做不好事，而且会给别人带来不必要的负担，甚至伤害。

——一个形成好的学习习惯的人，时时处处事事都在学习着。

——工作要做好，离不开研究。一个想把工作做好的人，既应在工作中去研究，又应在研究基础上去工作，更应通过研究去改进工作，不断提升自己的工作效率、质量和水平。

——好的命运，离不开好的习惯。人一旦养成好习惯，也就在有着好的命运。

——人应该用自己的脚步，走出适合自己的节奏，但自己的脚步，要尽力向前走，而不落后，如能超前，那更好。

——人，养成好性格，才能养出好性情，进而养出好身体。

——人的能力有限，不可能什么事情都能靠自己办成。人更不能去做自己能力尚不能达到的事。人在做好自己应做事基础上，善于求助于人，才能不误事，并把事做成。

——一个学问人，想到的问题，就要尽力去回答并解决，这样自己就越来越能做学问。

——人在自己的早年，年轻气盛，应该急一点，但不能失去应有的淡定。人再急，也不能急得忙乱，急得上火，更不能急得伤人，包括伤害自己。

——人生，难以靠别人完成，而要靠自己去成全。

——人，一旦认真地把别人安排给自己的事做好，认真才能成为自己的习惯，并能越来越认真地把自己的事扎实做好。

——人既怕给别人丢人，又怕给自己丢人，最终才不会丢人。

——人，都不希望病来，但一旦有病，就要把心放宽，镇静面对，冷静处理，静心休养，配合大夫，积极治疗，特别是心疗比治疗更为重要。更重要的是，病不在治疗，而在预防；治好后，一定要调整心情，关爱身体，积极去适度地锻炼。人，养好身体，才有好命运。

——人，无知才能有知，有知后能无知，才能更有知。

——人这一辈子，追求结果的一生，是苦痛并伤悲的一生；扎实自己有目标的过程的一生，应该是幸福的人生；聚焦自己目标而勤奋努力，并有真正属于自己成果的一生，那就是真正有人生意义的一生，更可能是令别人生活有意义的一生。

——一个真正的著作人，只求用心把自己做好，让自己的每部作品都经得起历史、实践和时间的检验。

——一个人，一旦视奋斗为享受，那这个人，就离成功不远了，并会不断走向成功。

——人不能勉强去做事。人勉强去做事，既难有激情，又难有动力，更难有效率和效果。

——人生，永远在路上。但人生要成功，不能在路上浪费自己的时间。

——人这一生，大体为做事、做学问和做人三方面。做事，要通透；做学问，要通学；做人，要通达。

——人，不能为难，但可难为。再难的事，基于自己的目标，只要尽力、尽心、尽情去做，就有可能克服困难，把事做成，甚至做好。人不断把难事做好，做事就会越来越成功了。

——人，事在哪儿，时间就在哪儿；时间在哪儿，做成的事，也就在哪儿。

——人，既能尽力做事，又能借力去做事，才能把事做得有效率、有水平，而没有遗憾。

——人生就是活着和逝去。活着的人要活好，并陪伴好其他活着的人；逝去的人最大的愿望，就是让活着的人，活得比他更好。活着的人应该思念已逝去的人，但把自己活好，并把自己活得比逝去的人更好，这是活着的人对逝去的人最好的回报和纪念。

——人最重要的是，把自己发展好，并通过为社会、集体、家族做贡献，把自己发展得越来越好。

——目标不是为提出而提出，旨在去实现。人一旦确立起适合自己的目标，那就要尽最大努力去实现。

——研究要做好，应先去参照和模仿，再慢慢去形成自己的风格。

——人在工作后的学习，与学生时代的学习不同，后者更多是基于学习目标的接受性学习，旨在知识的积累，而前者更多是基于工作目标的发现式学习，旨在问题的解决。

——人，没有好的工作习惯，难以有好的工作水平。

——人，一旦能评价好别人，也就在做好自己。

2019 年 8 月

——人若能像军人那样：目标明确、组织严密、遵守纪律、时间精准、精神饱满、战斗力强，那么，无论什么事情都可做成，都能做好。

——人可以不去做事，但绝不要去惹事。

——人，反复研究好别人，才能切实去做好自己。

——人说了一件事，就要努力去做好这件事；人一旦去做一件事，就要尽情、尽心、尽力，把这件事做到底。

——人，不可能做到每个人都喜欢，但可以做到每个人都欣赏。每个人都有其优点，人一旦能去欣赏每个人，也就能做好自己。

——一个学术人，最重要的是，真做学问并做出了学问。这是把学术当作志业者的根本追求。

——人去努力做事，不一定就能做成事，但尽情、尽心、尽力去把事做了，也就没有什么遗憾了。

——人这一生，起步高，才能走得远。

——人与人，在彼此交往中生存和发展。人应该看清任何一个与自己在交往的人，但这既需要直觉，又需要过程，更需要研究。

——人能接受别人比自己好，自己才能比别人更好；人能容得下比自己优秀的人，并能向其学习，自己才能变得越来越优秀。

——人需要自由，但也需要自律，更需要自觉。

——一个再自由的人，也是社会中的人，不能失去应有的责任和义务。使人自由，并自由地去发展，旨在使其找到适合自己的方式，去尽好对这个社会的责任和义务。

——任何一个人，在生命的旅程中，都会遇到人生问题。个体人生问题的解决，需要别人的引导和帮助，但更需要自己去解决。这既需要对自己的了解和理解，使欲望合理，并使目标合适，更需要自己的能力和努力。

——爱，是一种能力。但被爱也是一种能力。人既有爱的能力，又有被爱的能力，才能真正享受到爱。

——人有规律地生活，才能身心愉悦，健康和幸福地生活，并使自己的生活越来越有意义。

——人与人是关系性存在，自己的生命既是自己的，又是别人的。人，自己安好，才能让别人更好。

——历史，既是过去的史实，又是历史学家对历史的重建。

——人，应该互相关心，既应关心别人，又应让别人关心自己。

——一个人，如果既没有自己独立的见解和确定自己发展目标的眼光，又对社会缺乏了解和理解并没有洞察力，并因此对自己的未来难以摆正方向，那么，这个人就难以顺利成长和发展，更难实现人生的成功。

——一个能坚持每天的读书、思考和写作，并自觉成为习惯的人，才有可能成为一个有思想的学问人。

——读书能去分类，才能读好书。读书可以分为知识积累式、问题解决式和生活消遣式，把书分成这三类去读，应该能把书读好，既能读进去，又能读出来。

——学问，既不是催出来的，又不是吹出来的，而是基于目标靠勤奋做出来的。

——人把一件事做成功，并做出特色和风格，既需要自主和自律，又需要自觉和自创。

——人，只有工作计划好，才能把事情妥善安排好，更能把事情做好。

——人这一生，有着自己的不足，并不断在发现着自己的不足。人，勇于并善于改变自己的不足，才能不断成就着成功和幸福着自己。

——人这一生，三十岁前在于一个"要"字，要学历、要工作、要成家、要孩子；三十岁后在于一个"稳"字，工作、生活和家庭稳定；四十岁后在于一个"好"字，工作做好、家庭美好、身体搞好、老人陪好；五十岁后在于一个"成"字，事业成功、家庭成功、生活成功；六十岁后在于一个"享"字，享受工作、生活和家庭；七十岁后在于一个"在"字，快乐、幸福和有意义地活在这个世界上。

——人与人走到一起，难免不和、不快，甚至分手。究其原因，绝不是一方的责任，彼此都有其责任，都应去好好反思。人与人，无论在任何时候，都需要彼此的理解、宽容、包容和斗争。

——人，活着就是一种责任，这种责任首先是对自己的责任。一个对自己都尽不好责任的人，难以对别人尽好责任，更难对社会尽好应尽的责任。

——人要让他人把事做好，不能放任，但要放权，更要善于放心。

——人这一生，应该既需努力，又需享受。但人切忌在应该努力时，却去享受；在享受时，忘掉了努力。人，应在努力基础上去享受，在享受的基础上，更去努力。

——学术研究，既有事，又有人。一个学术人，既需要扎实把研究做好，又需要把人格形象定位好，更需要把人与人之间关系处理好。

——一个能在每个阶段都发展好的人，才能既不失去尊严，又能受到别人的尊重和适度的崇拜。

——人爱惜好自己的生命，才能让自己有生命；人珍惜好自己的生命，特别是要有尊严，才能有成长和发展。

——人要把事情做好，要提前进行，甚至超前去做。

——父母再忙再累，也不能忘掉养育孩子。但更不能只顾孩子，忘记了自己的发展，那你在伤害着孩子。父母不去好好发展，就养育不好自己的孩子。

——人去成全着别人，实际上在成全着自己。人去相互成全，才能彼此有成就，共同去成长和发展。

——人生以服务为目的。一个想把自己发展好的人，不能仅仅让别人为自己服务，而自己却不为别人服务。

——人每天没有一定量的阅读，难有自己的想法，更难通过积累和积淀，形成自己的思想。一个没有思想的人，什么都难以做好，更难达到一定境界。

——人的时间、精力和能力有限，不可能把什么事情都做好，必要时须选择放弃。人选择好该做的事，放弃不该做的事，这既是人生的一种态度，又是人生的一种习惯，更是人生的一种能力。

——人这一生，难免会遇到自己想不到的事，但一定要把事想开，坦然面对，开心去生活和工作，尽力去享受人生。

——无论学习，还是教育，都是自觉自愿的事，不应有任何的强迫和强求。

——一部好的文艺作品，不仅仅是娱己娱人，而应震撼人心。

——人如果不如别人，那主要应该是目标不如别人，努力不如别人，信心不如别人，心理不如别人，身体不如别人。

——事要做好，必须得法。做事要得法，就要有程序，并按程序去做。

——人应该去努力，但这种努力应该是在体力最好的时候抓住努力时的每一分钟，而不应是每分钟都去努力。

——人这一生，难免遇到自己想不到的事。一旦遇到，不能回避和躲避，更不能逃避，而应充分调动自己的经验和智慧，善于去求教和求助于别人，主动和积极地有策略地去应对，并有效去解决。

——人一旦能善于对别人放心，也就能放开自己，并适度放飞自己。

——病，贵在预防，不在治疗。人，做好预防，就不需要去治病。一旦去治病，既苦悲了自己，又苦累了别人。

2019 年 9 月

——人这一生，既需要依靠，又需要帮助，更需要懂得。人靠自己，才能有适合自己的工作和生活；有更多的人去帮助你，你才能更好地工作和生活；越来越多的人懂你，你就能与他们一起把工作做得越来越有成就，把生活过得越来越快乐、幸福并有意义。

——人要善于去反思自己，但更重要的是，通过有策略地把反思到的不足去扎实解决，使自己更好地去实现既定的目标。

——人做事，不要着急，任何事都有其办法。人要做好事，必须对这件事进行研究，先想好办法，策划好，再去做。一旦答应为别人做事，不要轻易说难，说不行。只要把事研究并策划好，事情往往就有可能做好。

——人自己在感动着自己，自己也就在成长和发展着自己。

——人做事，既不能不急，又不能太着急。做事不急，很可能会误事；做事太着急，很可能会坏事。

——人做事，要把握好时机，在最合适的时候，去做最适合自己的事。

——人要成长和发展好，那就要经常与能滋养自己的人在一起。

——人，保护不好自己，很可能就会迷失自己，难以形成积淀，难以积累式地去发展自己。

——人一生想做的事情很多，但该做并适合自己做的事情并不多，要好好定位，并锲而不舍地走下去，这样才不会走弯路，并以最快的速度成功。

——人有约束力，才有发展力。

——一个人自己都不在乎自己，别人很难去在乎你。

——人这一生，既然只能活一次，那就要尽力去活出成功，活出趣味、品位和滋味。

——人不能随意和随便答应别人去做有规矩和原则的事。人，不拒绝别人，就会为难自己，甚至伤害自己。

——给别人做事时，要认真研究，顶层设计，并换位思考，才能把事做到别人心坎上。把别人安排的事做好，自己就不留任何遗憾。

——一个以学术为志业的人，既需要很深的定力，又需要去合理地定位。学术研究再有定力，但不去定位适合自己的研究方向，也难有好的系列成果，更难达到一定的学术水平和境界。

——人跳出小我，才能有大我，才能做大事，成大事。

——人生命的最高境界，既不应是快乐，更不应是幸福，而应是让自己的生命有意义，活出自己生命的意义。

——人，如果不坚持每天努力，就会被时代淘汰。

——人的生命只有一次。人在自己的生命旅程中，如果能找到适合自己做的事，并一生去做，就能不断活出自己生命的意义，感受到自己生命的欢乐，特别是能有一批人共同去做想做的事，生命就会越来越有价值，也就越来越能焕发出生命的活力。

——人的身体既是自己的，又是他人的。人把自己身体保重好，既在幸福着自己，又在不麻烦着别人。

——人应有经历，经历也是人的财富。但人能经历一次成功，那最好。考试，要一次考成，并通过考试改变自己的命运；工作，要一次找成，并能去做一生；婚姻，因初恋而成，并能一生相伴。人能"三成"，就会幸福一生。

——人要把事做好，先应把适合自己要做的事想好；人要把事想好，就应有系统思维。一个有系统思维的人，才能既有周密的顶层设计，又能把事做得程序严密、细致得当，没有任何漏洞和遗憾。

——职业没有好坏，适合自己的职业，那就应是最好的职业。人，一旦找到适合自己的职业，并一生去坚守，尽心、尽情、尽力去做好，就会不断走向成功。

2019 年 10 月

——一个自觉使自己的兴趣、爱好、理想和追求与国家利益和需求相一致的人，才能与祖国共命运，同发展。

——人既然活在这个世界上，那么就应成为这个世界中的人。人既应专心致志于自己的工作和事业，又应闲情逸致于自己所活的这个世界。一个世界中的人，不去关心这个世界，而只去关注的自己的世界，难以在这个世界生存和发展，更难以活出自己生命的意义。

——人应该去做自己，但这个自己，既是自己已认清了的真正的自己，也是与世界有连接的别人认同且欣赏的自己。

——人要做好一件事，仅仅投入时间和精力是不够的，还需要确定好适合自己的目标，更需得法。

——一个学问人，要做好研究，既要研究别人的研究，又要反思自己进行过的研究，才能在研究中学会研究，并在研究中前行。

——一个想做学问的人，应有扎实的基础，但基础是相对的，就像盖一座楼，盖十层，不需要有二十层地基。一个基础弱的人，应聚焦自己的研究领域和方向，去奠定做学问的基础。

——人，善于认同别人，才有扎实和踏实的自己。

——人，一旦工作有目标，生活有指标，就能既把工作做好，又把生活过好，并把自己这一生活好。

——人，无论在工作上，还是在生活上，既要有上进心，又要有平常心。两者平衡，身心才能和谐。

——一个以学术为志业的人，既需要有学术使命，又需要把学术视为生命，同时也需要有学术寿命。

——人要把事做好，并通过做事尽快去发展自己。做什么事，应该去想什么事，但不应仅仅去想，甚至想了许多不该想的事，更不应想好了的事，却没有坚毅地去做。一个想事想得多，做事做得少的人，难以尽快发展好自己。

——一个做事只想着自己的人，不仅难以把事做好，而且还会把事做得很糟糕。

——一个善于换位思考的人，既能把别人让自己做的事做好，又能把自己应该做的事做好。

——一个主动去研究自己学科应如何发展的人，才能越来越通晓自己所从事的这个学科的本质，并在这个学科领域，把适合自己的研究做好，为这个学科不断去做出自己独特的贡献。

——人，研究好别人，才能去做自己，并尽力做好自己，做出自己。

——人一旦尽力做了一件事，那就别再去多想了。

——人生没有最好，适合为最好。素质再好的人，找不到适合自己的人生之路，也难以把这一生走好；能力再强的人，找不到适合自己的工作，也难以把工作做好；条件再好的人，彼此不适合，也难以有幸福的婚姻。

——人这一生，尽力不能有愧对。人生若有愧对，真正愧对的，应是自己，而非别人。

——人的生命不可能圆满，有一定的缺陷和缺憾，才能使自己的生命越来越有价值。

——人做事，尽快去做完，不落下事，才能把事越做越好，并在做事中越来越好地成长和发展。

——人有目标地去帮助别人，实际上就在发展自己。人越做好自己，才能越好地帮助别人。

——人应该相信人，但不要轻信人。

——人可贵的，不仅仅是向别人学习，而是向自己学习。

——历史要书写好，既需要理性，又需要激情，更需要激情基础上的理性，理性基础上的激情。

——一个素质再好的人，如果没有比其水平高人的的引领，也难以尽快找到适合其自身的发展之路，甚至可能走弯路，更难以尽快成长和发展，不断走向人生的成功。

——生活，就是生下来，活下去。人虽然不由自己生下来，但要主动并好好地活下去，并活出自己的快乐、幸福和意义。人怎样看待生活，就会怎样去生活。

——人不要轻易地去改变自己，但要善于改变自己，更要有智慧地改变自己。

——人若没有理想信念，就既没有人生追求，又没有前进动力，更没有精神支柱。

——人无论在任何时候，都不能失去希望。人对自己越有希望，才越能把学业和工作持续做好，更能把自己人生每个阶段都过好。

——人的一生，就应该是不断成熟、成长并有成就的一生。人能成熟，才能定位好适合自己的成长目标、路径和方式；人有成就，才能使自己的成长不断有前途和动力；人在成长着，也就在使自己越来越在成熟着，并使自己有可能在不断有成就着。

——人与人既然彼此不同，最好不要去相比。人一旦与别人相比，要尽量比别人没有的，而自己有的，这样才能使自己越来越自信，并坚毅前行。

——人生不可能没有困惑、困扰和困难，但要尽力、尽心、尽情去不断解决。

——一个尽力做好自己的人，才能既成长和发展好自己，又不给别人添麻烦，并让别人尽快欣赏和支持自己，不断走向成功。

——人这一生，只要工作，就要做有品牌的工作；只要做学问，就要做有品位的学问；只要生活，就要过上有品质的生活。

2019 年 11 月

——人应该想事，但再想，也不要去想不该想的事；人应该做事，但再做事，也不要去做不适合自己做的事。

——人在这个世界，要活得真实。每个人都能真实地活着，这个世界也就在真实了。

——人不要奢望去掌控别人，而应有目标地去管控自己。人越能管控自己，实际上就越能把控与你在一起的人。

——人的一生，就是真实地去活自己的一生。真实本质上既是勇气，又是力量。人要真实，既需要爱，又需要智慧，更需要责任。

——人，能真实地陪伴自己一生的人，应是自己，但不能仅仅是自己。如果仅仅是自己，那是可怜的自己。

——人活在这个世界上，既需要能在的自由，又需要实在的自由，更需要自由地去实在，当然这种自由不能失去自律和他律。

——人远离无意义的事，并去做有意义的事，才能过好自己的每一天，才能真实和扎实地成长和发展着，不断为自己未来美好生活准备着。

——人与别人交往好，才能把自己成长和发展好。

——人要把事情高效率地做好，不仅仅要尽快扎实去做，还要拒绝去做不该做的事。

——人的时间和精力有限，既要去做有意义的事，又要有意义地去做事。

——人自己不急的事，可适度拖延；但已答应别人做的事，绝不可拖延。人不拖延做事，既需要认识上高度重视、研究和策划，又需要驾驭好自己的时间，更需要拒绝不应做的事。

——人与人一旦分开，就会想念，但想念是相互的。人与人彼此都想念，才能有真想念。

——人要高效做事，既需要聚标做事，又需要对标做事，更需要据标反思。

——一个学问人，要把研究做好，不仅要明确自己应研究什么，而且要知道自己不应去研究什么，更要把自己的时间和精力，放到更有价值的题目上。

——人既应是真我，又应去成我。人以真我，才能成我；人能成我，才越来越能真我。

——人一旦换位思考，事情就会做得妥帖。

——人要提早做事，甚至超前做事，不能仓促做事。人若仓促做事，不仅难以把事做好，而且会给别人带来负担，并给自己带来负面影响，甚至造成伤害。

——人与别人没有交往，难有情感，更难有别人引导、支持和帮助下的自我发展。

——一个自己都做不好的人，难以做好父亲或母亲，更难从心灵上去影响孩子一生。

——人，得体地表达自己，才能与别人处理好关系。

——人，自觉地去发展，才能不断地发展。人觉醒得越早，就越能自觉地去发展。人的觉醒水平，一定意义上决定着自我发展水平。人，在人生每个阶段，若都能觉醒，那么自我发展水平就能不断得到提升。

——人，不相信自己，就做不好自己。要相信自己，先去做自己。

——人不断去相信自己，就是每天在坚持着自己，并越来越做好自己。

——一个想发展好的人，需要各方面的能力，但最重要的能力，应该是具备掌握自己发展方向的能力。

——人，愿意付出努力，甚至自觉自愿付出比别人更多的努力，才能每天在成长和发展着的自己。

——人，一旦找回自信的我，就有发展的我，并越来越能成自强的我。

——人，能主宰自己，才会真正有属于自己的生命的轨迹。

——一个想成长和发展好的人，不仅应养成每天认真工作、静心读书、身体锻炼、合理饮食、主动交往等习惯，而且应把这些良好习惯固化，使其成为自己一生自觉的信念。

——一个内心自由的人，如果不向别人敞开心灵，那么自然会走向过度自我欣赏，不断把自己孤立，并孤独地走完自己的一生。

——人，通过团结的愿望，难以团结人；人，通过斗争的方式，才能团结人，并达到和谐。

——人在人生每个阶段，应该活得明白，但更应明白地活着，前者重活的结果，后者更重活的过程。人在人生每个阶段，明白地活着，才能不断认清自己的发展目标和方向，并坚毅前行，才能活出自己，更活得安稳，才能越来越有成就，走好自己这一生。

——人如果要有适度的自私，那就应该是，把时间留一些给自己，并主动和自觉地发展好自己。

——人既然来到这个世界，就应主动和自觉地去成长和发展，既成为对社会有益的人，又成为对别人有用的人。

——人，去与别人错位发展，才能更好地发展，也不失彼此的和谐。

——拥有好的人脉，不仅在于你认识很多人，更在于更多的人认识你。

——人，需要品位。与有品位的人交往，自己才能越来越有品位。

——人在做事中，才能学会做事。一个好的老师，就应引导学生去好好做事，所有让学生做的事，都旨在学生的发展。

——人应该对人好，但要好得有原则和策略。对人太好了，别人就不好好珍惜了。

——人，既不能只顾学业和工作，也不能只顾家庭和生活，而应兼顾。一个能把两者兼顾好的人，才有安稳和幸福的一生。

——人与人，无彼此经营，难有自身的发展。

——人醒悟了，才能发展。人的醒悟水平影响着，甚至决定着自身的发展水平。人的发展不应让别人催促，可以让别人提醒和唤醒，但更需要自己的觉醒。

——人要想把别人安排的事做好，既需要了解这件事过去是如何做的，又需研究这件事该如何做，更需要与安排自己做事的人有效沟通后妥善安排组织，尽快落实，并及时反馈。这样去做事，才能越来越把别人安排给自己的事做好，没有任何漏洞和遗憾。

——人与人若能相互真诚并有效的沟通，彼此才能精诚合作，聚焦目标，不断共同成长和发展。

——人与人之间合作，既要相互了解，又要相互理解，更要不相互误解。

——人聚焦适合自己的目标去做事，只要用心、细心和操心，就没有做不好的事。

——人要做好自己该做的事，一定要养成认真和严谨的习惯，既要善于做事，又要善于反思。

——做学问是慢功夫，急不得，但做学问也需要出好成果，也不能不急。

2019 年 12 月

——人在人生每个阶段都会遇到不少需解决的问题，但无论有多少问题，贵在抓住其中最重要的问题，并去合理解决。这样，才能过好每个阶段的人生，一生就会快乐和幸福，活出自己的人生意义。

——人都得去做事，在做事中才能越来越学会做事，通过不断去研究、体验、反思，让自己越来越能做事，并尽快把自己成长和发展好。

——一个不善于与别人合作的人，在每个人生阶段，都难以做好自己。

——一名好学生，不仅善于听取老师对自己成长和发展的建议，而且能尽快把建议去坚毅地落实，让自己尽快聚焦目标，扎实地去成长和发展。

——人既应该爱自己，又应爱别人，更应爱自己的同时爱别人，爱别人的同时不失去自爱。

——人要把工作做好，既要善于团结，又要善于总结。

——人，工作再忙，也不能落下生活，更不能丢掉生活。人，过好生活，才能做好工作；工作做好，生活才有基础和保障。

——对父母亲而言，孩子的发展，既是自己发展的重要组成部分，又是自己生命中的重要组成，更是自己对社会作多少贡献的衡量标准。

——做学问，没有捷径，但有路径。

——一个漫无目标去做事的人，即使素质再好，一生也难做好事，更难做成大事。

——人要把自己的一生过好，既应过好每一天，又应过好每一周和每一个月，更应过好每一年。

——人只要做事，就应遵守做事的规则，更应守信用。

——人，坚持一种好的习惯，实际是在培养一种好的品质。

——人要想事做好，一定要把握好做事的分寸和尺度。

——人，自己未做过的事，就应主动去问做过这件事的人。

——人，应学会聚焦目标，放弃不该做的事。

——人，善于不断去反思自己，才能成为让别人欣赏和支持的自己。

——自主学习能力和自我发展能力，这是在学生时代就应具备的基本能力。

——人与人之间，既不能迁就，也不能将就。

——孩子，需要父母陪伴；老人，需要儿女陪伴；夫妻，需要每天陪伴；师生，需要互相陪伴；真正的朋友，一直在彼此陪伴。人与人能彼此陪伴，这是人生最大的幸福。

——人生，应该适度被动，但更多的是一个主动、积极的过程，在这样的过程中，人才能保持强劲的成长和发展。

——人，无论再忙，也要珍惜和照顾好自己，不要留下生命中的伤痛和遗憾！

——人这一生，充满选择，甚至每天都不得不去选择。一个能把自己这一生过好的人，应该是选择和决定能力比较强的人。一个人的选择和决定能力，一定意义上决定着人的成长和发展水平。

——人，应该尊重人，但应该是人和人之间的相互尊重；人，应该爱人，但应该是互爱；人，应该有想念，但应该彼此想念；人，应该关心人，但应该互相关心；人，应该帮人，但人和人之间应互相帮助。

——人这一生，去做一件事，并尽力去做好，足矣！

——一个有学术责任的青年学人，不应仅仅凭兴趣去做学术，而应据目标去做学术，更应在兴趣基础上聚焦自己的长远目标去做学术。

——人，既应为人，又应为我。人，实在地为人，就是在真实地为我；真实地为我，就是在有益地为人。

——容易得到的东西，常常会不被珍惜。

——不容易做的事，做成，才真快乐！

——人，无论在任何环境和背景下，都不能失去自己的成长和发展。

——人发展到一定程度，不能一个人去发展，应引领一批人去发展，并实现共同发展。

　　——一个时刻知道自己人生有意义的人，才能在人生每个阶段，都切实地过好自己有意义的人生。

先生致青年：大学教授的十年箴言

2020 年

2020 年 1 月

——人这一生，一年一年在过，但过得有积累，才过得有意义。这种积累，既包括了成绩、成果，又包括了成就。每年都有积累，才能不断走向成功，并活出自己这一生的快乐、幸福和意义。

——一个想有成就者，可以适度孤独，但绝不可孤军奋斗。

——一代又一代的人出生了，每一代人都应自觉履行和完成好自己这一代的使命。

——人难免忙，此时做事更需沉稳、周全和细心，否则就会错做事，做错事。

——人，认同好别人，才能做好自己；人，做好自己，才能引领好别人，并通过引领别人，不断去做出自己。

——人这一生，不能仅仅是活着，更应去活出自己的价值和意义。活着，在生存；活好，要发展。

——人，不要去在乎别人是不是看得起自己，而要自己先看得起自己。

——无论是写论文，还是著作和教材，我们必须认真到每个资料、每个观点、每个字、每个标点，使其经得起历史检验和时间检验。

——人要把事做好，那就既不拖延，也不抱怨。

——人难免有烦恼，但自己要尽力不去烦恼。

——一个人，不去进步，难以发展，但发展慢，也意味着在退步，而不是在进步。

——人，有明确的奋斗目标、愿意付出比他人更大的努力，并随时反思自己离目标还有多远，才能不断鞭策自己踏实、切实和真实地去成长和发展，过好自己这一生。

——人在发展的每个阶段，就像动车那样，不断地出发，并不断地到站，而不是中途下车。

——人只有不断努力去成为最好的自己，才能走出一条真正适合和属于自己的路。

——人不是自己在这个世界存在，而是与别人在这个世界共同存在。人越能与别人共同存在，自己才能越来越相对独立存在。

　　——人，要把事做成，只要尽力去做好自己，并让别人帮助好过程中的自己，就能做出最好的水平。

　　——人，做什么，就应去研究什么；研究好什么，就有可能去做好什么。

　　——人只有常看到自己的成绩、成果和成就，才能不断奋发而有为。

　　——人每天活得有原则，才有可能过好每一天。

　　——一个真正有学问的人，不仅知道从哪里获取知识，而且能把知识应用于有价值的目的。

　　——人要让自己不断穿行，但绝不能迷失自己。

　　——一个能与自己相处好的人，才能与别人相处得更好。

　　——人，按程序做事，一般不会忘了事。

　　——人去做事，不应有下次，这次就要尽力去做好。

　　——人这一生，要给自己立好规矩。人按规矩做事，既能尊重别人，又能做好自己。人不按规矩做事，既在给别人带来着麻烦和负担，又在失去着别人对自己的信任和欣赏！

　　——人中有事，事中有人。先把人做好，事情才有可能做好。能成大事者，一般都是人能做好者。

　　——人做什么事，最大的投入，应该是时间的投入。人没有时间的投入，难以做成事，更难把事做好。

　　——人要把事做好，既需要强健的身体、丰富的知识和良好的人格，又需要明确的计划、清晰的思路和有效的激励。

　　——人有良好的人格，做事才有良好的根本。

　　——人过好这一生，需要过好每一天。人怎样过每一天，就怎样过这一生。

　　——人，事成，往往在于主动，并去争取。

　　——人，既能专心，又能专注，更能专一，这样才能把事做成功，并和人处好。

　　——一个常不生病，但突然生了一次病的人，才能懂得更好地去珍惜自己的生命，彻底改变自己不良的生活习惯，以更积极的态度去进行适合自己的学习和工作，主动应对这个世界。

　　——一个想把学问做好的人，就是一个能把一篇一篇文章写好的人，而且每篇文章都能经得起历史、时间和实践的检验。至少二十年后，这篇文章还不过时，自己还想看，并能自我欣赏。

　　——人在这个世界上，就是要好好活着，并活得快乐、吉祥和幸福！

　　——人的真正自由，实际上并不在于自己想干什么就干什么，而在于自己可以不干自己不想干的。

——人只要敬畏生命，敬畏职责，敬畏规章，就没有克服不了的困难，没有做不成的事。

——人，应该对别人有所期待，但这种期待应该是适合别人的期待。人尊重别人的期待并让适合别人的期待，成为自己的期待，才能让这种期待实现。

——人与人不可能活成彼此所要的样子，而应活成各自适合自己的样子。一个希望别人仅活成自己所要样子的人，彼此关系不仅难以处好，而且会带来矛盾，甚至痛苦。

——每一个人都应得到爱，但只有适合自己爱的人已给予的爱，才能欣然去接受。

——人与人在一起工作，本来就是缘分。如果每个人都能自觉去担当、去合作、去共生，那么，不仅工作能做好，而且彼此会很和谐。

——一个能把自己发展好的人，应是善于扬长避短的人，而不应是尽力去扬长补短的人。

——成事，需要人，但人有实力，才能成事。

——成事，需要人，但人实，才能成事。这个实，既包括实际，又包括实在，更包括实力。

2020 年 2 月

——人越是在关键时刻，越需要同舟共济。

——对父母而言，照看好孩子，实际上就在照顾着自己；发展好孩子，实际上就在发展着自己。

——人要学会适度地从自我出发，尤其是在自己的行为中从自我出发，去做事，并处人。因为只有从自我出发，才更能动，更主动。

——人对生命的态度，一定意义上影响着，甚至决定着自己生命的存在和发展。一个尊重他人和他物生命的人，才能珍惜自身的生命，并能在遇大事的时候，静气恒存，独立思考，理性应对并解决，不断焕发出自己的生命活力。

——人要成好事，处好人，必须自觉改掉不良的习惯，养成好的习惯。这既需要外在一定的制度，又需要自己内在的努力和决心。

——一个想把历史研究做好的人，需要通过自己研究的实践，不断加强自己史料的准确性，观点的正确性，以及文字表达的精确性。

——人要有强大动力，必须要有适度的压力。

——人生难免有困难，但只要主动去克服，没有过不了的坎。

——人都有其发展自己的能力，并能使自己不断去发展，不断走向成功。

——人能不断向自己挑战，才能不断走向成功。

——人每天都应尽心去做完该做的事，尽力去以愉快的方式过好每一天。

——每个人的人生，都应是自己创造的。一个人要创造好自己的人生，必须去直面人生，时刻要清楚自己的力量，自己的活力。

——人，应该成为一个能管束自己的人，而不是靠规章制度去管束自己的人，更不能成为靠责罚才能管束住自己的人。

——人要与人处好，既要善于原谅别人的过错，又要善于检点自己的过错，并自觉去改正自己的过错。

——一个人善于了解别人的想法，并能倾听别人的想法，自己才能不断有新的想法。

——人与人既然生在一起，走到一起，就应团团圆圆，和睦相处，幸福一生。

——人最大的压力，不应是别人给自己的压力，而应是时间给自己的压力。

——人要尽力去做好自己，不去想自己够不到的事，更不去做自己能力达不到的事。

——人与人能相遇，那应就是缘分，但人先有缘，才有分。有缘的人走到一起，只有彼此珍惜、相互平等、真诚信任、互相关心、共同负责，一生才能使缘有分，成为彼此一生的缘分。

——我们生存的这个世界既是确定的，又应该是不确定的。但对每个个体而言，自己应该是相对确定的，特别是到三十岁后。一个能相对确定自己的人，自己才能不断去正确面对这个不确定的世界。

——人，精心规划好自己所做的事，才能尽快提高自己的工作效率。

——对一个上过大学本科的人而言，一定意义上，大三是什么样子，今后人生就是什么样子。一个大学本科生，过好大三，这是自己人生的基础。

——人应该去改变自己，但这种改变，不是把自己变成别人，而是把自己变成更好的自己。

——人，要发展好自己，就要多把时间留给自己。

——一个把自己发展好的人，才能为社会做出更大的贡献。

——人的精力是有限的，应把有限的精力投入到自己必须做的事情上，特别是别人不能代替自己的事情上，这样才能越来越发展好自己，更为别人和社会做出更大的贡献。

——一个已形成的共同体，彼此不相互支持和帮助，难以成为一个发展的共同体，其每个个体更难有大的发展。

——人难于预知明天，但应把握和利用好今天。

——人不可能把想做的事，都去做成，但只要做事，就要尽心尽力。

——人的成长和发展，离不开别人的鼓励和鞭策，但不能仅仅靠别人的鼓励和鞭策去成长和发展。一个想成长和发展的人，应该主宰自己的命运。

——人这一生有很多重要的事，但在我看来，人生最重要的事，应该是学会选择，选择比什么都重要。

——一个能实现自己人生成功的人，应该是有足够精力和能力，善于去不断建树自己的人，并主动能为他人和社会做出贡献的人。

——人应该有目标地前行，但这个目标必须自己很了解，并很适合自己。

——人既会享受生活，又能享受工作，才能既过好生活，又能做好工作。

——人，未做过的事，要亲自去做；已做过的事，要学会组织别人去做。

——学问往往在交往和交流中，但这既需要每天进行的知识积累，又需要自己主动的人生体验。

——人，仅仅喜欢做学问是不够的，要尽快找到做好学问的目标、路径、策略和方法，并坚毅前行。

——人应互助，而不应互争。

——一个能得到、珍惜并能享受生命中美好东西的人，才能快乐、幸福和有意义地过好自己的一生。

——人既有外在的约束，又有内在的自由，才能既安全，又幸福。

——做基础研究和历史研究的人，应耐得住寂寞，不能外面来一个"脉冲"，你就要"振荡"。

——先学做人，后去做事，这应是人这一生的关键。

——人，再想做事，也需要有好的机遇；抓住好的机遇，尽心尽力去做，才能把事做成，并做强。

——做学问，这不是一阵一阵之事，而应是每天之事。

——一个发展好的人，应该是一个自觉和主动担责、尽责和履责的人。

——一个师门，没有共同目标，共同责任，共同成果，那仅仅是历史的过去，不会留下历史的贡献！

——学生要想学习好，既需要学校、教师和家长协同抓紧让共学习，又特别需要学生自己抓紧学习。

——人对必须去做的工作，不要想着说不，而要多想想怎么说行。

——人要把事做好，既需要自己会做事，尽了自己的责任，又需要能组织人去做事，共同合作去做事。

——人应该有自己的想法，但想法应该是积极的，而不是消极的。人应用"自己一定能有办法""我自己一定能行""我自己一定能解决问题"等去鼓励自己，激励自己，不断想出办法，去解决问题，并不断让自己前行，获得成功。

——人既然进一步不易，那么就不应轻易退一步。

——生活中有很多可以让自己幸福的事，但真正幸福的，应该是为自己所做的一切而感到幸福。

——人对自己的幸福要充满信心，要相信自己终究会得到幸福。人有了信心，也就有了幸福。人一旦意识到自己时刻都可以实现幸福，实际上自己已经在幸福着了。

——生活不应是一日一日的重复，今天的生活就不应是昨天生活的重复，明天的生活就应超过今天的生活。

——人能得到幸福，不易；人一旦得到幸福，就应珍惜好、保护好、持续好。这样，幸福就可以长存。

——人既要思维敏捷，又应思虑周密。

——人，一心向学，才能一生有学。

——人与人要相处好，需要欣赏、善待和理解别人，但也需要别人欣赏、善待和理解自己。

——一个研究者，只要去做研究，就要聚焦问题去进行有策划和有组织的研究，在研究中逐渐学会研究，在研究别人如何做研究的过程中去做好自己的研究，在自己研究做完后去反思自己的研究，并在反思基础上去规划自己下一步的研究，以稳定的研究方向去做出持续的研究成果。

——人的力量是多方面的，其中品格是重要的力量，这是人经常忽视的方面。

——人，了解好别人，才可去做自己；理解好别人，才能去做好自己。

——人一旦换位思考，就会知彼此都不易。每个人尽力先做好自己，别人也就能更好地履行其责任。

——人应有思想，很可能通过极端地思考，能有更多的思想，但再好的思想，也应辩证，而不能偏激。

——人看不清自己，掌控不好自己，难以发展好自己。

——人要把问题看准确，甚至精确，这需要见多识广。

——人要比别人发展得好，既需要目标、速度和质量，又需要信心、意志和品格。

——人要做对的事，并把事做对，必须用对的方法去做事。

——人在事情越麻烦的时候，应越有耐心。

——人，凡事都要往好处想，看人尽量看其优点，用人尽力用其长处。

——人与人彼此要把事做好，先应去达到共识，后彼此尽力去共为。

——人，该想什么事，该说什么话，该做什么事，需要一生的修炼，但更需更早的成熟。

——人生难免有困惑，但不能总在困惑，特别是40岁后，更不能有太多的困惑。

——让孩子得到适合其自身的发展，这既是父母应自觉履行的责任，又是父母自身发展的重要组成部分。

——人有应有的放弃，才能有更好的得到。

——一个什么都想做好的人，最终可能什么都做不好。

——人不要在乎无意义的事，尽力去做有意义的事。

——人，应该去做事，但要去做自己力所能及的事，而不要去做超过自己能力的事，那反而在害着自己。

——人，只要作为人而存在着，就会有寂寞。但寂寞应适度。适度的寂寞不仅有助于健康，更有助于促进自己静心去反思自己，并不断去合理定位，坚毅前行。

2020 年 3 月

——日子，在不由自己的一天一天地过。人，只有越来越能去专一而为，才能扎实并有成就地把每一天过好。

——一个人的学术水平，重在看其对已有成果，能否在批判的基础上去继承和创新。批判水平是一个人学术水平的基础和关键。

——适合自己的稳定的研究方向、持续的高水平的研究成果，这既是科学研究的基础和目标，又是科学研究的动力和成就。

——人，一旦能放下原本不属于自己的东西，也就能过好真正属于自己的生活。

——人，做事策划不好，就被动；人，做事不细致，就有漏洞。

——人既要有骨气和底气，又不失对别人的尊重。

——一个人无信用，难以让人信任，更难以让人助其发展。

——人，别人说的事，可不做；既然答应做，就应守信用。这应成为自己的人生习惯。

——一个真正有事业心的人，既需要做好适合自己的毕生的事业，又需要把教育孩子作为自己一生的事业。

——一个发展好的人，才能让别人发自内心地去尊重。

——不听话的学生，一旦能听了老师的话，就是好学生。

——有才的学生，遇上惜才的老师，学生才能成才。

——人的真正的生活，应该是适合自己的生活。这种生活不可能自然降临，需要人去创造，才能得到。人一旦找到适合自己的生活，才能过上自己真正的生活。

——人生诚然是一个苏醒的过程，但这种苏醒，更应是一个不断自我唤醒的过程。人，不断能把自己唤醒，清醒地活着，才能活得越来越灿烂，并成为别人的一道风景。

——人这一生，自己对自己，也需要不断去进行教育。一个不善于进行自我教育的人，难以成为他自己。

——人一旦能强大了自己，早晚有一天，会得到发展的机会。

——一个学问人，应把著作和论文，分成慢的和急的。慢论文，需多多打磨，使其成为精品；急论文，一般为有时间节点的论文，使其成为快品。无论精品和快品，都要体现出应有的品位。

——人人都想成功，但实际上走向平凡是大多数人的人生结局，更何况再成功的人最终也会去平凡地生活。人能接受平凡，享受平凡，才能过好自己平凡的一生。人过好自己平凡的一生，也能过出自己人生的快乐、幸福和意义。

——人应该爱自己，但需要会爱自己。人要爱自己，既需要明白自己究竟是谁，自己应该承担什么责任，又需要爱惜好自己的身体，安放好自己的心灵。爱自己，这是人一生的功课。一个能切实爱自己的人，才能发自内心去爱别人。

——人若不想对自己失望，那就应尽早知道，自己究竟要活成什么样子，并尽力让自己的生命更多地与众不同。

——人生选择很重要。任何选择都要付出代价，特别是时间的代价，既然已选择，那就不轻言放弃。

——人应该有平常心，但再有平常心，也不能失去进取心。无论是平常心，还是进取心，人能持有不易，能把两者协调好，更不易。一个既有平常心，又不失进取心的人，才能把自己的日子过得实在、富有意义；一个既有进取心，又不失平常心的人，才能把自己的日子过得开心、快乐和幸福。

——人需要爱人，但也需要自爱。爱自己，才能更爱别人。人要做到自爱，既需要从观念上高度重视自己，从身体和精神两方面去切实关注自己，又需要具有生命的热情和活力，更需要把自己的精力每天投入有意义的地方，把工作效率不断有效地提高。

——人活着，难免需依赖别人，但人越少依赖别人，自主活着的可能性就越大。

——一个把准时作为自己习惯的人，就能充分利用好时间，既不会挥霍时间，又不会浪费时间。

——做事情从不拖延，这既是把事情做好的保证，又是取得别人信任的前提。

——人在任何情况下，也不能忘记勤奋和努力。一旦忘记，今天将马上过去，明天也会是空想。

——人聚焦适合自己的目标去行动，才能把时间合理使用好，达到事半功倍的效果。

——人，既有好的心态，能不着急、不生气，又有好的生态，能找到适合自己的所在，就会有好的状态。

——人终将成为自己的过来人，但要尽力成为与众不同的过来人，既实现了自己的人生目标，又活出了快乐、幸福和意义。

——对研究生而言，好的导师，不是告诉研究生去做什么，而是研究生想做什么时，导师能去排除研究生不应去做什么，引导研究生做好研究的选择和策划。

——别人对你好的标志有很多，但重要的标志之一，是舍得把他的时间给你。

——人的心在哪儿，事情就在哪儿；人的时间在哪儿，做成的事情就在哪儿；人的时间一直在哪儿，那有成就的事也就在哪儿。

——人有适合自己的目标，并有坚强地为之而奋斗的毅力，不断去开拓和创新，才能越来越做更好的自己。

——一个不善于管理自己的人，难以真实、踏实和扎实地过好自己这一生。

——人，需要不断地在行动后进行反思。反思固然重要，但反思是为了更好地前行。

——人，既要成家，又要立业。人，成不好家，就难有大业。

——一个连自己都不知道的人，就难以知道什么适合自己，更难确定好适合自己的目标，去发展自己。

——人，坚持每天的阅读，才会不断有新的思考。

——人，别人对自己的好，要充分珍惜；人与人互相珍惜在一起的缘分，互相尊重，才能和谐共存，共谋发展。

——一个集体，只有每个人都处在真正适合自己的位置上，各司其职，各尽其责，共同合作，这个集体才能和谐并有战斗力，才能不断取得标志性的工作成果。

——人这一生需要处理的关系很多，但其中最重要的一方面，应该是学习和发展的关系。人对这个关系处理的水平，一定意义上决定着人生的成败。再好的学习，也是为了更好地发展；更好的发展，在促进着有效的学习。一个人每天在学习着，也就在持续发展着。

——人，应做着自己，但更应在研究好别人的基础上，去做着自己。

——写好论文，这是学问人一生的功课，需要不断去好好研究和实践。

——一个能对生命表达欢欣的人，其生命才能不断有活力，并不断活出自己生命的色彩。

——人，谁都不易，一旦能互相换位思考，一切也就释然了。

——人，不能轻易以己所想，量别人所应为；更不能以己所做，视别人所应做。

——一个人做事，不能仅仅自己去想要做的事，要在反复研究好别人的基础上，去做想做的事，如此才能把想做的事做好，并能高效地工作。

——一个做不好自己的人，就会给别人带来负担，并在自毁着自己的形象。

——人，如果找到自己有兴趣的事，那就去做适合自己兴趣的事；人，如果找不到自己有兴趣的事，那就去做自己擅长的事。

——人，既不应轻易指责他人，又不应总去苛求自己。

——人，既不应轻易说别人的好处，又不要轻易说别人的坏话。

——人，既不应总欣赏别人，看不起自己，又不能总认为自己了不起，看不起别人。人，既应让别人认为自己很重要，又要善于欣赏他人，更应善于向别人学习。

——人在直面历史的同时，历史也在警醒着你。

——人要与别人合作好，必须研究好别人的需求和想法，要能设身处地为别人着想，并能激发起别人的兴趣，从而达成彼此共同的目标，形成彼此共同的行动。

——一个不愿为别人做贡献的人，不仅是一个自私的人，而且是一个难以发展好自己的人。一个在为别人做贡献的人，也正在发展着自己。

——人，一味地去奉献，既在失去着自己，又难以为别人做出应有的贡献。

——人一生就在各种关系中生存和发展。一个不善于处理关系的人，不仅会生存得艰难，而且难以在事业上得到发展，更难走出一条适合自己的独特的人生之路。

——人，真诚地关心他人，才能受到别人的喜欢，并能有良好的人际关系。

——人要坚持每天的学习和进步，既需要自觉，又需要别人的督促，更需要有强烈的责任感和使命感。

——人都有惰性。人的惰性仅靠自己去克服是不够的，必须要有别人的督促，更需要有一定的工作任务和安排。

2020 年 4 月

——人，既不去强求自己做事，又能经常换位思考去做事；喜欢做自己以前从未做过的事，又能具备应有的生活技能；过好自己的日常生活，更能主动让别人分享自己的欢乐；自觉自愿去帮助他人，并能成为对别人有影响的人。因此，每天就会过得很开心。

——一个想做一番事业的人，既需要有理想，又需要有思想，更需要在理想和思想基础上的实践，并通过实践，既在实现着自己的理想，又在使自己更有着思想。

——记住他人的姓名，这既是对他人的尊重，又是自己与他人交往的基础，更是自己能把事情做好的保证。

——人，有理做事，一生无错；人，有据做事，一生平安。

——人，应该相信自己，但再相信自己，也需别人帮助和引领。

——人，应该靠自己，但再靠自己，也需要麻烦别人，更何况，人与人是靠互相麻烦才相处起来的。一个人太自理，既在累着自己，又在影响着与别人的交往。

——人与人在一起，既可向别人倾诉，又应倾听别人，更要善于鼓励别人讲他们自己，成为一个善于倾听的人。

——人这一生，处处需要水平，而语文水平，是需要一生不断提高的水平。

——人，不仅要铭记和致敬每一个逝去的生命，而且更应珍惜在世的每个人的生命，让每个人的生命都发挥出其应有的价值，焕发出其应有的生命活力。

——人，一旦自己的存在，能成为别人的依靠，也就在满足并在幸福着。

——人能尊重别人的意见，不仅在于要认真倾听别人意见，而且在于不要轻易说别人的意见有错。

——忙，永远不是一个人做不成事的借口。

——爱劳动的孩子，学习一般会勤奋；学习勤奋努力的孩子，一般都会有好的学业，并能在日后的事业上获得成功。

——人，一旦能与人友善地交往，在请别人帮忙时，别人就不好说"不"，一般都会说"行"，特别是在能帮忙时，更会这样。

——与别人在一起做事，就要与别人多协商，去协同，要给别人多说话的机会，不要把自己的意见强加给别人。

——人应该独立去思考问题和解决问题，但无论是自己的事、别人的事，还是共同的事，都应善于站在别人的角度，基于别人的立场，去思考问题和解决问题，特别应共同去思考问题和解决问题，把事共同去想好和做好。

——人与别人一起共事，既不要试图什么都自己说了算，不去发挥别人的作用，又不能去抱怨、指责和怪罪别人，不给别人应有的面子，更不能轻易去指使别人，高高在上。

——人，策划好做事，时间才能用好；时间用好，才能高效率做事，并把事做好。

——节制，既应成为做事原则，又应成为生活原则。人不节制，既做不好事，又难以活长久。凡成事和长寿者，皆能节制。

——人，需要自己用心去行走，但也需要别人的引领、帮助和陪同，更需要形成团队，一起去行走。

——人对其自身，只有成为一个认识者，才有可能成为一个成长者和发展者。

——一个历史研究者，如果建立不好自己的历史观念和对待过去的态度，就做不好历史研究。

——人，既应尊敬别人，又应尊敬自己。

——人，到一定年龄，还不成熟，那是缺少别人的引导；人，到一定年龄，还发展得不好，那是缺少别人的督促、指导和帮助。

——人的一生，就是在每个人生阶段，不断与旧我分手，塑造新我的过程。

——人应该去做大事，但也要注重那些看似很小的事情，特别是在家庭生活中。

——人做任何事，并能做成功，贵在坚定、坚毅、坚持、坚守和坚强。

——人，认清自己，就会做自己；人，相信自己，就能做好自己。

——人不能仅仅去想要，而应把想要变成得到。

——共处，无论对人的工作，还是对人的生活都很重要。人，既要与别人共处好，又要与家人共处好，更要与自己共处好。

——人只要做事，就要去尽最大的努力，否则就不要去做。

——人与人在一起相处，彼此就应相互关爱。

——人生多经历一些过程，也就越来越完整了。

——人只要做事，就要专心和专注，一心一意去做事，绝不三心二意去做事。

——人真正的财富，其实是自己拥有的健康体魄。

——人在构建自己的理论时，必须考察其建立的基础。

——人一旦不能自制，也就难以制人。

——人一旦懒惰，就在消耗着自己，这是一种没有补偿的消耗。

——人，既不能让时间白白流逝，又不能轻易让自己已定好的目标流逝，更不能让任何一个发展自我、提升自我的机会流逝。

——机会，对人的发展至关重要。任何一个机会，都在代表着人生目标可能实现的巨大转折。机会是为有准备的人，在准备着。一个想把自己发展好的人，要不断加强自己平常的准备和积累，尽力不要错过、放过和误过任何机会。

——人生最怕的，就是摆不好自己的位置。人既在不同的岗位有不同的位置，又在不同的地方有不同的位置，更在不同的年龄有不同的位置。人准确定位好自己的位置，才能实现自己理想的成长和发展。

——人，应读书，但要把书读好，需先把书选好。人把适合自己并感兴趣的书选好，才能坚持每天读书，并读出积累、积淀和品味。

——人，应自我信任，但绝不可自我放任。

——人，渴望改进自己，才有持续发展着的自己；人，能够战胜自己，才有不断成功着的自己。

——人，只要每天尽力去做最好的自己，就会不断走向成功。

——人，节约着时间，就在进步着；人，浪费着时间，就在退步着。

2020 年 5 月

——劳动，既是一种态度，又是一种习惯，更是一种能力。人，爱劳动，想劳动，能劳动，才能成就和收获自己的人生。

——人需别人帮助，但不能事事求人；人需别人支持，但不能依赖别人。

——一个能去自立和自强的人，才能成为一个有出息的人，并不断获得成功。

——人生旨在正确：进行正确的选择，走好正确的道路，做正确的事，说正确的话。

——人生，就是不断去有作为。一个在作为着的人，才能不断激发出自己的生命活力，永葆青春。

——人自身是否能有价值，取决于人保持自身和谐的程度。

——人不能喜欢什么就去做什么，需要在喜欢的基础上去确定适合自己的目标，并把自己不喜欢，但必须做的事情做好，这样才能使自己成长和发展，不断获得成功。

——人都有惰性，有时难免会偷懒。人与人相互督促着，就会每天自觉着，勤快并勤奋着，也就在每天通过学习和研究，积累着，不断成功着。

——人要保持好自己的精力和活力，需要高远的目标和强烈的事业心，但更需要尽力不因担忧、焦虑、怄气、生气、嫉妒等去消耗自己的精力和活力。

——人，应该让自己活得轻松一些，但不能让自己太放松。

——一个能意识到自己有使命的人，才能宽容好别人，保护好自己。

——一个善于从过去积累的智慧中取得帮助的人，才能不断走向自己所理想的成功。

——对世界的理解不同，生活的世界就不同。

——人与人的样子，本来就不同。人应活成自己的样子，而不仅仅是别人心目中的样子。

——人的个性，在一定意义上，决定着人的幸福。

——人，坚持去做好一件事，才能形成好的做事习惯，才能把事做成，并做强。

——人都喜欢自由，但人越自律，才能越自由。人要使自己自律，就要尽力去做不喜欢，但应该做的事，而不要去做喜欢，但不应该做的事。

——一个健康的人，既有健康的身体，又有健康的心灵。

——人，不能靠限制性的规定去发展自己，而应靠开拓性的实践去创造自己。

——人，学会去扩充和开拓自己的人性，才能不断彰显出自己良善的本性，才能越来越过上幸福的生活。

——人要成为自己所要成为的人，必须付出足够的精力和努力。

——健康是人头等重要的事，人最大的愚蠢就是牺牲健康。人每天都要进行一定的身体活动，并使自己的心情愉悦，才能保持好自己的健康。

——人应该辛苦和劳作，但人的整个一生不能只是辛苦和劳作，需要过好自己的日常生活，更应过好自己的闲暇生活。

——每个人都应成为他自己，并不断为他人和社会去做最好的自己。一个人越能这样做到，就越能找到自己工作和生活的乐趣，并在幸福地工作和生活着。

——人准确定位好适合自己的需求，才能让自己享受到真正的快乐。

——人对人彼此好的标志，就看是否把时间互相给对方。人，既应把时间给别人，去相互帮助、支持，并陪伴，又应把时间给自己，坚持每天读书、学习和研究，更应用好自己的闲暇时间，过好真正属于自己的日常生活。一个工作做得好的人，才有好的生活基础；一个日常生活能过好的人，才能把工作做得更好。

——工作和生活是人生的两条线。无论是做好工作，还是过好生活，都需要人有充裕的能力。

——人应该听取别人的意见和建议，但不能一味地去依赖他人。人应该善于去研究他人和自己，在自己人生最关键时期，在征求别人意见和建议基础上，独立地做出适合自己的选择，成为自己的主人。

——人与人能走到一起，那就是缘分，就应好好相处。人，既不要为难人，又不要让人为难。

——人应该听取别人对自己的意见和建议，但人应该成为别人意见和建议的主人。

——人要重视别人对自己的看法，但人不能太过于看重别人的看法，更不能活在他人的看法之中。

——人，自己是什么样的人，就会遇到什么样的人。人，一旦遇到优秀的人，自己就会越来越优秀；人，一旦遇上成功的人，自己就越来越走向成功；人，一旦遇上有福气的人，自己也就可能越来越有福气。人与人之间，贵在相遇，更贵在相遇后，不负。

——人与人之间，只有彼此的价值观相同，才能共同去做事，并去做共同的事，实现共同的发展。

——人，不能在稳定的基础上，去求发展，而应在发展的基础上，去求稳定。

——人，只有既能做好自己想做的事情，又能做好别人让自己做的事情，更能在这两方面事情发生矛盾时，妥善处理好，才真正能把事情做好，成为做事的能人，并越来越能成就大事。

——人这一生，既要做好适合自己的工作，并能以此为基础，去做出一番事业，又要活出自己想要的、适合自己的生活。

——人要善于改变自己，并越来越成为不变的自己，特别是有良好习惯的自己。

——一个人是一个什么样的人，都由自己的所作所为决定着。这个世界上既然只有一个与别人不一样的你，那你就要尽心、尽力、尽情去做好自己，成为别人不能取代的自己。

——人，应该有期待，但既不能不切实际地去期待，又不能过分去期待。人最适合自己的期待，应该是过好自己的每一天，让自己今天比昨天过得好，让自己明天比今天过得更好。

——做人，让别人放心；做事，让自己开心。

——自我，在使用中构成。人，不断去使用自我，才能越来越熟悉自我，并越发能拥有自我。

——人，本来能够做好他应该做的事情。如果他没有做到，那是他不愿意去做。

——人，既能承认自己的人格，又能承认别人的人格，那么其人格就在发展着。

——历史，究其实质，就是现在和过去之间永不停止的对话。

——人，仅想着和做着自己的事，不能为别人在想着和做着事，难以成大事，更难获得事业上的成功。

2020 年 6 月

——人不去认真，更不去细心，什么事也做不好。

——人，会做事，不断研究去做事，并换位思考去做事，把事做到别人心坎上，才越来越能把事做好，并通过做事，不断把自己发展好。

——人，只要在学习和研究，并不断在发展，工作水平就会在不断提高，工作境界也就越来越能提升。

——人，每天自觉地找点新和乐，才能与时俱进，过好每一天。

——人要过得幸福，就不要向生活提出太多的要求。人对生活提出的要求越多，烦扰操心的事情就越多。一旦烦恼的事多了，也就难以把生活过得幸福了。

——一个人要过好自己的每一小时、每一天，就要善于去研究自己的发展，能认清自己生命总体发展的大致脉络，不去走弯路，并能有计划地去扎实行动。

——一个能善于利用好早上时间、零碎时间、双休日和假期的人，才能把自己的时间用好，并把自己发展好。

——一个人既然活在这个世界上，那就要处理好小我和大我、奉献和索取、继承和创新等方面的关系，留下自己真正有价值的东西，绝不白活。

——人，既不能活在过去，让过去的事情成为过去，不再去懊恼和后悔，又不能活在将来，太为自己的将来去操劳，而应在反思过去的基础上，为了将来，活好现在。人应在计划将来的基础上，关注好现在，活好当下。一个能把过去、现在和将来关系处理好，并特别能够在关注现在和计划将来两者之间达到恰到好处平衡的人，就是有人生智慧的人，也是能过好自己这一生的人。

——人生不止一个方向，人也不可能都向一个方向去发展，适合自己的方向才是最好的方向。人要找到适合自己的方向，不能盲目去尝试，而应善于在研究自己的基础上，自觉接受比自己发展水平高的人的建议和引领，更应扎实去行动，不偏离方向去做好每件必须要做的事，不断积累并形成积淀，让自己越来越有成就。

——生活需要自由，但也需要规范。人，认识好自己，才能把自己的生活，既过得自由，又有一定的规范。人，把自己的生活过得越规范，才能让生活过得越自由。

——人越年轻，越需要在各方面去学习。

——人不能让无关重要的事，过分地吸引自己的注意力，否则将无暇顾及重要的事情。

——人，掌控好自己，掌握好生命，才能让自己的生命，不断焕发出生命活力。

——人生，旨在对生命的意义进行探寻并活着。人，不仅要为自己活着，一心并一生去做自己热爱的事情，活出自己生命的意义，也应为社会和他人活着，做出自己独特和别人不可取代的贡献，活出自己对社会和他人的意义。

——人精力有限，不可能阅尽天下美作，需要进行适合自己的选择，并在阅读时写作，更要为了写作去阅读。

——人不能靠兴趣活着，而应为目标活着，更应为责任和使命活着。

——人，只要认真，事情就能厘清。

——人与人在一起共事，就应相互补台，而不应拆台。

——人不勤奋，难以有成功。但勤奋也需得法，勤奋不能仅仅是勤奋读书、学习和工作，还应包括勤奋思考、研究和写作。

——人，是历史的产物，但不能受历史的局限。人，跳出历史，自己才有可能成为历史。

——人做什么事情，都需要付出一定的代价和成本，只要代价和成本合理就可以去做。人，绝不能用超出自己承受范围的代价和成本去做事，去换取自己想要的东西。

——人，摆脱已有的成见，才有可能看清问题的本质。

——人，若还在受着苦，甚至在感到痛苦，那一定是自己还不够努力。

——一个珍惜和善于利用时间的人，不会把零散的时间闲置。

——一个学问人，应该把零散时间用来思考，并集中时间去写作。

——人在这个世界上要让生活顺当，既应过好自己的生活，又应让别人过好适合其自身的生活。前者需要预见，对适合自己的生活进行合理的规划、计划和策划；后者需要宽容，不能按照自己的生活去要求、甚至去规定别人的生活。年长者对年幼者可以适度去规范其生活，但不能让年幼者失去其生活应有的自由、快乐和幸福。

——人与人走到一起，在同一时空下生活或工作，那就是缘分，那就要和谐。

人与人彼此能和谐相处，既需要有共同的价值观，共同的目标和追求，又需要相互的理解、信任和宽容，更需要相互的付出、陪同、经营和欣赏。

——路要走好，需要别人的引领，但别人再引领，路还是需要每个人自己去走。

——人，不能完全放任自流地去自我发展，应聚焦适合自己的目标，有责任地去发展。

——人，不能无条件地放任自流，完全表现自己的样子，应该以他人为镜，去照照自己，再以别人为榜样，去做好自己，并让自己能成为别人的榜样。

人要把事做成、做大和做强，既需要有情怀，又需要有胸怀。

——人应该以别人为榜样，并在此基础上，去形成相对独立和独特的自己。

——人应该做些什么和不该做些什么，需要接受别人的建议，但自己也应有独立和独到的见解，特别要以符合自己目标和性格的方式去选择和确定。

——一个对自己人生负责的人，不是让别人安排自己的人生，而是在比自己更优秀的人的引领下，自主地安排自己的人生。

——人，应有自己的主见，但无论是自己的事，还是别人的事，不要轻易拿主意。

——一个人不成为责任人，难以成为正在成长和发展中的人。

——人中有事，事中有人。人，只有以事定人，做事靠人，制度约人，才能做好事，处好人。

——人，不能只顾着前面的人，而忘了在追赶着自己的人。

——人不可能没有烦恼，但一个能寻找好自己位置和角色的人，其烦恼会越来越少。

——人与自己的关系，实际上最难处理。一个认不清自己，寻不到自己的人，难以让自己成长和发展好。

——一个个性独立和自强的人，更应该尊重别人的个性，让别人比自己更独立和自强。

——人，遇到原则性强的人，要坚持好自己的原则；人，遇到原则性不强的人，更要坚持好自己的原则。

——做最好的自己，这是人每天应有的基本信念。这既需要珍惜自己，善待自己，又需要不断用知识、技能、能力、成果和成就等去丰富自己，提升自己，更需要对自己所遇到的人真诚、关心、爱护、包容和有原则地支持和帮助。人一旦追求做最好的自己，在成为最好自己的过程中，就会遇见比自己更好的人，并越来越成为让别人所欣赏的最好的人。

——人与人样子本来就不同，所想所做就不同，适合自己的发展路径，也就不同。

——人，要工作，但更要爱惜好身体。

——一个认真负责的人，做什么都会做好。

——人应该有适度的自由，但更应该去自我约束。一个善于自我约束的人，不仅能自如地控制好自己，保持好自己应有的自由，而且可以有效地避免外在的束缚和制约。

——人，尽力去做最好的自己，才能让别人欣赏。

——人，每天都应有真正从事的事情，绝不能无所事事。

——人去做工作，不要从问题出发去处理，而要从建设角度去管理。

——人喜欢什么，自然就会去做什么。人生最大的成功，就是能用喜欢的方式，去过好自己的这一生。

——人与人相互帮忙，在过程中，而不在结果中。

——人有情怀，才能做成事；人有胸怀，才能处好人。人，既有情怀，又有胸怀，才能有成功的人生。

——人应该适度求助于他人，但人更应该主动求助于自己。

——人这一生，既在与别人过着，又在与自己过着，最终实际上在与自己过着，尤其年老以后，在与自己人生的遗憾过着，与自己的疾病过着，与自己的衰老过着。人生尽力不要有遗憾，更不要有疾病，这样就能与自己过好。这既需要尽力把自己做好，又需要爱惜自己的身体，把自己的身体保护好，更需要把自己这一生所遇到的每个人，都去尽力、尽心、尽情地处好。

——人，做不好事，还不如不去做。人，既不要做让人原谅的事，又不要做让自己后悔的事，更不能去做让自己遗憾一生的事。

——人，一旦每天按计划和程序做事，就能把事做实并做好。

——人要把工作做好，既要尽力把事做好，又要尽情把人处好；既要把工作向别人反馈好，更要反思好自己，并不断在反思的基础上前行。

2020 年 7 月

——人，无论做事，还是处人，都要想好而行，既要事前想明和想远，又要事后想通。

——做一个好的聆听者。只有主动去听取别人的教导和教诲，并形成适合自己的选择和行动，才能把自己主动地成长和发展好。

——人对自己所做的每件适合自己的事，只要怀有强烈的渴望，并有扎实而有计划的行动，一般都能做好。

——人在短暂的一生中，越能较早地找到适合自己的有意义的工作目标和生活目标，就越能让自己的人生尽快准确定位，并过得越来越美好。

——人要看清自己，但不应看轻自己。

——人要有进取心，把人生作为考场，奋力拼搏，但人也应有平常心，人生毕竟不都是考场，尽力则释然。

——人，读书很重要，但聚焦问题去读书，更重要。

——人，如果既能判断好自己是什么样的人，又能定位好适合自己的发展目标，更能确定好自己现阶段适合做什么事，就能把事做成、做强，并不断获得成功。

——人和人相处，都是相互的，既要相互尊重，又要相互付出，更要先把自己做好，尊重好相处的人，再去进行应有的付出。人与人都去尽力彼此尊重和付出，就会友好相处，并相处一生。

——人，既要在宽容基础上有原则，又要有原则地去宽容。

——人生，旨在相处。人既要处好人，又要处好事，更需处好自己。人能与自己处好，实际上最不容易。

——人要把自己成长和发展好，必须善于向别人学习。这既要听好别人的言，又要读好别人的书，更要观好别人的行。

——人，用心去做好别人所托事情，才能让别人欣赏并帮忙，从而越来越能去做好适合自己的事情。

——人应自己去做事，但也应借人成事。这既需要容人，又需要用人。人，不能容人，难以用人。

——身体是自己最好的老师。人要每天让自己的身体保持轻松、愉悦的状态，既不能让它上火，又不能让它疲惫和劳累。

——人这一生，无非说和做。人，既要说对，又要做对。人，说的虽对，但也不能以说代做；人，做的虽对，但也不能不会去说。

——人应做事，但不能什么事都做。人做事，既应聚焦自己的目标，确定好适合自己的事，又应有积累的做事，更应一生专心做好一件适合自己的事，做出积累，形成积淀，不断走向成功。

——一个人做不好自己，就在浪费着别人的时间。

——一个只遵守自己的游戏规则，而不遵守别人游戏规则的人，难以与别人合作，更难共同去成就一番事业。

——好和对，应区分，不应相混。人应求好，但更应求对。好，就所有人而言，对，只就个人而言。人应去做好事，但更应去做对事。所谓做对事，就是做适合自己的事。对别人好的事，不一定就是适合自己的事。人做对事，才能把事做好。人做好适合自己的事，才能通过做事，使自己不断成长和发展，最终拥有成功的人生。

——人既不能乱做事，又不能做事乱。人应聚焦自己的目标去做适合自己的事，更应在做事时，镇定而不乱；准确定位好自己应该做的事，千万不可因为这个人说做这件事好，那个人说做那件事好，最终自己不知究竟做什么事为好。

——人，去病，就要去根；人，防病，就要防因。

——人应努力，但既不能只想去努力，又不能什么都去努力。人的努力要得法，既要聚焦适合自己的目标去努力，又要在借鉴别人的基础上去努力，更要在努力的基础上去释然，在进取的基础上，保持好自己的平常心。

——人活着，要有趣。人，有趣地活着，不难；人，无趣地活着，就难，想活好，更难。

——人，别人一旦有求于你，那就应有原则地去尽力而为。

——人应踏实做事，但更应踏实去做适合自己的有意义的事。人把有意义的事，做得有趣，才能越来越踏实地做事。

——人，一定要与自己处好。一个与自己都处不好的人，会有无尽的困惑和烦恼。

——人，始终去相信自己、战胜自己，就会不断超越自己。

——人这一生，良好习惯的养成很重要。一个在学业上不能培养出好习惯的人，工作和生活上也无法形成好的习惯，这将影响其做人和做事，甚至影响其一生的发展。

——人，对标去做事，才能把事做好；研究好别人，才能做好自己。

——人难免会遇到别人的过情之请，奢理之求，一旦遇到，就要及时和及早去拒绝。

——事中有人，人中有事。做人和做事往往是统一的，为做人，即应做事。人，既要通过做事去做人，又要在做好人的基础上，再去做好事。

——劳动是人生的原则。人只有去劳动，才能有合理的人生。人劳而有获，才能有快乐和幸福的人生，并使自己的人生越来越有意义。

——人定时去做定事，才能做事高效率，把事做成、并做大、做强。

——生活中有学问，学问中有生活。学问和生活两不误，乃学问人生。

——人不能被动等待，必须主动去工作，创造性地去发展。

——互相理解是人与人交往的基础和动力。人，既要善于理解别人，又要主动让别人理解自己。

——人，不要仅靠一己之力去发展自己，既不过分倚重自己的才智，又不自视清高。人要自信，但不能盲目地自信，更不能在自信时，失去对别人的尊重。

——一个成熟的人，既能尊重每个与自己不同的人，又能自觉换位思考去理解每个与自己在一起的人，更能善于反思自己，自觉承担起自己应尽的责任，同时也能让别人尽其责任。成熟是人成长和发展的基础。人在不断成熟着，也就在不断成长和发展着。

2020 年 8 月

——人，有强大的自律，才有无限的自由。

——人做事要善于回头去检点，不回头检点，难免会把事忘记，把事落下。人检点着去做事，才能把事做全。这既需要每日去检点，又需每月去检点，也需每年去检点。

——人难免有错，但要自觉去知错、认错和改错，并主动去纠错，逐渐使自己不犯错。

——人，难免有过错。一个不能原谅别人过错的人，难以与别人相处好；一个不自觉去检点自己过错的人，既难以与别人相处好，又难以与自己相处好。

——人说什么话，做什么事，很重要。人只要说话，就要去说聪明话；人只要做事，就不去做糊涂事。

——人生如走路，要选好适合自己的路去走。人，自己原定好的路，如果没有走通，不能怨路，而应认识到，所走的这条路不适合自己。

——人要把事做好，既不能太顺其自然，又不能想当然，而应换位思考，去对标做事，要定时去做定事。

——人在学生时代，不能自己想做什么，就去做什么，而应主动和自觉地接受老师的指导，并在老师指导下，定时去做好定事，特别要把老师要求做的事认真而又严格地去做好，这样才能尽快成长和发展好。

——任何自由，都有其限度。人，自觉和主动地限制好自己的自由，才能使自己的自由与别人的自由并存，尊重他人，与别人和谐相处。

——爱是人生的基础，但爱也需要智慧，并会爱。人爱自己，应该有知识；人爱别人，应该有方法。

——一个想要发展好的人，只能为了自己的发展目标，不断去坚信自己，坚强地去做好自己，没有时间去犹豫、困惑、忧虑、苦恼、埋怨和抱怨，更没有时间去不自信。

——一个正在努力发展的人，永远充满着斗志，有着不竭的动力，更有着饱满的精神。

——人，全方位认识好自己，才能全方位去做好自己，并最终成为适合社会和家庭需要的人。

——人生往往就在过程中，但目标明确、认真而又扎实的人生，一般是在结果中。

——人，有胸怀，并有情怀，才能做出一番事业。

——人，不要过于聪明，也不要太精明，而要十分英明。

——人，帮人一般只能帮过程，一般帮不了结果。

——专家就是专一去研究，形成一家之言的人。

——历史既然由人而形成，那么在历史的研究中，就应有历史中的人。历史不应由历史研究中的人去形成，而应由历史中的人去形成，并达到历史的还原。

——急和慢，对人都需要，人应急中有慢，慢中有急，关键是把握好度。人遇到急事，不能不急，但不能急中有错，因急伤人，甚至在伤害自己；人不能太慢，但有时需慢，在慢中做好学问，过好慢生活。

——人该变就变，该不变就不变。人要通过变，既变得越来越适应社会和他人，又变得越来越喜欢自己；人要通过不变，让自己就是自己，而不是别人，更不是变得面目全非，自己都不认得自己，别人就更不认得你。

——人不可能回头再来，但可以从头再来。

——人应做英明的人，而不去做精明的人。英明的人和精明的人有鲜明的不同，英明的人是精细考虑他人利益的人，而精明的人是精细考虑自己利益的人。

——人无论在任何时候，都不能灰心丧气。灰心丧气是一种最坏的束缚，既会使人失去自信，又会使人绝望，最终失去前进的勇气和动力。

——好的论文，既是一个一个字辛苦地写出来的，又是一个一个字辛苦地编辑出来的。

——人一旦放不下、想不开、看不透和忘不了，就会有一生想不到的烦恼。

——事业上的成功，这是人生最大的成功。人生最大的成功不仅仅是健康地活着，而应该是在事业成功的同时，健康地活着。

——人应该求助于人，也应该倾听好别人的意见和建议，但在人发展的最关键时刻，做主的，还应该是自己。

——人难免遇到急事，但遇到再急的事，也要去从容处置。

——人，既不能做损己之事，又不能做损人之事。

——读书贵在用书，用不好书，读不好书。

——人只要去做事，就要有适当的计划。计划做不好，事难以做好。

——无论事有多少，还是有多急，都要平心静气去做。人一旦遇到事，多替对方想想，慢慢就能平心静气了。

——人应该有自己的主意或主张，但非自己能主持的事，一般不要去有所主张。

——人做工作，不能有私心。一旦有私心，工作上就会有障碍，对自己就会有伤害，甚至有祸害。

——人，不要怕别人对不起自己，而应怕自己对不起别人。别人对不起自己，自己有宽容和包容之心，也就没事了；自己对不起别人，实际上是自己在惹事，甚至在招祸。人，无论做什么事，也不要做出对不起别人的事。

——人不坚持，难以做事；人无恒心，难以成事；人若无信，难以做人，更难做事。

——人需要别人适度的提醒，但一个总被人提醒去做事的人，不仅做事效率慢，而且事会被滞后，甚至做不成事，难以得到应有的成长和发展。

——人最重要的成长，是自我历练基础上的自我成长。

——人，希望并帮助每个人发展得比自己好，自己也才能持续发展着。

——人常联系着，才能常相处，并相互帮助着！

——人，在自己人生的前半场，与自己不良的习惯在斗争；人，在自己人生的后半场，一切由自己已形成的习惯所构成。

——人善于控制和稳定好自己的情绪，才能平心静气地处人和做事。

——人精细地活着，就会不断有惊喜。

——人与人是一种关系性存在。人，越关注别人，才越能做好自己。

——人要帮助人，但人的精力和能力有限，要选好自己应该帮助的人。人越不断去发展自己，才越能去帮助应该帮助的人，并与其共同成长和发展。

——人和事，难以分离，人中有事，事中有人。人要处好人，做好事，既要由事定人，又要据人定事，更要自己先做好人，再去做事，并选好人，去做适合其自身的事。

——人，做人要大度，做事要大气。

——人做研究，研究好、整合好别人的研究成果，才能把自己的研究做得扎实和踏实，在别人已有研究成果基础上做出自己的贡献，并能发表或出版，这才能标志着研究暂时的完成。

——人只有不断去做好别人不能代替自己的事，才能形成自己的独特风格，才能保持自己的尊严。

——人做任何工作，都要去研究。一旦研究好，才能富有成效，并不断通过工作使自己成长和发展。

——人，越做强自己，别人才越好帮自己。

——人，如果不能学会同时做几件事，就会顾此失彼，影响自己做事的效率，难以尽快成长和发展。

2020 年 9 月

——人需要与别人去交往，但也需要独处，合理安排好真正属于自己的学习和生活，并有适度的孤独和寂寞。一个能享受独处的人，内心才有自由，才能活得快乐。

——人的一生，就是在社会和家庭中，不断准确界定自己，找到自己，并实现自己的人生理想的过程。

——人这一生，只能往前走，绝不能后退。

——人，教育好自己，又教育好孩子，既是事业成功的基础，又是事业本身的组成部分。

——人可以去改变一些东西，但一旦不能改变，就要尽力去去适应。

——人堂堂正正做人，才能蹚出一条真正适合自己的路；人诚心诚意待人，才能把适合自己的路走稳，并不断走出成功。

——一个人就是一个世界，人应善于与别人交往，特别是与优秀的人交往。人，经常与优秀的人在一起，自己才能成为优秀的人，并越来越优秀。

——一部著作，既需特别能反映出文字和理论水平的好的表达，又需要好的形式，遵守学术规范，小到一个数据、一个字、一个注释、一个标点符号等。

——人，做事做不成，与人相处不和谐，先应从自己身上找原因，定对策。

人通过做事和处人，不断去认识自己、反思自己，并准确界定自己，找到自己，才能不断做好自己，这样，既能做成事，又能处好人。

——人，跳出自己，才能去做自己；人，走出自己，才能做好自己。

——人无论在任何时候，都应该活得是自己，既不仅仅为人去活，又不代人去活。

——人，随着年龄的增长，自己会越来越清醒地活着，自然地成长和发展着。但人也应成为一个倾听者，让别人，特别是比自己更优秀的人，更早、更好地去醒悟，主动和自觉地成长和发展。

——让人放心，这是人的基本能力。人要让别人放心，自己做人做事，既要有底线，又要有原则，更要有良心。人能让别人放心，自己既开心，又能让别人一直在信任。人要处好人，做好事，那就要让自己成为一个让人放心的人。

——一个人就是一个世界。人要不断去与人交往，并在交往过程中去认识人，这才是在不断学习着和发展着。人要去认识人，既需要自己主动去认识想认识的人，又需要认识想主动认识自己的人，前者需要进行适合自己的选择，选择好比自己更优秀的人，并作为榜样；后者需要谦虚、谦虚、再谦虚，并虚心向对方学习。人与人相遇在一起，就是缘分，彼此相知和相处，也就在共同帮助着，并在持续发展着，终究会成为一生的朋友。

——人应努力做事，但不能什么事都去努力，人应据自己的目标，选择适合自己做的事去努力。

——人，高目标做事，就会高标准做事，进而达到高效率做事，并高水平做事。

——一个要活好的人，既应做好自己想要做的事，又应做好别人让自己做的事，更应去做好国家和社会需要自己做的事。

——每个人对世界的意义，取决于每个人在这个世界的独特；每个人对世界的价值，源于世界对每个人的需要，这种需要让每个人与别人不同。

——生命是无数的，但每个人的生命是独特的。要保持好自己生命的独特，那就要不断去作为，更要不断去焕发出活力，做出一番事业。

——人活着，就是不断在认识人生，认识自己、自然和社会的过程，并随着年龄增长，这种认识日趋深化，走向成熟，并越来越能做好适合自己的事，享受好适合自己的生活。

——人要善于爱惜和保护自己，既要有属于自己的时间和空间，又要有属于自己的自主和自由，更要有一生不变的好的习惯。

——人应该走出自己，回归自己，但应该是走出有责任的自己，特别是有社会责任的自己，回归大家都喜欢的自己。

——人与人能相遇，还投缘，那就是缘分，那就要彼此珍惜，那就应一生友好相处，并彼此成为一生互相陪伴的朋友。

——人这一生，能把自己做到别人代替不了，那就是人生的成功。

——人的时间和精力有限，不可能做好任何事。一个能把自己发展好的人，应该知道适合自己做的事，并善于通过果断的决定和选择，去拒绝不应做的事。

——人要把自己脚下的路走顺，生活过得从容，既应去忙，又应有闲。人应去忙，但要有目标和规划地忙，不能瞎忙，也不能忙得慌乱，要忙得有节奏，更有效率和成就；人应有闲，但不能闲得无聊，甚至打发时间，把时间白白耗掉，而应把有闲时间用好，既用于过好有情趣和意义的生活，又聚焦自己的工作和事业目标，用于不断充实和完善自己。人是否有休闲时间，能否把休闲时间用好，决定着自己生活和工作的水平，更决定着自己成长和发展的品质和高度。

2020 年 10 月

——每个人有每个人的生活，适合自己的生活，就是最好的生活。人把适合自己的生活过好，才能过得快乐和幸福，才能过得越来越有价值和意义。

——人超量做事，才能有更多的积累和更好的成就；人超前做事，才能不赶着做事，既不让自己受累，又落不下事。

——人的心在哪儿，事情就在哪儿。人用心，才能把自己的人生之路走顺和走远。人既要用心去做事，又要用心去做人，更要用心去看世界，并每一天都用心去过好自己的生活。

——人与人有缘走到一起，就应从相识，到相知，并能一生成为朋友去相守。能彼此相守的人，应该是相处舒服的人。相处能让自己舒服的人，应该是懂自己的知己，要去多关心、多支持、多帮助，更要互相珍惜，共同去发展。

——一个养不成好习惯的人，成不了事，更成不了大事。

——人这一生不可能想要什么，就有什么。人，适合自己的，才能去要。人越来越能去准确定位适合自己要的，才能越来越去得到自己需要的，并活出自己别样的人生。

——人应靠己力去做事，但更应群策群力去做事。

——人不仅要确定好适合自己的目标，而且要不断地向目标前进，并最终去实现。

——女性越能职业独立、人格独立、经济独立，才越能自爱，越能自尊，越能自由。

——生命的意义，需要别人的告知，但更需要自己的感知。人对于自己生命意义感知的不同，形成了不同的人生。

——人活着，就要高兴。人，既要活着为自己高兴，又要活着让别人高兴。人在为自己高兴时，也应让别人高兴；人在为别人高兴时，自己也应高兴。

——人，无论在任何时候，都要给自己一个清晰的定位。

——人，没有内动力，难以成长，更难发展。

——人，失去的时间，难以找回，所应做的，只能是不让时间再失去。

——人的一生，就应自己去过，不可能让别人代过。

——一个已承诺，但无信的人，一生什么事情都难以做好。

——人生没有最好，适合自己为最好。人，既要找到适合自己的生活方式，用心过好适合自己的生活，又要找到适合自己的工作，尽力去做好，并尽情去做出一番自己真正能拥有的事业。

——人只要活着，就要每天都尽力做事，尽心处人，尽情生活，过好真正属于自己的每一天，让每一天都过出自己生命的意义。

——别人让你做事，都会考虑到你是否能做。在别人让你做事时，要少找借口，否则别人也就不找你了。一个不善于去做别人安排的事的人，难以发展好自己。

——人最可贵的是，把自己宝贵的时间充分管理和使用起来，特别用好自己的零碎时间。一个善于利用时间的人，才能扎实、踏实地发展好自己。

——一个发展比别人好的人，应该是别人的优点都有，但别人的缺点都没有的人。

——一个学问人，就应该是真做学问、做真学问、真有学问的人。

——人，做什么事情，都会有压力。人做适合自己并喜欢的事，就越做越想去做，越来越有成就，压力也就不大了。

——人，无论在任何时候，都要保持自己对生命的美好向往和追求，经营和过好自己每日的生活，过一日就要有一日的快乐和幸福，并尽力让自己的每日都过出生命的意义。

——人，无论在任何情况下，都要有一个好的心态，只求做最好的自己，不去与别人盲目攀比，不去追求人生的完整，更不去埋怨和抱怨。人有好的心态，才能有好的心情。人每天都要尽力以美好的心情，去尽情过好真正属于自己的每一天，并尽心迎接好明天的自己。

——人应该自信，但不能自以为是。一个善于反省的人，才能深知自己的优势和不足，并在善于向别人优点学习的基础上，去发挥出自己的优势，弥补自己的不足，不断进步、发展。

——人，既要把工作做好，又要把生活过好。工作是人生活的基础，人一旦去做工作，不能仅仅去做完，更要尽力去做好；生活是工作的保障，人一旦去过生活，不能仅仅在过着，更要尽情去过好。

——人要让自己活得更快乐和幸福，并越来越活出自己生命的意义，那就要去找到自己最爱的事情。

——一个已习惯于问候老人，与老人聊天，并发自内心尊敬老人的人，不仅在增长着自己的知识、能力和智慧，而且在增强着自己的声誉、力量，更在增加着自己的寿命。

——人不应强求别人做其不喜欢的事，但应强制自己去做必须要做的事。

——人真正的感动，是自己感动自己。一个自己感动自己的人，应该有自己独特的成就，并独特地成长和发展着。

——人生没有最好，恰到好处为最好。人无论做事，还是处人，恰到好处既是一个目标，也是一种习惯，更是一个境界。

——人，今天就要做好今天应该做的事，甚至去做明天的事，绝不能今天去做昨天的事，更不把昨天应做的事，推到明天。

2020 年 11 月

——自律是一个自己完善的过程。一个能自律的人，才能掌控好自己的人生，并得到自己想要的人生。人要让自律成为一种习惯，让自己真正成为能自律的人。人，越自律，也才能越自由，这样既能活成想要的自己，又能过上自己想要的生活。

——人，不守时，难成事。

——人的自律，不仅表现在有人约束和监督时能自律，更表现在无人时，也能自律。

——人生要有局，既要有格局，又要去布局，更要有好的结局。

——人生有不同的阶段。在每个阶段结束时，人能自觉地及时归零，才能开启自己人生新的阶段，使自己与时俱进，不断走向人生的成功。

——人应忙，但既应忙得有序，又应忙得有效，更应忙得有获。

　　——人生在世，就应既把工作做好，又应把生活过好。工作做好是人生的基础，生活过好是人生的保障。人要把生活过好，既要把身体搞好，又要把日子过好。人，怠慢着身体，就在怠慢着自己。人，过好日子，才能过好人生。

　　——人生之路，需要别人的引导，但再好的引导，也得自己去走。人要走好自己的人生之路，既需要了解和研究自己，越来越懂得自己，又需要珍惜和爱护自己，照顾和经营自己，更需要一生去陪伴自己。

　　——人有好的心态，才能过好自己的人生。人，要准确聚焦好适合自己的目标，更多地去争气，而不去生气；人，要尽力去做最好的自己，不断去善于改变自己，让自己更好地适应他人和社会，而不要去埋怨和抱怨。

　　——人应该锻炼，但也应适度。人，进行适合和适量的运动，才有助于自己的健康。

　　——人，要好好工作，但要以保重自己的身体作为基础和前提。

　　——人与别人应有差异，但尽力不要有差距。

　　——人做事，难免会有些遗憾，但不能有遗憾终身的事。

　　——人一直去坚持做正确的事，人生就不断会有成功。

　　——人难免会误事，误事的同时，也就失去了机遇和机会。人要把握好机遇，那就应让自己真细心，在操心，不去误事。

　　——学问应该有自由，但不能自由式地去做学问。

　　——人做事，尽力就好；人对人，尽情就好；人对己，尽心就好。

　　——人生要圆满，那就不要去修补。

　　——人，再忙，也不能落下每天的读书和学习；人，再做工作，也不能落下自身的发展；人，再为别人做事，也不能落下对家人的陪伴。

　　——一个优秀的人，就是把看似矛盾的事，一直在处理好的人。

　　——人，心在哪儿，事在哪儿。一个对事没有敬畏的人，心也不在此事。

　　——一个想发展的人，总在忙碌着，但忙得有目标、有成效、有成果并有成就的人，才扎实而真实地发展着。

　　——人的能力是有限的，但努力应无限。

　　——人应该相互付出，但对别人的付出，应懂得和理解，更应对别人对自己的付出去感恩。人一旦在感恩着别人对自己的付出时，才能在珍惜和回报着别人，并在成长和发展着。

　　——一个善于向别人学习和借鉴的人，才能更快速和高效地去成长和发展。

　　——每个人都去尽力做最好的自己，一个集体也就得到发展了。

——人应该去掌握自己的命运，但只应求超越自己，不求克服命运。

——研究好工作，这是做好工作的前提，应成为工作的基本习惯。

——人，一旦换位思考去做事，一般也就会做好这件事。

——人只要去努力，就应该是坚持不懈的努力，而不是间歇性的努力。

——人，既应感谢生命中遇到的每一个人，又应感谢帮助过自己的人，更应感谢对自己心灵有重大影响的人。一个心怀感恩的人，才能主动和自觉地做好自己，并在尽力回报着别人。

——人，一旦摆不正自己的位置，就会受其累。

——人既要正确地做事，又要把事做正确，更要做正确的事。

——一个勇于不断超越自我的人，才能每天在不断学习、工作和研究着，持续发展着，并为自己一生的理想在不息地奋斗着。

2020 年 12 月

——人应该有感情，但应理性做事，而不能感情用事。

——人，一旦没有私心，才能有情怀，更有胸怀。

——一个能把自己发展好的人，应该是一个在人生每个阶段，都能清晰地定位自己做什么和不做什么的人。

——人活着，就应该开心。人要让自己活得很开心，既应常与好朋友交往，又应常与自己以往做比较，不去与别人做比较，更应乐于去帮助别人，并感谢别人对自己的帮助。人，开开心心去工作和生活，就会越来越开心。

——人，没有各得其所的生活，那就享受不到真实的教育。

——人，不思想着，也就不在有意义地活着。

——人，没有想象力，也就不能做学问。

——人，今天再大的事，明天也就成为历史。人，一旦能整理好心情，每天也就能做好自己。

——人每天要过好，既需要做有趣的事，又需要成为有趣的人，更需要多与有趣的人在一起。

——人发展的最大障碍，在我不在人。我的障碍去后，人才有可能去发展。

——人管理不好自己，难以管理好他人。

——一个好的组织者，就应既能知人，又能善任。

——人一旦去做事，就应精心谋划，精密计算，精细安排。

——人，管事，就应明事理；人，管人，就应懂情理。

——每个在这个世界上生存着的人，实际上都在努力着，只不过因努力的目标、方向、内容、途径、方式、水平不同，命运也有所不同。

——一个懒惰的人，实际上会失去努力的目标和方向。一个目标和方向明确的人，不会懒惰，他会一直勤奋劳作。

——人不要怕自己被人所用，而应怕自己对别人没用。

——机会，对每个人应该是公平的。人，既需要找准机会，又需要抓住机会，也需要借好机会。

——人应该谨慎，但要适度。人，不谨慎，会害事；人，过于谨慎，会误事。

——人应该努力，也必须努力，但努力要得法，特别要去进行适合自己方向的努力，而不向错误的方向去努力。一个往错误方向努力的人，实际上在耽误自己，甚至在伤害自己，而不是在发展自己。

——人，做人，就应知行合一；人，做事，就应事理合一。

——人做事，难免会遇到难事。人一旦遇到难事，既要克服畏难情绪，相信自己可以把这件事做好，又要积极主动地善于求得别人的帮助，更要去研究做好这件事的难点、路径和方式，坚持去做成，并做好。

——人，爱惜好自己，这是每天应有的自觉，也是一生的功课。

——人，说话，就要有分寸；人，做事，就要留有余地；人，做人，就要不越规矩。一个把握好分寸的人，才能与人处好，并把事做好，进而把自己发展好。

——人，尊重自己所从事的工作，才有可能把工作做成；人，敬畏自己所从事的工作，才有可能把工作做好。

——人与人正是因为位置不同，才需要互相换位思考，彼此互相了解和理解。

先生致青年：大学教授的十年箴言

2021 年

2021 年 1 月

——人之为人的限度，就是自己每年在持续成长；人之为人的意义，就是自己每年在不断发展，让自己越来越成为有用的人。

——人，应能干，但不应什么都会干。一个什么都会干的人，在辛苦着，甚至苦累着。

——人与人面对面最主要的交流，还应是以口头语言为主要手段所进行的交流，其他仅仅是辅助手段。

——人的一生既然无法重来，那么在人生每个阶段，自己都应该不断去努力。任何人，都代替不了自己的努力。人不去努力，也就得不到自己想要的生活。

——生活，就是生下来干活。人通过不断去干活，才能持续去成长和发展。人应不断去干活，但最好去抬头乐干，而不要去埋头苦干。

——人生最好的状态，就是能清醒和自觉地认清自己，既不去高估自己，又不能看轻自己。人在认清着自己，也就能善于准确地在定位着自己，并在让自己持续地成长和发展着。

——人一旦走上一条适合自己的人生之路，那就要坚韧不拔地把这条路走到底。

——人有身心两方面的勤劳，才能不断地进步，并持续地成长和发展。

——人与人既然有缘在一起，那就应团结一致去做事。人与人没有团结，那就不会有真正的合作。

——人做什么事，就应有做什么事的样子。

——人生，不可能事事顺遂，难免会遇到失败。人既不能害怕失败，又不能逃避失败，更不能被失败击倒。人一旦遇到失败，应通过反思，去找到失败的原因，进而去实现成功。

——人难免会犯错误。错误既需要自己改正，又需要别人帮助自己去修正。

——人越做事，才会越有经验；人越有经验，才越能把事做好。

——一个自己都不尊重自己的人，难以受到别人发自内心的尊重。

——人一旦遇到急事，反而不能着急。人越着急，事反而越不好做，更做不好，甚至成为做事的障碍。

——事业要发展，必须要有人才。要得人才，必须选择与培养并行。

——人应忙，但要做到忙而不累，更不能劳累，甚至苦累。人要忙而不累，既应忙得得法，提高效率，又应累在事上，不累在人上，更应理好心情，尽力则释然。

——人做事，应先谋事，但谋事不能太多，否则，难以行事。

——人，多替人想想，一般能处好人；人，多替事想想，一般能做好事。

——人应该去拼搏，但绝不应该去拼命。一个去拼命的人，不仅在伤害着自己，而且在苦累着别人。

——人与人没有彼此相互的需要，不要去商量事情。即使去商量，事也难成。

——人的努力很重要，但更重要的是自己的实力。人的实力，离不开人的努力。只有努力得法，并不断去努力，才能越来越有实力。

——人再想做事，也要会去做事。人做事，既应考虑自己该不该做，又应考虑自己有无能力去做，更应准确定位自己是否去做。人应该去做的事，但没有能力去做，此事就不能做；人有能力去做的事，但不应该去做，此事也不能做；人应该去做的事，又有能力去做，此事就要尽快、尽力、尽心、尽情去做。

——一个人，要不断去实现自己人生的成功，那就应既能想清楚自己人生应该是什么样子，又能尽快确定好适合自己的目标，尽快去行动，更要能一生坚持自己的行动。

——人做什么，就应学什么，并研究什么。

——人生需要熬，但要尽早定位好适合自己熬的对象，不能盲目地去熬，更不能无奈地去熬。人，熬得得法，才能形成人生的积累和积淀，并能让自己的生命到达理想的境界。

——成功，难以复制；成事，人人可学；成人，人人应为。

——人，难以复制别人的成功，但可以向别人学习如何成事和如何做人。

——人只有追求着最本真的自己，才能不仅过着朴素的生活，而且存养着朴素之心，并用朴素之心在做着事和处着人，每天既不去忙乱，又没有烦乱。

——人要提高自己做事的效率，那就不能让事情在等着自己做，而应主动并超前把事做好。

——人活着，就要做事，并通过做事，不断焕发出自己的生命活力，成为一个越来越有价值的人。

——人，体谅别人，就是在善待自己。一个只想着自己，不体谅他人，甚至常指责他人的人，不仅在苦着别人，也在累着自己，更难形成和谐的人际关系。

——人在这个世界上，应有其独特并适合自身的使命。一个能尽早发现并确定自己使命的人，才能越来越有使命感，才能坚定自己的理想和追求，进而具有不竭的发展动力，做出一番事业。

——人，既不能太忙，又不能太闲。人应忙中有闲，闲是为了更能忙。人忙起来，才能做好工作，并成就一番事业；人忙中有闲，才能使自己更好地休息，进而更好地工作。

——人要保持好自己的尊严，那就要不断去提升自己的价值。

2021 年 2 月

——人既不能逞强，又不能软弱，但应适度去示弱。人的精力和能力有限，一个善于示弱的人，才能把自己宝贵的时间用到最必须做的事情上，这样既能保护好自己，又能发展好自己。

——人，就应勤奋努力。但人再勤奋，也要得法；人再努力，也要方向明确，措施得力。

——人要把事做好，既不能当为而不为，又不能不当为而为。

——人，遇到什么样的人，自己就会成为什么样的人，这是被动的选择；人，先让自己成为什么样的人，就会遇见什么样的人，这是主动的追求。

——人与人相遇不易，能在一起就是缘分。人对生命中遇到的任何人，不要去责怪，更不能去责骂，而应去各自尽好自己的职责，互相理解、欣赏和成全，彼此支持和帮助，共同去实现人生的成功。

——人难以改变别人，往往改变的，应该是自己。

——人，日日在进步，才能持续地成长和发展。当然，这需要你日日在做功课。

——人一旦与人共事，就应有原则地多替别人着想。一个只想着自己，不能多替别人着想的人，难以合作共事，更难合作成事。

——人要做事，就应替事想想；人要处人，就要替人想想。

——人的发展，既不能拖延，又不能耽误，更不能滞后。人，越去抓紧发展自己，才越能得到持续的发展。

——日日进步，不断发展，这既是人的底线，又应是人的信念，更是人一生的追求。

——人不能看到别人发展了，才去发展，应去主动和自觉地去发展，并去超前发展，甚至应让自己的发展，成为别人的榜样。

——一个天天都有足够多的事情去做的人，是一个越来越能活出自己的生命价值和意义的人。

——人与人之间，贵在互助，而不是互争。

——人应该做事，但人不能什么事都去做。去做有价值的事，才能使自己不断成长和发展。人一生选择做什么有价值的事，决定着一个人一生的成长和发展水平。

——人生没有白吃的苦，也没有白走的路，但人生短暂，不能随便去白吃苦，白走路。人生吃什么苦，走什么路，应精心研究，顶层设计，谋后而定，坚毅去行。

——人生不应该什么都提前，甚至超前，有时也需要拖延、退后，甚至适度的滞后。

——一个把自己做得足够好的人，不需要向别人解释自己。

——一个坚持不好自己的人，难以要求好他人。

——一个常常忘记时间的人，说明他无明确目标地忙着，或没有计划地忙着别人的事，却丢掉了自己的成长和发展。

——人生，只能进步，不应退步，除非因身体所致。

——一个被人督促着的人，是做不好自己的。

——人应为自己去做事，但也应为别人去做事。人先做别人所安排的事，才能越来越有经验和智慧。人在做过别人安排的事情后再去做自己的事，才有基础，才能形成自己的积累和积淀，这样不仅能做出事情，而且能做出一番事业，并成就大事。

——随着年龄的增长，人越来越需要聚焦自身所有力量，并尽可能组织和调动起别人所有的力量，用心专一去做好一件事，这样才能成大事，并做出一番事业。

——人既需要以别人为榜样，又需要在此基础上，让自己成为别人的榜样。

——人既不能太忙，又不能太闲，应忙中有闲，闲中有忙。人要想在忙时闲，应先闲时忙。人忙闲结合，才能过好人生。

——人要把自己每天的生活过好，既需要适合自己的生活目的，又需要适合自己的生活方式，更需要适合自己生活目的的生活方式。

——人应该珍惜自己，看重自己，成为别人不能代替的自己，但人也不能把自己太当回事，更不能认为别人离不开自己。

——人办什么事，就要用什么人。

——人不彼此尊重，也不去互相换位思考，难以合作做事，更难一直在合作做事。

——人，绝不能做损人利己的事，而要尽量去做利人利己的事。

——人不要盲目地与人攀比，要准确地定位好自己的人生目标，并主动和自觉地去做好适合自己人生目标的事，过好适合自己的生活，那就会越来越幸福。

——随着年龄的增长，人越来越应该根据自己的想法去做事。

——人在任何时候，对自己都要充满希望。一个对自己都没有希望的人，别人难以对你抱有希望。

——人这一生，要快乐和幸福，并活出生命意义，一定要在人生的每一个阶段，在自己本该在的地方，做自己本该做的事，处自己本该处的人，尤其要成为自己本该有的样子。

——人研究不好别人，难以与别人共同相处和做事；人研究不好自己，难以与自己和谐相处。

2021 年 3 月

——人要把事做好，既需要能扛事，又需要会干事。人干好事，才能扛好事；人扛好事，才能更好地做大事。

——一个总说自己不认真、不勤奋学习和工作的人，不仅在深深地伤害着自己，而且在给别人增添负担，甚至祸及他人。

——人可以忙碌，但不能盲目，更不能没有成果和成就。人绝不能瞎忙，应该会忙。

——对一个有志于把自己发展好的人而言，要适度休息，但也应在学习和工作完成的基础上去休息。人可以适度放松自己，但绝不能松懈。

——人这一生，不可能做了一件事，才去做另一件事，更不可能单做一事。一个能把自己发展好的人，一定是善于统筹自己所做的事，并同时能把几件看似矛盾的事都能做好的人。

——人难免会遇到难事。一个总在说难的人，难以相信好自己，更难有克服困难的勇气和能力。

——人，一旦自觉换位思考去做事，人际关系也就和谐了。

——人与人的情感，是互相麻烦出来的。

——能主动和自觉地把个人成长融入国家命运的人，方能有大成。

　　——人不可能拥有一切，应该拥有自己该拥有的。人应该拥有什么、不去拥有什么，影响着，甚至决定着自己的成长和发展水平。

　　——人，就应不断去努力。人在自己努力的基础上，可让别人帮助自己，但不应让别人去扶助自己。

　　——人这一生，一旦遇到决定自己命运的事，那就要专心、专一、专注去做，尽心、尽力、尽情去做。

　　——人一旦形成了自己的追求，只要自己扎实而智慧地去努力，自己的追求迟早会实现。

　　——人每天应开心，也要让别人开心；但不去讨自己开心，更不去讨别人开心。

　　——人既不能低估自己，又不能高估自己，更不能膨胀自己。人自觉地评价好自己，才能能动地发展好自己。

　　——一个只有在人生每个阶段，都能认清自己的定位、目标、底线、价值和能力的人，才不会迷茫和迷失；才能掌控好人生前进的方向，踏踏实实并坚定地往前走；才能不断超越自己，扎实地成长和发展，活出自己生命的价值和意义。

　　——人一旦做不好事、处不好人，不要去埋怨和抱怨，更不要去责怪，而应反思好自己。一个能尽心、尽情、尽力做好自己的人，一般不会怪人。

　　——人应该不断去做事，但不要去做既不重要又不紧急的事，更不要去做远离自己目标的事，而应去做绝对重要，且必做之事，并尽力、尽心、尽情去做好。人选择做什么事，在一定意义上决定着一个人成长和发展的水平。

　　——人应该顺应自己的本性而活着，但更应明确自己究竟要成为什么样的人，并去有兴趣、有目标、有责任和有追求的活着，这样才能每天都保持活力，不断去焕发出自己生命的活力。

　　——人应该固守好自我，但人更应与时俱进，主动和自觉地去更新自我、超越自我，这样才能不断去实现自己的人生目标。

　　——人，无论做事，还是处人，都应有敬畏心。人敬畏什么，才能做好什么。

　　——人活着最有趣的事，就是要善于改变自己，甚至每天都是一个全新的自我，看见自己每天的进步，更看见自己朝着既定的人生目标，越来越在变好。

　　——人，自己想要的人生，只有自己能给。人只有通过自己不懈而有智慧的努力，才能实现自己的工作和生活目标，过上自己想过的生活，成为自己想成为的人。

　　——人一旦心情好，有些事，其实就不是事了。

　　——人一旦做好眼前的，走好脚下的，就在追求着卓越，走向着未来。

——工作是需要用生命去做的事情。人一旦定位好适合自己的工作，那就要用自己的一生去做。人对工作的态度，不仅决定着人生的水平和高度，而且在一定意义上决定着生命的意义。

——人应该学会同时去做事，但要尽快去完成。人尽快完成已做的事，才能去做新的事。

——人的一生，就是积极地工作，不断去创造自己生活的一生。人一旦每天去积极地工作，让自己每天的生活都过得丰富和充实，就没有时间去烦闷。

——人生不仅要主动去得到，而且也要自觉去放下，甚至放弃。放下是一种自由，放弃是为了更好地得到，并得到更好的。人能放下该放下的，放弃该放弃的，既需要人的目标和胸怀，又需要人的选择能力，更需要人自身发展水平和境界的不断提升。

——人可以要强，但不可强要；事可以要求，但不可强求。

——人可率性而为，但绝不可任性而为。当然，人更应理性而为。

——人没有做不好的事，也没有抽不出来的空，关键是自己想不想去做，是否真下功夫去做，并真去挤时间去做。

——人，心在哪儿，人生就在哪儿。人要过好这一生，那就应不断去修心，既要让自己用心和专心，又要宽心和养心，更要守心和放心。

——人不要想着去改变别人，而应更多去改变自己，并通过对自己的改变，去影响别人，让别人去改变他自己。

——人应该有学历，但更应有学习力；人应该有知识，但更应该有见识；人应该勤奋努力去工作，但也应生活得丰富和充实；人的身体应该越来越健康，但内心更应越来越丰盈。

——生命虽然是有限的，但在有限的生命中，要不断去丰富自己，成全自己，并越来越活出生命的价值和意义。

2021 年 4 月

——一个做不好自己的人，既苦累了别人，又伤害着自己。

——一个不想丢脸的人，才能强劲地持续发展。

——人要实现人生道路上的不断成功，那就是经常要把不可能去变成可能。

——人做任何事情，一定要明确这件事的意义。

——人只要态度认真，并用心，一般都能把事做好。

——人的情感，基于彼此的交往而形成。再亲的亲人，也需要彼此的陪伴，更需要相互的付出，尤其是时间的付出。否则，亲人，就会亲而不近，甚至也会不亲。

——人有好的心态，才会有好的生活。无论在任何情况下，人都应保持好的心态，既要心胸开阔，又能心平气和。

——一个再有水平的人，如不投入足够的时间，事情也不会做好。

——人做什么事情，关键在组织，并相信通过组织，会把事情做好。

——人，聚焦研究去做事，效率才会高，否则，随着日子一天一天过去，难以取得任何成就。

——人最大的自私，是把时间留给自己。人无论多忙，也应有适度的自私，留出自己发展的时间。一个能把自己发展好的人，才能更好地工作并帮助他人，为社会发展做出真正属于自己的贡献。

——人，做什么事情不能着急，有的是办法。人一旦能超前做事，办法会更多。

——人既能享受工作，又能享受生活，才能享受人生，不仅没有白来这个世界，而且会过得快乐和幸福，并活出自己生命的意义。

——欣赏别人，既是一种气度，又是人生的高度。一个善于欣赏别人的人，才能与别人关系和谐。人，只有欣赏别人，才能切实地做好自己，并在自觉地成就着别人。

——人这一生，就是工作和生活这两条主线。人，好好工作，就是好工作；人，好好生活，就是好生活。

——人要让自己明天活得有意义，那么今天比昨天就要多做些什么，并让今天比昨天更有些收获，甚至成就。

——人不应什么事情都去知道，也不应什么人都去交往。人知道自己该知道的事情，才能聚焦好自己的时间和精力，把该知道的事情做好；人把自己该交往的人去交往好，才能彼此形成交情和友情。

——人不要过多地考虑超过别人，而应更多地考虑超越自己。

——一个人的成功和他所付出的时间成正比。

——人既应活着，又应活好。人在活着，那就不应有不幸；人在活好，那就在幸福着，并要去珍惜。

——人不要试图改变环境，让环境适应自己，而应自己去善于改变自己，先让自己去更好地适应环境。

——人做什么事，要好好决策，不敢随意而行，更不敢任性而为。

——规矩既是分寸、教养和原则，又是底线、人品和修行。人认同好规矩，一生去自觉守好规矩，不断形成自己的规矩，自己的人生才能安稳。

——人，既应为人，又应为我。人是为人和为我的统一。人真实地为我，就在有益地为人；人实在地为人，就在有益地为我。

——人最难的功课，不仅仅是怎样做自己，而更重要的是，如何每天去做最好的自己。

——人应该求助于人，但应在自身努力奋斗基础上，去求助于人。一个不去主动和自觉去努力奋斗的人，不应求助于人。

——一个心里常装着别人的人，别人也才能记着你。人与人彼此都在惦记对方，才能形成深厚的交情，进而互相挂念，一生相处。

——人可以向别人提出自己的要求，但不能强求。人能不能尊重与自己不一样的人，这是衡量一个人是否有修养的标志。人尊重与自己不一样的人，才能建立起和谐的人际关系。

——人应把事做好，但不应要求太好。一个要求自己把事做得太好的人，不仅苦累自己，而且拖累别人，更难以通过做事形成彼此和谐的人际关系。

——人要把自己发展好，那就是让自己越来越成为自己，而不是别人。

——一个自身充满能量的人，才能不断去成长和发展。

——人们在创造自己的未来时，一定要保留好过去，并让过去成为现在的参照，更成为未来的财富。

——人一旦能每天关注那些有待思考的东西，那就越来越会去思考，并越来越能深谋远虑。

——人一旦能掌握好自己，什么也不会失去。

——人不可能不努力，就能把事情做好。但人也不可能只要努力，就能把事情做好。人只有选择好适合自己做的事，有目标并有智慧地去努力，才能努力越来越得法，事情越做越好。

——一个中国人，既要从中国看世界，又要从世界看中国。

——人生有高度，做事才有速度；人做事有速度，人生也就越来越有高度。

2021 年 5 月

——人越去有目标和有智慧地去努力工作，那就能越来越成为真了不起的人。

——一个太自理的人，很可能在伤害着自己。

——一个保持好独特性的人，才能去做好自己，并最终成为他自己。

——人要学会有准备地去做事，更要学会去做有准备的事。

——人做事，既要着眼于大局，又要立足于现实，更要寄希望于变化和自身的发展。

——人应该按规则把事做好，但更应在此基础上去创造性地工作。

——人最好的做事境界，那就是，既把自己的事情做好，又能让自己所做好的事情，成为别人做事的标准。

——一个做学问的人，要想把学问做好，那就应坚持每天做学问，勤奋而不懒惰，特别在思想上不懒惰。

——人活着，就要找到自己，让自己与自己和谐，既能适应社会活出责任，又能适应他人活出自己。

——年轻与年龄无关。一个聚焦适合自己的目标，不断在努力奋斗的人，即使年龄在增长着，也仍然在年轻着，青春永驻着。

——一个做学问的人，应该对自己说的每句话、写的每个字，负起责任。

——人生是有节奏的。人要成功地走好自己的这一生，既要找到自己的节奏，又要管理好自己的节奏。一个有节奏的人，既能尽早地确定好自己的人生方向，又能主动和自觉地去确定、追求和实现好自己的人生目标，更能每天都自觉用好自己的时间，管理好自己的情绪，具有稳定的人品，自觉成熟着，持续发展着。

——人生能遇到知自己和懂自己的人不易，一旦遇到，那就不要错过，要通过共同做事和相互帮助，常联系，常相处，常挂念，常珍惜。人之为人，那就应有着挂念的朋友，并有朋友在挂念着自己。

——人应该带着情感去工作，但不能带着情绪去工作。

——人如果不想错过人世间的很多美好，那么就要自律，关照好自己的心灵和身体，爱惜好自己，成为那个更好的自己，并越来越能陪伴好别人。爱惜好自己，这是人一生的功课。

——一个人看待问题的角度、跨度、高度和深度，决定着人成长和发展的程度。

——人应该为别人着想，但一个为别人想得太多，却不能很好地组织他人去做事的人，难以做好大家本来应该做好的事。

——人要活好自己这一辈子，那就应该去看清世界，认清自己，既要认清自己的位置和价值，选择好适合自己的发展方向和目标，又要认清自己的能力，尽力而为，量力而行，不自以为是，更要认清自己在别人心目中的分量，既不把自己看得太重，又要过好适合自己的生活。

——人既不能当为而不为，又不能不当为而为。

——人，一旦与别人相处，就应让别人觉得舒服；人，一旦与自己相处，就应让自己觉得和谐。

——人用好人，才能做好事，但人要用好，应以事定人，而不应以人定事。人，应做事用人，而最好不用人做事。

——一个弄不清自己是谁的人，难以对自己有意义的人生进行准确的定位。

——一个已具备做事能力的人，只要抓紧时间做事，一般没有做不成的事。

——人不可能什么都顺，什么时候都顺，难免有不顺的时候。一旦有不顺时，要学会接受和承受，把不顺的事尽力放下，反思好自己为何不顺，继续前进。

——人与人之间最好的感情，不是把别人改造成自己想要的样子，而是让别人活成他自己最好的样子，这既需要相互理解和宽容，又需要相互付出和成就。

——人要有好朋友，也要有好朋友基础上的知心人，更要有知心人基础上的能随时打扰的人。

——人要过好一生，那就要行走在正确的道路上，不断去做有意义的事，处该处的人。

——人的心灵，就应该自由自在；人的行为，就应该守纪守法。

——人一旦找到适合自己的工作，就应尽力去勤勉并持续地做好，既不松手，又不松懈。松手，工作难致远大；松懈，工作就会落后，甚至失去，留下终身遗憾。

——人一旦有大格局，并一生坚持前行，也就能活出大天地。

——人，相信着自己，也就在做好着自己。

——人需要别人的培养，但更需要自己去养好自己。一个主动和自觉地养好自己的人，才能越来越活出生命的最佳状态。

——人应该做强自己，但不应强做自己。人，把自己做强，是本分；人，去强做自己，是过分。

——人要做成事，嗜好不能多；人要成大事，不能有不良嗜好。

2021 年 6 月

——人生值得自己忙碌的事情很多，但再忙碌，也不能透支自己。一个总去熬夜，透支自己的人，最终会伤害自己的身体，让自己的生活变苦。人更不能去透支别人的信任和伤害人与人之间的关系。一个善于管理时间，并善于去发展自己的人，是不会透支自己的。

——男性应儒雅，女性应优雅。一个儒雅和优雅的人，就应淡定走人生，从容过生活，只管去做最好的自己，做强自己，成为优秀的自己，去活出自己最好的模样。

——人应该有稳定的人生，既把工作和事业稳定，又把情感和生活稳定，但不应在稳定基础上再去求发展，而应在发展基础上去求稳定。一个能与时俱进，不断主动和自觉去得到发展的人，才能让自己的人生，越来越稳定。

——人不能每天都忙忙碌碌，要学会休闲。这既需要生活的目标，又需要生活的能力，更需要生活的激情。

——一个能发展好自己的人，需要别人的鼓励和激励，但更需要自我的鞭策。

——人要每天过好，过得快乐和幸福，并有意义，既应知道如何去选择，又应明白如何去坚持，更应懂得如何去珍惜。

——人应要强，更应坚强，但绝不能逞强。

——人应该换位思考，宽容和体谅别人，但不应去取悦和讨好别人。一个去取悦和讨好别人的人，不仅在委屈着自己，而且在苦累着自己，甚至在作践着自己。

——人与人之间，彼此有人情，才能有交情，并形成情谊。

——工作不是人生的全部，工作之外还必须有生活。人生的质量既包括了工作的质量，又包括生活的质量。人不能仅仅会工作，更要会生活。让自己不断去有成果和成就，持续成长和发展，这是最好的工作状态；让自己活得有趣，过好当下的生活，这是最好的生活状态。

——人和什么样的人在一起，会有什么样的人生，但人应该有真正属于自己的人生，要活成自己应有的模样，而不仅仅是别人所要求的模样。人，更不能活成别人的模样。

——人要把事做成，应该用好自己的力量，去尽力，但也应该用好别人的力量，去借力。

——安康，既是工作和生活的基础，又是工作和生活的目标，更是人活出自己生命意义的保障。

——一个真正见过世面的人，从不随波逐流，而是对自己的生活满怀希望，温柔地和这个世界相处，每天活在自己的节奏中，坚毅地做着适合自己的事，处着值得自己交往的人。

——人应不断去做事，并成事，但不能惹事，坏事，更不能出事。

——人生可能是一场游戏，但绝不能游戏人生。人要不游戏人生，那就应有坚定的人生目标,主宰好自己的这一生。人一旦确定好适合自己的人生目标,就应不断迅速地做事,坚信自己能不断把事做好,从容地沿着自己既定的目标,扎实前行,走完自己的人生路程。

——人应超前做事,绝不仓促做事、赶着做事,更不滞后做事,甚至误事。

——人要一生把事做好,既要让自己能为别人负责去做事,又要让自己能为自己负责任去做事,更要让自己在与别人合作中彼此负责任去做事。

——人既然已选择好适合自己做的一件事,那就要用自己一生的精力和智慧去做好。

——人不要轻易地批评他人,贵在做好自己;人也不要随意指责他人,贵在反思好自己;人更要以更好的自己,去影响他人,彼此都做最好的自己。

——人再有好的想法,也应把想法变成文字,更把文字落实为行动,并让行动有更好的效果。

——人只要做事,就不要被动做事,也不无奈做事,更不无规划、计划和策划做事,绝不无效率做事。

——人要想超越自己的个人经验,就应坚持学习,不断接受知识。

——一个学问人,要坚持好每天的学习、研究和写作,并成为一生的习惯。

——人的一生,就是不断积累和沉淀自己的一生。人不仅需要不断积累和沉淀自己的知识和经验,而且需要不断积累和沉淀自己的心情和人脉,更需要不断积累和沉淀自己的成果和成就。

2021 年 7 月

——一个优雅的女性,既不埋怨,不报怨,不后悔,又不轻言自己不好,就一定能成长和发展好。

——人要把自己活好,并每天能活出真正属于自己的样子,那就不应该把时间和精力耗费在无益的事上,既不纠缠,又不纠结。

——人都是过程性存在。人一旦目标明确,在过程中尽好力,结果也就会随自己所愿。

——一个学问人,随着自己研究方向和目标的确立,要思想性地去查阅资料,而不能材料性地查阅资料,这样才能跳出资料,做成有思想的学问。

——一个有大格局的人,不会轻易放弃,但会适度放下:既放下对别人过高的期待,又放下对自己过高的要求,更放下对完美人生的执念,进而准确定位好适合自己的人生。

——人，一旦真正承诺了一个重要责任，那就要走心入魂，尽心、尽力、尽情去实现。

——人离不开别人的帮助。人要让别人帮自己，自己首先应帮助好别人。人在帮助着别人同时，也就在帮助着自己。

——无组织的科研，不是高效率的科研；无团队的科研，不是能持续的科研。

——人都有自己的过去，甚至伤心的过去，但既然已经过去，那就不必再追问。要形成事过不追问的习惯，也就能自觉清零，重新出发。

——人要把自己每天过好，把自己成长和发展好，那就不应把精力浪费在不值得做的事上，也不应把时间耗在不值得交往的人身上，更不能把心思放到不值得使用的物品上。人知道什么不值得，才能让自己越来越有价值。

——人一旦能合理安排好时间，成为一生习惯，那就会自觉在成长和发展着，不断在有成就着，在成功着。

——人应该主动承担起责任，但不应大包大揽，也应让别人承担起其应有责任。人只应承担起自己该承担的责任。

——人只要工作，就要及时反馈，特别是对别人重点安排好的紧要工作，更得及时反馈。一个不善于及时反馈的人，不仅做不好工作，而且会让别人多操心、不放心，难以受到别人的欣赏和培养，更会给别人带来负担，耗费着别人的时间。

——人无论处人，还是做事，都应该有自己的脑子，既不人云亦云，又不随波逐流，时刻让自己在觉醒着，路在走对着，相对独立着，主动发展着。

——一个研究者，查不尽资料，不应做研究；用不尽资料，做不好研究。

——人既要有底线思维，又要有底线地做事和处人，更不能让自己的发展失去应有的底线。

——人要把自己这一生过好，那就要自觉清醒地认识好自己，较早地定位好适合自己走的路，坚毅地走着，并把路走顺、走稳、走好。

——人生之路，不能轻易尝试。

——人定位好目标，才可能把事情做好。

——人一旦已准确定位好自己，相信好自己，坚持做好自己，一切也就顺利了。

——人要把自己这辈子过好，那就要过好每一天，甚至让每一天都值得自己回忆。

——一个痴迷于学术的人，学术就应是生活，但不能过只有学术的生活，这不仅枯燥无味，而且非常危险。一个过不好作为人的现实生活的人，难以做出好的学术研究。一个不会过日常生活的人，难以形成有生活气息的接地气的学术思想。

——人一旦要做一件事，那就应尽全力去做到，并彻底地去做到。

——人要做成事，并成大事，那就应善于收敛好自己，既要收敛好自己的脾气和怨气，又要收敛好自己做人的锋芒，更要收敛好自己只去纠正别人的欲望。要善于欣赏别人，宽容别人，主动和自觉地学习别人的优点，不断让自己走向成功。

——一个想做事的人，与想做事的人在一起，并有共同的目标，才能把事做好，并做得越来越成功。

——人与人既然彼此不同，那就应努力过好适合自己的生活，而不要去羡慕别人的生活。一个总羡慕别人、活在别人影子里的人，既走不好自己应走的路，也过不好真正属于自己的生活。

——人不要试图去把控别人，最重要的是把控自己。人善于把控自己，才能既保护自己，又发展自己，平平安安地过好一生。

——人要持续地发展，那就应不断做出不亚于任何人的努力。

——人这一生，应活成有责任的自己。人要成为有责任的自己，那就应不断学会对自己好，去富养自己，既富养自己的身体，又富养自己的心态，更富养自己的思想。一个越来越有思想的人，才能不断活成有责任的自己。

——人要做对自己和社会有益的事，必须去努力，但努力不能断断续续、一阵一阵，应常态化。常态化的努力，才是真努力，才能通过努力让自己变得越来越美好，按照自己的心意去过好这一生。

2021 年 8 月

——人生应是一场潇洒的行走，但只有沿着正确的方向去坚毅行走，并形成自己独特的行走方式，自己的行走才能越来越潇洒，才能不断走出成功。

——对年龄渐长的人来说，不要让自己变得更老，而应让自己变得越来越好。

——人在人生每个阶段，难免有各种事，但再有什么事，也不能失去自身的发展，并应以发展好自己为主线去处理好各种事情。人时刻要牢记：发展好你自己。

——一个真正在做学问的人，一生在保持着对学术的热爱。

——人应该要求别人，并指望别人，但更应不断去提升自己。人要拥有自己的人生，就应靠自己去奋斗。人应该需要别人的帮助，但更应去做好自己。一个不断去做好自己的人，才能营造出自己想要的生活，主宰好自己的人生命运，不断活出有生命意义和价值的自己。

——人只要真心做自己喜欢的事,就能做好,并使自己的人生过得快乐和充实。

——一个女性,淡定而优雅,才能做事从容,心想事成。

——人要成为什么样的人,就要重复去做什么样的事。

——人应该去追求幸福,但更应去避免不幸。

——人的坏习惯是在不知不觉中形成的,而人的好习惯则是在自知自觉中形成的。

——一个人一旦在人生每个阶段,都能有高远的目标和坚强的毅力,那么优秀就会成为永恒。

——人活一天,就要尽好一天的责任。

——人无内在定力,难有生命活力。

——一个有自知之明,能准确地评价自己能力的人,才能找到适合自己的目标,不断实现人生成功。

——人可以独处,但不能独占,更不能独霸。

——人好好认识好自己,才能好好去发展。

——一个能自觉觉醒,对自己发展有预见,并能看清自己前途的人,才能在人生每个阶段把自己发展好。

——人与人应相互理解,但人更要去理解别人,而不能仅考虑让别人理解自己。

——人要活得不累,那就要活得明白。人要活得明白,就要活得通透:既要把事情想明白,彻底想开,又要明白地做事,所做的事不留任何遗憾,更要走出自己的过去,不自我内耗,活好当下,进而走向更辽阔的未来。

——人要用好自己的时间,一定要善于利用好自己零零碎碎的时间。

——人管控好自己的精神,才能管控好自己的人生。只有管控好自己的精神,才能让自己时刻头脑清醒,减少精神上的自我内耗,管控好自己的情绪,不让自己的言行受情绪左右,更专注于自己内心的追求,让自己的追求轻易不受外界的影响和干扰,并通过自己内在的追求,越来越活出自己生命的意义。

——人应看开人生,但也应有如意的生活。人要有如意的生活,既应确定好适合自己的生活目标并坚毅前行,又应以必胜的信念去应对生活中的每次挑战,更应尽心尽力地做好生活中每一件力所能及的事情,扎实过好每一天,活好当下。

——人做事不仅不能拖拉,而且应超前。人有目标地超前做事,一般不会白做。

——人要把生活活成自己想要的样子,那就应简简单单。人要使自己生活过得简单,既要目光远大,不要与不重要的事情纠缠,把时光花费在更重要的事情上,又要尽可能不去缅怀往事,做过的事从不后悔,也不去抱怨和埋怨,而一直在向前看，更要束缚好自己，与值得自己交往的人去交往，而不去盲目交往，耗费自己的时间。

——人要活得不累，那就要调整好自己的心情，既要身心平静，心灵平衡，又要过好日常生活，善待好自己，更不要强求自己，而要有目标地自在地做好自己。人活着的每一天，都应让自己感受到快乐。

——人生在世，就要守住自己的底线，不仅知道自己该做什么事，而且知道自己不该做什么事。

——人与人关系的认识和处理，是人成长和发展的基础。人既应认识好自己，与自己处好，又应认识好别人，与别人处好。这需要一种"看人真准"的能力。人越能获得"看人真准"的能力，也就越能认识和处理好人与人的关系。

——每个人都应有独一无二的，真正属于自己的人生之路，自己应尽早去选择和确定好，并坚毅地走下去。自己的路，必须自己走下去，任何人都代替不了你。

——人要有目标和效率地做事，绝不能盲目做事，更不能做无用的事。

——凡必须做的事，不能让别人催着做，而应自己主动去做。一个被动做事的人，难以把事做好。

——人不能什么事情都去做，有些事情，做了还不如不做。人做什么事，不做什么事，一定要深谋远虑，精心策划，做好选择。

——一个真正在做事的人，既不为小事发愁，又不为闲事苦恼，更会忘掉琐事，看开俗事。

——人是不变和变的统一，既应保持不变的优秀的自己，又应善于改变尚有缺点的自己。

2021 年 9 月

——人既然出身阅历不同，所处环境不同，那么在一起相处，就要互相沟通和理解，更要通过相处去不断磨合，互相改变，不争对错，达到和谐。

——人要善于向别人学习，别人的优点需学习和借鉴，别人的缺点需正视并避免！

——学习应该是自己自觉自愿的行为，既不能被迫进行，更不能成为自我压迫的行为。

——人最大的对手，不是别人，而是自己。人只有与自己处好，不断爱惜自己，战胜自己，管控自己，才能过好这一生。

——人最好做什么，才去想什么，而最好不要想什么，才去做什么。只有这样，人才能不断提高自己的决断力和工作效率。

——一个热爱知识远远超过拥有知识的人，才能在不断学习着新的知识，也才能每天在坚持学习着。

——一个人要争取自己渴望的人生，那就应自律。所谓自律，就是自己能控制好自己，知道自己要什么，要成为什么样的人，要做成什么样的事，要让自己过怎样的人生，走什么样的路，并努力去做到和实现。

——一个习惯于打破常规去思考的人，才能成为一个与众不同的人。

——人每天都在生活着，并不意味着自己就是在活着，而应该有意义和有价值地活着，过着自己值得过的生活。人越过着自己值得过的生活，就越来越能焕发出生命的活力，活得越来越有意义和价值。

——人要活成自己想要的模样，那就应做好适合自己的选择，尤其选择好适合自己走的路。人一旦经过慎重选择，确定好适合自己走的路，那就应坚定不移地走下去，并有智慧地去走好，走出成功。

——人与别人合作做事，如果不彼此商量，实际上是不尊重别人，那就做不好事，更难以做成事。

——一个人要思考和解决好问题，需要自己去独立思考和解决，但更需在人与人的相互关系中去思考和解决，这样才能思考透、解决好。

——人无论做什么事，都应加强主动性、灵活性和计划性。

——人要对自己充满希望和期望，而不要去指望别人。

——一个要把自己发展好的人，在自己人生的每个阶段，都要自觉地叫醒自己，让自己清醒地活着，知道自己应该确定什么样的目标，活成什么样的人，做成什么样的事。

——人应该去做大事，但也应做好小事。人把小事做好，既能让别人觉得自己靠谱，又能让别人对自己放心，更能奠定自己做大事的基础。人怎样对待每件小事，很可能就会有怎样的人生。

——生活不可能处处让我们满意，但我们要热情地活下去，并通过自己有智慧地努力，不断创造出让我们越来越满意的生活。

——人不要轻易地发脾气，发脾气既失去了对别人的尊重，又在伤害着自己。人能把自己的脾气控制好，这是人最大的本事。

——人与人需要团结，但更需要和谐。人与人在一起，每个人都在为别人有原则地做好自己，彼此也就越来越和谐。

——人的时间和精力有限。一个人只有想做最好的自己，才能充分利用好自己的时间和精力，尽力去发展自己，并为集体和社会做出自己独特的贡献。

——人与人互相帮忙，贵在守信用。人一旦答应帮别人做事，就要及时办理，并及时反馈，这样才能让别人觉得自己靠谱，并越来越得到别人的信任。

——一个勤奋的人，就是一个能管理好自己、善于自律的人：既不懒惰，又不懒散。

——一个每天都能把事做好的人，从来不会做事拖延和拖沓。

2021 年 10 月

——人有家国情怀，才有不竭的发展后劲和动力。

——人既然许身学术，那就应一生坚定好自己的学术追求，不断去实现对自己的超越，让自己的学术成果越来越经得起时间、历史和实践的检验。

——人应该帮助别人，帮助别人就是帮助自己。但人应该帮助想做事的人，特别是主动要求帮忙的人，彼此才能身心愉快，共同成长和发展。

——一个一心想发展好自己的人，难免会累，也不得不累，但只要快乐而有收获，累就会成为习惯，就越来越不觉得累了。但人可以累，却不能累坏。

——人用一生的时间、精力和智慧，在做着一件有意义的事，这就是人生的最大意义，人因此也就没有枉过这一生，并活出了人生的真正精彩。

——人要发展好自己，必须管好自己。人要管好自己，既要管好自己的嘴，自觉去谨言慎行，形成良好的饮食习惯，又要管好自己的手，拒绝各种诱惑，克制住不应有的欲望，更应管住自己的心，集中自己的时间和精力，聚焦适合自己的目标，专一和静心地做事。人管好自己，才能不断完善，不断前行，不断成功。

——人贵在坚持每天去成为更好的自己。人要成为更好的自己，那就要去说自己应该说的话，做自己应该做的事，处自己应该处的人。

——人，凡说话，就要有分寸；凡做事，就要留有余地；凡与人相处，就要保持好合适的距离，给彼此一点空间，保护好各自的隐私，不影响彼此的自由。

——人在工作中难免会遇到困难、不公平和挑战，不要去埋怨、抱怨和发牢骚，而应积极面对，加强学习和研究，主动去提升自己，提高自己的工作能力、效率和水平，这样就会越来越有工作成就，不断实现对自己的超越。

——人应做事，但再去做事，也不能超越自己的能力去做事。一个超越自己能力去做事的人，既在苦累着自己，又在给别人带来着负担。

　　——人要取得大的成就，需要有目标地、坚持不懈地去勤奋努力，但更需越来越多的人的支持、帮助和欣赏。

　　——人在这个世界，应该有真正属于自己的样子。人应该要求别人，但再要求别人，也不能让别人成为自己的样子，而应帮助别人成为其应有的样子。

　　——人，遇到什么样的人，很重要。你是什么样的人，就会遇到什么样的人；你遇到什么样的人，你自己也就有可能成为什么样的人。

　　——人应该为别人着想，但再为别人着想，也不能丢掉自己，甚至失去自己。一个过分为别人着想的人，既在苦累着自己，又在伤害着别人。

　　——一个真在做学问的人，要从重视杂志的人，越来越成为被杂志重视的人。

　　——人不能心眼太好，做人处事要有原则。一个心眼太好的人，既会失去原则，又会伤害自己。

　　——人对别人真正的尊重，不仅要尊重比自己身份高的人，而且更应尊重比自己身份低的人。

　　——人要与别人处好，既需要对别人的宽容和包容，又需要兼容别人与自己的不同。

　　——人应该有一定的气场，既要有静气、生气和锐气，又要有人气，更要有一定的霸气，但不霸道。

　　——人应该与其他人相比，但更应与自己去比，尽量与昨天的自己去比，少与今天的别人去比。

　　——人最大的浪费，那应是时间的浪费。永不浪费时间，这既是人生的底线，又是人生能成功的重要标志。

　　——人一旦每天能组织好自己，就会不断提高自己的工作效率和水平，让自己越来越有成果和成就。

　　——人在工作中，难免会遇到困难，但不要心生抱怨，而应主动去解决。心生抱怨可能是本能，而解决困难，才是本事。一个有本事的人，从来不会去抱怨工作。

　　——人这一生，就是在不断熬的一生。人生要熬好，既需要坚持和专注，又需要熬出成果、成就和成功，更需要熬出自己人生的意义和价值。

　　——人既不能心里放不过自己，又不能放不过别人。人有胸襟，就会放过自己；人有格局，就能放过别人。

2021 年 11 月

——一个极富长远战略眼光的人，才能想出大事，能做大事，并成大事。

——人能清晰地知道自己不去做什么事，才能把自己应该做的事尽快做成，并做好。

——人每天都应管理好自己的情绪，既不该发脾气，又不应乱着急，更不用坏情绪影响他人。

——人要善于向别人学习。人一旦能主动和自觉地学别人的长处，才能去做最好的自己，并最终成就圆满的人生。

——人生如走路，该走的步，每一步都不能少，并且每一步都应踏实和扎实地走好。

——日子在一天一天过去，过去的日子很多已难以想起，但对过去的日子应主动和自觉地去反思。反思好过去的日子，才能过好今天的日子。

——一个人一旦做了一件事，那就尽力去做好，否则，既拖累了自己，又在影响着别人，甚至在给别人带来负担。

——人应该忙，但不能瞎忙。一个能明确自己发展目标和方向，找对自己位置、摆正自己内心、注意工作方法和效率的人，才会不瞎忙，并取得成绩、成果和成功。

——人与人共同商量做事，才能把事做好。人做自己的事时，要与别人多商量；人在做别人交给自己做的事时，更要与别人商量。一个做事不与别人商量，擅自拿主意的人，不仅难以把事做妥、做好，而且会影响彼此的人际关系，难以与人和谐相处。

——人做事应善于听取别人的意见。人应尊重别人的意见，但应从自己实际出发去合理地选择和听取，不一定完全听取别人意见。

——人应该有高远的追求，但应追求适合自己并属于自己的东西，而不要去追求本来就不属于自己的东西。前者会带来成功和幸福，后者只能带来失败和痛苦。

——人应该得到别人的帮助，但更应能帮助别人。人应越来越成为能帮助别人的人，而不是别人帮助你的人。

——人需要拥有有效的人脉。成为一个真正优秀的人，才能拥有有效的人脉。因为一个真正优秀的人，才能帮助到别人。只有那些自己能帮到的人，才是自己的人脉。那些能帮到自己的人，难以成为自己的人脉。

——人做事就要靠谱。一个做事靠谱的人，会时时操心，处处交代，件件有着落，事事有回应。

——一个人在成就别人的同时，一定也要成就自己。

——人要主动和自觉地掌控好自己，既不因别人的一个批评就否定自己，又不因为一次挫折就放弃努力。

——人与人在一起工作，彼此有严密的工作制度和程序，工作就有序和有效，更不彼此浪费时间。

——人经常跳出自己原来的所在，到另外一个所在，结交不同的人，特别是比自己优秀的人，才能更好地了解和定位好自己，并持续地发展好自己。

——人与人是互相麻烦出来的，需要经常保持好联系。人与人之间，常不联系，也就慢慢忘记了。

——人这一生，真正能伤害自己的，不是别人，而是你自己。人想不开，就不要去想；人得不到，就不要去要；人做不到，那就不要再去做。

——人要掌控好自己的人生，不要总试图改变别人，而应善于去改变自己，既要改变自己的位置，又要改变自己的心态，更要改变自己的观念和思维。

——人有好心情，一般就应有好事情，但实际上人把事情做好，才能真有好心情。

——人能过好这一生，不易。人生既然已经为难，那么人与人就应不要为难，既不应为难自己，也不应为难别人。

——人一旦决定了要做的工作，就要抓紧去做，既要有规定的时间，又要有严密的程序，更要做得有效率和水平。

——一个做事犹豫不决的人，既在浪费着自己的时间，又在浪费着别人的时间。

——没有一个人的人生，是别人可以代替的。每个人都在经历和体验着只属于自己的人生。人要过好自己这一生，就应尽早定位好适合自己的人生之路，并踏实、扎实和真实地走好，既要让自己一生在快乐和幸福，又要越来越活出自己的人生价值和意义。

——人这一生，不可能没有累，累是为了不累。人，不想去累，反而会很累；人在有目标地累着，反而越来越不累。

——历史要书写好，既需要作文的态度，又需要人生的高度。

——学问人和学问人在一起，就应在做事上相互商量，在人格上相互尊重，在学问上相互欣赏。

——人只要做事，就应找自己乐意投入时间和精力、真正喜欢的事情去做。

——为自己的人生负责，这是人真正的自律。人能为自己的人生负责，必须在人生的每个阶段，明确自己的人生目标和方向，清晰地知道自己应该成为什么样的人，过什么样的生活，想要什么样的人生。一个自律的人，才能克服自己偷懒的本性，每天尽力做出最好的自己，不断成长和发展，使自己这一生过得越来越有价值和意义。